国家自然科学基金项目（面上项目，编号：71672179）
教育部人文社会科学研究基金（编号：15YJC630083）
浙江省哲学社会科学规划立项课题（一般项目，编号：15NDJC150YB）
浙江省自然科学基金项目（编号：LY18G020002）
浙江省提升地方高校办学水平专项资金项目（互联网与管理变革交叉学科创新团队建设）

资助出版

基于渠道权力结构的

供应链融资均衡理论与风险控制研究

鲁其辉◎著

ZHEJIANG UNIVERSITY PRESS
浙江大学出版社

图书在版编目(CIP)数据

基于渠道权力结构的供应链融资均衡理论与风险控制研究 / 鲁其辉著. — 杭州 ：浙江大学出版社，2020.11

ISBN 978-7-308-20120-9

Ⅰ. ①基… Ⅱ. ①鲁… Ⅲ. ①企业融资—供应链—融资模式—研究 Ⅳ. ①F275.1

中国版本图书馆CIP数据核字(2020)第049323号

基于渠道权力结构的供应链融资均衡理论与风险控制研究

鲁其辉 著

责任编辑 陈 翩 吴伟伟
文字编辑 严 莹
责任校对 汪 潇
封面设计 雷建军
出版发行 浙江大学出版社
(杭州市天目山路148号 邮政编码310007)
(网址：http://www.zjupress.com)
排 版 杭州朝曦图文设计有限公司
印 刷 广东虎彩云印刷有限公司绍兴分公司
开 本 710mm×1000mm 1/16
印 张 14
字 数 280千
版 印 次 2020年11月第1版 2020年11月第1次印刷
书 号 ISBN 978-7-308-20120-9
定 价 68.00元

前言 FOREWORD

当前,无论是发达国家还是发展中国家,中小企业在活跃市场、吸纳就业、促进创新与扩大出口等方面都起着日益重要的作用。然而,长期以来我国中小企业融资问题一直是制约企业发展的难题,主要表现在两个方面:第一,融资获取难。中国人民银行的数据显示,截至2017年底,中小企业在资本市场获得的直接融资不到总量的10%,中国金融机构小微企业贷款余额占企业贷款余额的比例约为37.8%。第二,融资成本高。由于自身资信差、资产抵押较少或没有、担保难等因素,加之利率高,登记费、评估费和担保费等成本高,中小企业的综合融资成本往往高达13%以上,远高于大中型优势企业融资成本。资金不足问题不仅影响企业业务发展,也影响所在供应链的绩效,最终损害所在产业和实体经济的健康发展。

21世纪以来,一种崭新的融资模式——供应链金融(supply chain finance),成为缓解企业融资难、降低资金成本和提高供应链竞争力的有效手段,也成为近年供应链管理与金融理论的新前沿。供应链金融的核心管理理念是,为一个供应链中单个企业或上下游多个企业提供全面的金融服务,以促进核心企业及上下游配套企业"产—供—销"链条的稳固和流转畅顺,通过金融资本与实业经济协调,构筑银行和商品供应链互利共存、持续发展和良性互动的产业生态。

近年来,在全世界范围内特别是在我国,供应链金融的实践得到了快速发展,面向不同行业、不同层次的多种融资方式、金融产品和服务模式大量涌现,各类企业与组织积极参与到供应链金融的实践中。在企业界,UPS、花旗银行、渣打银行、中远、中储和中国平安银行等国内外企业,提供了很多成功的供应链金融范例。当前,几乎所有的国内银行都在开展供应链金融业务。在学术界,资金约束供应链中的运营管理研究成为一个重要而活跃的新兴理论前沿。但无论从实践还是从理论角度考量,供应链金融都还不够成熟,现有的范例往往是从金融机构或第三方物流(3PL)的视角提出的。从整个供应链的角度或上下游企业的行为出发,分析和解释供应链金融的各种融资模式,能更好地发掘供应链金融的价值和本质。本书试图深入探究供应链金融的本质,发展和完善供应链金融理论。

本书的研究来源于两个方面的考量。

一方面,笔者总结资料发现,在供应链金融的实践中,有三类融资渠道可以解决企业资金不足问题。第一类是银行信用(bank credit),其资金来源于第三方金融机构,如基于资产或信用的信贷、基于买方信用的应收账款质押融资、信用保险支持下的经销商融资等,这些都是正式的融资渠道。第二类是商业信用,其资金来源于供应链上下游企业，典型的如卖方允许买方延迟支付货款的贸易信用(trade credit)、买方提前支付货款模式(early payment)、第三方代理采购服务等，这些往往都是非正式的融资渠道。第三类是物流金融(logistic finance)，其资金来源于银行或3PL企业，如静态或动态监管质押、保兑仓、融通仓等。现有的供应链金融理论，大多是研究某种特定融资模式，而关于多种融资模式并存时的融资均衡研究还较少。

另一方面，供应链中各成员的渠道权力综合形成了供应链的渠道权力结构，其结构对供应链成员的决策和收益有决定性影响。渠道(channel)是市场营销领域的一个重要概念，是指促使产品或服务顺利地被使用或消费的一整套相互依存的组织。渠道权力(channel power)，是指一个渠道成员对另一个渠道成员行为的控制力和影响力。在实践中，渠道权力是非常重要的基础问题，譬如渠道成员如何建立和利用权力，如何处理冲突，怎样认识、建立和处理渠道关系，如何通过合作获取竞争优势等。而现有的供应链金融理论中，少有学者关注渠道权力及其产生的冲突、关系和合作对融资决策、融资均衡及风险管理等的影响。

供应链中渠道权力结构可能呈现为不同的情景——买方占优情景、卖方占优情景和渠道权力平衡情景，同时供应链中各类企业对于不同的融资模式有不同的考虑或偏好。那么在供应链金融管理中，我们需要考虑一些新的重要管理问题：在不同的供应链渠道权力结构中，如何进行供应链融资决策？当多种融资模式共存时，如何进行融资模式的选择？如何进行融资的风险控制？为解决上述问题，本书考虑了“基于渠道权力结构的供应链融资均衡理论与风险控制研究”的学术问题，主要考察买方占优、卖方占优这两类典型的渠道权力结构，开展融资均衡理论与风险控制的研究。

本书的出版得到了国家自然科学基金项目(面上项目，编号:71672179)、教育部人文社会科学研究基金(编号:15YJC630083)、浙江省哲学社会科学规划立项课题(一般项目，编号:15NDJC150YB)、浙江省自然科学基金项目(编号:LY18G020002)、浙江省提升地方高校办学水平专项资金项目(互联网与管理变革交叉学科创新团队建设)等的资助，在此表示感谢。

本书第一章至第三章的部分内容由邢阿洵同学撰写和修改(个人共计2.7万字)，第四章和第五章的部分内容由王冬冬同学撰写和修改(个人共计2.5万字)，第六章和第七章的部分内容由李爽同学撰写和修改(个人共计2.5万字)，全书由鲁其辉拟定和统稿。肖迪老师为本书的出版提供了很多建设性意见，在此表示衷心的感谢！

由于水平有限，书中尚存在不妥之处和不尽完善之处，敬请各位学术同仁和读者批评指正！

鲁其辉

2020年8月于杭州

目 录 CONTENTS

第一章 CHAPTER 1

绪论

一、研究背景

中小微企业是经济发展的重要有生力量，其在促进经济繁荣发展、推动居民就业、促进技术创新和扩大产品出口等方面，发挥着越来越重要的作用。但在国内外的实践中，中小微企业在改善现金流上面临多重困境。一方面，贸易链中的核心买方往往会通过推迟对上游供应商的付款以及向下游经销商转移库存来实现自己的财政经济性，这种行为给上下游的中小微企业带来了严重的资金挤压，变相地增加了整个供应链的内在运营成本。另一方面，中小微企业自身资产负债率较高、财务制度不健全，加上信贷市场中的信息不对称、信用担保体系尚未完善等问题，银行等金融机构很少甚至拒绝给中小微企业提供资金支持。根据银保监会的相关统计数据，截至2018年末，我国中小微企业法人贷款余额26万亿元，仅占全部企业贷款的32.1%。由此，基于供应链角度的资金流优化和财务管理引起了社会各界的重视。而发展供应链融资，通过产业链间上下游参与主体的相互协作，借助核心企业的授信背书，以企业间真实的贸易往来凭据来向金融机构申请授信能够恰到好处地缓解中小微企业的融资问题。

从19世纪开始，全球多个国家和地区就开始了产融结合的探索和实践。在欧美国家，卡特皮勒、UPS、GE等产业集团纷纷迈出“以产带融”的步伐，通过产业板块的合理选择与组合构建稳健的现金流，从而有效地支持其产业内的多元金融服务。在中国，各类中小微企业的融资需求也为供应链金融技术提供了良好的发展契机。随着互联网技术的快速发展，供应链金融深刻地改变了传统的“银行—企业”授信模式，它不仅成功探索了“金融机构—核心企业—中小微企业”的授信模式，也使得包含众多利益相关者的网状金融服务成为可能。相较于传统融资模式，供应链金融愈加强调授信机构和核心企业在供应链上的宏观把控能力与资源掌控水平，提供授信服务的金融机构和产业链上企业间的互动水平更高。而在学术界，国内外众多学者也纷纷从不同视角开展对供应链金融的理论研究。

进一步来看，通过考察大量的现实案例，我们发现供应链的渠道权力结构对成员的决策、行为和收益有决定性影响。渠道权力是指一个渠道成员对另一个渠道成员行为的控制力和影响力。在供应链的典型运营模式中，如订单融资模式、生产资料供应链、电商供应链等，形成了买方主导型和卖方主导型的供应链渠道权力结构。而在现有的供应链金融研究中，极少有学者关注渠道权力及其产生的冲突、关系和合作对融资决策、融资均衡及风险管理等的影响。

因此，基于渠道权力的两类情景——买方占优情景和卖方占优情景，并考虑供应链中各企业对于不同的融资模式有不同的考虑或风险偏好情况，同时考虑供应链中存在的需求不确定问题，还考虑采用协调机制来提高供应链金融中供应链整体绩效，我们研究以下新的管理理论问题：在不确定情况下和不同的供应链渠道权力结构中，如何进行供应链融资决策？当多种融资模式共存时，如何进行融资模式的选择？供应链的融资均衡是什么？在市场不确定情况下如何构建相应的协调机制来实现供应链绩效改进？其对融资均衡有何影响？如何对供应链的融资模式进行风险控制？

为解决上述问题，本书聚焦于“基于渠道权力结构的供应链融资均衡理论与风险控制研究”，对需求不确定情况下买方占优、卖方占优这两类渠道权力结构开展融资均衡与风险控制的研究。

二、本书的学术贡献

本研究是运营管理、渠道管理与金融等多学科的交叉研究，具有重要的现实与理论意义。在运营管理和金融交叉领域，关于融资均衡问题的研究才刚刚兴起，国外文献极少考虑渠道权力结构问题，而国内文献极少关注融资均衡问题。为更具体展示本研究的研究特色和独创性，我们针对运营管理和金融交叉的三类研究文献来总结本书的学术贡献。

不同于“特定融资模式中供应链运营和金融决策交叉研究”的相关文献，本书在研究过程中假设资金约束的供应链中可以同时存在多种融资模式，包括银行信用渠道、商业信用渠道、物流金融渠道等，研究过程中聚焦于融资均衡理论，其中融资均衡是指当两种或多种融资模式并存时，对于供应链买卖双方、银行或3PL企业，是否一种融资模式比另一种融资模式更好，即在一定条件下，是否存在着某种融资模式占优的均衡。因而，本书的研究明显区别于该类研究，是现有研究的拓展，具有较强的创新性。

在关于供应链金融的协调机制的研究文献中，现有文献大多考虑贸易信用渠道或物流金融模式，尚未有文献考虑渠道权力结构问题。而本书的研究则考虑不同渠道权力结构下协调机制的设计，以及协调机制对融资均衡的影响，其中协调机制是指：设计融资过程中的批发让利、收益分享、风险分担或成本共担的行动规则来协调供应链成员的行为，以实现供应链中所有参与者共赢的目标。同时，在研究协调机制时，本书中研究的融资模型，如基于买方信用的商业信用、基于核心企业担保的供应商融资等，现有文献极少研究。本书的研究是对这类研究文献的拓展和深化，在理论和应用方面独具创新性。

关于多种融资模式共存时不同融资模式的比较研究，现有文献主要考虑银行和贸易信用两种渠道，与本书的研究具有很强的相关性。但这方面的现有研究还非常少，亟待深入。同时，本书在研究融资均衡时将考虑供应链中的渠道权力结构，并分析协调机制对融资均衡的影响。因而，本书之研究可丰富不同融资模式的比较研究。

三、相关研究进展分析

（一）金融与运营管理交叉的供应链金融研究

根据融资渠道的不同，此类研究可以分为三类，分别是基于金融机构的银行信用渠道、基于买方或卖方商业信用渠道以及基于第三方物流的物流金融模式。

1.基于金融机构的银行信用渠道

最典型的供应链金融是基于金融机构的信用融资，其中有一些具有代表性的研究。Buzacott 和 Zhang(2004)最先利用单期报童模型，在库存管理的背景下，探讨了当银行是策略型决策者时不同资金约束零售商的决策，即考虑银行可以获得最优的利润，研究了零售商和银行之间的供应链均衡策略。Kouvelis 和 Zhao (2011)考虑了具有高额破产成本的 Stackelberg 博弈模型，研究了存在破产成本时的银行融资问题，给出了供应商和零售商的最优决策，还分析了零售商的资金水平及破产成本对最优决策的影响。Kouvelis 和 Zhao(2012)又基于报童模型，分别刻画了银行融资和供应商融资下的零售商利润，并将二者利润进行比较分析，研究零售商的自有资金、抵押资产和破产成本对银行贷款决策的影响。Roy 和 Quaranta (2012)建立了一个基于银行视角的企业最小化违约模型，构建随机动态最优模型，并利用蒙特卡洛模拟来分析实际情况以制定财务战略。Alan 和 Gaur(2018)研究了贷款上限对于基于资产的融资决策的影响。Chen 等(2017)研究发现，在银行贷款融资模式下，零售商公平偏好行为以及供应商回购承诺将影响资金约束供应链的订货定价决策并能够提高供应链绩效。

近年来，国内不少学者也开始研究此类供应链金融问题，研究大多数采用的是报童模型。李娟等(2007)引入阶段贷款的方法与一次性贷款的方法进行比较，根据参数函数证明了阶段贷款更优，并将合约作为阶段贷款的补充机制来更好地解决代理问题。陈祥锋(2008)考虑银行信用渠道下零售商和供应商的融资和运营决策。鲁其辉等(2012)基于报童模型考虑多阶段运营的情况，研究了应收账款融资对整条供应链价值的影响。于辉和马云麟(2015)通过设定保理回报率收取担保费用，基于收益最大化建立了单周期的报童模型来研究订单转保理融资模式对供应链成员收益的影响。黄晶和杨文胜(2016)提出当零售商通过信用担保贷款模式进行融资时，确定合理的风险分担比例可以提高各方绩效。

2.基于买方或卖方商业信用渠道

贸易信用是一种基于卖方商业信用的融资模式，也是经济学与金融学中一个重要的研究领域。将贸易信用应用在运营管理中的研究也有很多。早期研究较有代表性的是Brennan等人的研究。Brennan等(1988)指出卖方融资是一种可以给市场能力较强的供应商带来更多价值的融资模式。Junsik等(1995)基于供应链分散决策的假设，从供应商的视角研究了供应链内最优商业信用期的问题，他们假设市场需求为零售价格的减函数，零售商根据零售价格及订货批量进行决策，供应商则从自身利润最大化的目标出发，根据零售商最优反应决策决定延迟支付期。

近年来，一些学者考虑了在供应商提供商业信用的情况下，批发价格折扣、数量折扣、有限责任、信息结构、付款期限等对于供应链决策和绩效的影响。Sana等(2008)研究了供应商提供商业信用与价格折扣时零售商的最优决策，并分别考虑了不同的确定性市场需求函数，得出零售商的最优订购量。Lai等(2009)指出在向资金约束的零售商提供产品时，供应商的贸易信用中最好采用寄售或事先订货的组合方式。Chen和Wang(2012)研究了商业信用和有限责任如何影响供应链绩效，分析了零售商提高订购量的本质原因，得出了有限责任是零售商在资金约束下加大订购量的原因之一的结论，而且发现商业信用可以局部协调供应链。Luo和Zhang(2012)分别基于信息对称和非对称条件考察了商业信用的供应链协同收益。Chen等(2013)提出延期付款方式可以提高采购方和供应方利润。Chen和Teng(2015)研究了卖方和买方都采用贸易信用融资时，易腐产品的最优库存决策。Wang等(2014)以稳定市场需求下的资金约束双重供应链为研究对象，将数量折扣契约与贸易信用合同相结合，发现该融资模式不仅可以激励零售商增加订购量还能缓解供应商的资金压力。Wuttke等(2016)探讨了采购商向供应商提出延期支付的时间选择以及付款期限问题。Zhao和Huchzermeier(2017)在资金约束情况下比较了零售商的预付折扣模式和买方支持的采购订单融资模式。

国内的学者也非常关注贸易信用这种供应链融资模式，研究主要集中于分析贸易信用融资中的供应链决策及其价值，也考虑贸易信用的供应链协调机制。关涛(2007)采用实证的方法讨论了贸易信用融资对我国经济发展的价值；于丽萍等(2009)研究发现用商业信用的信用期能协调简单的二级供应链，实现供应商与零售商利润的分配和协调。马中华等(2009)应用实证方式分别研究了银行信用和贸易信用对制造业上市公司业绩的影响。苑波和汪传旭(2010)考虑了在制造商延迟支付期限给定情况下,零售商订货周期和产品售价的决策优化模型,得到了供应链系统的最终均衡解。代大钊和张钦红(2013)研究了需求依赖于库存及信用风险条件下,制造商的商业信用决策问题,在单个零售商和单个制造商构成的供应链中,制造商决定采取延期支付还是提前支付的商业信用政策时,零售商根据制造商的信用政策确定最优的采购批量。王文利和骆建文(2014)在两阶段随机需求环境下研究了零售商在交易信用融资下的最优决策问题。马中华和陈祥锋(2014)在资金约束供应链中,基于信息不对称的假设,研究了贸易信用合同的设计问题,发现在适度竞争的环境中,贸易信用合同能有效改善整条供应链的绩效。王志宏等(2015)研究了商业信用对物流服务供应链的协调作用。金伟和骆建文(2016)采用古诺竞争模型,分析了制造商对供应商的资金补偿策略。王志宏和邓美芳(2017)研究表明,通过设计合理的商业信用合同,不但可以刺激零售商提高其采购量,增加整个供应链系统的收益,还能使得零售商揭露自身真实的销售价格,防止逆向选择的发生。谢家平等(2018)研究了基于税盾效应的供应链贸易信用融资优化问题。

不同于卖方提供的贸易信用,由买方提供商业信用的融资模式也不断出现,如买方提前支付货款模式,买方为卖方提供代理采购服务模式等。在早期,Cvsa和Gilbert(2002)运用博弈论的方法研究了一个没有生产能力限制的寡头供应商和两个零售商之间的订货情形,发现供应商能够利用提前订货折扣策略来影响下游企业之间的竞争,并建议企业从战略的高度思考提前订货策略。Bellantuono等(2009)将提前支付和收益共享结合起来,研究提前支付在供应链协调方面发挥的作用。

近年来,学者开始考虑提前支付这种买方商业信用对供应链的决策或绩效的影响。Thangam(2012)和Tsao(2009)均在商业信用环境下探讨提前支付对零售商订购决策的影响。Jing和Seidmann(2014)研究指出,当生产成本较低时,商业信用融资比银行融资能够更加有效地缓解供应链的双重边际效应。任建标和官振中(2009)基于零售商初始资金约束条件研究了零售商运用商业信用对整个供应链决策的影响,结论表明零售商延期付款能够提高供应链的整体利润水平,然而该模型中批发价为非决策变量。钟远光、周永务和李柏勋等(2011)指出融资服务能够增加零售商的订货量和利润,研究发现多数情形下,借助供应链核心制造商提供的商业信用融资优于金融机构提供的外部融资。钟远光、周永务和郭金森(2011)在供应商的Stackelberg 博弈模型下,以期望利润为目标,建立了相应的决策模型;通过对模型的分析求解,给出了不同市场环境下供应商要求零售商支付提前订货资金的策略。王文利等(2013)考虑零售商预订部分产品且付款的内部预订融资模式,以及零售商为供应商的银行融资提供担保的外部信贷融资模式,比较分析了两种模式下的最优生产策略和融资策略，并研究了供应商的初始资金、零售商的资金成本、银行利率三种因素对供应链融资绩效的影响。占济舟(2014)对由单一供应商和单一零售商构成的二级供应链进行了研究，发现当供应商生产资金受到约束时，在提前支付融资模式下，供应商按零售商的预订量进行生产，供应链系统利润将达到最优，且相对于供应商而言，提前支付给零售商带来更大的融资价值。肖肖和骆建文(2016)考虑双渠道中供应商在该模式下的融资决策问题，并与制造商直接向商业银行融资的效果进行比较，得出提前预付款的融资模式更具有优势的结论。马利军等(2015)考虑零售商面临需求的不确定性和供应的不确定性，采用提前支付策略以降低供应不确定性风险，发现提前支付比例和资金成本有关。曹裕等(2019)研究了具有保质期的易变质产品的批量订货决策，考虑了不存在缺货与缺货部分积压问题，引入了零售商向供应商提前支付购置成本的支付方式。

在最新的一些研究中，学者考虑了含各种买方商业信用的情景下供应链的协调问题。张义刚和唐小我(2010)研究了采用部分延期付款的策略实现零售商融资，得出当零售商的保留利润大于一定数值时，通过对订货批量的约束，能够实现供应链的协调。占济舟(2014)考虑价格折扣条件下零售商提前支付时生产商的最优融资和生产决策问题。多个零售商之间都是相互竞争的，供应商向这些零售商提供保兑仓和商业信用这两种融资模式，林强与贺勇(2015)构建了供应商和零售商间的Stackelberg博弈模型，研究了上述两种融资模式对供应链上下游各方利润及订购量等的影响，并发现用收益共享契约能实现完美协调。曾顺秋和骆建文(2015)在生产商给定数量折扣率条件下，设计了零售商向生产商提前付款的交易信用激励机制，发现当生产商利润较高时，该机制能够实现整个供应链的协调和利润的帕累托最优。

3.基于第三方物流的物流金融模式

第三方物流处在供应链的全过程中，可以获得各个环节的信息，这使得它在供应链中具有独有的优势，一些有实力的第三方物流企业基于这个便利提供了很多相关增值服务，物流金融就是其中的一种。在大量的产业实践基础上，国内外学者非常关注对各类物流金融模式的研究。一个重要的研究角度是分析特定物流金融模式下的运营决策及其给供应链带来的价值。Chen等(2009)研究了第三方物流和金融机构合作提供整合物流和金融服务的价值。Lu等(2010)研究了第三方物流的物流金融模式对供应链各方的价值。

国内学者也非常关注物流金融的发展和价值。罗齐等(2002)最早提出了物流企业参与融资服务的融通仓概念。刘高勇(2004)对物流金融的信息化做了有益的讨论，指出模式中配送成本过高的问题，以及高效的物流配送体系的重要性。邹小芃等(2006)对物流金融的发展做了系统的回顾，对各个理论进行了总结，并展望了物流金融的发展方向。李毅学等(2007)分析了物流金融的结构，发现物流金融业务能够有效解决供应链上的资金瓶颈，提高物流效率，为我国物流金融业务的发展提供了参考。朱文贵等(2007)基于零售商延迟支付的假设，考虑了第三方物流企业向零售商提供存货质押融资的定价模型，在对零售商的行动策略进行分析后，确定了该融资模式下的定价方法。陈祥锋和朱道立(2008)考虑第三方物流企业在供应链运营中的作用不同，应用报童模型比较分析物流企业在传统、代理或控制三种类型供应链中的决策，指出物流金融的价值所在。李建军(2009)通过委托人一代理人博弈分析，得出开展以第三方物流为中心的物流金融的必要性，提出了以第三方物流为中心的融资模式，并阐述这一融资模式的优点。孙尧(2009)阐述了物流保险在供应链运作实践中的运用，并预测了其未来发展，指出物流管理在整个供应链中的作用越来越大，由其提供物流金融服务会使各方达到共赢。傅永华(2011)研究了第三方物流公司提供物流金融服务的模式、存在的问题并提出了一些建议。龚斌(2011)认为物流金融服务是第三方物流企业的一种创新服务，它不仅是企业降低成本、解决发展瓶颈的关键，还成为物流企业提高物流质量、加速供应链周转的有效途径。谢娉娉(2012)首先探讨了第三方物流金融服务及融通仓的基本内涵，接着就第三方物流融通仓运作中的几个关键问题进行了探讨，指出第三方物流融通仓服务要实现一体化服务和信用整合再造的基本功能，就必须十分注重融通仓的选址布局、与企业采购供应链的融合、与企业区域分销供应链的融合以及采用统一授信额度和担保方式等；同时，她研究和分析了委托代理和统一授信模式下第三方物流融通仓的运作模式，并给出了对应的解决方案。周晓田等(2015)分析阐述了物流企业中供应链物流金融集成化协同服务创新管理的重要性及其方法。王欢(2016)从物流金融角度分析了第三方物流企业与融资租赁企业联盟的背景和意义，并尝试提出了联盟的两种基本模式和保障措施。陆璐(2018)对第三方物流融入资金链的背景进行研究，简要介绍了当前供应链金融具有的职能，分析了第三方物流开展物流金融服务的意义，探析了第三方物流开展物流金融服务的风险，并阐述了第三方物流开展物流金融服务的主要策略。

物流金融中的风险控制问题是一个重要的研究领域。师鹏霞(2008)对第三方物流企业开展物流金融服务过程中存在的风险进行了探讨，针对各种风险，提出了相应的风险控制措施，并强调通过建立物流金融风险监测预警系统来更好地进行风险管理。赵志艳(2013)对第三方物流企业参与下的物流金融模式进行了综述，分别介绍了代客结算、融通仓、海陆仓三项业务的运作模式和操作流程，并从第三方物流企业参与下的物流金融涉及的货主企业、银行、第三方物流企业三方的视角，对物流金融风险问题进行探析。李海波和梁晓璐(2013)阐述了第三方物流企业开展物流金融的典型业务模式，对各个典型业务模式的风险进行了分析归纳总结，结合具体案例运用模糊综合评价法对物流金融业务模式进行风险分析，并从法律政策、道德、操作监管、市场等方面对第三方物流企业开展物流金融存在的风险提出了防控措施与建议。朱晓琴(2014)重点分析了第三方物流金融服务的运作模式和风险,并提出相关的风险控制策略。刘任重和王丹丹(2014)归纳了第三方物流金融的主要模式,指出物流金融发展中存在的主要风险,并有针对性地提出第三方物流金融风险的防范措施。郁志英和高艳英(2014)以第三方物流企业为视角,以供应链优化为目标,分析了物流金融业务的主要模式,在此基础上归纳出第三方物流风险并提出了应对措施。He等(2015)研究了库存融资中长期极端价格风险度量的问题。毛永强(2015)对第三方物流企业发展过程中具有典型性的发展模式及存在的相关风险防范措施进行探讨。吴凤媛(2016)通过分析中小企业融资困难的原因,提出第三方物流金融服务是解决中小企业融资的一大途径,并提出相应的物流金融模式。姜方桃等(2016)从中小型第三方物流企业的物流金融创新发展模式入手,通过深入研究物流金融风险类型,提出降低或规避风险的方法,以提升企业风险控制管理能力。沈玲和李利军(2017)通过案例分析,给出物流金融证券化模式的实现路径。

(二)针对资金约束供应链的协调机制研究

从20世纪90年代开始,国内外学者开展了大量的供应链协调理论的研究,常见的协调机制有:回购或退货策略、数量折扣策略、收入共享策略、提前订货策略、快速反应策略、质量合同策略、进场费策略、数量柔性策略、分配策略和最小采购承诺策略等(鲁其辉,朱道立,2014)。

而对于资金约束供应链的协调机制的研究是协调理论的一个重要发展方向,研究的视角又可以分为六个方面:资金约束供应链的协调机制研究,银行融资模式中供应链协调机制研究,卖方贸易信用模式中供应链协调机制研究,买方贸易信用模式中供应链协调机制研究,物流金融模式中供应链协调机制研究,包含担保、补贴或保险的融资模式中的供应链协调机制研究。

1.资金约束供应链的协调机制研究

这类研究考虑了资金约束的供应链,但没有考虑缺乏资金的成员未采用某种融资方式的情况。研究中学者们考虑了各种协调机制的应用方法和效果,如收入共享、成本共担、期权契约、回购、批发价格契约。其中考虑收入共享契约的文献占大多数。例如,Feng等(2015)指出在资金约束供应链中,收入共享与回购策略的组合总能协调供应链,但如果是两个分散的策略则并不一定能协调供应链;Kouvelis和Zhao(2016)考虑资金不足的零售商和供应商(其中供应商是零售商的母公司),以及零售商和供应商的破产成本,通过在收益共享合同中合理地调节两者的贷款责任实现了供应链的协调甚至超协调。易荟伟(2016)研究了养殖业和种植业在订单农业下的供应链协调,将农产品生产者分为无资金约束和有资金约束两类,分析农产品生产者在分散决策下最优的生产投入量和供应链在集中决策下最优的生产投入量,并对两者进行比较,发现分散决策下的投入量低于集中决策下的投入量;最后,他通过收益共享契约协调供应链,分析协调的条件。李超和骆建文(2016)研究了当制造商有资金约束时,向零售商提出预付货款,来缓解制造商生产资金压力,通过与零售商建立利益共享机制,来吸引零售商投资更多,从而创造更多供应链额外价值。沈建男和骆建文(2018)研究了资金约束下供应链存在不同付款方式的选择问题,并设计收益共享协调机制,使供应链双方实现帕累托改进。李电生和聂福海(2019)基于收益共享契约设计相应的供应链协调机制,发现预售模式下资金约束供应链的产品最优销售价格和产品最优批发价格受到预售知情消费者比例和潜在需求增长量的影响,收益共享比例系数满足一定条件时,收益共享契约可以有效协调供应链。

其他协调机制也有大量的研究。郭琼等(2005)通过构建期权契约模型分析各参数之间的关系,发现当满足一定条件时,期权契约能够提高供应链收益。李江等(2010)在两级供应链中零售商资金约束下,通过把期权和回购两种方式联合起来,发现零售商对于顾客需求有着更精确的估计,为了避免缺货,最大化自身收益,零售商往往传递给上游企业比实际需求更高的订单量。李青(2010)将供应链下游企业面临资金约束时的融资方式分为两种——供应链外部融资和供应链内部融资,并将供应链融资方式融入资金约束型供应链中,在一种特殊的供应链契约—数量柔性契约的基础上,探索基于最优融资模式的契约协调,使结合资金因素的数量柔性契约更符合实践要求。陈弘等(2012)就资金约束下供应链回购契约进行研究,发现供应商可以降低批发价格,用以激励资金约束的零售商融资。万常海和周永务(2012)通过研究报童模型对供应链协调问题进行探讨,发现集中决策可以实现供应链利润最大化,并可以达到供应链协调。刘昆(2013)针对存在零售商资金约束的供应链,提出了融资费用共担和转移支付的双边激励机制以实现供应链的协调。霍艳芳等(2014)在零售商与制造商均存在资金约束的条件下构建了基于批发价格契约的联合融资模型,发现在单一的批发价格契约下无法实现供应链协调,然后在批发价的基础上加上回购契约,通过调整批发价和回购价实现供应链的协调。杜文意等(2014)考虑随机需求与销售努力水平相关下的资金约束供应链的决策,研究发现,销售努力水平越高,零售商的最优订购量越大,引入回购契约后,当零售商的销售努力增大时,供应链的绩效有所提高。李朋栩(2017)在需求随机且商品价格受需求影响的情形下,以单个供应商和单个具有资金约束的零售商组成的两级供应链为研究对象,通过引入期权契约,研究资金约束供应链的协调问题。陈亭亭(2018)研究了外部需求非确定的随机条件下由单个存在资金约束的供应商和资金充足的零售商构成的双渠道供应链,对外部和内部两种融资模式进行计算分析和对比,给出了供应商主导下双渠道供应链双方的最优决策;同时,她针对两种模式分别建立双渠道供应链系统协调决策模型,研究两部定价契约和收益共享及转移支付组合契约的协调效果，以供应链双方风险厌恶水平为根据设计和选择合理的协调机制。

2. 银行融资模式中供应链协调机制研究

银行融资是一种基本的供应链融资方式，在实践中有大量的应用。Xu 和 Birge(2004)考虑企业破产成本，研究资金约束零售商的银行融资问题，研究指出同时考虑供应链的融资与运营决策是重要且有意义的。Raghavan 和 Mishra (2011)研究发现，如果供应链中的制造商和零售商都存在资金不足问题，当银行向制造商提供贷款，那么它也有动机同时向零售商提供贷款。Dada 和 Hu(2008)研究得出资金约束零售商融资后的订购量低于报童模型理想状况，得到报童贷款额与银行利率之间的关系以及银行利率会随企业初始资产的增加而降低的结论。Kouvelis 和 Zhao(2011)等基于破产清算费用情况研究了存在资金约束的零售商从银行贷款融资时的批发价契约，发现当零售商处于破产危险区间时，其资产增加会使得供应商批发价提高，相反地，当零售商处于破产危险区间之外时，其资产增加不会引起批发价的变化或者反而会使得批发价降低。Liu 等(2012)分析的是单一具有风险中性的供应商与单一具有风险偏好型的零售商的两级供应链的融资与运营决策问题，其中零售商存在资金约束的情况；研究表明，没有贷款时的最优订货价格要比存在贷款情况的最优订货价格低，从金融机构贷款的零售商为供应链创造了更多的价值，当零售商的风险规避在一定范围内，供应商与零售商采取的最优策略将带来更多订购数量。韩琨(2013)研究了供应链资金约束时，通过向第三方金融机构进行融资来解决资金问题；研究表明，当第三方金融机构给出的利率符合资金约束企业的预期时，企业会选择融资来弥补资金不足。窦亚芹和朱金福(2014)基于零售商存在资金约束和破产成本的条件假设，发现资金不足零售商可通过外部金融服务实现最优订购，为供应链创造价值。晏妮娜和孙宝文(2011)基于 Stackleberg 博弈模型分析了银行与存在资金约束供应链之间的博弈结构，通过博弈给出各决策主体的最优决策。李超和巫丹(2016)构建了在市场随机需求与销售努力相关的情况以及银行在风险中性和损失规避两种情况下零售商的最优决策；研究表明，零售商提高销售努力水平对其自身和银行都有积极作用，零售商会争取更多贷款，从而增加订购量，银行则可以获得更大的收益。曹宗宏等(2019)针对风险厌恶制造商和零售商组成的供应链系统，考虑制造商因开通直销渠道面临资金约束、直销渠道需求不确定性和零售渠道增值服务，基于 Stackelberg 博弈理论构建了零售商提前支付模型和银行借贷模型，给出了制造商的最优融资策略和渠道选择策略。

而在近十年中，很多的学者研究了银行融资模式中的协调机制问题，主要研究了销售模式、收益分享、回购、批发价格等机制。Dada 和 Hu(2008)研究了资金约束供应链中零售商与银行的决策，利用 Stackelberg 博弈模型在给定购买价格以及季节需求已知的情况下，给出了博弈均衡解并提出了系统协调契约。Hu等(2013)研究了资金约束下的报童模型，通过设计借贷参数之间关系模型来协调供应链；研究表明，一般情况下，资金约束企业会通过融资来保证经济活动正常进行。Diwakar和Lei(2009)通过Stackelberg博弈分析，得出零售商与金融机构之间的最优融资利率，此时双方达到双赢，供应链获得平衡。Lee和Rhee(2010)考虑企业的库存融资成本，研究数量折扣合同、回购合同、两部合同以及收益共享合同下资金约束的供应链在贸易信贷以及银行信贷下的协调机制。Chen和Wan(2011)等研究了资金不足企业与金融市场之间的融资关系，发现零售商的融资受到资产市场平均投资回报率的影响，当市场平均投资回报率越高时零售商将面临融资危机，只有增加融资成本才能实现供应链协调。Yan和Sun(2013)分析了资金不足供应链的银行信贷以及有限信用，研究实现供应链协调的贷款策略；结果表明，有限信用下存在合适的融资方案，在批发价合同下实现了供应链的协调。陈祥锋(2008)指出，通过内部融资的方式，供应商分担零售商一部分市场风险，激励资金不足的零售商进行订货，从而可以部分协调供应链，表明内部融资比外部融资能更有效地解决资金不足的问题。刘昆(2013)发现，零售商在市场需求不确定时，受资金约束无法满足最优订购量，于是他在初始资金不同的情况下，通过对内融资和对外融资两种模式分析，找出协调供应链的最佳融资决策。周建亨(2010)研究了在资金约束的供应链中融资与回购同时存在的决策，发现通过对融资利率、批发价、回购价等参数的设定，可实现供应链的最优订货量，并在金融机构、零售商、供应商三者之间实现风险分担和利益共享，从而提高整个供应链绩效。陈怡杉(2014)研究随机需求下零售商存在资金约束时的供应链协调问题，针对一条由上游单一供应商与下游单一零售商组成的单周期的供应链(其中供应商作为核心企业)，基于零售商面临资金短缺这种实际情况，分别考虑内部融资与外部融资两种模式下的供应链协调。Yan等(2015)考虑资金约束供应链中银行融资和贸易融资的比较，并指出部分信用保障机制对于供应链具有协调作用。

3.卖方贸易信用模式中供应链协调机制研究

对于供应链协调机制，有些学者从卖方贸易信用的角度进行研究，例如延期支付、赊销融资。在研究中，学者们考虑了两类情景，一种是考虑卖方贸易信用的协调作用，另一种是同时考虑卖方贸易信用和协调契约。

国内外很多学者研究了贸易信用的协调作用。Kouvelis和Zhao(2012)研究指出，供应商能够通过信用贸易实现整个供应链利润的增加，并且对于零售商而言，供应商处的内部融资要优于商业银行的外部融资。张义刚和唐小我(2010)主要考虑市场随机需求下，零售商存在资金约束时，零售商无法全额付货款条件下，为稳定市场销量，制造商通过给予零售商充足的付款期，使得供应链协调。石岿然等(2010)研究了供应商向零售商提供商业信用情形下供应链的协调问题，并给出了商业信用期的合理范围;研究发现,信用期能协调供应链,可以作为一种协调机制改善供应链。陈祥锋(2013)研究了供应商为资金短缺零售商提供贸易信用合同时的供应链运营决策,指出在一定条件下,贸易信用合同可部分协调供应链。代大钊与张钦红(2013)讨论在单一资金短缺的零售商与单一制造商构成的二级供应链中,当需求受到库存和信用风险影响时制造商采取的商业信用决策。陈祥锋(2013)研究了供应商愿意为资金不足的零售商提供延迟支付时,考虑零售商存在破产风险且承担有限责任,延期付款能有效激励零售商增加采购量,从而可以部分协调供应链。张小娟和王勇(2014)考虑了信息对称下的零售商资金约束的双渠道供应链模型,分析了延迟支付模型与借贷支付模型,发现供应商始终有动力向零售商提供推迟支付服务。王姣(2014)研究了一个有资金约束的零售商和一个为零售商提供商业信贷的供应商组成的供应链,比较集中决策和分散决策下的供应链的收益,发现商业信贷可以使供应链达到协调。

一些学者考虑了卖方贸易信用情况下协调契约的作用机制,主要考虑了收入共享契约、批发价契约和回购契约。Gupta 和 Wang(2009)研究指出,供应商会通过信用条款使整条供应链协调,并且能在回购惩罚中损失最少。贾涛等(2007)研究了存在供应商努力的代销协议,探讨了供应商提供贸易信用与收入共享结合策略时的供应链协调问题。于丽萍、黄小原和徐家旺(2009)研究了简单的两级资金约束供应链的协调问题,因零售商资金约束,供应商向其提供商业信用,并用收益共享契约来协调供应链。Lee 和 Rhee(2011)从风险溢价层面比较从银行直接贷款和供应商提供商业信用两种融资模式下,减价津贴契约对供应链的协调情况;研究发现,直接贷款时,减价津贴契约无法协调供应链,而商业信用能更好地协调供应链。刚号等(2013)研究了损失厌恶型零售商在延期支付下的供应链的运作及协调性,发现回购契约在某种程度上既缓解了零售商的资金约束,同时使得供应链达到协调。傅永华等(2014)对比分析了零售商存在资金约束时信用贷款和回购契约下的供应链协调问题,指出供应链存货融资可以更好地解决供应链的双重边际化效应。鄢仁秀等(2014)考虑了零售商资金不足时,制造商通过提供赊销融资服务,同时考虑批发价格制定和收入共享契约;研究发现,当零售商初始资金满足支付某货款最低值时,通过收益共享,零售商能够缓解资金压力并且也能够使得批发价最优,实现供应链利润最大化。占济舟和张福利(2014)研究了由单一供应商和单一零售商组成的两级供应链的协调问题,零售商受到资金约束,其有两种融资模式——商业信用和向银行直接贷款,在集中决策下,商业信用好于向银行直接贷款,并且在商业信用下,使用收益共享－成本共担契约能协调供应链。侯博等(2016)研究了随机需求下零售商存在资金约束和延期付款时基于收益共享契约的供应链协调。李红果(2017)研究发现,在供应链中多个损失厌恶型零售商存在纳什均衡,采用部分延期支付策略能增加系统收益,部分延期支付在一定程度上能够协调损失厌恶型供应链,供应商可以通过设计延期支付比例和批发价格组合合同来实现系统协调。

4.买方贸易信用模式中供应链协调机制研究

有些学者研究了买方贸易信用对供应链的协调。Kouvelis和Zhao(2012)基于资金约束的零售商,比较了批发价模式供应链在贸易信贷与银行信贷下最优的运营与融资决策,发现贸易信贷优于银行信贷。Jing和Seidmann(2014)分析比较了资金约束的零售商向银行贷款和进行商业信用融资的选择问题,研究表明,当生产成本很低时,商业信用比直接贷款更有效,能大幅减轻双重边际效应,反之,直接贷款更有效。王文利和骆建文(2013)考虑寄销模式供应链中资金约束的供应商,比较了提前预付与信用担保两种融资方式,给出两种融资方式的适用情况。王文利和骆建文(2014)研究了供应链上资金不足的上游企业通过预付款融资模式来缓解资金压力,同时给予零售商批发价格折扣,从而通过最优生产和融资决策之间的调节,达到供应链协调。钱佳和骆建文(2015)研究了零售商通过预付款解决供应商存在的资金约束问题,发现在零售商最优预付款融资的模型中,只有当供应商的初始资金小于一定范围时,供应商才会接受零售商的预付款融资,零售商根据集中决策下供应商实现最优生产量所需的贷款进行预付款,他们在此基础上研究了预付款和折扣批发价的定价策略。占济舟等(2015)考虑了当供应商存在资金约束时,提前支付和银行借贷融资两种不同的融资方式对整个供应链系统产生的影响。

5.物流金融模式中供应链协调机制研究

有些学者对物流金融模式在供应链协调机制中的应用进行了研究。例如,Chao等(2008)对资金约束零售商的动态库存决策问题进行了研究,得到每个周期的库存最优决策以及不同资金状况下企业的最优营运决策。晏妮娜和孙保文(2011)在需求不确定环境下研究了供应链金融系统中受资金约束的零售商通过仓单质押融资的最优策略,探讨了零售商的信用额度对供应链融资决策与运营决策的影响,并对比分析了有无信用额度融资方案下的最优决策。夏兰等(2013)研究了资金约束的零售商通过保兑仓融资模式解决资金问题,然后运用期权契约来协调供应链,发现其可以增强供应链的稳定性。林强和李苗(2013)研究了资金约束供应链在两种不同融资模式下的决策,发现保兑仓模式下的供应链利润优于直接贷款模式,并且制造商总是最大受益者。林强等(2014)用保兑仓模式解决资金约束的供应链的资金问题,并用数量折扣契约进行协调,得出了制造商选择合适的折扣点和折扣量的情况下,能实现供应链完美协调。杨书萍和高世博(2015)研究资金约束供应链的协调问题,在保兑仓模式下,用回购契约进行供应链协调。杨勇(2015)研究了保兑仓和延迟支付这两种融资方式下供应链达到协调的前提条件,指出固定费用的选取会影响零售商选择融资方式。王燕胜(2016)研究表明,在由单一的零售商和单一的电商平台组成的二级供应链中,电商平台作为领导者,零售商是追随者，零售商面临资金约束问题，自有资金难以实现最优订购量，电商平台通过贷款帮助零售商解决资金不足问题，从而使供应链系统达到协调。林强等(2016)发现传统保兑仓难以协调由制造商和资金约束零售商构成的供应链的本质原因(包括市场需求不确定、零售商的销售努力水平)，并使用风险互换型保兑仓模式来协调供应链。

6.包含担保、补贴或保险的融资模式中的供应链协调机制研究

通过担保、补贴或保险对供应链进行协调的研究也有越来越多的人开始关注。Lee和Rhee(2010)从供应商的视角出发，比较商业信用和降价补贴对供应链的整体协调作用，指出供应商的降价补贴不能达到供应链的整体协调，而商业信用可以使得整条供应链协调。Lee和Rhee(2011)基于供应商与零售商资金不足情形比较分析了商业信用与零售商直接融资两种模式，研究表明，供应商可以利用商业信用和价格补贴激励实现供应链最大程度的协调，并且供应商还可以利用批发价调整利润分配的份额。Zhou等(2015)针对资金约束的零售商设计部分信用担保合同，分析不同信用担保系数对供应链最优决策的影响，并研究了供应链在部分信用担保融资合同下的协调机制。Yan等(2015)研究了由资金约束的零售商、制造商和商业银行构成的供应链融资系统的均衡融资策略，设计了一个部分担保合同，将银行信贷与制造商提供的贸易信贷担保相结合，分析平衡的融资策略；研究发现，设置一个合适的保障系数，部分信贷担保合同可以实现供应链融资系统的利润最大化和供应链的协调。陈晓旭等(2013)研究发现，在供应商资金充足但零售商资金约束时，通过提供担保服务，保障零售商能够顺利在金融机构融资，从而解决资金不足问题，提高供应链整体绩效，保证供应链协调。梁喜和蔡丹(2015)基于制造商与零售商签订融资补偿契约的情形，引入制造商的损失分担比和批发价折扣率，发现在一定条件下损失分担比和批发价折扣率可以实现供应链的协调。金伟和骆建文(2016)针对供应商存在资金约束的情况，研究了两个竞争的制造商如何通过资金补偿策略缓解供应商的资金约束问题。张科静和陈航(2016)以家用电器供应商、零售商和银行构成的供应链为研究对象，基于零售商在市场需求随机且与销售努力(培训员工、增加广告投入等)相关情形下采用的三种融资方式——直接贷款融资模式、保兑仓和商业信用，分别构建供应链模型，然后用价格补贴契约进行协调。李秋珍(2017)针对资金约束的批发价模式供应链和寄销模式供应链分别设计了信用担保融资合同，以期解决企业的融资问题。

综上所述，国内外已经有较多的文献研究了资金约束供应链的问题，近几年也有不少的研究开始聚焦于供应链协调机制的研究，主要都是在供应链金融背景下，考虑资金约束的交易双方的贸易信用或库存质押融资中的协调问题。考虑的协调机制有收益共享契约和回购契约等使得供应链成员成本共担、风险共担的机制，但在资金约束供应链下考虑担保服务的研究相对缺乏，考虑买方主导卖方资金缺乏的研究才刚刚出现。

(三)多种融资模式共存时融资模式比较研究

在经济和金融领域的实践中,存在多种融资模式共存的现象,所以在经济学领域有很多学者进行了相关的研究,如Burkart和Ellingsen(2004)、Ge和Qiu(2007)、Albuquerque等(2015)。这些研究大多采用实证或信息经济学模型,主要围绕银行信用和贸易信用的相互关系进行研究。近年来,在供应链运营管理领域,有学者开始研究多种融资模式共存时的运营和融资决策问题,而同时考虑贸易信用和银行融资模式是现有研究关注的重点。Zhou和Groenevelt(2007)从资产质押的角度比较了贸易融资和商业银行融资,通过数值分析得出商业银行授信相比贸易信用更加具有吸引力。Gupta和Wang(2009)利用随机需求的动态离散模型,指出贸易信用的参数并不影响零售商最优策略的结构,模型中零售商在每一阶段都会比较银行信用和贸易信用的成本,最后选择成本较低的信用渠道。钟远光等(2011)在数值分析中指出,由金融机构等提供的外部融资在多数情况下不及由核心企业提供的贸易信用融资。Babich等(2012)在资金约束供应链中研究了贸易融资与银行融资对供应商选择供应链绩效的影响。Jing等(2012)研究了银行信用和贸易信用都可行的情况下的融资均衡问题,研究显示,当制造商的生产成本高于(低于)某个阈值时,银行信用(贸易信用)是唯一的均衡。Cai等(2014)分析了银行信用和贸易信用渠道同时存在时贸易信用对供应链中资金约束零售商的价值,并应用中国制造业上市公司的数据进行验证。Zhou等(2017)分析了银行融资与商业信用等融资模式下零售商的最优订货与最优广告策略。金伟和骆建文(2017)研究了两种由交易信用与银行融资组合的融资策略。林智平和徐迪(2018)研究了银行信用和贸易信用同时存在的情况下,营业税改征增值税对资金约束供应链融资均衡的影响。Jin等(2018)对比分析了银行融资(BFS)、供应商银行融资并向零售商提供商业信用(BF-with-TC)和供应商提供保证下零售商银行融资(BF-with-SG)三种模式下供应链运营决策。

近年来,部分学者开始将预付款融资、供应商融资、提前支付等新的融资模式与银行融资进行比较,探究供应链成员的模式选择和供应链融资均衡问题。Caldentey和Chen(2009)比较了供应商融资和外部融资对供应链绩效的影响,发现供应商融资始终是供应商和零售商的最佳选择。Raghavan和Mishra(2011)考虑具有资金约束的供应链中单阶段融资问题,指出联合融资策略的绩效要大于独立融资策略的绩效。Jing等(2012)研究表明,由于需要支付较高的批发价格,商业银行融资比供应链间的内部融资授信更具有优势,如若可以同时选择两种融资途径,当生产成本较低时,商业信用融资能够达到唯一的均衡。李超和骆建文(2017)研究了零售商预付款融资模式与传统的银行融资模式的优势,以及预付款融资模式下的供应链协调契约;研究发现,相较于银行融资模式,零售商能通过调整产品批发价格去激励供应商选择预付款融资模式,以实现双方的帕累托改进。占济舟和舒友国(2017)研究了提前支付与银行应收账款融资模式下供应链融资运营决策。Chen等(2017)基于VMI(verdor managed inventory)模式对比分析了银行贷款、提前付款和内部融资三种模式下的供应链融资决策。方磊等(2018)研究了零售商分别通过银行贷款和股权融资时供应链的最优运营策略与融资策略。Xiao和Zhang(2018)研究了制造商通过提供提前支付折扣与银行融资的混合融资方式来筹集生产资金,分析了不同折扣水平下供应链运营决策。罗青林和骆建文(2020)研究了VMI模型下银行融资与内部融资中零售商广告投入与均衡利润的问题,并认为内部融资模式下的融资利率虽然较高,但是零售商的广告投入产出也高。

通过对上述文献的分析可知,目前的研究主要集中于对比银行融资和贸易信用融资两种模式,也出现了一些针对创新性融资方式的比较研究,这些研究为本书提供了很好的借鉴。本书将基于买方主导或卖方主导两种情景,采用以往的研究方式和方法,对买方提前支付、银行融资、买方担保或卖方担保融资等融资模型进行比较分析,试图构建供应链融资均衡理论。

(四)供应链金融风险管理的研究

由于现代供应链的复杂性和相互关系的多元性,供应链影响因素的类型和性质已经变得很难甚至不可能预测(Helbing等,2006)。金融业务中一定伴随着风险,因此风险管理的研究论述在供应链金融的文献中占了很大一部分。风险管理是银行信贷业务中最主要的工作内容之一,贯穿着信贷业务的始终(宋远方,黄千员,2018)。我们可以把相关的文献分为四个方面:供应链风险识别、供应链风险度量、基于不同融资模式的风险控制研究和基于不同担保模式的风险控制研究。

1.供应链风险识别的相关研究

对风险识别的研究主要基于以下三类不同的视角进行解释:供应链企业内部职能视角、供需匹配视角和供应链网络层次视角。

(1)基于供应链企业内部职能视角的研究

这类研究主要立足于供应链核心企业的内部运营控制和流程。Svensson(2000)将供应链风险来源分为经营过程中的定性风险和定量风险。Spekman和Davis(2004)在传统供应链固有的物流、信息流和资金流风险的基础上,提出集成供应链下来自企业内部信息系统的安全性、供应链的伙伴关系和企业社会责任的风险。Sodhi和Chopra(2004)对供应方、企业内部与客户方三个方面展开分析,并从这三个方面将潜在的供应链风险分为延误、中断、预测、系统故障、人力资源、采购、应收账款、存货、生产能力九个方面。Zsidisin(2003)认为供应风险源自个别供应商因素和市场特征,以及供应风险事件的结果,包括采购公司无法满足客户的需求,以及对客户生命和安全的威胁。Wakolbinger和Cruz(2011)分析了战略信息获取和共享对供应链中断风险和成本的影响,并评估了风险共享合同的供应链绩效。张浩和张潇(2017)将平台供应链上需要融资的中小企业按企业全生命周期进行划分,分析其状态转移表征指标,运用马尔可夫模型判断融资商户的状态转移概率。

(2)基于供需匹配视角的研究

此类研究立足于供应链核心企业,着重从企业上游供应商、下游客户来研究供应链风险。早期较有代表性的研究有:Mason-Jones和Towill(1998)在分析流程风险和控制风险时,发现并指出供应链风险来自客户需求风险和供应风险。后来也有学者基于此视角进行研究。Hendrick和Singhal(2003)在研究中发现供应链风险来源可分为供应商因素、客户因素及内部运营因素,并指出供需不匹配是产生风险的主要原因。Hallikas等(2004)认为企业面临的不确定性来源于两方面——客户需求和客户配送,他们将引发供应链风险的因素分为四类:需求不当,客户配送中的问题,成本管理和定价,资源、开发及柔性方面的薄弱。Wanger和Bode(2006)认为供应链管理中最重要的问题是供应与需求的不平衡问题,供需关系对风险影响最大。刘新民等(2019)在供应链集中决策、无风险补偿及有风险补偿三种情境下,构建了基于质量和价格的风险补偿模型,并求得纳什均衡解。Wu等(2019)通过考虑古诺竞争模型下绿色供应链的融资风险,研究了具有融资风险的供应链竞争的不对称双寡头模型,比较了绿色供应链产量投资的融资风险在完全信息和不完全信息两种情况下的最优价格和最优利润。

(3)基于供应链网络层次视角的研究

此类研究立足于供应链核心企业,主要将供应链网络划分为三个层面:组织层面、组织间层面和供应链外部层面。Juttner等(2003)提出了供应链风险有环境风险、网络风险和组织风险三种来源,并说明这些风险来源是不能被准确预测的,又基于对供应链网络的划分,明确了三种主要的风险来源——组织内部风险、供应链网络风险、供应链外部风险,并且将这三种来源又细分为五种——内部流程风险、控制风险、需求风险、供应风险、环境风险。Rao和Goldsby(2009)依据前人的研究,提出了供应链风险来源于环境因素、产业因素、组织因素,并对每个因素都进行了详细的划分。Guertler和Spinler(2015)对供给风险之间的相互关系进行了量化,并根据供给风险在系统中的作用对供给风险进行了分类;Venkatesh(2015)通过对印度服装零售供应链可控风险的结构分析,探讨了印度服装零售供应链的选择风险,研究还揭示了使用解释结构模型(ISM)来建立这些风险之间的相互依赖关系。Sarker等(2016)进一步揭示并将各种风险之间的不同依赖类型划分为正依赖(即去除一个风险有助于减轻一个或多个风险)和负依赖(即去除一个风险可能会产生一个或多个其他风险)。上述研究大多只关注了企业内部运营问题,针对供应链企业之间,特别是供应商与客户之间的问题,以及在引入了外部环境因素后的相关研究非常少。

2.供应链风险度量的相关研究

国外学者关于风险度量的研究主要是基于企业的财务数据和市场数据,根据评估结果构建相关的风险度量模型,如摩根公司开发出的风险度量模型,将企业的信用评分作为评估信用风险的依据;Baourakis等(2009)使用多准则判别方法建立了信用风险评估模型,实证表明多准则判别方法的信用风险评估模型优于线性判别法与Logistic回归方法的信用风险评估模型;Bahrammirzaee等(2011)将专家系统与人工神经网络技术相结合,建立了混合人工智能技术的信用风险评估;Klibi和Martel(2012)提出了一种风险建模方法,以便评估和设计不确定性下的供应链网络,并定义了三种事件类型来描述未来可能出现的供应链网络环境,即随机事件、危险事件和极不确定的事件;Garcia等(2012)应用非参数最近邻近法建立了信用风险评估模型;Danenas和Garsva(2012)建立了信用风险的动态滑动窗口支持向量机的评估模型;Li和Zeng(2016)提出了利用失效模式和影响分析(FMEA)对决策过程中的风险进行评估的供应商选择方法。

国内学者对供应链风险度量的研究也有很多。熊熊等(2009)将主体评级和债项评级作为评估信用风险的主要依据,但所选指标不能完全反映供应链的系统风险,所以很难被广泛应用;刘永胜(2011)建立了供应链风险评价指标体系,并对这些风险做定量分析和定性分析,给出了操作风险、信息风险和财务风险的量化模型;王国栋和詹原瑞(2011)对信用风险中的回收率分布进行了研究,建立了双Beta分布的回收率分布模型并对模型参数进行了估计;徐超等(2012)应用元胞自动机模型对银行客户的信用风险传递机制进行了模拟研究;丁庭栋和赵晓慧(2012)利用CVaR(conditional value at risk)模型,依靠分位数回归技术,对国内银行业和保险业等行业之间及行业对金融系统整体的波动溢出效益展开了研究;李梦宇和周莹(2015)基于信用风险结构化模型,结合传染方式对供应链融资风险进行建模研究,计算出上游企业中违约的个数对供应链整体违约风险和违约损失的影响;耿志祥和费为银(2016)在指数具有特定的分形特征的基础上建立了DVar(daily value at risk)测度,并在稳定分布和正态分布中分别模拟了两类风险测度值,构建了离差率模型;隋聪等(2016)研究了基于网络的银行系统性风险度量方法;王宝森和王迪(2017)构建了互联网供应链金融的信用风险模型,并进行了实证研究,设计了逻辑回归风险判别器,借助盯市原理探索了创新的信用风险管理模式;马波(2018)将物流企业供应链作为研究对象,构建合理的物流风险识别与度量模型,以违约关联作为主线，系统地分析了物流企业供应链违约风险的形成机制、影响因素和风险措施。

纵观国内外对风险度量的研究，主要是基于某种特定的风险评估模型进行测量，在研究的思路上偏向于对方法的研究，这方面的研究已经有很多，但是这些风险评估模型只能测量出风险的大小，只能作为控制风险的一个参照。

3.基于不同融资模式的风险控制研究

(1)应收账款类融资中的风险控制研究

Massimo(2005)构建了有关应收账款融资的模型，研究了企业贷款运营的收益以及因应收账款融资需要带来的信息公开所造成的损失，也解释了应收账款可以作为质押物在风险控制中发挥一定的作用；鲁其辉等(2012)根据供应链应收账款融资交易模型，建立了一个包含供应商、下游厂商和金融机构的多阶段决策模型，通过分析相关企业在两种不同的情境下的决策问题，得到各供应链成员在不同阶段的期望收益，并用数值分析研究了应收账款融资模式对供应链成员和整条供应链的价值；郑忠良和包兴(2014)从应收账款融资业务的信用风险规避出发，构建了“银行—企业”两方博弈模型，并基于现实背景进行了数值模拟分析，为相关部门提出了一些有价值的建议；王宗润等(2015)基于隐形股权的考虑提出了一个由供应商、制造商和银行组成的供应链金融系统，研究了当该供应链金融系统出现资金缺口时，供应商如何通过应收账款来做出最优的决策，并分析了隐形股权对融资成本的影响；王君(2017)分析不同情境下应收账款质押融资业务流程，并分别建立了以供应商风险、经销商风险、3PL企业风险、合同风险、质押物风险和环境风险为中间层的应收账款质押融资业务风险评价指标体系；任龙等(2017)发现，当汇率波动引起的外汇应收账款贬值成为新的风险要素时，保理融资可以缓解中小外贸企业的资金不足问题，但保理融资在降低了外汇风险的同时增大了需求相关风险，可能提高企业面临的总体风险水平。

(2)存货质押融资模式中的风险控制研究

对存货质押融资的研究，国内外很多学者集中于银行质押率的确定上。代表性的研究有：Jokivuolle(2003)研究了企业存在内生违约率和外生违约率时银行的质押率决策问题；Buzacott和Zhang(2004)创造性地将银行风险管理和企业库存管理相结合，研究了利率和质押率的决策及其对银行和企业收益率的影响；张钦红和赵泉午(2010)基于存货需求随机波动的假设，研究了不同风险模式对银行质押率的影响；李毅学等(2011)假设企业具有外生违约率，研究了委托简单监管和统一授信模式下，风险中性企业的再订货决策以及下侧风险规避银行的质押率决策；易雪辉和周宗放(2012)假设银行采用下侧风险规避、融资企业具有外生违约率，以此为背景考虑了供应链上游核心企业的批发价与回购决策变量等对质押率的影响；孙喜梅和赵国坤(2015)基于报童模型，研究了供应链信用水平对银行质押率决策的影响，并且得到存货质押融资模式下的最优质押率，还研究了信用乘数、存货质押量、回购价、回购率等多类要素对银行质押率的影响；陈云等(2015)基于银行风险管理的角度，针对存货质押贷款融资模式中常见的违约风险、变现风险、价格风险，构建了关于质押率设定的简化式多周期动态模型；鲁其辉等(2016)采用EOQ模型，研究了委托监管模式、物流银行模式和统一授信融资模式下供应链成员的决策和收益情况，并分析了这三种融资模式中制造商与物流企业参与融资的条件。

(3)基于订单的融资模式中的风险控制研究

对订单融资的研究，目前较多的是从借款企业、物流企业以及银行方面对融资业务进行风险评估。Gertzof(2000)描述了订单融资的业务流程，对订单融资的优点进行总结，并认为银行应该加快订单融资业务的发展；Fenmore(2004)分别考虑了制造商和销售商对订单融资风险的影响，认为与借款企业的良好合作关系可以作为降低贷款风险的方法，并揭示了贷款企业与核心企业签订的供货合同可以作为订单融资中的担保物；李毅学(2008)从借款企业主体、订单以及融资方监管水平三方面的评估结果出发，研究了订单实现过程风险的考核问题；李娟等(2010)考虑理性约束的条件，构建出完全信息有重新谈判时的订单融资业务阶段贷款最优决策模型并得出最优解，并在此基础上考虑激励相容约束，构建出不完全信息有重新谈判时的存货质押融资业务阶段贷款最优决策模型，求出相应的次优解；王文利等(2013)基于银行风险上限控制，研究了供应链订单融资的最优运营决策，解释了银行风险上限对供应商和零售商最优策略的作用影响；王宗润和石佳星(2018)分析了在订单融资和零售商预付款模式都存在的情况下，供应商的融资选择问题；刘露和李勇建(2019)认为需求信息不对称有三种表现形式——信息造假、信息优势及信息隐匿，并分析了各类信息不对称情形对保兑仓融资系统所造成影响。林强等(2019)在考虑供应风险时，研究了零售商对保兑仓融资和延迟支付融资两种融资模式的选择问题。

通过对不同融资模式下的风险管理文献的研究，发现上述三种融资方式的风险管理已经日趋完善，但是目前对网络融资的风险控制的研究较少，和网络融资相关的研究也是以概念界定和定性研究为主，深入分析网络融资过程中各供应链成员收益以及风险的研究非常少。

4.基于不同担保模式的风险控制研究

第三方担保是实践中应用非常广泛的风险控制方式，很多学者研究了供应链金融中第三方担保的风险控制作用。在研究第三方担保对融资决策影响的现有文献中，大多文献是以银行融资以及针对担保企业所掌握的信息量为研究背景的。

Craig等(2008)针对美国联邦政府设立的SBA的研究表明,SBA对中小企业的支持力度越大,其市场的失业率就越低;Boschi等(2014)利用相关数据分析了部分担保机制在意大利中小企业融资活动中的影响;郝蕾和郭曦(2005)根据担保机构对不同企业所掌握的信息量,分别研究了政府担保以及企业与企业相互担保的作用,表明了政府担保的必要性;陈其安等(2008)建立了由第三方担保方、银行以及资金约束的中小企业构成的三方信贷模型,探讨了第三方担保所掌握的信息量对中小企业融资决策的影响;许友传和杨继光(2008)针对现实中被担保企业需要为担保企业提供反担保的现象,研究了在反担保条件下的信用担保定价问题;王力恒等(2016)发现核心企业的信息优势可以降低甄别农业经营主体风险类型所需的信息租金,同时农业经营主体与核心企业的利益绑定,能有效降低核心企业参与农业供应链外部融资的信息门槛;王淼(2017)建立了政府提供补贴的商业银行与担保机构两方合作博弈模型,运用Shapley值法求解合理风险分担比例,以降低担保企业的风险;张弘(2019)以商业担保机构为研究对象,分析其交易机制如何影响信贷市场福利。

近年来,有一些学者开始考虑基于核心企业担保的风险控制研究。张义刚和唐小我(2013)在零售商资金约束的模型中,研究制造商何时为零售商提供信用担保可以获得最大利润;于辉和马云麟(2015)基于订单融资模式,考虑了当供应商资金约束时,零售商为供应商提供融资担保的情形,分析了最优决策的变化;Yan等(2016)在零售商资金约束的供应链融资模型中,考虑了其上游供应商为其融资进行部分担保的情形,探讨了担保比例对最优融资策略的影响以及对整条供应链的协调作用;黄晶和杨文胜(2016)考虑了供应商提供信用担保的情形,结合担保费率、风险担保比例以及银行利率,分析了该担保模型下的最优决策;陈永辉等(2018)发现核心企业是否选择为零售商进行担保受零售商市场需求和初始资本异质性的影响;刘露等(2018)证明了融资担保程度的提高对供应商有利,认为供应商应积极承担回购责任,调高回购价格。

综观基于不同担保模式的风险控制研究,发现现有研究很少涉及第三方担保模式对融资决策的影响,对第三方担保的研究以对收集的数据进行实证分析为主。在现有的考虑担保融资的文献中,鲜有文献研究担保比例对融资决策的影响,并且,在研究核心企业担保融资的相关文献中,现有研究主要考虑上游为下游进行担保的情形。

(五)关于网络融资的相关研究

随着互联网科技的发展,网络融资为中小企业提供了新的融资渠道,不少学者对此展开了系统的研究。陈初(2010)将网络融资模式分为四种:一是以企业网络资信为依据提供网络借款；二是银行将贷款申请部分剥离出来授权给第三方服务机构；三是P2P类在线借贷；四是公益性贷款平台。

关于网络融资的研究，重心主要是网络借贷平台的坏账风险以及投资人或借款人的决策行为等。现有文献主要从实证分析的角度开展对网络融资平台的研究。Allam和Lymer(2003)提出网络融资是互联网技术和传统金融相结合形成的金融创新；Klafft(2008)利用美国最大的P2P网络借贷平台Prosper的数据，实证检验了借款人信用评级对借贷行为的影响，结果发现，信用评级对借贷行为的影响程度最大，信用评级越高，越容易获得贷款，贷款利率越低，并且逾期还款率越低；Freedman和Jin(2008)研究发现，网络融资方式简化了小微企业的融资程序，降低了融资成本；Palvia等(2009)认为，信任是网络融资得以顺利进行的重要因素；Berger和Gleisner(2009)指出，由于银企之间存在信息不对称的问题，小微企业难以准确证明自身信用资源，只能寻求不需要大量抵押和担保的网络融资模式；Agarwal和Hauswald(2010)指出，网络融资具有的风险分散特性有利于降低融资风险，并通过为小微企业提供更高效和便捷的金融服务，为解决小微企业融资问题起到了重要的作用；Gool等(2012)提出，网络融资使得信息更加透明化，有利于改善信息不对称问题；Cheng和Tu(2013)发现，网络融资平台提供了更多有价值的信息，提高了融资效率；Namamian等(2013)发现利用信息技术手段来解决信息不对称问题并管理风险，高效率和低成本地为小微企业提供融资便利，有助于打破横贯在资金供需双方之间的信息鸿沟；李安朋(2011)研究指出，网络融资在融资效率、融资难度等方面有着突出的优势，拓展了小微企业的融资渠道，促进了社会资金的合理分配；李悦雷等(2013)收集了“拍拍贷”中的相关数据，以此为样本对借款人和订单的基本信息进行分析，对可能影响借款成功率的要素展开了研究；王会娟和廖理(2014)根据“人人贷”的数据，从实证的角度，考虑了借贷平台与借款人等成员信息不对称的问题，研究认为，借款人的借贷行为受网络借贷平台的信用认证模式影响；李焰等(2014)基于网络借贷平台“拍拍贷”借款标的描述信息，研究了描述性信息的差异性对投资人决策的影响；褚蓬瑜和郭田勇(2014)发现网络融资对传统金融模式也产生了较大的冲击，激励商业银行汲取创新基因，运用现代信息技术提升金融服务品质以满足小微企业的资金需求；晏妮娜和孙宝文(2014)认为，电商平台应通过制定合理的融资利率，吸引小微企业选择网络池融资，从而实现多方共赢；李瑞冬(2015)指出，网络融资在降低融资成本和提高小微企业融资效率等方面具有独特优势，已逐步成为小微企业获得外部融资的主要方式；张肖飞等(2015)以阿里巴巴小额贷款模式为案例分析网络融资模式，研究发现，以阿里小贷为代表的网络融资产品依靠完善的风险评价体系、海量的交易数据、灵活的用资成本和新型的抵押安排，拓展了小微企业的融资渠道；张玉明等(2015)认为，从实践发展来看，网络融资方式极具广泛性、便捷性和规模性特征，这是传统融资模式无法比拟的，为小微企业融资提供了新的途径；陈远和许亮(2015)通过对来自小微融资调研报告的面板数据进行分析，以小微企业视角归纳了网络融资的4种服务模式及具体服务流程，并从减少信息不对称、降低交易成本、提升服务水平3个维度出发，在宏观上研究了网络融资的效用；朱娜(2016)指出了小微企业采取网络融资所面临的风险以及不同融资模式在应用中所存在的问题，针对小微企业提高网络融资效率提出了建议；陈加奎和徐宁(2017)以2645家中小企业为样本，检验网络融资对融资约束的影响以及金融环境的调节效应，研究发现，网络融资对缓解中小企业融资具有积极作用，但存在一定的适用条件，即随着金融环境的逐渐完善，网络融资对中小企业融资约束的缓解作用减弱；高洁等(2018)针对小微企业传统融资的困境，着重分析了小微企业贷款困难的原因以及网络融资给小微企业带来的机遇；姚帏之等(2018)对2025家小微企业做了经验研究，发现网络融资与银企关系广度、银企关系长度、银企关系深度之间形成战略替代效应，他们还基于演化的视角分析了网络融资与银行信贷之间的融资战略平衡效应；孙瑞婷和熊学萍(2018)利用18个互联网平台的612家企业项目融资数据，分析了小微企业网络融资满足率的影响因素；李荣(2018)通过对比阿里与京东融资运作模式，分析电商供应链网络融资的运行机制，并针对供应链融资存在的问题提出了相关对策建议；汤兆博(2018)利用某区域性P2P网络借贷平台项目数据，对融资企业属性、融资项目属性与市场环境进行综合性考量，实证分析P2P“跑路”事件对尚存平台项目融资效率的影响，研究表明，整体来看市场环境对企业网络融资效率起决定性作用，“跑路”事件对企业网络融资效率的影响不容忽视；蒋丹(2018)将美国硅谷银行以及阿里巴巴的小额贷款模式作为范例，对网络融资模式及其创新进行了分析；李瀚祺等(2018)分析了金融生态视角下的P2P网络融资活动优化发展策略。

通过对网络融资的相关研究的梳理，发现目前很少有文献对网络借贷平台的运行机制进行研究。尽管借助相关数据通过实证分析已经得到了一些较为重要的结论，但针对网络融资平台的运营机制以及风险来源和控制措施所得到的相关结论较少。

(六)文献述评

虽然已有文献对资金约束的供应链以及供应链融资的风险控制等问题展开了研究，并获得大量的研究成果，但学者们对一些问题的研究仍然存在不足，具体如下：

第一，在目前的供应链金融的研究中，绝大多数都是基于上游企业主导的情景，如贸易信用、物流金融等模式，而对下游企业主导的情景考虑很少。以往的研究也较少考虑多种融资模式并存的情况，从而较少探讨供应链融资均衡的问题。

第二，目前的融资担保相关文献，主要考虑核心企业为下游提供融资担保的情形，忽视了强势的下游企业为资金约束的上游企业提供融资担保的可能，并且现实中一些较为强势的下游（零售商）企业如沃尔玛、京东等也都与相关银行达成合作，为各自合作的供应商提供融资担保。当供应商存在资金约束时，核心企业如何制定担保策略以及资金约束的供应商如何制定融资策略，是本书要研究的问题。

第三，很多关于融资担保的相关文献出于简化模型的考虑，假设了担保方进行全额本息代偿，忽视了担保比例对风险控制的影响。在现实中，担保方与银行往往是共同承担融资坏账风险的。因此，当担保方只承诺提供部分代偿时，融资企业如何进行融资决策以及担保比例如何影响整个供应链系统的绩效，是本书要研究的问题。

第四，现有的关于供应链融资的文献研究大多将银行作为融资的来源，大多假设银行的融资是可获得的，忽视了互联网的快速发展为中小企业提供的新的融资渠道——网络融资。另外，由于网络融资模式出现的时间较短，现有的关于网络融资的文献主要以对网络融资的概念解释和特征说明为主，相关的定量研究基本都是从实证的角度去分析网络借贷平台的借贷风险等问题。在网络融资中，哪些因素会影响网络融资平台的坏账率以及担保方如何进行担保的风险控制，是本书要研究的问题。

综上可知，供应链金融是一个比较新的研究领域，关于供应链融资均衡的研究亟待开展。本研究的现实意义体现在：①为解决供应链上的中小企业资金不足的问题提供新的思路、方法和理论；②为多种供应链金融融资模式并存情景提供融资渠道比较和分析的新方法；③为供应链上下游企业、银行或担保机构等协调发展提供新思路；④为不确定情况下供应链金融的发展提供新视角。理论意义体现在：①本书初步建立基于渠道权力的供应链融资均衡理论框架，丰富供应链管理理论；②本课题是多学科交叉研究，一些关键技术问题将为相关领域的研究提供新的探索思路和研究方法。

四、内容安排

本书在内容的编排上侧重于体系架构的系统性和具体问题的导向性，针对相关的理论问题和供应链金融中遇到的实际问题分别建立相应的分析模型，并且对相关模型的背景进行了分析，得到较为完整的理论结果和具有管理借鉴意义的结论。本书的组织结构如图1.1所示。

第一章“绪论”，对供应链金融的背景进行简述，并对学术界现有的相关文献进行回顾，提出相关研究问题和本书的贡献，阐述研究的理论意义和实践意义。

第二章“供应链金融的实践”，对供应链金融市场，供应链金融在生产运营、贸易流通、物流、商业银行、电子商务、互联网金融等具体领域的应用，以及供应链金融应收账款类、库存类、预付账款类等融资业务模式，进行详细介绍。

第三章“买方主导情景下的供应链融资均衡研究”，介绍了在拉式供应链中，零售商为领导者，资金约束的制造商面对提前支付、内部保理、银行融资等融资模式时的融资均衡。同时，进一步将提前支付与贷款式的内部保理进行了比较。

第四章“基于买方担保的订单融资模式及其风险控制研究”，介绍基于核心企业（买方）担保的模式，在拉式供应链中进行订单融资以及风险控制研究，探讨了供应链中买方为供应商担保代偿的风险控制的作用与价值。有两个主要的创新点：一是考虑了拉式供应链中的订单融资问题，这不同于以往推式供应链中的供应链金融模型；二是探索了拉式供应链中买方为资金约束的供应商进行担保代偿的风险控制机制。

第五章“基于部分担保的供应链融资均衡研究”，分析担保机构担保和供应链核心企业担保两种担保模式对供应链的影响，并对两种模式中各成员的决策、供应商和零售商的利润以及银行的收入进行了比较，探究两种担保模式中的参数对供应链成员经营决策的影响。

第六章“保证保险项下保理融资的融资均衡研究”，在保理融资预付款产生相关收益的情况下，对基础赊销模型与保理融资模型进行比较分析，以研究保理业务对于上游卖方的影响。

第七章“网络融资中第三方担保的风险控制研究”，定量研究了网络融资的担保模式。本章的创新点有两个：一是在网络融资模型中考虑了融资企业抵押资产的价值和第三方担保，同时分析了抵押资产的价值对融资企业的最优决策和担保企业担保风险的影响；二是考虑了风险保证金的影响，并且研究了两种融资上限——考虑担保企业收益最大化的融资上限以及考虑担保企业获得保留收益的融资上限。

第八章“研究总结与展望”，对第二章至第七章的研究发现进行了总结分析，并结合一些新的研究视角提出研究展望。

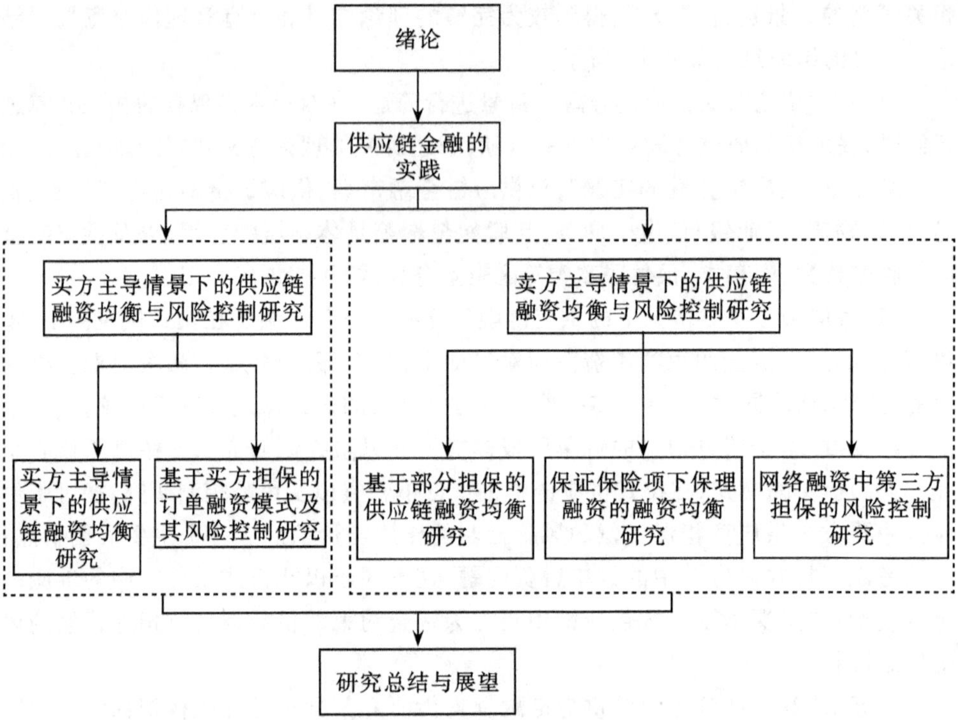
绪论
供应链金融的实践
买方主导情景下的供应链融资均衡与风险控制研究
卖方主导情景下的供应链融资均衡与风险控制研究
买方主导情景下的供应链融资均衡研究
基于买方担保的订单融资模式及其风险控制研究
基于部分担保的供应链融资均衡研究
保证保险项下保理融资的融资均衡研究
网络融资中第三方担保的风险控制研究
研究总结与展望

图1.1　本书的组织结构

第二章 CHAPTER 2

供应链金融的实践

一、供应链金融概述

供应链金融，是指对一个供应链中单个企业或上下游多个企业提供全面的金融服务，以促进核心企业及上下游配套企业“产—供—销”链条的稳固和流转顺畅，通过金融资本与实业经济协调，构筑银行和商品供应链互利共存、持续发展和良性互动的产业生态。当代经济社会的持续发展离不开金融的大力支持，而良好的金融生态环境是金融能够良好运行的必要条件。供应链金融同样如此，要想持续健康地发展，必须建立供应链金融生态系统。供应链金融生态系统是一个由外部经营环境、供应行为主体和功能实施者组成的相互作用、相互影响的动态平衡系统。

(一)供应链金融的外部经营环境

供应链金融运作的外部经营环境包括四个方面：制度、技术、法律以及人才因素。其中最主要的是制度环境和技术环境。

1.制度环境

作为世界上最大的转型经济国家，中国在长期发展中建立起了自身特有的机制、体制与规范，形成了一个完全不同于成熟经济以及其他国家的独特的制度环境。供应链金融在这一制度环境中生长和发展，同时也挑战着现有的制度环境。近年来，这一新型商业模式已成为助推中小企业、金融业以及物流业发展的又一动力源泉，但是由于物流与供应链金融服务仍在成长期，加之跨业经营，环节复杂，亟须与之相宜的制度环境加以支持。大力推进和深化体制改革，创造适合供应链金融发展的制度环境就显得尤为必要。

目前，供应链金融的法律法规主要有《中华人民共和国物权法》、《中华人民共和国担保法》及其司法解释、《中华人民共和国合同法》、《动产抵押登记办法》、《应收账款质押登记办法》等。最近几年，我国大力推进和深化体制改革，加速创造适合供应链金融发展的制度环境。2018年4月，中华人民共和国商务部等八部门联合发布《关于开展供应链创新与应用试点的通知》。文件要求，落实国务院关于推进供应链创新与应用的决策部署，以供给侧结构性改革为主线，完善产业供应链体系，在现代供应链领域培育新增长点、形成新动能，助力建设现代化经济体系，推动经济高质量发展。2019年7月，中国银保监会办公厅印发了《中国银保监会办公厅关于推动供应链金融服务实体经济的指导意见》，从"总体要求和基本原则、规范创新供应链金融业务模式、完善供应链金融业务管理体系、加强供应链金融风险管控、优化供应链金融发展的外部环境"五个方面提出了具体要求。

我国的供应链金融制度环境现况表现为三大特点：一是政策法规尚未完善。以金融行业为例，实体经济的下滑等因素使得我国金融行业目前在运行过程中存在着一系列风险。这些风险也反映在对中小企业融资的实施与操作上。二是监管机制缺乏效率。受体制影响，管理不仅存在障碍，而且效率低下。这是由于物流与供应链金融是由多个行为主体构成的，而这些主体又归属于不同的行业主管部门。三是分业经营制约发展。分业经营制度保障了金融安全，但难以实现物流、信息流、资金流三流合一。以第三方物流企业为例，虽然第三方物流企业与供应链上的其他企业具有紧密的合作关系，却常被视为单一的物流服务供应商，无法深入金融业务中。

2.技术环境

供应链金融技术与电子信息技术是技术环境的关键组成部分。完备的信息技术是供应链金融不断发展的根本，因为信息技术可以帮助供应链金融的各方参与者及时掌握供应链运行是否正常、资金运用是否有效以及运作过程中的风险及其程度。

在信息技术蓬勃发展的今天，供应链金融已经具备了更强的连接能力、融通能力和风险控制能力，从而使得供应链金融协助相关企业实现产业优化，在降低成本、提高效率的同时，也增强了对金融风险的管控。一些电商巨头如阿里、京东、苏宁等，已经在供应链金融领域开展了相关业务，针对供应链上的核心企业提供服务。而一些新兴的金融科技公司，则充分利用自身的技术优势和服务模式，为核心企业及其上下游小企业和银行等金融机构提供金融风控方案，以此实现多级信用穿透，解决信息不对称问题。行业内如电融数科，以核心平台为切入口，与贝贝网这类垂直B2C平台达成合作，为平台上的商家提供保理融资服务。一方面，贝贝网与公司合作而无须花费很大的成本自建供应链金融系统，为平台商家创造出更优质的金融环境；另一方面，科技公司基于贝贝网这样的核心平台，可以更便捷地了解商家的信用水平，为其提供相应的金融服务，帮助其解决融资难问题。

2019年7月，银保监会办公厅印发了《中国银保监会办公厅关于推动供应链金融服务实体经济的指导意见》。该意见提出大力支持金融机构运用互联网、物联网、区块链、生物识别、人工智能等技术搭建服务上下游链条企业的供应链金融服务平台,完善风控技术和模型,创新发展在线金融产品和服务,实施在线审批及放款,更好地满足企业融资需求。可见,科技赋能使得供应链金融有了更好的发展。

(二)供应链金融的行为主体

供应链金融体系是一个多行为主体的体系,有融资企业、核心企业、金融机构以及第三方物流企业等。各行为主体在供应链运作过程中起着各自的作用。各种不同的行为主体在一定的制度环境下,围绕着质押物,对它的"货币化"形态,也就是"资金流"进行运作。

1.融资企业

融资企业一般是指在融资市场中处于弱势地位但需要融资来发展自身业务的中小企业。与一般的融资模式相比,这些中小企业很少有大量的不动产,所以只能以动产或仓单作为质押物的形式向银行金融机构贷款。供应链金融的融资对象即为中小融资企业。从供应链视角来看,中小融资企业多为供应链成员企业,为供应链核心企业服务。中小企业占据着我国企业群体中的绝大部分,不仅具有创新活力,还有着专业的知识技能和低廉的劳动力成本,同时在推动经济增长、加速创新、增加税收和就业、改善民生等方面起到了不可替代的作用。但中小企业由于规模小,自身资信不足,经营风险大,抗市场波动能力弱,难以从金融机构有效获得金融资源。

2.核心企业

核心企业一般是指在融资市场中处于强势地位,并保证了供应链上的信息流、物流、资金流的稳定和发展的企业。核心企业在很大程度上决定了供应链的构成,对同一个链条上的上下游如供应商、经销商、下游零售商有严格选择标准和有较强控制力。由于供应链金融是基于真实的贸易背景进行借贷,往往需要核心企业配合,如了解财务状况、确定企业过去经营情况、计算合适的融资额度、对资金受托支付等。因此,在供应链金融中,投资方的评估重点不是企业的财务状况,而是供应链中核心企业的地位和财务状况,以及整个供应链的运作效率。

核心企业根据其资信水平,为其链条上的中小企业融资进行担保,传统银行或者金融机构才有信心为企业提供融资服务。由于在融资中核心企业承担了小企业的违约风险,在动机上,核心企业会加强对融资企业的监督和控制资金的使用,督促业务的进展和贷款的偿还。此外,通过财务信息的交流,改善了供应链企业间的信息状况,核心企业通过授信额度的控制,可以更有效地控制供应链,提高供应链效率。

3.金融机构

广义地讲,以银行为代表的金融机构既包括传统金融机构,如银行业、证券业、保险业等，也包括新型金融机构，如融资担保租赁公司、小额贷款公司、私募股权投资(PE)基金等。这些机构为具有投融资需求的机构和组织提供各种金融支持。

传统机制下，金融机构采取一对一的方式与借款方开展业务。金融机构与借款方之间是基于借贷合约的双向委托代理关系。而在物流与供应链金融中，金融机构演变成了一个由融资企业、核心企业、第三方物流企业、其他组织如抵押登记机关以及包括自身在内的多元主体中的一个成员。依据每个参与主体扮演的角色，金融机构与之形成不同的委托代理关系。

4.第三方物流企业

第三方物流企业是指能够提供各种相关物流服务的企业或机构。它们受金融机构委托，提供包括质押物监管的其他相关服务，从而降低金融机构融资的信用风险。在过去，物流服务提供商只是提供运输以及仓储服务，而现在，随着物流服务产业的变化，物流服务提供商提供的服务范围也扩展了很多，包括价值增加以及行政服务，比如支付或者售后服务等。

第三方物流企业的引入是物流与供应链金融创新模式出现不可或缺的要素，是基于对质押物监管的需求。第三方物流企业在金融机构与受信企业中扮演了银行代理人的角色。一方面，银行委托第三方物流企业对质押物进行监管和控制，甚至可以说还对融资企业的经营运作进行一定程度的监测，为银行决策提供信息。另一方面，第三方物流企业与受信企业之间基于物流合约与银行开展信贷业务。

(三)供应链金融的功能实施者

除了上述的主要行为主体之外，还需要其他一些组织的配合。如抵押登记机关为了降低质押物所带来的风险对其进行登记办理；保险公司也会应要求对质押物进行保险。从广义的角度来说，这些组织也参与到供应链金融的运作过程中。

功能实施者的主要职责是处理接口事宜，在这里需要考虑的问题便是应该由哪一级的哪一个部门来负责供应链金融的相应决策和任务。供应链管理者主要是想通过整合创造价值的流程来达到优化资金、物流和信息流动的目的，所以供应链金融应关注物流管理过程中产生的金融职能，通过各个主体的协调合作实现既定目标。

二、供应链金融管理的主要领域

(一)生产运营领域

生产性服务业主要是指生产者为满足中间需求，以知识资本、人力作为主要的投入品，向外部或其他组织的生产活动提供中间投入的服务，用于进行商业用途和再生产的行业。企业要想提高生产供应链运行时的效率，就需要服务提供者运用特定的方式满足客户差别化的价值诉求以及协作生产要求。根据金融在生产运营供应链中发挥的角色和起到的作用来分，供应链金融的模式一般分为流程化产业金融服务、定向化产业金融服务、整合化产业金融服务三大类型。

流程化产业金融服务模式是指服务运营商借助其在信息技术方面的优势，通过对外部资源进行整合运作，运用金融资源，参与到客户的订单执行中，实现从原料采购到加工生产、分销物流以及进出口贸易的高度整合服务。定向化产业金融服务是指金融服务提供商凭借自身的产业供应链，特别是供应或分销关系，以企业的上游供应商和下游客户为特定对象，以自身设计、生产的产品和业务为依托，运用金融资源实现产业供应链的顺利运营，并促进供应链上下游的关系。整合化产业金融服务模式一方面结合了流程化产业金融服务和定向化产业金融服务两种形态，实现了从原材料的采购到生产、分销以及销售全过程的高度整合统一，帮助客户形成产业化、流程化、健全化的生产经营体系，另一方面充分利用服务运营商本身独有的产品和技术，通过金融性服务，保障自身供应链运行的高效率和效益，稳定上下游关系，促进产品和业务的发展，在为上下游服务的同时，进一步拓展自己发展的空间。

(二)贸易流通领域

由于近年来产品同质化、成本差异缩小等现象逐渐突出，企业开始把竞争的重点聚焦在渠道优势上。制造企业也开始向流通领域进军，电子商务风起云涌，大型连锁超市异军突起，这些都预示着贸易流通领域将要进行一场深刻的变革。我们根据贸易流通企业的独特性业务战略方向和维度，将供应链金融划分为三种模式。

1.物流导向型供应链金融服务模式

物流导向型供应链金融服务模式产生的背景是上游生产企业与下游客户在物流配送上的分歧。下游客户为了降低库存成本，贯彻即时销售的战略，要求多频度少量配送，下游客户的这种物流要求有时会给上游企业带来困难。物流导向型企业具有较好的深度分销和服务能力，特别是实体物流运营能力，能够为客户提供较为全面的仓储、配送、通关、商检等各类服务，贸易流通企业的主要功能在于将金融业务与物流功能相结合。

2.市场导向型供应链金融服务模式

市场导向型供应链金融服务模式产生在复杂的贸易和经营环境下，供应链中的各主要节点供应商、制造商、贸易商、零售商之间存在着信息交互，而信息交互的效率及有效性决定着整个供应链的运作效率，进而影响着供应链中各企业的效益，也影响着客户对所需产品或服务的满意程度。然而，由于生产、分销网络的日趋复杂，供应链节点企业面临着许多障碍，如供需信息获取困难、信息难以实时共享及库存问题等，这也导致供应链中的资金运转变得困难。市场导向型企业的特点是具有较好的协同商务和市场拓展能力，能够将供应链中的交易各方有效地整合起来，高效地促进交易的实现和市场开拓。

3. 一体化供应链金融服务模式

所谓一体化供应链金融服务模式，是上述两个服务模式的结合。它不仅具备物流导向模式的物流服务和深度分销能力，还能提高上下游的信息交互能力。对于中小企业来说，逆向分销在一定程度上增加了分销成功的概率，但也困难重重。假如贸易流通商能够提供一体化服务，便可以帮助客户企业在逆向分销上减少成本，进而化解其分销资金短缺的难题。

（三）物流领域

物流领域的供应链金融，简称物流金融，属于物流与金融相结合的多层业务概念。对于金融机构来说，物流金融可以帮助其扩大信贷规模，降低贷款风险，并协助其管理客户。由于物流金融是随第三方物流企业产生的，而第三方物流企业的角色多样，不仅包括基础的物流服务，还与金融机构协作，提供一部分金融服务，因此，物流金融将贸易中的买卖双方、第三方物流以及金融机构联合起来，实现了供应链上物流与资金流的整合。

物流金融的实质并不仅仅与金融业务产生的基础是仓单还是流动性货物有关，还与第三方物流和交易买卖双方以及金融机构之间的关系变化有关。

在物流金融的运作中，物流金融表现出不同的形态。

1. 代收货款方式

在这种模式中，第三方物流发挥的作用很受限制。其形式是物流公司在进行基础物流运输服务的过程中，替代供货商向买方收取货物的相应款项，然后将这笔货款转交供货商，并从中收取一定比例的费用。这是物流金融的初级阶段。从盈利来看，第三方物流可以获取一定的手续费，并且货款在转交给供货商之前有一个沉淀期，在这个时期内，第三方物流获得一部分不用付息的收益，而厂家和消费者获得的是方便快捷的服务。

2. 托收方式

当第三方物流公司为供货商和买方之间的交易运输货物时，首先替代买方预付50％的货款，当买方收到货物后则交付全部货款。这种形态后来演化成另一种形式，即买方将货权转交给金融机构，由金融机构提供资金融资，当买方还清融资的贷款后，金融机构向第三方物流企业发出指示，将货权交还给买方，这样做避免了第三方物流企业因垫付货款而出现资金短缺的情况。此种方式下，物流公司的角色发生了变化，不再是原来的提供预付货款的商业信用主体，而转变为帮助金融机构进行货物信息审核、物流运输、监管等的配角。

3. 融通仓方式

在企业的生产活动中，购买原材料与销售成品经常存在批量性和季节性的特点，这类物质作为企业的资产，除了增加仓库和管理的工作，还占用很多资金，使得企业流动资金不足。由于融通仓具有良好的仓储条件、优质的配送服务和商业贸易条件，中小企业可以将自己的货物放到这个第三方的仓储中心，并用存放在融通仓里的动产作为质押物而获得金融机构的融资，极大地解决了企业的资金短缺问题。

对金融机构而言，融通仓为其质押贷款提供了有力的物质监管；对质押贷款主体双方而言，融通仓较好地解决了质押物价值的衡量难、评估拍卖难等问题，并融入中小企业生产销售的整个链条中，很好地提供了第三方物流服务。

4. 授信融资方式

金融机构凭借对第三方物流运作规模、经营现状、盈利能力以及信用情况的评估，授予物流企业相应额度的信贷额度，物流企业利用这些贷款额度向需要融资的中小企业提供灵活的质押款业务。该模式有利于企业更加便捷地获得融资，减少原先质押贷款中一些烦琐的环节，也有利于银行提高对质押贷款全过程的监控能力，更加灵活地开展质押贷款服务，优化其质押贷款的业务流程和工作环节，降低贷款风险。

（四）商业银行领域

在全球买方市场和买卖方之间紧密合作的背景下，银行基于原有的贸易融资服务，开始为供应链中的企业发展出一系列服务，也就是银行所说的“供应链金融”。从银行视角出发，供应链金融就是银行根据供应链上下游企业之间的真实业务背景和核心企业的资信水平，以企业业务往来产生的未来确定的现金流为还款来源，配合融资企业进行的授信融资业务。银行对于供应链的内部运行情况缺乏一定的了解，只能通过与核心企业合作了解供应链的真实交易状况，因此，银行必须抓住核心企业才能实施供应链金融。

商业银行供应链金融主要分为三个类型，分别是商业银行主导的信息供应链金融、跨境供应链金融和整合供应链金融。

1. 商业银行主导的信息供应链金融

信息技术的升级换代使企业内与企业间的信息交互的即时性、准确性进一步提升。商业银行主导的信息供应链金融在业内早有发展，以平安银行为例，平安银行已开始开展供应链金融的线上业务，实现了“三个对接”：一是构建实时联动的产品作业流程管理系统，即银行内外部的对接；二是产品流程管理系统与客户系统的对接；三是建立与业务系统关联的产品定价和考核系统的对接。平安银行推出的线上供应链金融涉及的企业已经突破2000家，其中核心企业100余家。

2. 商业银行主导的跨境供应链金融

跨境供应链金融是银行通过自己在国外的分支机构为跨国业务提供服务，如双保理等。跨境供应链金融的特点是将国内外的贸易主体统一，针对不同供应链环节的特点，进行不同的贸易融资和产品结算，为供应链上的企业提供综合金融服务解决方案。近几年，我国商业银行的跨境供应链融资有一定的发展，例如，深圳发展银行、上海浦东发展银行和招商银行等都相应地开展了跨境供应链融资服务。

3. 商业银行主导的整合供应链金融

商业银行主导的整合供应链金融是在跨境供应链金融的基础上进一步发展整合性服务方式。在这里，参与者不仅仅包括银行和企业，还包括物流商、海关等。银行在整合物流、资金流、信息流、商流的基础上，达到对整个贸易过程的监控，帮助企业更好地整合资源，同时规避自身的风险。

(五)电子商务领域

在互联网全面普及的新环境下，电子商务供应链金融极大地减少了信息不对称的问题，并得以对供应链参与者进行风险的全面把控，最终使中小企业个性化融资需求得到满足，使得供应链金融的融资更有效率。

电子商务供应链是由多家企业加盟而组成的，其中包括一个大型的核心企业，它可以是制造商，也可以是零售商，企业利用信息和互联网的技术手段进行分工合作，实现整个供应链的高速运转。

1. 销售电子商务供应链金融

销售电子商务供应链金融指的是为围绕客户或消费者而开展的基于电子商务平台的供应链运营活动提供融资。销售电子商务供应链金融创新地将所有的交易和物流信息与平台强大的数据分析与流程管理能力进行结合，针对供应链流程的参与者，金融机构基于交易前、交易中、交易后产生的订单、库存、应收账款提供金融服务。

京东商城作为B2C电子商务平台，直接参与了上下游的交易，积累了大量数据，开展供应链金融业务有很大优势。京东供应链金融的业务主要包括两种：银行放贷，即将需要融资的企业推荐给银行；自有资金放贷，即使用京东自有资金为供应商提供贷款。从银行放贷到自有资金放贷，是京东供应链金融不断发展的结果。在发展过程中，京东推出了一系列的金融产品，其中最有代表性的金融产品有“京保贝”“京东白条”“京小贷”以及“云仓京融”。

2. 采购电子商务供应链金融

采购电子商务供应链金融指的是围绕原料采购展开，以互联网为基础，以信息技术为手段，整合物流、资金流、信息流，实现从原材料生产到半成品加工再到产成品销售的过程管理。

例如,煤炭供应链内回款速度普遍偏慢,企业通常不愿立即支付货款,或缺乏采购资金。泰德煤网与交通银行、建设银行、平安银行、广东发展银行等金融机构实现了长期合作联盟,为供应链内的企业尤其是中小企业提供包括保理、商业发票贴现、订单融资等在内的多种供应链融资服务。

3.整合电子商务供应链金融

整合电子商务供应链金融与前两者的不同之处在于:范围更加广泛,整合电子商务供应链同时结合了销售电子商务供应链与采购电子商务供应链,覆盖整个供应链体系;整合电子商务供应链是一种对供应链关系的重建,利用互联网和电子商务平台实现对信息的有效整合,并最终保证资源的有效利用。

许多企业包括阿里巴巴、京东、苏宁等都在朝整合电子商务供应链金融的方向发展,可以说,这是电子商务供应链发展的趋势。

(六)互联网金融领域

供应链金融3.0时代是互联网供应链金融的时代,互联网供应链金融由于交易信息电子化,有着较好的信用评估能力,其本质是填补信息盲区,补全信贷缺失环节,将服务覆盖更多的中小企业,惠及更多的供应链参与者。互联网供应链金融最主要的资源是信息、资金、物流,而风控、IT服务和进出口代理等是重要的辅助性资源。

近年来,中小企业融资是一个日益凸显的难题,互联网金融的出现和迅速发展,使得中小企业的融资得到了较大的改善。同时,互联网供应链金融随着市场的变化和经济的发展,也呈现出一种新的发展趋势。一是供应链金融服务将会更多地出现在由传统核心企业主导建立的P2P网贷平台,成为传统实体企业在“互联网+”时代实现转型升级的重要途径。二是提供供应链金融产品与服务的主体开始从单一的银行增加到多个服务主体。三是垂直领域内将会出现更多的供应链金融服务商。四是云计算、大数据、人工智能、区块链等新兴技术正在高速发展,FinTech概念和实践在供应链金融领域内得到普及和强化。

建立P2P平台可以说是电商平台型企业和核心企业实现供应链金融业务快速发展的最佳选择。由于核心企业具备多年的行业经验,有专业的信息获取、风险控制技术,能够通过金融脱媒迅速摆脱资金来源和资金成本的困扰。

除了以上P2P平台的相对优势以外,P2P平台的风险越来越大,使得P2P平台要与规模大且风险可控的资产端对接。另外,P2P供应链金融对贷款风控能力很强的特点都使得P2P供应链金融快速产生和发展。P2P平台供应链金融业务的模式主要有以下五种。一是与核心企业合作。核心企业与供应链上下游各企业都有贸易往来,再加上核心企业规模很大,实力雄厚,质押资源很多,因而很少出现无法偿还账务的情况。二是大宗商品自建P2P平台。大宗商品交易商选择自建P2P平台,主要是因为其自身对资金的需求存在期限短、金额灵活、流动性强的特点。三是核心企业出资设立P2P平台。核心企业之所以出资设立P2P平台,主要是为了解决供应链上下游各企业的融资需求,从而让供应链的运作速度更快,加强整个供应链的竞争力,进而实现增加利润、开拓更广阔市场的目的。四是P2P平台与保理公司和小贷公司合作。五是具备某种优势的机构发起设立,如专注于为校友企业服务的学院成立的P2P平台。

三、供应链金融的业务模式

(一)应收账款类融资

社会经济的发展形态已经从短缺经济进入过剩经济,形成了买方市场,赊销成为主要的商品交易方式。在赊销过程中,供应链上游企业面临巨大的挑战。首先,赊销会占用供应链上游企业的资金使得其经营成本上升;其次,赊销会使得上游企业的经营风险上升;最后,由于需投入大量的人力和物力,上游企业的经营效率会下降。为了确保企业生产经营的持续性,这些企业可以利用其应收账款进行融资。

应收账款类融资是指供应链上游企业以其从核心企业取得的应收账款或权利作为主要担保方式,从银行获得融资的一种供应链金融。应收账款类融资不仅有国内融资产品(账款质押融资、国内保理、商业承兑汇票贴现等),也包括一些传统的国际融资产品(出口押汇、国际保理等)。其中,保理是最基本形式,其他融资形式均可看成是保理的衍生。应收账款类融资适用于以赊销为主要经营方式,供应链下游企业(核心企业)信用状况较好的情形。

1.保理业务

保理是当上游企业与核心企业进行货物销售或者提供服务时,上游企业会有一笔现在的或将来的应收账款,并将这笔应收账款转让给保理商(一般指银行或其附属机构,有时也有独立的保理商),保理商通过收购供应链上游企业的应收账款,向上游企业提供贸易融资、销售分户账管理、账款催收、信用风险控制与坏账担保等一揽子综合性服务。

保理业务的一般流程是:买卖方先签署一份交易协议,形成应收账款。卖方将通过赊销产生的应收账款出售给保理商,卖方和保理商应通知买方转让应收账款的情况,买方向双方进行询问确认。对于无追索权的保理,保理商应该先了解其信用水平,并核算其信用额度。这时,买方做出付款承诺,同时保理商向卖方提供融资服务,等到应收账款到期日,买方偿还债款,如果买方无法偿还,保理商没有追索权。而对于有追索权的保理,当买方无法偿还债款时,保理商可以向卖方追索,收回向其提供的融资。而暗保理的不同之处在于,上游企业向保理商转让应收债权时,不会将债权转让的事实通知核心企业。具体流程如图2.1所示。

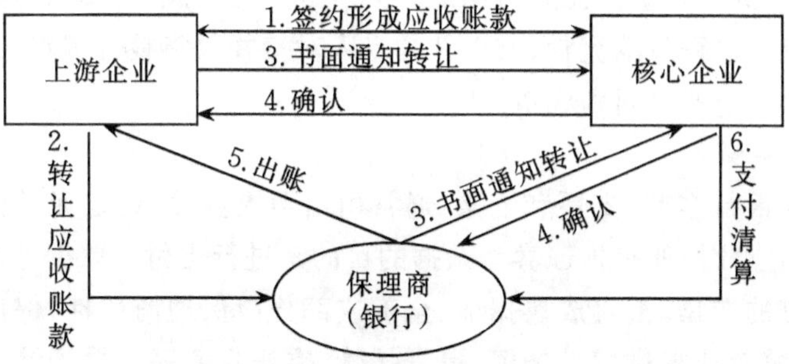

图2.1 保理业务的一般流程

保理的好处如下:上游企业通过转让应收账款可以从保理商处提前获得销售回款,从而加速资金的周转,避免资金被应收账款占用;有助于核心企业从上游企业获得赊销的优惠条件,从而扩大营业额;有助于保理商开拓新的信贷市场,丰富融资产品,提高综合服务能力;有助于保理商取得保理业务的中间费用。

2.保理池融资

保理池融资是指上游企业与核心企业形成的多种时限、多个额度的应收账款,或与不同核心企业形成的应收账款(包括多种时限、多个额度),汇聚成应收账款池,一次性地转让给保理商,保理商根据应收账款池的金额,向上游企业提供贸易融资、销售分户账管理、账款催收、信用风险控制与坏账担保等一揽子综合性服务。具体流程如图2.2所示。

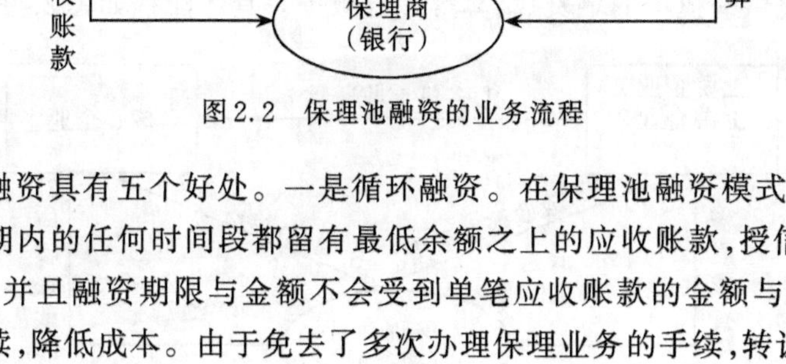

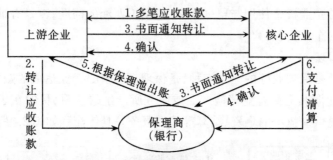

图2.2 保理池融资的业务流程

保理池融资具有五个好处。一是循环融资。在保理池融资模式下,如果企业在授信有效期内的任何时间段都留有最低余额之上的应收账款,授信额度将可以被多次使用,并且融资期限与金额不会受到单笔应收账款的金额与期限的限制。二是简化手续,降低成本。由于免去了多次办理保理业务的手续,转让应收账款的手续得到简化,这在一定程度上降低了融资成本和操作成本。三是方式多样。卖方的融资方式不仅有流动资金贷款，还可以根据需求开立银行承兑汇票、商票保贴、信用证以及保函等。四是减少资金无效占用。在授信期内，信用额度可以被循环使用，所以减少了资金被无效占用的时间。五是人员成本低。在这种模式下，保理商无须派专人跟踪放款流程，与以往的专人对接并收集整合资料相比，减少人员耗费在此项业务中的时间和成本。

3.票据池融资

票据分为银行本票、支票和汇票，通常由出票人签发，约定无条件地由自己或第三人支付相应数额的有价证券。票据的目的是进行支付。票据池融资是指上游企业将所持有的票据，汇集成票据池，全部或部分向保理商质押，保理商根据票据的金额，向上游企业提供贸易融资、票据托管、委托收款等一揽子综合性服务。具体流程如图2.3所示。

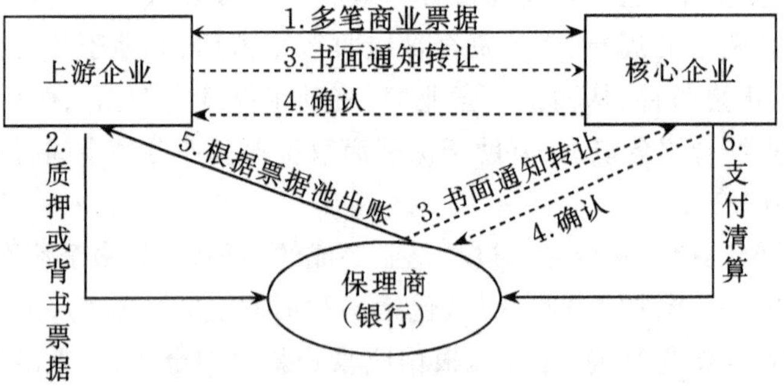

图2.3　票据池融资的业务流程

票据池融资具有以下优势：一是减少上游企业保管票据和托收票据的工作量；二是解决上游企业资金使用与票据金额、日期不匹配的问题；三是有助于银行吸引票据到期后的企业存款。

4.反向保理

反向保理是保理业务的一个变种，是保理商与核心企业达成的融资业务，主要针对核心企业向其上游企业采购产品或服务所产生的款项，目的在于为核心企业的上游企业提供一揽子的融资、结算等综合服务。具体流程如图2.4所示。

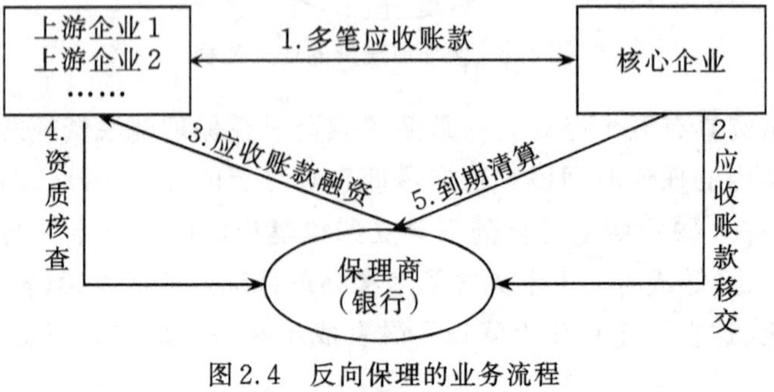

图2.4　反向保理的业务流程

反向保理不仅有助于降低对上游企业进行保理融资的门槛,还可以使得银行深入了解核心企业,从而降低保理的系统风险。一般适用于核心企业资信比较高,而其上游是大量小微企业的情形。

5.出口信用险项下授信

出口信用险项下授信也被称为出口信用险项下的贸易融资。这类产品的客户是已投保出口信用保险的企业。企业将保险赔款的权益转让给银行,可以向银行融资。如果出现在保险范围内的意外损失等,银行可以要求保险公司进行赔偿。具体流程如图2.5所示。

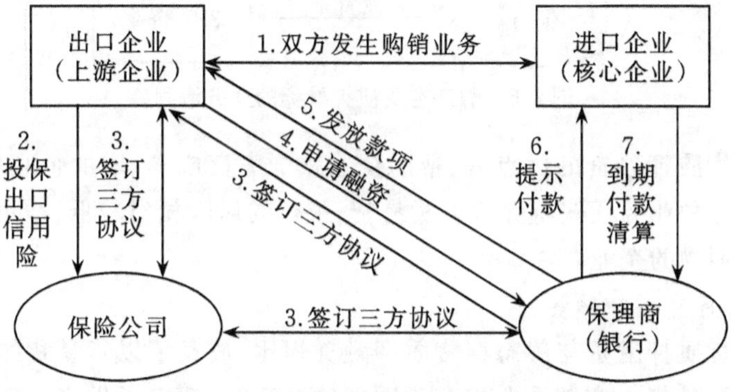

图2.5 出口信用险项下授信业务流程

该业务具有三个优势。一是零抵押,零担保。零抵押和零担保有利于企业融资。二是分工专业,风险分散。银行和保险公司可以各自发挥自身优势。三是融资成本低。出口企业可以事先从银行获得资金,解决资金周转问题。

(二)库存类融资

库存成本在企业生产成本中占很大的比例。在过去,为了降低库存成本,供应链会加强上下游信息沟通来减少库存,而库存融资则直接加快库存占用资金的周转速度,提高其流动性,降低占用成本。

1.存货质押融资

存货质押融资是指供应链企业将自有的存货进行质押,并通过质押的存货来办理各种短期授信业务的融资方式。质押的库存包括原材料、半成品和产成品等,短期授信包括现金贷款、银行承兑汇票、商业承兑汇票和信用证等融资业务。根据是否可以自由换货,存货质押融资可分静态存货质押融资和动态存货质押融资两种形式。

(1)*静态存货质押融资*

静态存货质押融资是指供应链企业将存货质押给银行时,将存货送交至指定的第三方物流企业进行监管,在第三方物流企业对仓库实施监管后,供应链企业不得以货易货,必须通过归还融资进行赎货。具体流程如图2.6所示。

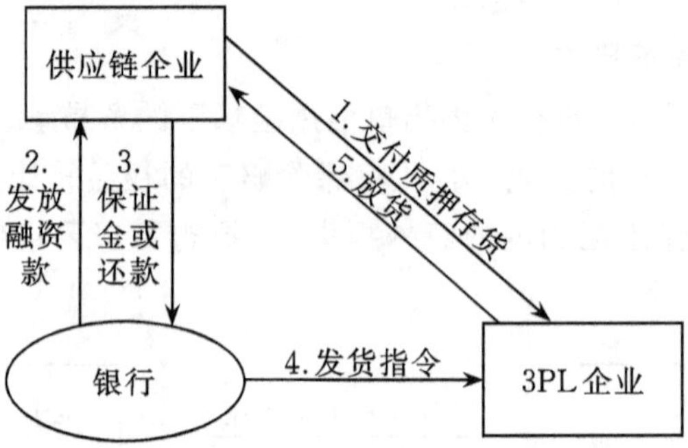

图2.6　静态存货质押融资的业务流程

静态存货质押融资的优点有:帮助企业减少库存成本、增加企业现金流、扩大经营规模。这种业务模式不允许以货易货,银行的风险相对较低,适用于只有存货没有其他质押物的企业。

(2)动态存货质押融资

动态存货质押融资与静态存货质押融资相比,放宽了以货易货的规定。动态存货质押融资是指供应链企业将存货质押给银行时,规定了供应链企业保有质押存货的最低库存,在保证质押存货最低库存的前提下,只要入库的存货与原有存货同类、同质,供应链企业就可以自由办理以货易货。对于在最低库存量以下的货物,供应链企业必须补足保证金或者归还融资款后方可提取。具体流程如图2.7所示。

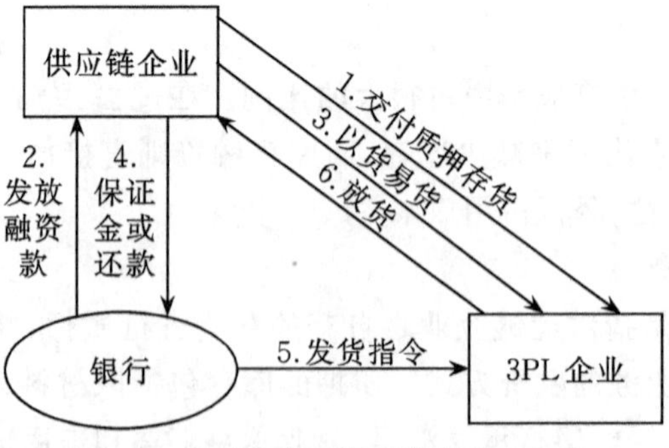

图2.7　动态存货质押融资的业务流程

动态存货质押融资可以以货易货,质押存货不会对供应链企业生产经营活动产生太大影响。对银行而言,银行实施动态存货质押融资的保证金收入虽然少了,但银行授信第三方物流企业进行换货,操作成本也明显低于静态融资。它适用于供应链企业存货的品类较为一致,核定价值比较容易的情形。

2.仓单质押融资

仓单质押融资是指供应链企业出具仓单在银行质押,银行根据仓单向供应链企业授信的短期融资业务。

(1)普通仓单质押融资

普通仓单质押融资是指仓单是由第三方物流企业填发的,银行根据仓单向供应链企业授信的短期融资业务。普通仓单是第三方物流企业自行创作的仓储凭证。具体流程如图2.8所示。

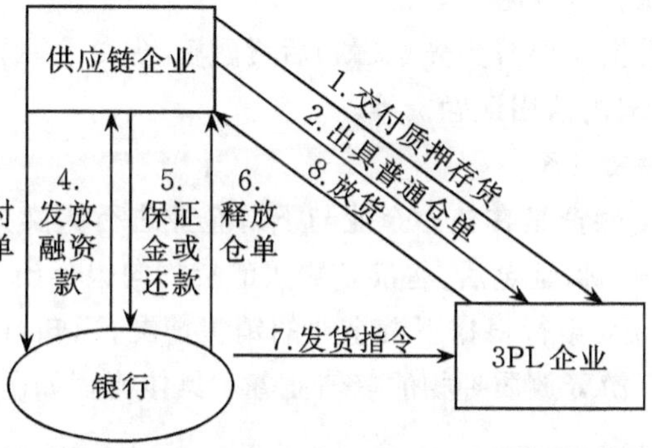

图2.8　普通仓单质押融资的业务流程

普通仓单质押融资有许多好处。对融资企业而言,可以帮助企业吸引融资,增加现金流,提高生产效率。对银行而言,仓单质押降低了其融资风险。对第三方物流企业而言,可以吸引更多的供应链企业进驻,使得仓储高效利用。

(2)标准仓单质押融资

标准仓单质押融资是指供应链企业将自有或第三方拥有的标准仓单作为质押物向银行出质,银行根据仓单向供应链企业授信的短期融资业务。具体流程如图2.9所示。

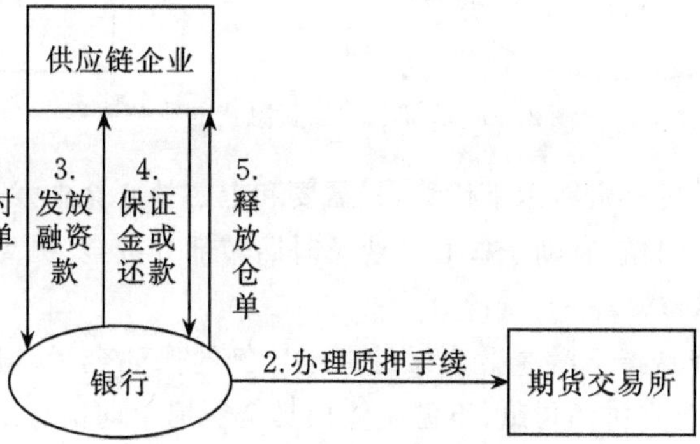

图2.9　标准仓单质押融资的业务流程

供应链企业实施标准仓单质押融资的手续较为简便,成本相对低廉。由于标准仓单具有很强的转换能力,所以即使出现违约情况,也比较容易进行变现,大大降低了银行实施融资的风险。

(三)预付账款类融资

由于供应链下游企业一般要向上游供应商预付账款,导致下游企业的资金就被长时间占用,如果是价值较高的产品交易,下游企业的资金有限,很有可能无法抵偿购买商品的流动资金。为解决这一问题,下游企业就要进行预付款融资,以某笔或者多笔预付账款进行融资。

预付账款类融资主要分为先票(款)后货融资、保兑仓融资、进口信用证项下未来货权质押授信、国内信用证融资等。

1.先票(款)后货融资

先票(款)后货融资是在核心企业与下游企业进行买卖关系的基础上,下游企业先缴纳一定比例的保证金后,将准备购买的货物向银行出质进行融资,并将资金支付预付款项,之后,银行根据下游企业的销售情况,通知行使监管职能的第三方物流企业逐步向下游释放质押物的授信业务。具体流程如图2.10所示。

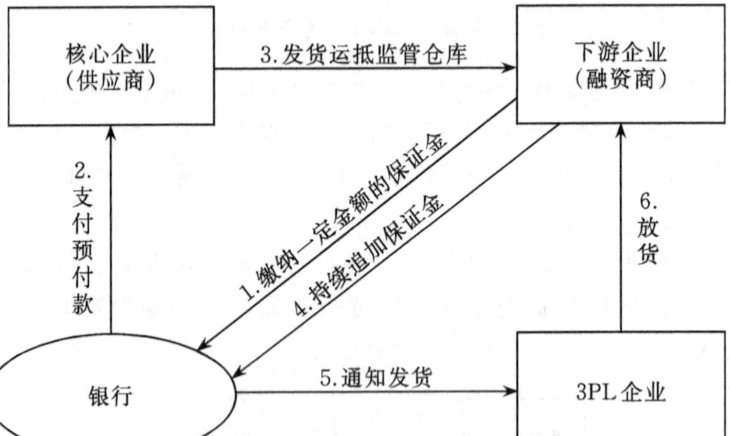

图2.10　先票(款)后货融资的业务流程

先票(款)后货融资有以下优势:只需要和上游核心企业发生业务往来,降低了下游企业的融资门槛;有助于核心企业及时回转部分资金,提高运作效率。

2.保兑仓融资

保兑仓融资是指下游企业先缴纳一定比例的保证金后,银行向下游贷出全额贷款,向核心企业支付预付款,下游企业出具全额提单向银行出质,之后,下游企业分批向银行提供保证金,银行分批次通知核心企业向下游企业发货。保兑仓融资又称为担保提货融资，或卖方担保买方信贷融资，是先票(款)后货融资的演进和转型。具体流程如图2.11所示。

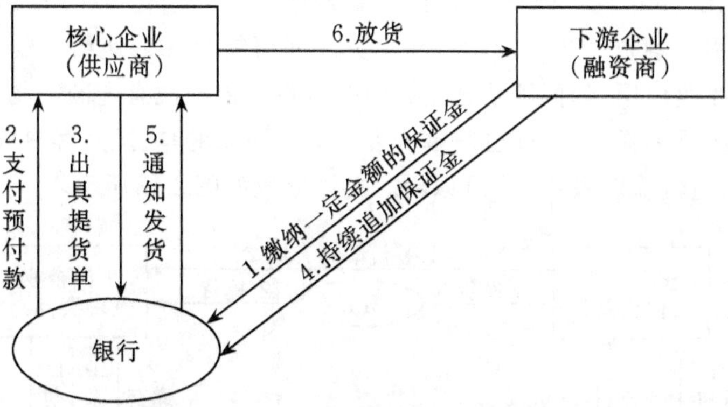

图2.11 保兑仓融资的业务流程

这一融资模式对客户的好处在于客户可以在淡季一次性付款，在旺季收货销售，淡季时价格较低，这样做就锁定了价格风险。这一融资模式对供应商的好处在于，增加了流动资金，增强了销售稳定性。这一融资模式对银行的好处在于，减小了风控难度，实现了质押物的变现。

3.进口信用证项下未来货权质押授信

进口信用证项下未来货权质押授信是指进口商向银行缴纳一定比例的保证金，银行为其开信用证，并通过控制信用证项下的货权来控制还款来源的一种融资方式。具体流程如图2.12所示。

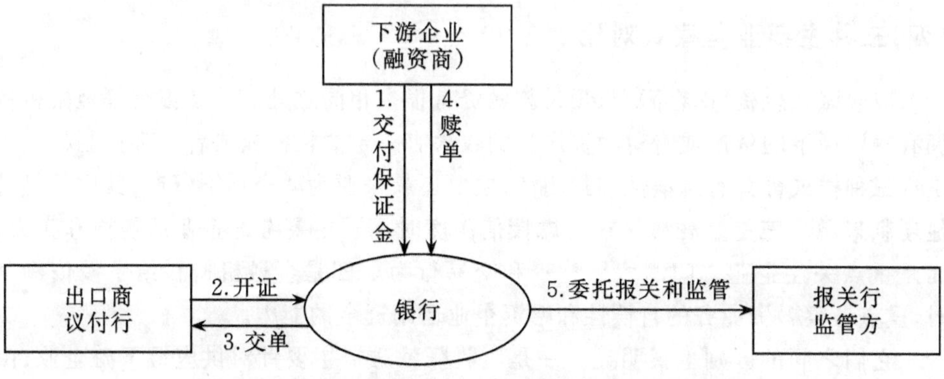

图2.12 进口信用证项下未来货权质押授信业务流程

如果客户出现没有其他质押物品的情况，只需要缴纳一定的保证金就可以对外开证采购，而且缴纳少量保证金就可以一次性进行大规模采购，从而获得不少的折扣。对银行而言，由于放松了对质押和担保的要求，增加了客户数量，而且控制了货权，银行的风险并未明显增加。

4.国内信用证融资

国内信用证融资指的是在国内企业之间的交易中,客户向银行申请,向销货商开出有一定金额、在规定时间内凭符合信用证条款规定的单据支付货款的书面承诺。

国内信用证融资解决了陌生的买卖方之间可能存在的违约问题,银行信用的保证替代了商业信用,降低了结算业务中的风险。由于没有金额限制,国内信用证模式下的交易更具弹性,手续也简单得多。值得注意的是,虽然客户申请的是延期付款信用证,但付款期限在6个月以内。具体流程如图2.13所示。

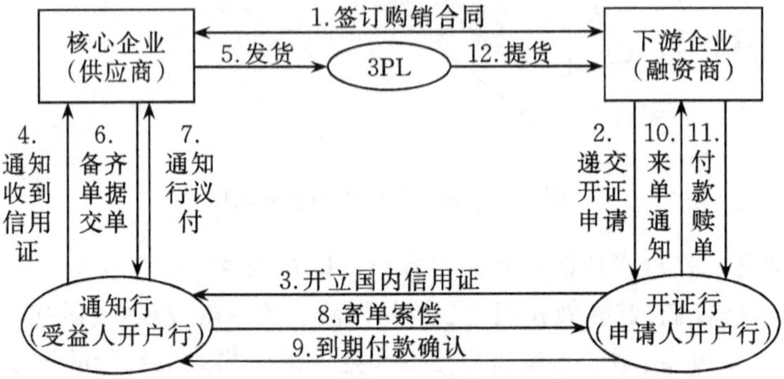

图2.13 国内信用证融资业务流程

这一融资模式对客户的好处在于:客户可以通过银行给的授信额度延期付款。这样做就不会占用自有资金,也提高了资金使用的效率。对卖方的好处在于:卖方按规定发货以后,几乎不存在拖欠和坏账的风险。对银行的好处在于:解决了企业的信用风险,更为有力地控制了货权。

(四)三种主要业务模式对比

应收账款融资、库存融资、预付款融资有很多相同之处。一是银行等金融机构拥有融资项下的资产或者对融资产生的收入有一定的控制权或者全部控制权。二是这三种模式都具有自偿性和封闭性,主要还款来源为融资项下资产,其次才是其他还款来源。三是金融机构在考虑授信额度时不再主要考虑企业的规模和实力,而是重点关注企业之间的贸易背景和交易行为。四是金融机构在给予授信额度时,重点考察融资业务的自偿性和融资企业运用资金的能力。

它们之间的区别也很明显。一是应收账款融资主要针对供应链下游企业,由于赊销账期较长,供应商的资金流紧张。二是库存融资的主要目的在于盘活在运物资以及产品储存在仓库占用的资金,最大化资金使用效率。三是预付款融资最大限度地减轻了企业一次性付款带来的资金压力,尤其是大额订单,企业往往难以承担一次性大额付款。这种融资模式帮助融资企业拿到了超过自身资金能力的订单,也提升了上游企业的销售能力。

第三章 CHAPTER 3

买方主导情景下的供应链融资均衡研究

一、引言

(一)研究背景

在拉式供应链中,零售商是主导者,它们在销售季节中仅向制造商采购一次,而制造商是从属者,它们必须管理库存并承担所有库存风险。在现存的文献中,拉式供应链通常被称为"从报摊处购买的零售商",例如寄售库存、供应商管理库存(VMI)和代发货(Cachon,2004)。例如,高端自行车制造商Trek公司愿意承担所有的库存成本,而零售商在了解到市场需求后才"一次性"下订单(Cachon,2004)。自从宝洁公司和沃尔玛公司之间的"企业再造"开始实践以来,VMI一直是许多大型零售商使用的成功商业模式之一(Cetinkaya和Lee,2000),如Home Depot、Amazon和阿里巴巴。

可惜的是,许多制造商往往规模小、资金有限并缺乏商业信用信息,无法向银行借到足够的资金来支持生产。根据Chen和Gupta(2014)的研究,数百万个小企业提供了美国所有工作岗位的60%~80%,但是43%的小企业主在过去四年中至少发生过一次资金受到限制的情况,并且无法获得任何融资。根据世界银行集团企业调查的报告,在135个国家的13万家企业中,27%认为"获得融资"是它们的一个关键业务限制(Bank,2016)。财务困境会进一步加重资金紧张的制造商的负担,特别是如果生产提前期很长,制造商必须在零售商的一个短期销售季节(例如,季节性和假期销售)之前生产并储存产品。

为了帮助解决制造商的财务困境,无息提前支付融资(以下简称"提前支付")已经成为传统银行融资的另一种选择。在提前支付中,零售商将为制造商提供足够的资本、预付批发成本以进行合同生产。例如,Costco、Amazon、Macy's和Walgreens等大型零售商通过C2FO融资平台来开展提前支付业务,帮助资金紧张的制造商融资(C2FO,2016)。2009年,沃尔玛制订了“供应商联盟计划”,承诺提前60天向合格的供应商付款(O'Connell,2016);2015年,沃尔玛还将提前支付扩大至约10000家可靠供应商,这些供应商可以通过提前支付软件在10天内获得资金(Green,2015)。据Marks(2016)报道,2015年以来,Home Depot也通过“Taulia供应链金融系统”向其制造商提前付款。京东是中国最大的在线B2C零售商(据称,2018年其净营收为672亿美元),也为其制造商提供了早期信贷。Chen等(2016)指出,2013年以来,京东金融每年向供应商提供超过300亿元人民币的预购信贷。据世界银行估计,虽然银行融资占企业融资的35%~40%(5.5万亿~6.4万亿美元),但预付资金约占2008年所有贸易融资总额的19%~22%(3万亿~3.5万亿美元)(Chauffour和Malouche,2011)。然而,为了获得提前支付,制造商别无选择,只能根据零售商的要求而牺牲一定比例的提前支付折扣。例如,沃尔玛在其提前支付中要求2%的折扣(Green,2015)。

在实践中,还有另一种可供选择的买家融资方式。一些零售商不提供提前支付,而是通过其融资子公司向制造商收取预付款利息,作为贷款。例如,京东还利用其保理融资分公司京东金融,向其制造商提供固定利率贷款(Chen等,2016)。亚马逊还通过亚马逊贷款计划向其小供应商提供贷款(Chen和Gupta,2014)。与传统保理融资不同,京东金融和亚马逊借贷主体是各自母公司(内部)的第三方融资机构,我们将这种预付款称为内部保理融资。

从数学上讲,我们会发现,通过将内部保理的利率设置为零,忽略分支融资公司的设置成本(例如额外的员工和许可开支),可以将提前支付视为内部保理的一个特例。为了关注正利率的影响,我们假设设置成本为零。然而,这并没有消除内部保理融资与提前支付的实际差异,可以表现为以下几个方面。在会计中,提前支付是零售商向制造商购买商品的预付款,而内部保理融资是一种贷款。在运作程序上,提前支付是订单支付的一部分,不会经过贷款的过程。相比之下,内部保理必须经过贷款流程。因此,内部保理融资通常发生在零售商同时拥有相应授权的融资子公司的情况中,而只要零售商有足够的资金提前支付订单,就会发生提前支付。在利率方面,提前支付不需要利率,而内部保理融资的利率通常为正值。

从理论上讲,现有的文献并没有证明提前支付和内部保理是否总是比银行融资更有效,尽管在实践中,零售商实际上对谁提供融资服务是有选择性的。现有文献也没有提及,通过收取正利率(即使设置成本为零),将提前支付转为内部保理融资是否总是有益的。因此,目前还不清楚零售商是应该提供提前支付还是提供内部保理,尤其是在制造商也可以获得银行融资的情况下。如果答案是肯定的,那么与银行融资相比,零售商在什么条件下能够在提供无息提前支付或内部保理时获得更多的利润?假设内部保理融资的设置成本为零,那么零售商是否也应该对预付款收取正利息,并且选择内部保理而不是提前支付?如果是,最优利率是多少?

其他因素,如相同的批发价格或需求变化,将如何影响零售商的融资均衡策略?

(二)主要结论与贡献

为了回答上述研究问题,我们考虑了一个典型的买方主导的供应链模型,其中资金约束的制造商通过资金充裕的零售商销售某种产品。制造商可以采用银行融资方式向银行借款,也可以通过提前支付或内部保理的方式向零售商借款(请参见模型部分中的图3.1)。在本章的研究中,首先分别对银行融资和提前支付进行了分析,并分别描述了其最优解,然后将提前支付与内部保理融资进行比较。

与银行融资相比,由于零售商通过提前支付融资与制造商分担部分不确定性风险,因此提前支付在协调供应链方面表现出更好的风险分担机制。研究发现,只要制造商的生产成本不太高,零售商更喜欢提前支付融资而不是银行融资。对零售商来说,消极的一面是,如果制造商因为需求低或生产过剩而违约,那么提前支付将把财务风险转移给零售商。从积极的一面看,提前支付可以让零售商获得更低的批发价格,此外,制造商可能会提高产量,而无须支付利息。如果生产成本足够低,零售商的财务风险就会大大降低,因此批发价格低、生产数量多的好处就会更明显。

然而,零售商有动机在提前支付下设定极低的批发价格,因此,与银行融资相比,制造商和整个供应链都可能在提前支付下变得更糟。银行融资的可行性可以用来制衡提前支付,因此零售商必须提高批发价格,以吸引制造商采用提前支付融资。我们的分析表明,存在一个批发价格帕累托区域,在该区域中,仅当制造商的生产成本足够低,两家公司在使用提前支付时才都可以变得更好。即使零售商的利润因为与银行融资的竞争而下降,但是制造商因为利润率的提高而生产的更多,这就导致整个供应链的利润更高。这一观察表明,来自银行融资的竞争迫使零售商在提前支付时将部分利润让渡给制造商,从而使整个供应链能够更好的协调。

为了解释无息承诺在提前支付中的优势,我们将其与具有正利息的内部保理融资进行了比较。与银行融资相比,内部保理融资显示出零售商整合财务和运营决策的好处。但两种融资方案都不可能总是占主导地位,而提前支付无利息的预付承诺可以胜过内部保理的正利息。特别是当生产成本较低时,提前支付超过内部保理(如果内部保理的设置成本不为零,则收益会增加);然而,随着生产成本的增加,内部保理的吸引力越来越大,最终优于提前支付。其背后的原因是,当生产成本较低时,企业的利润率较高,因此它们对生产数量的变化更为敏感。由于事前利息收益与事后需求不确定性无关,因此利息收益的风险分担效果低于批发价格折扣。向制造商收取正利息更有效地提高了成本,从而减少了产量。当生产成本较低时,在内部保理中,较低的生产数量和较高的批发价格对零售商的负面影响超过了较高的利息收入带来的收益,因此以提前支付为主。当生产成本较高时,正利率效应大于负批发价格效应和生产数量效应,内部保理优于提前支付。

虽然提前支付和内部保理都被认为是比银行融资更好的风险分担机制,但是对内部保理(利率效应)而言,较低的批发价格(批发价格效应)和一个更大的生产数量(生产数量效应)随制造商的生产成本而变化,因此零售商应相应调整其利益策略。当生产成本高时,在内部保理中征收利率的利益大于提前支付中的批发价格和生产数量利益,因为零售商可以获得即时利益,而批发价格和生产数量的调整范围狭窄引起高生产成本。一般情况下,零售商的最优利率在达到上限前随着制造商的生产成本增加而增加,而在银行融资模式中,零售商的最优利率反而随着生产成本的降低而降低,从而保证制造商的保留利润。

综上所述,当生产成本较低时,内部保理的最优利率为零。然而,这一潜在的结果是基于两个融资流程相同且内部保理设置成本为零的假设,考虑到零售商必须雇用额外的员工来处理保理业务并为此获得融资许可,这一假设不可能成立。这可能解释了为什么在实践中我们没有观察到无息的内部保理。

我们还将分析扩展到这样一个场景:零售商将在所有三个融资方案中要求相同的(统一的)批发价。我们的分析表明,在生产成本较低的情况下,无论是提前付款还是内部保理,都将优于银行融资,反之亦然。在生产成本较低的情况下,如果批发价格较低,则以提前支付为主;随着批发价格的上涨,内部保理和银行融资依次占据主导地位。与基准模型一样,零售商仍然可以通过调整相同的批发价格水平来决定是提供提前付款还是内部保理来主导其融资均衡选择。在另一个扩展中,我们观察到,由于制造商利用风险分担机制在提前支付中过度生产,随着需求变化的增加,提前支付的融资均衡区域缩小。

本章的研究有以下几个方面的学术贡献。第一,它是有关买方主导供应链中预付款的少数研究之一,并且从不同的角度进行了研究。虽然现有的文献把预付款作为一种贷款,但本章的内容关注的是无息提前支付,这不是一种贷款,当制造商的生产成本较低时,它的表现优于银行融资。第二,本章进一步将提前支付与贷款式的内部保理进行了比较,发现当制造商的生产成本足够低时,提前支付的效果优于内部保理;否则,内部保理融资具有优势。相应的最优利率随着生产成本的增加先增大后减小。虽然理论上零售商可以在生产成本较低的情况下对内部保理融资不收取利息,但由于内部保理融资与提前支付的流程差异以及各种设置成本,使得提前支付在实践中更具吸引力。第三,如果零售商在所有三种融资方案中都能获得相同的批发价格,我们的主要研究结果就能维持不变。研究还表明,随着需求变化的增加,提前支付的相对优势可能会下降。

二、相关文献分析

本章的研究是结合供应链金融和拉式供应链的相关文献进行的。第一个相关的研究方向是银行融资。例如,Xu和Birge(2004)分析了一个报童模型,说明了有限的预算和资本结构如何影响企业的库存决策。Buzacott和Zhang(2004)使用报童模型研究库存决策和基于资产的融资之间的相互作用。Dada和Hu(2008)考虑了一个资本约束的报童可以从银行借款的情况,进而研究了可以实现渠道协调的条件。Caldentey和Haugh(2009)研究了零售商预算受限的两级供应链,研究了代理商之间不同类型的采购契约(批发契约、弹性契约、带有套期保值的弹性契约)。Chen等(2013)基于报童模型,比较了三种不同的支付方案,发现支付方案可以导致不同的库存决策。本章也对银行融资进行了研究,但仅将其作为一个基准案例。

第二个相关的研究方向是贸易信贷,即资金充裕的制造商可以向资金紧张的零售商提供贸易信贷。例如,Kouvelis和Zhao(2012)比较了供应商融资和银行融资,得出供应商融资优于银行融资的结论。与Kouvelis和Zhao(2012)不同的是,我们研究了拉式供应链中零售商的提前支付,并假设当制造商向银行借款时,零售商不能强迫制造商在买方融资条件下使用相同的批发价格。Caldentey和Chen(2009)在他们的研究背景下得出了与Kouvelis和Zhao(2012)相似的结论,但是Kouvelis和Zhao(2012)以及Caldentey和Chen(2009)之间的显著差异在于,后者从预算限制来限制零售商的订购决策和零售商宣布破产的可能性,这个约束限制了供应商的破产风险。Cai等(2014)研究了零售商在道德风险下同时使用银行信贷和贸易信贷时的融资策略,并使用实证数据来验证他们的理论结果。Jing等(2012)研究了制造商通过资金约束的零售商进行销售的模型,发现银行信贷和贸易信贷在一定条件下都可以实现融资均衡。Peura等(2017)证明了在伯特兰德竞争框架下,贸易信贷可以缓和价格竞争。Zhou和Groenevelt(2007)通过大量的数值研究表明,虽然制造商对贸易信贷的偏好较弱,但对整个供应链和零售商而言,银行信贷更为可取。与贸易信贷研究文献不同的是,在我们的模型中,制造商的资金不够充裕,而是资金受限。相反,资金充裕的零售商以相反的角色向制造商提供财务援助。

第三个相关的研究方向是拉式系统。近几十年来,越来越多的实施集中管理的大型"强势零售商",如连锁超市、大宗商品零售商、批发俱乐部和"品类杀手",在市场上占据着越来越重要的主导地位。因此,人们提出了许多理论来研究这些强大的下游零售商。例如,Cachon(2004)比较了三种不同的运营方式,即推式、拉式和提前购买折扣,以研究运营方式对库存风险分配的影响。在拉式系统中,零售商作为领导者决定批发价格。Raju和Zhang(2005)在零售商主导的情况下考虑了一个渠道模型,研究制造商如何通过数量折扣或两部付费来最优地实现渠道协调。Ge和Qiu(2007)描述了以下供应链配置:推式或拉式库存体系、两个或多个阶段、串行或装配系统。Dong和Zhu(2007)说明了在双批发价格契约(two-wholesale-price contract)下,供应商和零售商之间如何转移或共享库存决策权和所有权,从而产生推式、拉式或提前购买折扣契约。Wang等(2014)也比较了推式契约和拉式契约下的两种外包结构。Yang等(2018)研究了风险规避态度对推式、拉式契约的影响,发现当供应商的风险规避程度足够高时,推式契约在整个供应链中的表现优于拉式契约。我们的模型类似于这些拉式供应链,然而本章区别于以上文献的主要地方是考虑了融资决策。

供应商融资是第四个也是最相关的研究方向。Tunca和Zhu(2017)建立了一个理论模型来比较传统的银行融资和供应商融资中的买方中介(BIF),并证明BIF会导致批发价格下降和订单数量增加。Tanrisever等(2015)从理论上研究了逆向保理的价值创造机制,揭示了逆向保理契约对上游资金紧张的中小企业供应商的价值。

目前,有相关的几篇论文考虑了含买方融资的拉式供应链模型。Reindorp等(2015)构建了"向报童购买"的模型,研究了采购订单融资的融资均衡,其中零售商作为领导者决定对小供应商的采购订单承诺的条款,小供应商通过库存决策做出回应,研究还进一步考虑供应商的事前信用额度和信息透明度如何影响融资均衡。Chen和Gupta(2014)考虑了一个模型:供应商通过零售商的网络平台进行销售,零售商向供应商收取一个固定的佣金。他们比较了四种不同的融资类型——承诺型融资、直接融资、承诺型银行融资、直接承诺型银行融资,结论是,贸易融资改善了供应链的绩效,特别是当供应商的初始资本较多时,零售商会做出承诺。与Chen和Gupta(2014)以及Reindorp等(2015)类似,本章也采用了"向报童购买"的模型。不同的是,我们研究了无息下的提前支付融资,并考察了制造商的生产成本对零售商融资均衡的影响,这并不是以上模型的重点。此外,我们还采用了贷款型内部保理来减少提前支付,并证明了两种融资方案都能成为赢家。我们进一步描述了何时在何种水平上最优地实施利率的条件。

Tang等(2015)的研究与本章内容密切相关,特别值得一提。Tang等(2015)研究了供应商(Stackelberg跟随者)、制造商(Stackelberg领导者)和银行之间的交互,分析了信息如何影响采购订单融资(POF)和买方直接融资(BDF)这两种融资方案的相对效率。从理论上讲,采购订单融资类似于银行融资,买方直接融资类似于内部保理融资。但是,他们的模型和我们的模型在很多方面是不同的。首先,对于可操作性,他们的模型假设"制造商所面临的需求是已知的,并且被标准化为1,而不会失去一般性";我们假设需求是随机的,遵循一般的概率分布函数,这在报童模型相关文献中是典型的。其次,他们的模型关注的是供给风险和信息不对称,而我们的模型关注的是提前支付的价值，以及在需求不确定性下何时选择哪种融资方案。第三，他们发现，当制造商和银行拥有对称信息时，无论制造商在买方直接融资下的优势如何，采购订单融资和买方直接融资对各方的收益是相同的。他们由此认为，只有在信息不对称的情况下，采购订单融资和买方直接融资才可以相互超越。而我们的分析表明，即使在对称信息下，根据生产成本水平，在需求不确定的情况下，提前支付/内部保理或银行融资也可以相互超越。第四，他们主要对POF与BDF进行比较，而我们首先提前支付与银行融资进行比较，然后将内部保理与银行融资进行比较，最后将内部保理与提前支付进行比较。

三、模型描述

本章考虑一个买方主导的供应链，其中上游供应企业（以下简称制造商）的资金有限，下游买方企业（以下简称零售商）的资金充裕，制造商通过零售商在市场中销售产品。制造商以每单位 w 的采购（批发）价格销售产品，而零售商以 p 的零售价格销售产品。与大多数报童模型一致（如Cachon，2004），为了便于下文的模型处理，p 被认为是外生的。制造商的单位生产成本为 c，单位产品残值为 v，其中 $v < c$，制造商没有生产无限产品的动机。为了避免复杂化，我们假设 $p \geqslant w \geqslant c$。

我们考虑了一个单周期、拉式的报童模型，如Cachon（2004），Chen和Gupta（2014），Dong和Zhu（2007），Ge和Qiu（2007），Wang等（2014）和Yang等（2018）。这里假设零售商是领导者并且首先决定批发价格，随后制造商（跟随者）决定生产数量。这里反映了零售商具有销售季节（例如季节性或假日销售）的情况，但制造商具有较长的生产周期并且只有唯一的生产机会，因此制造商必须生产和储存。在需求实现之后，产品有可能超过零售商的订单。零售商和制造商都是风险中性的，并试图最大化自己的利润。

假设需求 D 是随机的，服从 $f(D)$ 的概率分布函数和 $F(D)$ 的累积分布函数。需求分布具有递增的失败率（IFR）特性，失败率 $h(D)=f(D)/\bar{F}(D)$，其中 $\bar{F}(D)=1-F(D)$。根据Kouvelis和Zhao（2012）以及Zhou和Groenevelt（2007）的研究，本章假设需求分布的失败率 $h(D)$ 随 D 的增大而增大，且在支撑面上呈凸形。设 Q 为制造商的生产数量，$H(Q)=Qh(Q)$，设 $\tilde{Q}$ 满足 $H(\tilde{Q})=1$ 的阈值点。为了便于操作，我们假设制造商的初始运营资金为零，并且必须依靠外部资源来支付生产成本，即 cQ。

有三种方案可以为制造商的运营提供资金。在第一种融资方案的银行融资中，制造商从第三方金融机构（如银行）借款。根据银行融资文献中的惯例，我们假设银行处于一个竞争激烈的融资市场，r_f 为无风险利率，为简便起见，将其标准化为零。

在第二种融资方案即无息提前支付融资中，制造商提前向零售商收取部分货款(会计上的预付款)来支付生产成本。提前支付帮助了许多缺乏信誉或信用记录的小型或初创制造商，没有银行会向它们提供融资，这并不罕见(Bank,2016)。在实践中，提前支付不是贷款，因为没有对付款施加利率，而且提前支付只是要支付给制造商的批发收入的一部分。制造商在产品交付给零售商时收取剩余的货款。

我们进一步讨论了另一种买方融资机制，内部保理融资，其中零售商以 r_I 为正利率向制造商提供贷款，贷款规模为 cQ 以保证生产。从数学上看，提前支付是内部保理融资的一个特例，然而与提前支付融资不同，内部保理融资的利率通常为正值(de Booth等,2015;Chen等,2016)但我们并没有在实践中观察到无息的内部保理。为了研究提前支付和内部保理之间的利息差异，我们假设任何设置成本或许可费用为零，并且只将其作为提前支付和内部保理之间的关键因素。

$i=b,e,I$，分别表示银行融资、提前支付融资和内部保理融资。例如，w_b表示银行融资下的批发价格。我们令Π，Ω和Γ分别代表制造商、零售商和整个供应链的期望利润。

我们用图3.1来描述这些融资模式中的事件序列。在开始时，零售商提供采购订单，并决定是否提供无息的提前支付或内部保理融资(利率为正值)。如果零售商不提供提前支付或内部保理融资，制造商必须选择银行融资。因此，零售商作为领导者，为每个融资方案 i 提供一个购买价格 w_i，制造商确定生产数量 Q_i，然后银行根据公平定价规则提供银行融资的利率 $r_b(Q_b, w_b)$。在结束时，需求实现了，零售商清算收入，并支付制造商剩余的付款，即 $w_iS(Q_i)$减去贷款或提前支付，其中 $S(Q_i)=\mathrm{E}\min[D,Q_i]$。如果产品库存过多，制造商还将获得 $v\mathrm{E}(Q_i-D)^+$ 剩余收益。在银行融资中，制造商偿还银行贷款。综上所述，贷款人在融资方案 i 中的总投资收益为 $\mathrm{E}\min[w_i\min[Q_i,D]+v\mathrm{E}(Q_i-D)^+, c(1+r_i)Q_i]$。

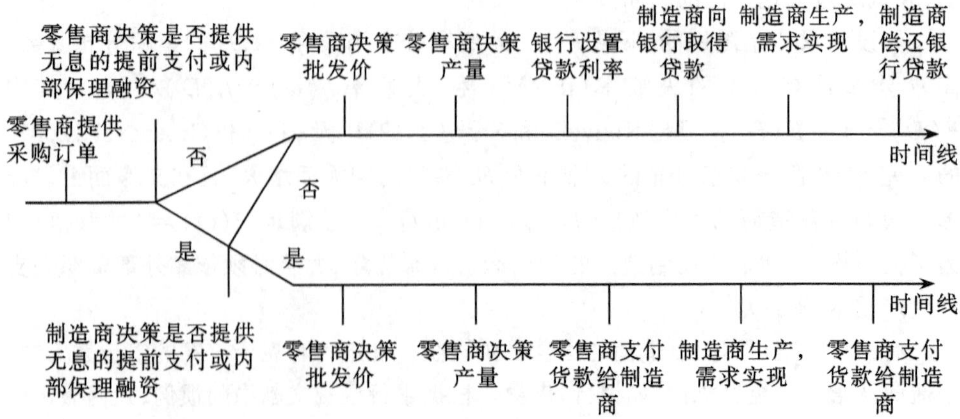

图3.1　不同融资模式中的事件序列

为了让模型具有可行性,我们假设所有公司的利润必须是非负的,对子对策的完全均衡反推求解。我们假设一个打破平局的规则,由于上述设置成本,当两者之间没有差异时,零售商将选择提前支付而不是内部保理融资。

我们首先重点比较提前支付和银行融资,然后研究内部保理。为了强调我们的定性结果的稳定性,我们还考虑了零售商在不同融资方案中要求统一或相同的批发价格的情况。我们首先考虑了一个没有资本约束的集中式供应链作为基准。当$Q=Q^0$时,整个供应链的利润$\Gamma(Q)=(p-v)\mathrm{S}(Q)-(c-v)Q$,达到最大值,其中$Q^0$满足$(p-v)\bar{F}(Q^0)=c-v$。表3.1列出了本章模型所使用的符号及其含义。

表3.1 本章模型所使用的符号及其含义

符号	含义
p	零售价
c	制造商的单位生产成本
v	单位产品残值
i	b,e,I分别表示银行融资、提前支付和内部保理融资
w_i	$i=b,e,I$时的批发价格,w_i^*是均衡时的批发价格
D	不确定市场需求的随机变量 $f(\cdot)$和$F(\cdot)$分别为密度和累积概率函数
$\bar{F}(Q)$	$\bar{F}(Q)=1-F(Q)$
$h(Q)$	$h(Q)=f(Q)/\bar{F}(Q)$
$H(Q)$	$H(Q)=Qh(Q)$
$(x)^+$	$(x)^+=\max[x,0]$
Q	生产数量
$S(Q)$	$=\mathrm{E}\min[D,Q]$
$J(Q)$	$=1+\dfrac{h(Q)S(Q)}{\bar{F}(Q)}$
$V(Q)$	$=Q\bar{F}(Q)$
$L_e(Q)$	$=\dfrac{(c-v)Q_e}{(w_e-v)}$
$L_I(Q)$	$=\dfrac{[c(1+r_I)-v]Q_I}{(w_I-v)}$
$Y(Q)$	$=\int_0^Q D\mathrm{d}F(D)$
$\tilde{Q}$	满足$H(\tilde{Q})=1$

续表

符号	含义
Q^0	满足$(p-v)\bar{F}(Q^0)=c-v$
$\Gamma^0(c)$	$\Gamma^0(c)=(p-v)S(Q^0)-(c-v)Q^0$
r_f	无风险利率,$r_f=0$
r_i	融资方案 i 的利率,$i=b,e,I$,r_i^*是最优利率
$\hat{r}_I$	满足$\pi_I(Q_I^*,w_I=p,\hat{r}_I)=Q_b^*$
$\hat{r}_I^M$	满足$\Omega_I^M(Q_i^*,w_I^M(\hat{r}_I^M))=\Omega_I(Q_i^*,w_I^M(0))$
Q_i	融资方案 i 的生产数量
$Q_i^* w_i$	在融资方案 i 中,给定批发价格 w_i 的最优生产数量
$\Pi_i(Q_i,w_i)$	制造商的利润,$i=b,e,I$,π_i^*是均衡时制造商的利润
$\Omega_i(Q_i,w_i)$	零售商的利润,$i=b,e,I$,Ω_i^*是均衡时零售商的利润
$\Gamma_i(Q_i,w_i)$	整个供应链的利润,$i=b,e,I$,Γ_i^*是均衡时整个供应链的利润
$\bar{c}_i$	$=\dfrac{(p-v)\bar{F}(\tilde{Q})}{1+2\bar{F}(\tilde{Q})},\bar{c}_b=\dfrac{(p-v)\bar{F}(\tilde{Q})}{J(\tilde{Q})+v}$
c^0	$c^0=(p-v)\bar{F}(\tilde{Q})+v$ 且 $c^0\in(\max[\bar{c}_e,\bar{c}_b],\check{c})$
$\check{c}$	$\check{c}=(p-v)S(\tilde{Q})/\tilde{Q}+v$
$\dot{c}_i$	满足$\Gamma_i(\tilde{Q})=\Omega_b^*(c)$,$i=e,I$,$\dot{c}_i\in(\max[\bar{c}_e,\bar{c}_b],\check{c})$
$w_i^M(c)$	满足$\Pi_i(Q_i^*,w_i^M(cQ_i^*))=\Pi_b^*$,$i=e,I$
$w_i^R(c)$	满足$\Omega_i(Q_i^*,w_i^R(c))=\Pi_b^*$,$w_i^R(c)\in(Q_i^*,p)$,$i=e,I$
$\hat{c}_i$	满足$w_i^M(\hat{c}_i)=w_i^R(\hat{c}_i)$,$\hat{c}_i\in(v,\dot{c}_i)$,$i=e,I$
$\ddot{c}_e$	满足$\Gamma_e^*(\ddot{c}_e)=\Gamma_b^*(\ddot{c}_e)\in(\max[\bar{c}_e,\bar{c}_b],\dot{c}_e)$
$\hat{c}_1$	满足$[w_I^M(\hat{r}_I)-v]\bar{F}(Q^0(c))=[c(1+\hat{r}_I)-v]\bar{F}(L_I(Q^0(c)))$
$\hat{c}_2$	求解$\Omega_I(Q_I^*,w_I^M(\hat{r}_I))=\Omega_I(Q_I^*,w_I^M(r_I=0))$
$\hat{c}_3$	求解$(w_I^M-v)\bar{F}(Q^0(c))=(c-v)\bar{F}(L_I(Q^0(c)))$

四、银行融资与无息提前支付的融资均衡

如果提前支付没有利息,那么重要的管理问题是提前支付是否对零售商有利。为了分析这个问题,本节聚焦提前支付,并将其与银行融资进行比较。我们研究了一个孤立的情况下的无息提前支付,其中零售商不提供内部保理贷款给制造商。这种情况是符合现实的,即如果零售商不具备贷款融资能力(例如没有许可证),而只能预先支付一部分货款给制造商,以提前进行生产。如果零售商提前支付给制造商,制造商将选择提前支付或银行融资。在本节中,我们将从银行融资和提前支付融资的独立案例入手,然后进行比较。

(一)银行融资

如果零售商不提供提前支付或制造商拒绝接受提前支付,则制造商将设法从银行贷款。在银行融资中,零售商首先选择批发价 w_b,接着制造商选择生产数量 Q_b。然后,资金紧张的制造商从银行贷款,即 cQ_b,来生产 Q_b 单位的产品。

由于银行市场完全竞争即 $r_f=0$,银行通过贷款给零售商获得的预期利润为零。对于制造商选择的任何 Q_b(或等效的贷款规模 cQ_b),利率 r_b 等于银行的预期回报与其贷款成本。类似于大量关于银行融资的文献(Jing 等 2012;Kouvelis 和 Zhao,2012),银行根据以下定价公平的方程确定利率:

$$\mathrm{Emin}\left[w_b\min[D,Q_b]+v(Q_b-D)^+,c(1+r_b^*)Q_b\right]=cQ_b \tag{3.1}$$

制造商的决策问题如下:

$$\max_{Q_b}\Pi_b(Q_b)=\mathrm{E}\left[w_b\min[D,Q_b]+v(Q_b-D)^+-c(1+r_b^*)Q_b\right]^+ \tag{3.2}$$

把公式(3.1)代入公式(3.2),我们可以得到制造商的利润函数如下:

$$\Pi_b(Q_b)=\mathrm{E}\left[w_b\min[D,Q_b]+v(Q_b-D)^+\right]-\mathrm{Emin}\left[w_b\min[D,Q_b]+v(Q_b-D)^+,c(1+r_b^*)Q_b\right]=(w_b-v)S(Q_b)-(c-v)Q_b$$

零售商的利润函数可以写成 $\Omega_b(w_b)=(p-w_b)S(Q_b)$。求解 $\Pi_b(Q_b)$ 的一阶条件,得到制造商的最优生产水平 Q_b^*,它满足 $\bar{F}(Q_b^*)=(c-v)/(w_b-v)$。基于 Q_b^* 和 w_b 之间的一一映射,我们得到 $w_b=\dfrac{(c-v)}{\bar{F}(Q_b^*)}+v$。下面的结论描述各方在银行融资下的均衡解。

【引理 3.1】 考虑银行融资,我们有:

(1)制造商的最优生产量 Q_b^* 满足 $(p-v)\bar{F}(Q_b^*)=(c-v)J(Q_b^*)$。

(2)零售商的最优批发价 $w_b=\dfrac{(c-v)}{\bar{F}(Q_b^*)}+v$。

(3)银行的最优利率r_b^*满足$S\left(\frac{(1+r_b^*)c-v}{c-v}V(Q_b^*)\right)=V(Q_b^*)$。

因为银行的预期利润为零(即$r_f=0$),制造商使用银行融资的预期成本与使用自有资本的预期成本相同。从零售商的角度来看,在银行的帮助下,资金受限的制造商表现得像一个拥有充足资金的制造商,这与现存文献中竞争银行市场将制造商的财务决策与经营决策分开的观点是一致的(如Kouvelis和Zhao,2012)。

虽然银行融资对制造商和零售商都有好处,但这种好处受到制造商生产成本的影响。

【推论3.1】 在银行融资下,零售商的利润和整个供应链的利润($\Omega_b^*(c)$和$\Gamma_b^*(c)$)随着生产成本的增加而减少($c\in(v,p]$)。

由于批发价格随着生产成本的增加而增加,零售商的边际利润随着生产成本增加而降低。即使批发价格上涨,制造商的边际利润也随着生产成本递增。于是,制造商的产量下降。因此,零售商和整个供应链的利润随着生产成本的增加而减少。

(二)无息提前支付融资

在提前支付中,零售商首先设定采购价格w_e,然后制造商决定生产Q_e,零售商提前支付cQ_e作为预付款给制造商。需求实现后,零售商收到$p\min[D,Q_e]$的收入,并将剩余的款项$(w_e\min[D,Q_e]-cQ_e)^+$支付给制造商。为了简单起见,我们使用以下符号:$L_e(Q_e)=\frac{(c-v)Q_e}{(w_e-v)}$和$Y(Q_e)=\int_0^{Q_e}D\mathrm{d}F(D)$。然后,我们可以将制造商在无息提前支付融资下的利润函数重写为:

$$\begin{aligned}\Pi_e(Q_e,w_e)&=\mathrm{E}[w_e\min[D,Q_e]+v(Q_e-D)^+-cQ_e]^+\\&=(w_e-v)[Y(Q_e)-Y(L_e(Q_e))+V(Q_e)-V(L_e(Q_e))]\end{aligned}\tag{3.3}$$

求解制造商的最优生产数量,得到以下结果。

【引理3.2】 考虑无息提前支付且给定的w_e,我们有:

(1)制造商的最优产量Q_e^*为:当$w_e>c$,$(w_e-v)\bar{F}(Q_e^*)=(c-v)\bar{F}(L_e(Q_e^*))$;当$w_e=c$,$Q_e^*=\tilde{Q}$。

(2)Q_e^*随w_e增加且$Q_e^*\geqslant\tilde{Q}$。

引理3.2表明,对于任意给定的w_e,制造商都能获得唯一的最优产量。将Q_e^*代入式(3.3),可以将制造商的收益函数改写为:

$$\Pi_e(Q_e^*,w_e)=(w_e-c)[Y(Q_e^*)-Y(L_e(Q_e^*))]\tag{3.4}$$

零售商的利润函数为:

$$\begin{aligned}\Omega_e(Q_e^*,w_e)&=(p-v)S(Q_e^*)-(c-v)Q_e^*-\\&\quad \mathrm{E}\left\{(w_e-v)\min[D,Q_e^*]-(c-v)Q_e^*\right\}^+\\&=(p-w_e)S(Q_e^*)-(c-v)Q_e^*+\\&\quad \mathrm{E}\min[(w_e-v)\min[D,Q_e^*]-(c-v)Q_e^*]\\&=(p-w_e)S(Q_e^*)+(w_e-v)Y(L_e(Q_e^*))-(c-v)Q_e^*F(L_e(Q_e^*))\end{aligned}\tag{3.5}$$

基于公式(3.4)和(3.5),我们可以获得整个供应链的利润为$\Gamma_e(Q_e^*,w_e)=(p-v)S(Q_e^*)-(c-v)Q_e^*$和以下性质。

【引理3.3】 考虑无息提前支付,我们有:

(1)$\Pi_e(Q_e^*,w_e)$随着w_e单调递增;

(2)$\Omega_e(Q_e^*,w_e)$是关于w_e的单峰函数;

(3)$\Gamma_e(Q_e^*,w_e)$是关于w_e的单峰函数。

显然,随着批发价格的增加制造商会产生更高的利润率,从而增加制造商的利润。引理3.3还揭示了零售商的利润是一个关于w_e的单峰函数。这是因为当w_e足够小的时候,随着批发价的增大,零售商可以从制造商那里获得更多的产量。但是,随着批发价的大幅上涨,这种好处会逐渐减少,从而掩盖了扩大生产的好处。作为博弈的领导者,零售商可以确定其唯一的从制造商处采购的最优批发价。

零售商的最优批发价和制造商的最优生产量可以用下面的定理进一步刻画。

【定理3.1】 考虑无息提前支付,我们有:

(1)存在生产成本阈值点$\bar{c}_e=\dfrac{(p-v)\bar{F}(\tilde{Q})}{1+2\bar{F}(\tilde{Q})}+v$,若$v<c\leqslant\bar{c}_e$,零售商的最优批发价$w_e^*$满足$\dfrac{\mathrm{d}\Omega_e(Q_e^*,w_e)}{\mathrm{d}w}=0$;否则,若$\bar{c}_e<c\leqslant p$,有$w_e^*=c$。

(2)最优订货量Q_e^*和零售商的最优利润Ω_e^*随着c递减。

定理3.1揭示了当制造商的生产成本显著提高时($\bar{c}_e<c\leqslant p$),我们得到$w_e^*=c$,因此零售商从制造商那里榨取所有剩余利润。这一结果的出现是因为,假设生产成本相当高,零售商的利润率极低,但如果制造商违约(由低的市场需求引起的),零售商则必须承担所有财务风险。在这种情况下,制造商的预期收益为零($\Pi_e^*=0$),零售商获得所有供应链利润$\Omega_e^*=\Gamma_e(\tilde{Q})=(p-v)S(\tilde{Q})-(c-v)\tilde{Q}$。当生产成本较低时($v<c\leqslant\bar{c}_e$),零售商给制造商一个正的利润率。随着$c$增加,零售商的最优利润$\Omega_e^*$减少。事实上,如果制造商的生产成本超越$\bar{c}_e$,达到一个更高的阈值点$\breve{c}=(p-v)S(\tilde{Q})/\tilde{Q}+v$,零售商也不会获得利润。如果$c\in(\breve{c},p]$,有$\Omega_e^*\leqslant 0$。很明显,如果制造商的生产成本太高,零售商就没有动力提前支付($c>\breve{c}$)。背后的原因是,当生产成本高时,零售商要求的批发价格等于生产成本,这样制造商无法获得利润。制造商因此变得更加追求风险，保持相对较高的生产水平，在高需求或违约的情况下以赚取正利润，伤害零售商。

【推论3.2】 存在一个唯一的点 $c^0=(p-v)\bar{F}(\tilde{Q})+v$，当 $c=c^0$，无息提前支付协调整个供应链（即 $\Gamma^0(c^0)=\Gamma_e^*(c^0)$）。

推论3.2表明，制造商在生产过程中的冒险行为可以在提前支付中获得最好的结果（一个完美的协调效果），而这在银行融资中是不会发生的。总的来说，在生产成本不高也不低的情况下，提前支付的协调效果较好。当生产成本较低时，制造商保持了相当一部分的盈余，双重边际效应对整个供应链的利润产生了负面影响。如前所述，当生产成本高的时候，零售商的财务风险成本是巨大的，它会伤害到零售商和整个供应链。然而，上述协同效应也揭示了提前支付与银行融资相比所蕴含的风险分担机制，这一点还有待进一步探讨。

（三）提前支付和银行融资的比较

我们现在比较两家企业在上述两种融资方案中的表现。如推论3.1和定理3.1所示，零售商在银行融资和提前支付两种情况下的最优利润均随生产成本递减。在银行融资中，我们可以确定一个阈值点 $\bar{c}_b=(p-v)\bar{F}(\tilde{Q})/J(\tilde{Q})+v$，当 $c=\bar{c}_b$ 时，制造商的最优生产量有 $Q_b^*=\tilde{Q}$。如果 $c<\bar{c}_b$，我们有 $Q_b^*>\tilde{Q}$；否则，$Q_b^*\leqslant\tilde{Q}$。如定理3.1描述，在提前支付模式中，如果 $c=\bar{c}_e$，那么 $Q_e^*=\tilde{Q}$。比较银行融资和提前支付下的零售商的利润会导致以下结果。

【定理3.2】（1）对任意的 $c\in(v,p]$，有 $w_e^*\leqslant w_b^*$ 和 $\Pi_b^*\geqslant\Pi_e^*$。

（2）存在一个唯一阈值点 $\dot{c}_e\in\left\{\max[\bar{c}_e,\bar{c}_b],\breve{c}\right\}=\dfrac{(p-v)\bar{F}(\tilde{Q})}{1+2\bar{F}(\tilde{Q})}+v$，$\dot{c}_e$ 满足 $\Gamma(\tilde{Q})=\Omega_b^*(\dot{c}_e)$；当 $v<c\leqslant\dot{c}_e$ 时，对零售商而言，提前支付比银行融资要好（即 $\Omega_e^*\geqslant\Omega_b^*$）；否则，$\Omega_e^*<\Omega_b^*$。

从零售商的视角看，与银行融资相比，提前支付带来了多种互动效应。一方面，制造商将部分需求不确定的风险从制造商转移到零售商（财务风险效应）。另一方面，这个成本分担机制激励制造商提高产量（生产数量效应）。提前支付还可以降低零售商的采购成本（批发折扣效应，即 $w_e^*\leqslant w_b^*$）。当生产成本较低时，可以更好地控制制造商的违约风险。因此，生产数量效应和批发折扣效应在提前支付融资中效果显著（图3.2，此时 $c<\dot{c}_e=0.626$）。然而，当生产成本相对较高时（即 $\dot{c}_e\leqslant c\leqslant p$），零售商进一步压低批发价的空间很小，同时面临较高的财务风险。因此，负面的财务风险效应超过生产数量效应和批发折扣效应。因此，对于零售商来说，提前支付的效果比银行融资差。

零售商的收益就是制造商的损失。如图3.2所示，制造商在倾向于银行融资的区域时(即$\Pi_b^* \geqslant \Pi_e^*$),零售商则倾向于提前支付。因此,只要制造商能够获得银行融资,提前支付将不可持续,而且零售商永远不会实现其最优利润,除非零售商做出一些妥协给制造商带来利润。接下来,我们将探讨在融资平衡方面的这种妥协。

为了一致性,在所有的图中,除非另有提到,我们都假设$p=1$,需求服从$\mu=100$, $\sigma/\mu=0.9$的伽马分布。

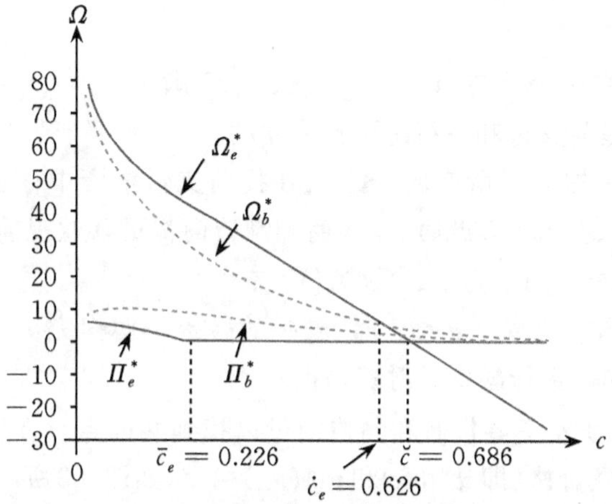

图3.2 提前支付与银行融资模式中制造商和零售商的利润比较

(四)提前支付的帕累托区域与融资均衡区域

考虑到提前支付和银行融资都是可行的,如果制造商可以选择提前支付而不是银行融资,前者必须产生至少与后者相同的利润。因此,零售商必须将批发价设定得足够高才能对制造商有吸引力。我们使用下面的引理来标识这样一个阈值批发价格。

【引理3.4】 (1)从制造商的角度考虑,对任意的$c\in(v,p]$,存在一个唯一阈值点$w_e^M(c)$,此时制造商在提前支付融资和银行融资下会获得相同的期望利润(即$\Pi_e(Q_e^*, w_e^M(c))=\Pi_b^*$)。

(2)对任意的$c\in(v,p]$,$w_e^*(c)<w_e^M(c)\leqslant w_b^*(c)$。

引理3.4表明,只要零售商提高批发价格到$w_e^M(c)$,制造商便愿意采用提前支付融资。因为银行融资存在一个正的利率,批发价格的阈值$w_e^M(c)$必须低于银行融资中的最优批发价格,但高于提前支付中的最优批发价格。

同样,我们可以从零售商的角度确定另一个阈值批发价格。

【引理3.5】 从零售商的角度考虑,若$v<c<\dot{c}_e$,则存在一个唯一阈值点$w_e^R(c)\in(w_e^*, p)$,此时零售商在提前支付融资和银行融资下会获得相同的利润(即$\Omega_e(Q_e^*, w_e^R(c))=\Omega_b^*$)。

引理3.5揭示了存在另一个阈值批发价格，当生产成本没那么高时($v<c<\dot{c}_e$)，零售商在两种融资模式下会获得相同的利润。根据定理3.2，当$c=\dot{c}_e$时，零售商在两种融资方案中获得相同的利润。因此，在提前支付中，如果$v<c<\dot{c}_e$，零售商可以通过将批发价提高到$w_e^R(c)$来牺牲一部分利润给制造商。

如引理3.4和引理3.5所示，阈值批发价均高于零售商理想的最优批发价。一个问题出现了：制造商和零售商能否找到一个共同点，使提前支付出现融资平衡？答案是肯定的。

【定理3.3】(1)存在一个临界点$c=\hat{c}_e\in(v,\dot{c}_e)$，$\hat{c}_e$满足$w_e^M(\hat{c}_e)=w_e^R(\hat{c}_e)$，此时零售商和制造商都对提前支付和银行融资是中立的。

(2)[帕累托区域] 对所有的$c\leqslant\hat{c}_e$，在提前支付融资中存在批发价格的帕累托区域，即$w_e\in[w_e^M,w_e^R]$。此时，零售商和制造商都更喜欢提前支付，而不是银行融资($\Pi_e(Q_e^*,w_e)\geqslant\Pi_b^*$，$\Omega_e(Q_e^*,w_e)\geqslant\Omega_b^*$)。

(3)[融资均衡] 当$v<c<\hat{c}_e$时，唯一的融资子博弈完美均衡是提前支付融资；当$\hat{c}_e\leqslant c\leqslant p$时，银行融资是融资均衡。

定理3.3首先证实了零售商和制造商可以找到共同点。在生产成本等于阈值$\hat{c}_e$时，两个阈值批发价格(即$w_e^M(\hat{c}_e)$和$w_e^R(\hat{c}_e)$)相交，如图3.3所示，因此零售商和制造商对两种融资方案都是中立的。随着生产成本的降低，零售商与制造商分享的利润空间也越来越大。如图3.3所示，对于帕累托区域的任何批发价，两家企业都可以从提前支付而不是从银行融资中获益。

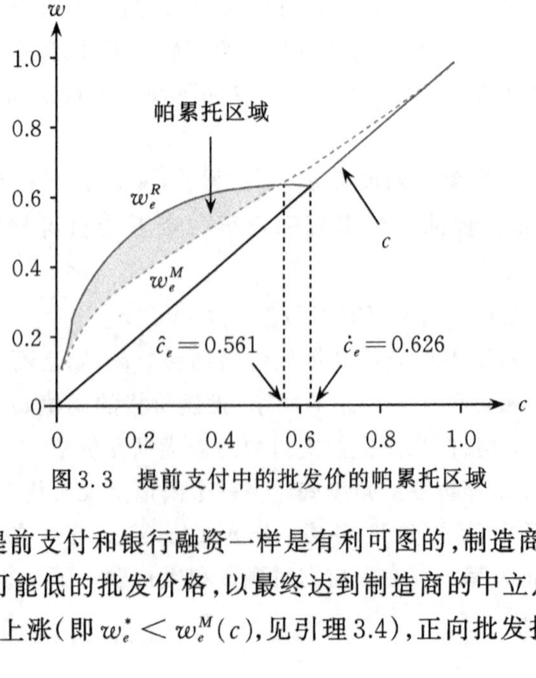

图3.3 提前支付中的批发价的帕累托区域

考虑到只要提前支付和银行融资一样是有利可图的，制造商会坚持选择，零售商有动机设置尽可能低的批发价格，以最终达到制造商的中立点(即$w_e^M(c)$)。然而，由于批发价格上涨(即$w_e^*<w_e^M(c)$，见引理3.4)，正向批发折扣效应减小。因

为制造商有更好的动机生产更多的产品，正的生产数量效应上升，从而加剧了负向的财务风险效应。只要生产成本足够低（即 $v < c < \hat{c}_e$），提前支付仍然优于银行融资。

由于零售商不得不将利润率让渡给制造商，因此，当给定 $\dot{c}_e > \hat{c}_e$，融资均衡区域（$v < c < \hat{c}_e$）小于提前支付有利可图的区域（即定理3.2中的 $v < c \leqslant \dot{c}_e$）。然而，由于 $w_e^* < w_e^M(c)$，制造商在融资均衡状态下生产的产品要多于在单个的提前支付状态下生产的产品。因此，整个供应链在融资均衡下的利润大于孤立的提前支付。这个结论表明了让领导者同时控制运营和财务决策的危害。在没有竞争的情况下，领导者有动机为了自己的利益而共同操纵财务和运营决策，这极大地阻碍了跟随者对供应链的巨大贡献（例如，制造商生产更少），整个供应链都会受到影响。因此，来自外部选择（银行融资）的竞争抑制了零售商的贪婪，并在提前支付中产生了更大的供应链福利。

五、内部保理与融资均衡

提前支付的一个显著特点是制造商不为其支付利息，而零售商则要求以更低的批发价作为回报。这里产生了一个疑问：为什么零售商不收取预付款的正利息将其转变为类似于贷款的内部保理业务？本节通过描述内部保理的特点，并将其与银行融资和提前支付进行比较以回答这个问题。

（一）正利息内部保理

为了关注保理效应，我们刻意假设零售商收取的费用为外生的正的利率 r_I，这是符合现实案例的。例如，在京东金融的实践中，利率一直稳定在9%左右（Chen等，2016）。de Booth等（2015）认为，荷兰的保理利率已经相对稳定在1.5%左右。理论上，一个最优的内生利率如定理3.6所讨论的，但在我们的大部分讨论中没有假设内生利率，这样能更好地聚焦到本部分的研究问题。

对于任何给定的正利率 r_I，零售商首先设定采购价格 w_I，然后制造商决定生产量 Q_I，零售商向制造商支付内部保理融资贷款 cQ_I。需求实现后，零售商获得 $p\min[D, Q_I]$ 的收入，并将剩余的款项 $(w_I\min[D, Q_I] - cQ_I(1+r_I))^+$ 支付给制造商。我们标记 $L_I(Q_I) = (c(1+r_I) - v)Q_I/(w_I - v)$ 和 $Y(Q_I) = \int_0^{Q_I} D\mathrm{d}F(D)$。在内部保理融资下，对于任意给定的 r_I，制造商的利润函数可以改写为：

$$\begin{aligned}\Pi_I(Q_I, w_I) &= \mathrm{E}[w_I\min[D, Q_I] + v(Q_I - D)^+ - c(1+r_I)Q_I]^+ \\ &= (w_I - v)[Y(Q_I) - Y(L_I(Q_I)) + V(Q_I) - V(L_I(Q_I))]\end{aligned} \tag{3.6}$$

Q_I^* 为制造商在方程（3.6）中的最优解。解决这个最优问题，得到制造商的生产

量 Q_I^* 满足：当 $w_I > c(1+r_I)$，$(w_I - v)\bar{F}(Q_I^*) = (c(1+r_I) - v)\bar{F}(L_I(Q_I^*))$；当 $w_I = c(1+r_I)$，$Q_I^* = \tilde{Q}$。同样，我们可以进一步推断出 Q_I^* 随 w_I 增加和 $Q_I^* \geqslant \tilde{Q}$。

将 Q_I^* 代入零售商的利润函数，我们可以得到：

$$\begin{aligned}\Omega_I(Q_I^*, w_I) &= (p - w_I)S(Q_I^*) + \text{E}\min[(w_I - v)\min[D, Q_I^*] \\ &\quad (c(1+r_I) - v)Q_I^*] - (c - v)Q_I^* \qquad (3.7)\\ &= (p - w_I)S(Q_I^*) + (w_I - v)Y(L_I(Q_I^*)) \\ &\quad + (c(1+r_I) - v)Q_I^*\bar{F}(L_I(Q_I^*)) - (c - v)Q_I^* \qquad (3.8)\end{aligned}$$

解决零售商的问题，我们可以获得与引理3.3相似的结果：在内部保理融资情景下，$\Pi_I(Q_I^*, w_I)$ 随着 w_I 单调递增；对任何给定的 w_I，$\Pi_I(Q_I^*, w_I)$ 随着 r_I 单调递减；$\Omega_I(Q_I^*, w_I)$ 和 $\Gamma_I(Q_I^*, w_I)$ 是关于 w_I 的单峰函数。一个增加的结论是，对于任意的批发价格，制造商的利润随着新加的利息 r_I 下降，这是因为制造商的财务成本随着利率的增加而增加。接下来，我们首先将内部保理融资与银行融资进行比较，然后再与提前支付进行比较。

(二)内部保理融资与银行融资的比较

本部分以内部保理融资为重点，通过假设零售商不提供提前支付将内部保理融资和银行融资进行比较。与引理3.4和引理3.5一样，对于任意 $c \in (v, p]$，内部保理融资下存在唯一的点 $w_I^M(c)$，使得在给定的 $w_I^M(c)$ 下制造商的预期利润与银行融资相同。存在一个唯一的点 $\dot{c}_I$ 满足 $\Gamma(\tilde{Q}) = \Omega_b^*$，这样，对于任何的 $c \in (v, \dot{c}_I)$，存在一个唯一的点 $w_I^R(c) \in (w_I^*, p)$，使得零售商在内部保理下的融资的利润与银行融资相同。因此，存在一个帕累托区域 $w_I \in [w_I^M, w_I^R]$，零售商和制造商都更喜欢内部保理融资，而不是银行融资（$\Pi_I(Q_I^*, w_I) \geqslant \Pi_b^*$，$\Omega_I(Q_I^*, w_I) \geqslant \Omega_b^*$）。为了自身的利益，零售商要求批发价格为 $w_I^M(c)$。

合理地说，内部保理融资的利率不能过高。我们进一步定义一个阈值点 $\hat{r}_I$，满足 $\Pi_I(Q_b^*, w_I, \hat{r}_I) = \Pi_b^*$（这里 $w_I = p$）。在这一点上，批发价格是最高水平（即 $w_I = p$），所以 $\hat{r}_I$ 是利率的上限；超过这个阈值，制造商一定选择银行融资而不是内部保理融资。因为银行融资的批发价格不大于零售价格（即 $w_I \leqslant p$），直接地说，就是 $\hat{r}_I \geqslant r_b^*$。

结合上述关于 w_I^M 和 $\hat{r}_I$ 的讨论，与定理3.3类似，我们可以描述零售商的一个策略：在选择内部保理融资和银行融资之间的融资均衡策略。

【定理3.4】 内部保理融资的融资均衡

假设 $0 < r_I \leqslant \hat{r}_I$，对任意的 $c \in (v, \dot{c}_I)$：

(1)对任意的 $c \in (v, \hat{c}_I)$，$w_I^M(r_I)$ 随着 r_I 递增，$Q_I^*(w_I^M(r_I))$ 随着 r_I 递减。

(2)存在一个阈值点 $\hat{c}_I \in (v, \dot{c}_I)$，$\hat{c}_I$ 满足 $w_I^M(\hat{c}_I) = w_I^R(\hat{c}_I)$，此时零售商和制造商

对内部保理融资和银行融资是无差异的。

(3)当$v < c < \hat{c}_I$时，唯一的融资子博弈完美均衡是内部保理融资；当$\hat{c}_I \leqslant c \leqslant p$时，银行融资是融资均衡。

定理3.4(1)显示，当$c \in (v, \hat{c}_I)$，在内部保理融资下，随着利率的增加，零售商必须给予制造商更高的批发价格。然而，由于批发价格的上涨无法弥补较高的利率所造成的损失，制造商减少了产量。定理3.4(2)进一步确定了内部保理融资的融资均衡域，在这个区域内零售商和制造商两方面的表现都优于银行融资。除了r_I，这一结果与定理3.3类似。如果r_I太大(即$r_I > \hat{r}_I$)，很明显，内部保理融资不再具有竞争力，而是让位于银行融资。

(三)内部保理融资与提前支付的比较

显然，零售商会在提供提前支付和提供内部保理融资中选择利润更大的一个。如前所述，在数值上，提前支付是内部保理融资的一个特例，即是在保理融资利率为零且没有设置成本的情况下进行的。考虑到在内部保理中零售商可以赚取额外的利息收入，我们可能想知道零售商是否会通过设置$r_I = 0$来放弃它的利息收益。如果解($r_I = 0$)确实发生，根据模型中所述的平局决胜规则，零售商会选择提前支付；否则，正利率的内部保理占主导地位(即$r_I > 0$)。

事实证明，内部保理融资与提前支付的关系比单调递增或递减的r_I更微妙。我们首先使用以下结果来描述与提前支付相比内部保理融资的阈值。

【引理3.6】 给定$r_I \in [0, \hat{r}_I]$，我们有：

(1)$\dot{c}_I = \dot{c}_e$；

(2)$\hat{c}_I \geqslant \hat{c}_e$。

为了解释引理3.6(1)，我们回忆一下$\dot{c}_e$是一个阈值点，在这个阈值点上，提前支付的最优批发价等于生产成本，因此制造商获得零利润，且零售商达到了整个供应链的利润。$\dot{c}_I$在内部保理融资中也是如此。根据定理3.3和前面的论证引出的定理3.4的内容，此时零售商在提前支付或内部保理融资中与银行融资获得相同的利润。因此，$\dot{c}_I = \dot{c}_e$，意味着$\hat{c}_e$和$\hat{c}_I$有着相同的上限。

然而，当零售商必须提高批发价格到w_I^M时，我们发现它的利润并不总是差。事实上，对于任何给定的正的r_I，我们有$\hat{c}_I > \hat{c}_e$(引理3.6(2))。这一现象表明，当生产成本相对较高时(即$c \in (\hat{c}_e, \hat{c}_I)$)，相较于银行融资，零售商不能在提前支付中获益，但仍然可以从内部保理融资中获益。因此，引理3.6(2)表明，当$c \in (\hat{c}_e, \hat{c}_I)$，在融资均衡中，零售商在内部的保理融资优于提前支付，具体讨论如下。

【定理3.5】 内部保理融资与提前支付对任意的$r_I \in (0, \hat{r}_I)$，存在阈值满足$\tilde{c}_3 \leqslant \tilde{c}_2 < \tilde{c}_1$，有：

(1)[提前支付占主导] 若$c < \tilde{c}_3$，零售商更倾向于提前支付融资而不是内部保理融资(即$\Omega_I(Q_I^*, w_I^M(r_I)) < \Omega_e(Q_e^*, w_e^M)$)。

(2)[分离均衡区域] 若 $\tilde{c}_3 \leqslant c < \tilde{c}_2$，如果存在 r_I^M（如图3.4所示），当 $r_I \leqslant r_I^M$ 时，零售商更倾向于内部保理融资而不是提前支付（即 $\Omega_I(Q_I^*, w_I^M(r_I)) \geqslant \Omega_e(Q_e^*, w_e^M)$）；否则，零售商更倾向于提前支付（即 $\Omega_I(Q_I^*, w_I^M(r_I)) < \Omega_e(Q_e^*, w_e^M)$）。

(3)[内部保理融资占主导] 若 $\tilde{c}_2 \leqslant c < \tilde{c}_1$，零售商更倾向于内部保理融资而不是提前支付，其利润随着 r_I 先增加后减少。

(4)[内部保理融资占主导] 若 $\tilde{c}_1 \leqslant c \leqslant \hat{c}_I$，零售商更倾向于内部保理融资而不是提前支付，其利润随着 r_I 单调递增。

为了全面解释定理3.5，我们确定了几个相互影响的效应。从零售商的角度来看，在内部保理融资下，正利率产生额外的财务收益（利息效应）。然而，从负面来看，利率迫使零售商为制造商提供更高的批发价格（批发价格效应）。与此同时，较高的批发价格并不能补偿制造商额外的财务成本，这使得生产数量减少（生产数量效应）。

当生产成本较低时（即 $c < \tilde{c}_3$，如图3.4(a)所示，对于定理3.5(1)在图3.5的E区域），零售商和制造商的利润率都很大。因此，两家公司的利润都对产量变化很敏感。在生产中增加任何额外的成本都会显著减少制造商的产量。在生产成本较低的情况下，内部保理融资利息的直接收益（利息效应）不足以弥补生产数量减少（生产数量效应）和批发价格上升（批发价格效应）带来的收入损失；因此，提前支付占主导地位。

随着生产成本的增大（即 $\tilde{c}_3 \leqslant c < \tilde{c}_2$，如图3.4(b)所示，定理3.5(1)在图3.5中的I区域），企业利润率下降，且两家企业对产量变化的敏感性降低。因此，利率效应带来的财务收益占主导地位，而只要利率不过高（即 $r_I \leqslant r_I^M$），内部保理融资对零售商的吸引力更大，如图3.5左侧所示。然而，如果利率相当高（即 $r_I > r_I^M$），负批发价格效应和生产数量效应相对过大，难以克服，导致提前支付占主导（见图3.5中 $\tilde{c}_3 \leqslant c < \tilde{c}_2$ 的区域）。

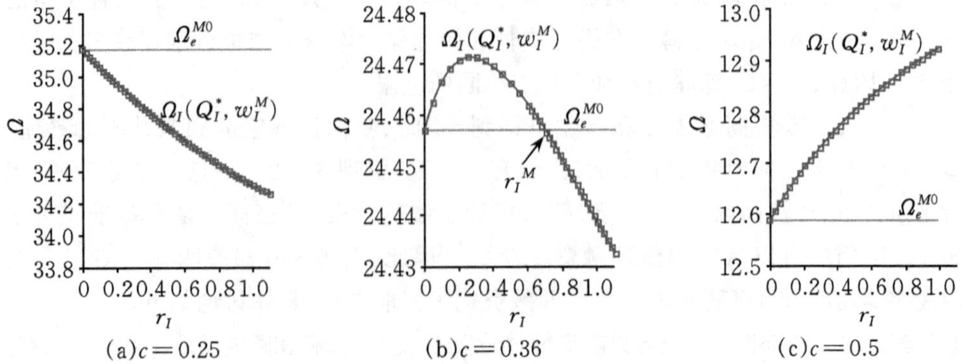

(a) $c=0.25$
($Case\ c < \tilde{c}_3$)

(b) $c=0.36$
($Case\ \tilde{c}_3 \leqslant c < \tilde{c}_1$)

(c) $c=0.5$
($Case\ \tilde{c}_1 \leqslant c \leqslant \hat{c}_I$)

图3.4 c 和 r_I 对零售商提前支付和内部保理融资利润的影响

随着生产成本的不断增长(即 $\tilde{c}_2 \leqslant c \leqslant \tilde{c}_1$),正利率效应相对于负批发价格效应和生产数量效应的相对优势扩大,内部保理融资的收益增加。在这种情况中,类似于前面的规律(即 $\tilde{c}_3 \leqslant c < \tilde{c}_2$),零售商实际上享有更高的利率。当利率超过某一阈值时,负批发价格效应和产量效应加剧;然而,利率效应更大,内部保理融资总是更可取的。

当生产成本相当高时(即 $\tilde{c}_1 \leqslant c \leqslant \hat{c}_I$,如图3.4(c)所示,定理3.5(4)在图3.5的I区域),内部保理融资占主导地位,零售商有动机收取尽可能高的利率(即 r_I 达到了上限 $\hat{r}_I$),因为更高利息带来的财务收益超过了运营收入。

上述现象也揭示了内部保理融资的利息收益与提前支付的批发价格和生产数量收益的相互作用。当生产成本较低时,由于利润空间较大,生产数量较多,提前支付的批发价格和生产数量效益更为突出。但是,随着生产成本的增加,提前支付的批发价格和生产数量效益下降,而内部保理融资的利息效益则更为突出。因此,零售商更热衷于从内部保理融资中获得即时的利息收益。

虽然我们假设了一个外部利率来关注保理的效果,但我们实际上可以将内部保理融资的最优利率刻画为:

【定理3.6】 考虑内部保理融资,有以下性质:

(1)当 $\tilde{c}_3 \leqslant c \leqslant \tilde{c}_1$ 时,最优利率 $r_I^*(c)$ 随着 c 的增加而增加;

(2)当 $\tilde{c}_1 \leqslant c \leqslant \hat{c}_I$ 时,最优利率达到上限(如 $r_I^*(c) = \hat{r}_I(c)$),并且 $\hat{r}_I(c)$ 随着 c 的增加而减少。

如定理3.6所示,当 $\tilde{c}_3 \leqslant c \leqslant \tilde{c}_1$ 时,存在一个最优利率,该利率小于 r_I^M,且随着生产成本的增加而增加,如图3.5虚线所示。在这种情况下,随着生产成本的增加,零售商有更多的动机去收取即时利息,从而提高最优利率(如 $r_I^*(c)$)。当 $\tilde{c}_1 \leqslant c \leqslant \hat{c}_I$,利率达到上限($\hat{r}_I$),因为内部保理必须与银行融资竞争,以保证制造商的保留利润。随着生产成本的增长,零售商不得不做出妥协,降低最优利率,以保持内部保理融资的吸引力。

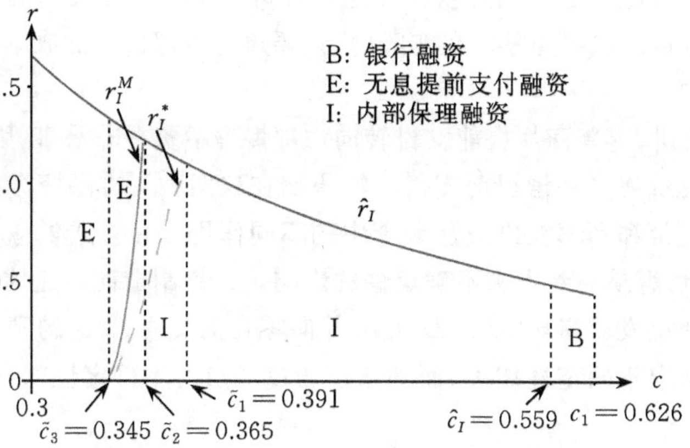

图3.5 无息提前支付融资均衡区域(E)和内部保理融资均衡区域(I)

如图3.5所示，当生产成本较低时（如$c \leqslant \tilde{c}_3$），零售商有动机将利率设置为最低水平（即$r_I=0$）。但是，正如前面所解释的，内部保理与提前支付在很多方面是不同的。据我们所知，我们并没有在实践中观察到零利息的内部保理业务，部分原因是存在保理业务的设置成本和许可证费用。定理3.6还建议零售商应该根据制造商的生产成本来调整利率，而不是从外部固定利率。然而，固定利率更容易实现保理融资，并有助于消除公司歧视，比如京东融资就在不同供应商的内部保理中使用相同的利率（Chen等，2016）。

（四）零售商的融资均衡选择

我们现在可以比较三种融资方案：银行融资、提前支付和内部保理融资。在这里，我们假设这三种融资方案都是可行的。作为Stackelberg的领导者，零售商可以决定是提供提前支付还是提供内部保理，并在拉式系统中调整批发价格，选择最优融资方案。

【定理3.7】 零售商的均衡融资选择

考虑到零售商在内部保理融资中收取的利息是最优的，对比银行融资、提前支付和内部保理融资，结果如下：

（1）当$v < c \leqslant \tilde{c}_3$时，零售商会选择提前支付；

（2）当$\tilde{c}_3 < c \leqslant \hat{c}_I$时，零售商会选择内部保理；

（3）当$\hat{c}_I < c \leqslant p$时，零售商会选择银行融资。

定理3.7总结了零售商在银行融资、提前支付和内部保理融资之间的融资均衡选择。与定理3.5一致，定理3.7证实，当生产成本足够小（即$v < c \leqslant \tilde{c}_3$），提前支付策略是主导策略。定理3.7表明，当$v < c \leqslant \tilde{c}_3$时，零售商不需要设立融资分支机构，应该依靠提前支付（见图3.5中E的左区域）。

随着生产成本的增加（即$\tilde{c}_3 < c \leqslant \hat{c}_I$），批发价格较高，导致较低的生产数量，使得零售商的兴趣从提前支付转向内部保理（见图3.5中I的中间区域），现实中需要通过建立保理融资分公司并获得相应的许可来实现。在我们的模型中，假设建立内部保理融资的成本为零。在实践中，只要建立内部保理的成本是可控的，零售商就会选择它。

从理论上讲，零售商从提前支付转向内部保理融资并非易事，因为零售商总能以较低的批发价格来补偿提前支付。零售商在这两种买方融资方案之间的转移，体现了批发定价和利率在供应链融资中的不同作用。在拉式供应链中，制造商承担着库存风险，容易受到需求不确定性的影响。如果制造商不违约，制造商将在内部保理融资中批发获得$w_I \min[D, Q_I]$，并向零售商支付$r_I c Q_I$的利息。因此，批发收益直接与需求不确定性相关，而利息仅通过产量的不确定性间接受到影响。相应地，与提前支付相比，在内部保理中制造商有更多的动机生产更多的产品。当制造商违约时，零售商将遭受提前支付或内部保理贷款的损失。随着生产成本的增加，违约风险增大。因此，在 $\tilde{c}_3 < c \leqslant \hat{c}_I$ 范围内，零售商有动机转向风险较小的融资工具，因此内部保理融资脱颖而出。

出于同样的原因，当生产成本相当高时，制造商的违约风险很高，因此零售商宁愿制造商从银行借款来为其生产融资(见图3.5中B的区域)。

六、扩展模型研究

本部分首先将我们的模型扩展到统一的批发价格，然后讨论需求变化的影响。

(一)统一的批发价格

我们的基准模型假设零售商为每个融资方案 i 确定一个最优的采购/批发价格 w_i^*。在确定一个具体的融资方案后，零售商可以为每个融资方案确定相应的批发价格。我们的分析表明，提前支付下的批发价低于银行融资下的批发价，这是直观的，在实践中也已经观察到提前支付折扣(O'Connell,2016)。零售商很可能在内部保理业务中提供更高的采购/批发价格，因为它从为制造商融资中赚取了额外的利息。

然而，有人可能想知道，如果所有融资方案的批发价都相同，零售商是否还能从提前支付融资中获益。在下面的引理中，我们将提前支付与银行融资进行比较。

【引理3.7】 考虑相同批发价格的 w_x 在银行融资和提前支付融资中的情况(即 $w_b = w_e = w_x$)。

(1)对于任意的 $c \in (v, p]$ 和 $w_x \in [c, p]$，相较于银行融资，制造商总是会更倾向选择提前支付(即 $\Pi_b(Q_b^*, w_x) < \Pi_e(Q_e^*, w_x)$)。

(2)若 $v \leqslant c \leqslant \tilde{c}_3$，则存在唯一的 $w_x^E \in (w_e^*, p)$，当 $w_x \in [c, w_x^E]$ 时，零售商倾向于选择提前支付(即 $\Omega_b(Q_b^*, w_x) \leqslant \Omega_e(Q_e^*, w_x)$)；当 $w_x \in [w_x^E, p]$ 时，零售商倾向于选择银行融资(即 $\Omega_b(Q_b^*, w_x) > \Omega_e(Q_e^*, w_x)$)；若 $\breve{c} \leqslant c \leqslant p$，对于任意的 $w_x \in (c, p)$，零售商都倾向于选择银行融资(即 $\Omega_b(Q_b^*, w_x) > \Omega_e(Q_e^*, w_x)$)。

当批发价格不固定在同一水平时，引理3.7平行于定理3.2。引理3.7首先表明，在批发价格固定的情况下，与批发价格不固定时不同，制造商更倾向于提前支付而不是银行融资。其根本原因是，当批发价格不固定时，在提前支付策略中零售商会要求足够大的批发价折扣。但是，当两种融资方案的批发价格固定在同一水平时，可以直观地看出，由于没有利息的好处，制造商总是倾向于提前支付。对于零售商来说，虽然结果也取决于相同的批发价格水平，但偏好结构与不相同的批发价格相似。总的来说，当生产成本足够高时，零售商仍然倾向于为制造商提供银行融资，因为制造商存在巨大的违约风险。这说明生产成本在零售商的均衡融资决策中仍然发挥着重要的作用，零售商对两种融资方案的偏好在批发价格是否固定方面没有本质的变化。

我们现在将内部保理与银行融资进行如下比较：

【引理3.8】考虑银行融资和内部保理融资中批发价格w_x相同的情况（即$w_b=w_I=w_x$）。

(1)对于任意的$c\in(v,p]$和$w_x\in[c,p]$，存在利率r_x^M使得：当$r_I\in[0,r_x^M)$时，制造商倾向于选择内部保理（即，$\Pi_b(Q_b^*,w_x)<\Pi_I(Q_I^*,w_x,r_I)$）；当$r_I>r_x^M$时，制造商倾向于选择银行融资（即$\Pi_b(Q_b^*,w_x)\geqslant\Pi_I(Q_I^*,w_x,r_I)$）。

(2)若$v<c\leqslant\breve{c}$，存在唯一的$w_x^I(w_x^I>w_x^E)$使得：当$w_x\in[c,w_x^I]$且$r_I\in[0,r_x^M]$，零售商倾向于选择内部保理（即$\Omega_b(Q_b^*,w_x)\leqslant\Omega_I(Q_I^*,w_x)$）；当$w_x\in[w_x^I,p]$，零售商倾向于选择银行融资（即$\Omega_b(Q_b^*,w_x)>\Omega_I(Q_I^*,w_x)$）。

(3)若$\breve{c}<c\leqslant p$，对于任意的$w_x\in[c,p]$，零售商都倾向于选择银行融资（即$\Omega_b(Q_b^*,w_x)>\Omega_I(Q_I^*,w_x)$）。

引理3.8与定理3.4可用于批发价格不相同的情况。这种比较类似于引理3.7和定理3.2之间的比较，其基本原理也类似。同样，当生产成本足够大时，零售商对内部保理的偏好与定理3.2相同。

我们现在用下面的定理来比较这三种融资方案：

【定理3.8】考虑相同批发价格的w_x在银行融资、提前支付和内部保理的情况（即$w_b=w_e=w_I=w_x$）。

(1)若$v<c\leqslant\breve{c}$，那么当$c<w_x\leqslant w_x^E$，融资均衡是提前支付；当$w_x^E<w_x\leqslant w_x^I$，融资均衡是内部保理；当$w_x^I<w_x\leqslant p$，融资均衡是银行融资。

(2)若$\breve{c}\leqslant c\leqslant p$，则融资均衡是银行融资。

定理3.8描述了与定理3.7稍有不同的情况（如图3.6所示）。根本的差异在于定理3.8假设三种融资方案的批发价格都是固定的，而零售商在基准模型定理3.7中可以自由地要求不同的购买/批发价格。而制造商总是喜欢融资计划中利率较低的，当批发价格固定在同一水平，作为Stackelberg的主导者，虽然是相同的融资方案，零售商还可以指定不同的批发价格水平，并决定是否提供提前支付或内部保理来控制最终的融资均衡结果。

当生产成本足够低时（即$v<c\leqslant\breve{c}$），最终融资均衡依赖于批发价格水平。在这种情况下，制造商的违约风险并不高。当相同的批发价格较低时（即$c<w_x\leqslant w_x^E$），由于制造商的边际利润较低，最终的产量可能会受到影响。因此，零售商有动机提供无息的提前支付来提高制造商的生产数量，使提前支付成为融资均

衡(如图3.6的E区域所示)。同一批发价格处于中等水平时(即$w_x^E < w_x \leqslant w_x^I$),制造商的边际利润上升,因此,制造商有更多的动机来提高生产数量水平。相应地,制造商的违约风险增加,零售商更倾向于内部保理,要求获得利息收入来补偿更高的违约风险和自身较低的利润率。当相同的批发价格很高时(即$w > w_x^I$),制造商的违约风险对零售商来说是压倒性的,因此零售商更倾向于制造商利用银行融资。

在上述情景中,随着生产成本的增加,制造商的违约风险随着生产成本的增加而增加,融资均衡时的提前支付或内部保理融资区域缩小(如图3.6所示)。由于同样的原因,当生产成本相当高时(即$\breve{c} \leqslant c \leqslant p$),零售商将避免违约风险,制造商不得不从银行融资。这种定性的观察与定理3.7中的观察是相同的。

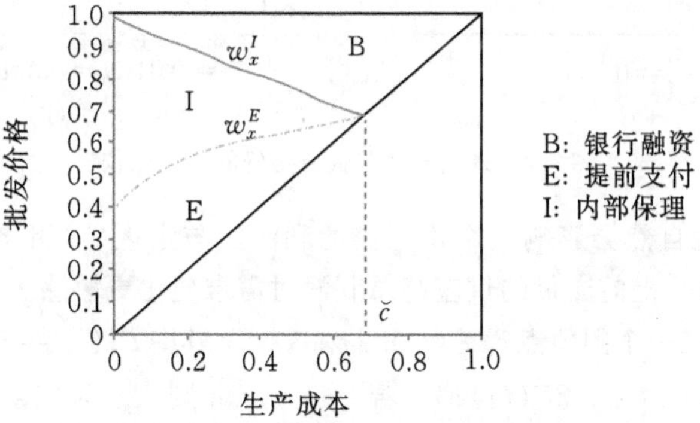

图3.6　固定批发价格下的融资均衡

(二)需求变化的影响

为了研究需求变化的影响,我们引入一个数学不等式$J(\tilde{Q}) \geqslant 1 + 2\bar{F}(\tilde{Q})$,表示需求变化较大的情况。如果$J(\tilde{Q}) < 1 + 2\bar{F}(\tilde{Q})$,表示需求变化相对较小。由于篇幅有限,我们只关注提前支付与银行融资的对比,对内部保理融资的分析也可以采用类似的方法。

通过比较提前支付与银行融资的最优生产数量,得到如下引理:

【引理3.9】　(1)如果需求变化相对较高(即$J(\tilde{Q}) \geqslant 1 + 2\bar{F}(\tilde{Q})$),对于任意的$c \in (v, p]$都有$Q_e^* > Q_b^*$。

(2)如果需求变化相对较低(即$J(\tilde{Q}) < 1 + 2\bar{F}(\tilde{Q})$),当$c < \bar{c}_b$时,有$Q_e^* \leqslant Q_b^*$;当$c \in (\bar{c}_b, p]$时,有$Q_e^* > Q_b^*$。

引理3.9表明,当需求变化足够大时,提前支付的产出量总是高于银行融资的产出量(见图3.7(a)),因为正如第二部分所解释的,对于供应链来说,提前支付比银行融资具有更好的风险分担机制。然而,当生产成本足够小时,较高的生产数量的相对优势就被抑制了,因此零售商有更多的动机从制造商那里榨取更高的利润率,从而导致较低的提前支付的生产数量(如图3.7所示,对应(b)图中的$c<0.37$)。

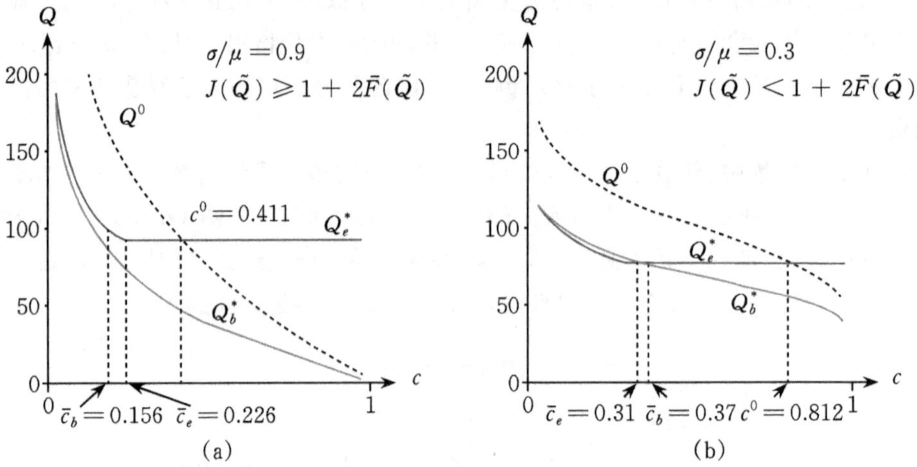

图3.7 提前支付与银行融资的产量比较

需求的变化自然会影响整个供应链的利润。与定理3.2相比,下面的结果表明,与零售商相比,提前支付的供应链总利润对需求变化更敏感。

【定理3.9】 存在一个阈值点$\ddot{c}_e\in(\max\{\bar{c}_e,\bar{c}_b\},\dot{c}_e)$,其中$\Gamma_e^*(\ddot{c}_e)=\Gamma_b^*(\ddot{c}_e)$,使得:

(1)当$J(\tilde{Q})\geqslant 1+2\bar{F}(\tilde{Q})$时,若$c\in(v,\ddot{c}_e]$,则$\Gamma_e^*\geqslant\Gamma_b^*$;若$c\in(\ddot{c}_e,p]$,则$\Gamma_e^*<\Gamma_b^*$。

(2)当$J(\tilde{Q})<1+2\bar{F}(\tilde{Q})$时,若$c\in(v,\bar{c}_b]$,则$\Gamma_e^*<\Gamma_b^*$;若$c\in[\bar{c}_b,\ddot{c}_e]$,则$\Gamma_e^*\geqslant\Gamma_b^*$;若$c\in(\ddot{c}_e,p]$,则$\Gamma_e^*<\Gamma_b^*$。

定理3.9中的扭曲发生在生产成本足够低的时候。请注意,制造商对融资方案的偏好并不总是与零售商一致。当需求变化较大时(即$J(\tilde{Q})\geqslant 1+2\bar{F}(\tilde{Q})$),零售商对提前支付会收取较高的风险溢价;因此,零售商的提前支付收益大于制造商的损失,使得整个供应链在生产成本较低的情况下,在提前支付方面表现得更好。当需求变化较小时(即$J(\tilde{Q})<1+2\bar{F}(\tilde{Q})$),零售商提前支付的收益不再能够弥补制造商的损失,特别是当生产成本足够低时,整个供应链都可以从银行融资中获益。

为了考察与银行融资相比需求变异性如何影响提前支付的效率,我们进一步使用$\frac{\Omega_e^*-\Omega_b^*}{\Omega_b^*}$(%)表示零售商从银行融资转向提前支付融资时效率的提高比例。如图3.8所示,阈值$\hat{c}_e$随着需求的方差系数从$\sigma/\mu=0.3$到0.9而递减。

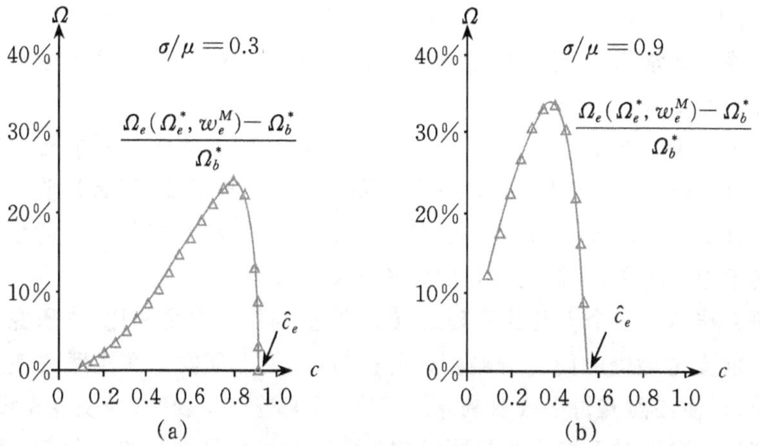

图3.8 零售商的效率随着需求变异性的增加而提高

这一观察结果直观地表明，随着需求变化的增加，融资均衡时的提前支付区域会缩小。更有趣的是，图3.8还显示了零售商在提前支付中效率的提高首先随着生产成本的增加而增加，然后下降。当生产成本较低时，零售商在提前支付时从供应链风险分担机制中获得的收益大于制造商生产过剩带来的损失。

七、本章小结

本章研究了在制造商通过零售商进行销售的资金受限拉式供应链中，提前支付融资和内部保理融资的有效性。首先研究了银行融资和提前支付融资的最优解。通过对两种融资方案的比较可知，只要制造商的生产成本不太高，零售商就会严格选择提前支付融资而不是银行融资。由于零售商和制造商之间存在着内部的风险分担机制，提前支付融资对供应链具有协同效应。然而，零售商在提前支付下有动机要求较低的批发价格，所以制造商和整个供应链都可能受到影响。

然而，为了与银行融资竞争，零售商不得不提高批发价格来吸引制造商提前支付。虽然零售商的利润由于银行融资的竞争而下降，但是存在批发价格帕累托区域，只要制造商的生产成本足够低，两家公司都愿意实施提前支付融资。由于批发价格较高，生产数量相应较高，因此，在融资均衡时供应链总利润大于单独提前支付的情况。

我们进一步研究了内部保理融资，即零售商收取正利息，并将预付款转化为贷款。通过对内部保理融资与银行融资的比较，发现内部保理融资的融资均衡区域大于提前支付的融资均衡区域。这一发现表明，对于零售商来说，内部保理融资可以比提前支付更有效，对整个供应链也是如此。特别是在生产成本较低的情况下，提前支付更具有吸引力，这说明承诺提前支付相对于内部保理的正利息更有优势。

然而，随着生产成本的提高，内部保理融资开始变得有利，并超过了提前支付融资。如果生产成本非常高，零售商收取利率上限是有利可图的，且利率上限会随着生产成本的提高而降低。

我们的扩展分析表明，当零售商在所有三种融资方案中都要求相同的批发价格时，主要的分析结果仍然成立。如果相同的批发价格较低，那么提前支付更有可能成为一种融资均衡。我们还证明，随着需求变化的增加，提前支付的生产数量更有可能高于银行融资，但提前支付的融资均衡域会缩小。

本研究传达了三个主要的管理观点。首先，与银行融资相比，本研究提出了何时实施提前支付融资的门槛策略。因此，它从理论上证实了在实践中使用提前支付的理由，即使提前支付不收取利息。其次，我们进一步表明，即使存在设置成本，通过内部保理融资对下游企业的预付款收取正利息也是有益的。我们的理论提供了一个思路：提前支付是否要求利息，如果要求，应该在什么条件下收取？第三，实施提前支付或内部保理融资也取决于其他因素，如生产成本和需求变化。因此，在实施具体融资方案之前，负责提前支付或内部保理融资的管理者应该对所有因素进行评估。

本研究有其局限性，可以从几个方面进行扩展。首先，由于计算量的复杂性，我们无法对存在不对称信息的合同订单进行分析表征，尽管我们可以通过数值计算表明，随着信息不对称的加剧，融资平衡区域变小。这一研究方向仍然是我们的首要任务。其次，为了便于操作，假设初始资本为零，这在以后的研究中可以放宽。第三，本研究假设了零售商的主导地位类似于拉式供应链中的许多主要零售商。如果制造商是领先者，检验分析结果是否成立仍然是有趣的研究方向。第四，在未来，将提前支付和内部保理融资与其他融资方式进行比较也是值得研究的。最后，为了便于分析，我们假定制造商将向银行贷款或向买方融资，但不会同时向银行贷款和买方融资。在实践中，制造商有可能同时采用两种融资，特别是当零售商的初始资本不足以满足制造商的所有需求时。探讨破产与融资法律对混合融资结构的影响，也将是一个十分有趣的课题。

八、本章结论的证明

【引理 3.1 的证明】 (1)将 $w_b=(c-v)/\bar{F}(Q_b)+v$ 代入零售商的收益函数 $\Omega_b(w_b)=(p-w_b)S(Q_b)$，我们可以将零售商的收益函数重新写为 $\Omega_b(Q_b)=\left[(p-v)-\dfrac{c-v}{F(Q_b)}\right]S(Q_b)$。然后可得到 $\dfrac{\mathrm{d}\Omega_b(Q_b)}{Q_b}=(p-v)\bar{F}(Q_b)-(c-v)J(Q_b)$。由 $[S(Q_b)/\bar{F}(Q_b)]'=J(Q_b)>0$，可知 $S(Q_b)/\bar{F}(Q_b)$ 是 Q_b 的增函数。利用IFR性质，$h(Q_b)$ 是 Q_b 的增函数。因此，我们知道 $J(Q_b)=1+h(Q_b)S(Q_b)/\bar{F}(Q_b)$ 是 Q_b

的增函数。结合$\bar{F}(Q_b)$随着Q_b减少，可知$d\Omega_b/dQ_b$随着Q_b减少。因此，我们知道$\Omega_b(Q_b)$在$Q_b\geqslant 0$上是单峰函数。当$Q_b=0$时，我们有$d\Omega_b/dQ_b=p-c>0$，以及$Q_b=+\infty$，$d\Omega_b/dQ_b<0$。因此最优Q_b^*能通过$(p-v)/\bar{F}(Q_b^*)=(c-v)J(Q_b^*)$解得。

(2)显然，我们有$w_b^*=(c-v)/\bar{F}(Q_b^*)+v$。

(3)用$T(Q_b^*)=\dfrac{(1+r_b^*)c-v}{c-v}V(Q_b^*)$。根据式(3.1)和$w_b=(c-v)/\bar{F}(Q_b^*)+v$，我们可以知道银行的最优利润满足$\dfrac{c-v}{F(Q_b^*)}\int_0^{T(Q_b^*)}D\mathrm{d}F(D)+(c(1+r_b^*)-v)Q_b^*\bar{F}(T(Q_b^*))=(c-v)Q_b^*$。满足以上等式后，我们可得到$S(T(Q_b^*))=V(Q_b^*)$。而且，我们知道$S(Q)=E\min[D,Q]\leqslant 0$，并且$T(Q_b^*)\geqslant S(T(Q_b^*))=V(Q_b^*)$。因此，$\dfrac{(1+r_b^*)c-v}{c-v}\geqslant 1$，并且有$r_b^*\geqslant 0$。

【推论3.1的证明】 根据引理3.1我们得到零售商和制造商的最优期望收益为：$\Omega_b^*=[p-v-\dfrac{c-v}{F(Q_b^*)}]S(Q_b^*)$，$\Pi_b^*=\dfrac{c-v}{\bar{F}(Q_b^*)}[S(Q_b^*)-Q_b^*\bar{F}(Q_b^*)]$。银行得到的期望净利润为$r_f cQ_b^*=0$，并且银行贷款下供应链总利润为$\Gamma_b^*=(p-v)S(Q_b^*)-(c-v)Q_b^*$。根据引理3.1有$\dfrac{\partial\Omega_b^*}{\partial Q_b^*}=0$，我们有$\dfrac{d\Omega_b^*}{dc}=\dfrac{\partial\Omega_b^*}{\partial Q_b^*}\dfrac{dQ_b^*}{dc}+\dfrac{\partial\Omega_b^*}{\partial c}=\dfrac{\partial\Omega_b^*}{\partial c}=-\dfrac{S(Q_b^*)}{\bar{F}(Q_b^*)}<0$。显然，有$\dfrac{dQ_b^*}{dc}<0$和$Q_b^*<Q^0$。当$c>v$时，我们有$(p-v)\bar{F}(Q_b^*)-(c-v)>(p-v)\bar{F}(Q^0)-(c-v)=0$。因此，$\dfrac{d\Gamma_b^*}{dc}=((p-v)\bar{F}(Q_b^*)-(c-v))\dfrac{dQ_b^*}{dc-Q_b^*}<0$。

【引理3.2的证明】 (1)对式(3.3)中的Q_e求导，我们可得到$\dfrac{d\Pi_e}{dQ_e}=(w_e-v)\bar{F}(Q_e)-(c-v)\bar{F}(L_e(Q_e))$。当$w_e>c$我们有$L_e(Q_e)<Q_e$，结合IFR性质，$\dfrac{d^2\Pi_e}{dQ_e^2}=(w_e-v)\bar{F}(Q_e)[\dfrac{c-v}{w_e-v}h(L_e(Q_e))-h(Q_e)]<0$。当$w_e>c$时，最优生产量$Q_e^*$能通过等式$(w_e-v)\bar{F}(Q_e^*)=(c-v)\bar{F}(L_e(Q_e^*))$解得。

现在，我们考虑函数$V(Q)=Q\bar{F}(Q)$的性质。我们有$V'(Q)=\bar{F}(Q)(1-H(Q))$，结合我们在需求上IFR性质的假设，我们已知$H(Q)$是Q的增函数，$1-H(Q)$是Q的减函数。因此，函数$V(Q)$是单峰函数并且点$\tilde{Q}$是最大值点。而且，若$Q>\tilde{Q}$，$V(Q)$随着Q减少；否则，$V(Q)$随着Q增加。

根据$(w_e-v)\bar{F}(Q_e^*)=(c-v)\bar{F}(L_e(Q_e^*))$和$L_e(Q_e^*)\dfrac{c-v}{w_e-v}Q_e^*$的关系，我们

可得到 $Q_e^*\bar{F}(Q_e^*)=L_e(Q_e^*)\bar{F}(L_e(Q_e^*))$。所以，最优的生产量 Q_e^* 满足 $V(Q_e^*)=V(L_e(Q_e^*))$，结合IFR性质，我们得到 $H(L_e(Q_e^*))\leqslant H(\tilde{Q})\leqslant H(Q_e^*)$ 和 $H(Q)=1$。因此，当 $w_e=c$ 时，$Q_e^*=\tilde{Q}$。

（2）根据IFR性质，$h(Q_e^*)>h(L_e(Q_e^*))$。因此，根据 $(w_e-v)\bar{F}(Q_e^*)=(c-v)\bar{F}(L_e(Q_e^*))$，我们有：

$$\frac{\mathrm{d}Q_e^*}{\mathrm{d}w_e}=\frac{1-H(L_e(Q_e^*))}{(w_e-v)h(Q_e^*)-(c-v)h(L_e(Q_e^*))}>0 \tag{3.9}$$

并且 $Q_e^*\geqslant\tilde{Q}$。

【引理3.3的证明】 （1）对于任意的 $w_e\in(c,p]$，我们有 $\frac{\mathrm{d}\Pi_e(Q_e^*w_e)}{\mathrm{d}w_e}=\frac{\partial\Pi_e(Q_e^*w_e)}{\partial Q_e^*}\frac{\mathrm{d}Q_e^*}{\mathrm{d}w_e}+\frac{\partial\Pi_e(Q_e^*,w_e)}{\partial w_e^*}=Y(Q_e^*)-Y(L_e(Q_e^*))+Q_e^*\bar{F}(Q_e^*)$。函数 $Y(Q)=\int_0^Q D\mathrm{d}F(D)$ 是 Q 的增函数。所以，结合 $\Pi_e(Q_e^*,w_e)$ 在 $w_e\in(c,p]$ 是连续的，我们可得到制造商的利润函数 $\Pi_e(Q_e^*,w_e)$ 在 $w_e\in(c,p]$ 是增加的。

（2）对于等式（3.5）中任意的 $w_e\in(c,p)$，我们可得到：

$$\frac{\partial\Pi_e(Q_e^*,w_e)}{\partial Q_e^*}=(p-v)\bar{F}(Q_e^*)-(c-v),$$
$$\frac{\partial\Pi_e(Q_e^*,w_e)}{\partial w_e}=-S(Q_e^*)+Y(L_e(Q_e^*))$$

随后，我们可得到：

$$\begin{aligned}\frac{\mathrm{d}\Omega_e(Q_e^*,w_e)}{\mathrm{d}w_e}&=\frac{\partial\Omega_e(Q_e^*,w_e)}{\partial Q_e^*}\frac{\mathrm{d}Q_e^*}{\mathrm{d}w_e}+\frac{\partial\Omega_e(Q_e^*,w_e)}{\partial w_e^*}\\&=((p-v)\bar{F}(Q_e^*)-(c-v))\cdot\frac{Q_e^*}{w_e-v}(1-M(Q_e^*))\\&\quad-S(Q_e^*)+Y(L_e(Q_e^*))\end{aligned} \tag{3.10}$$

根据引理3.10，我们可知 $1-M(Q_e^*)$ 随着 w_e 减少。我们可知，$\frac{\mathrm{d}(Q_e^*/(w_e-v))}{\mathrm{d}w_e}=-\frac{Q_e^*M(Q_e^*)}{(w_e-v)^2}<0$。显然，$(p-v)\bar{F}(Q_e^*)-(c-v)$ 随着 w_e 减少。同样，结合 $\frac{\mathrm{d}Q_e^*}{\mathrm{d}w_e}>0$ 和 $\frac{\mathrm{d}L_e(Q_e^*)}{\mathrm{d}w_e}<0$（根据（3.18）），函数 $-S(Q_e^*)$ 和 $Y(L_e(Q_e^*))$ 随着 w_e 减少。因此，我们知道 $\mathrm{d}\Omega_e^*/\mathrm{d}w_e$ 随着 w_e 减少，意味着 $\Omega_e(Q_e^*,w_e)$ 在 $w_e\in(c,p]$ 是单峰函数。

（3）同样，根据以上结果，我们有：

$$\frac{\mathrm{d}\Gamma_e(Q_e^*, w_e)}{\mathrm{d}w_e} = ((p-v)\bar{F}(Q_e^*)-(c-v))\frac{\mathrm{d}Q_e^*}{\mathrm{d}w_e}$$
$$=((p-v)\bar{F}(Q_e^*)-(c-v))\cdot\frac{Q_e^*}{w_e-v}\cdot(1-M(Q_e^*))$$

且该式是w_e的减函数，这意味着$\Gamma_e(Q_e^*, w_e)$关于$w_e\in(c,p]$是单峰函数。

【定理3.1的证明】 (1)首先，我们记$K(Q_e^*)=-V(Q_e^*)U(Q_e^*)-(Y(Q_e^*)-Y(L(Q_e^*)))$，其中：

$$U(Q_e^*)=1-(1-M(Q_e^*))\frac{(p-v)\bar{F}(Q_e^*)-(c-v)}{(w_e-v)\bar{F}(Q_e^*)} \tag{3.11}$$

然后根据等式(3.11)，我们可得到$\mathrm{d}\Omega_e(Q_e^*, w_e)/\mathrm{d}w_e=K(Q_e^*)$。

根据引理3.10，我们有$0\leqslant 1-M(Q_e^*)\leqslant 1/2$。显然，我们可得到$\frac{(p-v)\bar{F}(Q_e^*)-(c-v)}{(p-v)\bar{F}(Q_e^*)}<1$。其次，当$w_e=p$，$(1-M(Q_e^*))\frac{(p-v)\bar{F}(Q_e^*)-(c-v)}{(p-v)\bar{F}(Q_e^*)}\leqslant 1/2$，可得$U(Q_e^*)>1/2$。而且，对于任意的$w_e$，我们有$V(Q_e^*)>0$，$Y(Q_e^*)-Y(L(Q_e^*))\geqslant 0$。因此，当$w_e=p$时，$K(Q_e^*)=-V(Q_e^*)U(Q_e^*)-(Y(Q_e^*)-Y(L(Q_e^*)))<0$。

根据引理3.10，若$w_e=c$，则$M(Q_e^*)=1/2$，并且$Q_e^*=\tilde{Q}$，$Y(Q_e^*)-Y(L(Q_e^*))=0$。因此，当$w_e=c$时，我们有$K(Q_e^*|w_e=c)=-V(\tilde{Q})(1-\frac{(p-v)\bar{F}(Q_e^*)-(c-v)}{2(c-v)\bar{F}(Q_e^*)})$。根据$\bar{c}_e$的定义，我们能证明：若$c\leqslant\bar{c}_e$，则$K(Q_e^*|w_e=c)\geqslant 0$；若$c>\bar{c}_e$，则$K(Q_e^*|w_e=c)<0$。

根据引理3.3的证明，我们可知$K(Q_e^*)$随着w_e减少而减少。因此，对于最优批发价w_e^*有两种情况：①$\bar{c}_e<c\leqslant p$时，有$K(Q_e^*|w_e=c)\leqslant 0$。因此，对于所有的$w_e\in(c,p]$，我们有$\frac{\mathrm{d}\Omega_e(Q_e^*, w_e)}{\mathrm{d}w_e}<0$。最优的批发价时$w_e^*=c$。②$v<c\leqslant\bar{c}_e$时，有$K(Q_e^*|w_e=c)>0$，我们有$K(Q_e^*|w_e=p)<0$。所以，必定存在一个点$w_e^*\in(c,p]$满足$K(Q_e^*|w_e=w_e^*)=0$，即$\frac{\mathrm{d}\Omega_e(Q_e^*, w_e)}{\mathrm{d}w_e}=0$，使得$w_e^*$是最优的批发价格。

(2)现在，我们分别证明在$c\in(v,\bar{c}_e)$或$c\in[\bar{c}_e,p]$时有$\frac{\mathrm{d}Q_e^*}{\mathrm{d}c}\leqslant 0$，$\frac{\mathrm{d}Q_e^*}{\mathrm{d}c}<0$。

当$c\in[\bar{c}_e,p]$时，根据(1)我们可得到$w_e^*=c$和$Q_e^*=\tilde{Q}$，以及$\Omega_e^*=(p-v)S(\tilde{Q})-(c-v)\tilde{Q}$，那么当$c\in[\bar{c}_e,p]$，有$\frac{\mathrm{d}Q_e^*}{\mathrm{d}c}=0$，$\frac{\mathrm{d}\Omega_e^*}{\mathrm{d}c}=-\tilde{Q}<0$。

现在我们使用反证法去证明在$c\in(v,\bar{c}_e)$内$\mathrm{d}Q_e^*/\mathrm{d}c\leqslant 0$，我们假设$\frac{\mathrm{d}Q_e^*}{\mathrm{d}c}>0$，对于部分$c\in(v,\bar{c}_e)$。

一方面，根据引理3.2的证明，我们已经知道$V(Q_e^*)=V(L_e(Q_e^*))$，$L_e(Q_e^*(c))<\tilde{Q}<Q_e^*(c)$，并且函数$V(Q)$在$Q$上是单峰的。给定$Q_e^*(c)$和$L_e(Q_e^*(c))$在最大值$V(Q)$的$\tilde{Q}$点的左右两边，若$Q_e^*(c)$增加，那么$L_e(Q_e^*(c))$必定减少。因此，根据$\frac{\mathrm{d}Q_e^*}{\mathrm{d}c}>0$，这必定使$\frac{\mathrm{d}L_e(Q_e^*)}{\mathrm{d}c}<0$。根据引理3.2的证明(3.9)，对于任意固定的$c$，都有$\frac{\partial Q_e(c,w_e)}{\partial w_e}>0$。因为$L_e(Q_e^*)=\frac{c-v}{w_e^*-v}Q_e^*$，那么对于任意固定的$w_e^*$，有$\frac{\partial L_e(Q_e^*)}{\partial c}=\frac{Q_e^*}{w_e^*-v}+\frac{c-v}{w_e^*}\frac{\partial Q_e^*}{\partial c}$。所以，对于任意固定的$w_e^*$，根据$(w_e^*-v)\bar{F}(Q_e^*)=(c-v)\bar{F}(L_e(Q_e^*))$，可得到$-(w_e^*-v)f(Q_e^*)\frac{\partial Q_e^*}{\partial c}=\bar{F}(L_e(Q_e^*))-(c-v)f(L_e(Q_e^*))(\frac{Q_e^*}{w_e^*-v}+\frac{c-v}{w_e^*}\frac{\partial Q_e^*}{\partial c})$。重新整理等式后，可得到$\frac{\partial Q_e^*(c,w_e^*)}{\partial c}=\frac{Q_e^*(1-H(L_e(Q_e^*)))}{(c-v)H(Q_e^*)-H(L_e(Q_e^*))}$。所以，根据引理3.2的证明，$H(L_e(Q_e^*))<1<H(Q_e^*)$，我们有$\frac{\partial Q_e^*(c,w_e^*)}{\partial c}<0$。进一步有$\frac{\mathrm{d}Q_e^*(c)}{\mathrm{d}c}=\frac{\mathrm{d}Q_e^*(c,w_e^*)}{\mathrm{d}c}=\frac{\partial Q_e^*(c,w_e^*)}{\partial w_e^*}\cdot\frac{\mathrm{d}w_e^*}{\mathrm{d}c}+\frac{\partial Q_e^*(c,w_e^*)}{\partial c}$。给定$\frac{\mathrm{d}Q_e^*(c)}{\mathrm{d}c}>0$，$\frac{\partial Q_e^*(c,w_e^*)}{\partial c}<0$，$\frac{\partial Q_e^*(c,w_e^*)}{\partial w_e^*}>0$，对于部分$c\in(v,\bar{c}_e)$，我们必然有$\frac{\mathrm{d}w_e^*}{\mathrm{d}c}>0$。

另一方面，同样根据引理3.2的证明，我们可知当$Q\geqslant\tilde{Q}$时，$V(Q)=Q\bar{F}(Q)$在Q上是减少的。我们已知$Q_e^*(c)\geqslant\tilde{Q}$，因此，结合对于部分的$c\in(v,\bar{c}_e)$，假设$\frac{\mathrm{d}Q_e^*(c)}{\mathrm{d}c}>0$，必然有$V(Q_e^*(c))=Q_e^*(c)\bar{F}(Q_e^*(c))$在$c$上是减少的。所以，对于固定的$w_e$，$\frac{(p-v)Q_e^*\bar{F}(Q_e^*)-(c-v)Q_e^*}{w_e-v}$在$c$上是减少的。根据引理3.10证明中式(3.17)，对于固定的w_e，$M(Q_e^*)$随着Q_e^*增加。所以，结合假设$\frac{\mathrm{d}Q_e^*(c)}{\mathrm{d}c}>0$，对于固定的$w_e$，函数$1-M(Q_e^*)$在$c$上是减少的。显然，期望销售$S(Q)$是随着$Q$增加而增加的。所以，根据$\frac{\mathrm{d}Q_e^*(c)}{\mathrm{d}c}>0$，函数$-S(Q_e^*(c))$在$c$上是减少的，函数$Y(Q)=\int_0^Q D\mathrm{d}F(D)$在$Q$上是增加的。所以，根据$\frac{\mathrm{d}L_e(Q_e^*)}{\mathrm{d}c}<0$，必然可得到函数$Y(L_e(Q_e^*))$在$c$上是减少的。因此，对固定的$w_e$，函数$K(Q_e^*(c),w_e)=\frac{(p-v)Q_e^*\bar{F}(Q_e^*)-(c-v)Q_e^*}{w_e-v}\cdot(1-M(Q_e^*(c)))-S(Q_e^*(c))+Y(L_e(Q_e^*(c)))$在$c$上是减少的。根据(1)部分，我们可知，当$v<c\leqslant\bar{c}_e$时，最优的$w_e^*$满足

$K(Q_e^*(c), w_e^*)=0$。因此，根据$K(Q_e^*(c), w_e)$在c上是减少的，必然有w_e^*在c上是减少的（即$\frac{dw_e^*}{dc}\leqslant 0$），这和前一段中部分(2)证明在相同假设时（即$\frac{dQ_e^*}{dc}>0$）得出的结论$\frac{dw_e^*(c)}{dc}>0$是相反的。因此，这个假设$\frac{dQ_e^*}{dc}>0$对于部分$c\in(v,\bar{c}_e)$是有问题的。因此，对于任意的$c\in(v,\bar{c}_e)$，必然有$\frac{dQ_e^*}{dc}\leqslant 0$。

最后，我们证明当$c\in(v,\bar{c}_e)$时，$\frac{d\Omega_e^*(c)}{dc}<0$。根据(1)部分，有$K(Q_e^*)=0$。随后，根据等式(3.10)，必然有$((p-v)\bar{F}(Q_e^*)-(c-v))\cdot\frac{Q_e^*}{w_e^*-v}(1-M(Q_e^*))=S(Q_e^*)-Y(L_e(Q_e^*))=Q_e^*\bar{F}(Q_e^*)+Y(Q_e^*)-Y(L_e(Q_e^*))>0$。此外，根据引理3.10，有$0\leqslant 1-M(Q_e^*)\leqslant 1/2$。所以，有$(p-v)\bar{F}(Q_e^*)-(c-v)>0$。因此，$\frac{\partial\Omega_e^*}{\partial Q_e^*}=(p-v)\bar{F}(Q_e^*)-(c-v)>0$，同理，有$\frac{\partial\Omega_e^*}{\partial c}=-Q_e^*F(L_e(Q_e^*))<0$，所以，当$c\in(v,\bar{c}_e)$，结合$\frac{\partial\Omega_e^*}{\partial Q_e^*}>0$，$\partial\Omega_e^*/\partial w_e^*=0$，$\frac{\partial\Omega_e^*}{\partial c}<0$和$\frac{dQ_e^*}{dc}\leqslant 0$，有：

$$\frac{d\Omega_e^*}{dc}=\frac{\partial\Omega_e^*}{\partial w_e^*}\frac{dw_e^*}{dc}+\frac{\partial\Omega_e^*}{\partial Q_e^*}\frac{dQ_e^*}{dc}+\frac{\partial\Omega_e^*}{\partial c}<0 \tag{3.12}$$

【推论3.2的证明】 首先，根据$c^0,\bar{c}_e,\bar{c}_b$，有$c^0>\bar{c}_e$和$c^0>\bar{c}_b$。根据定理3.1可知，若$c=c^0>\bar{c}_e$，那么$Q_e^*=\tilde{Q}$，并且供应链的总利润为$\Gamma_e^*(c^0)=(p-v)S(Q_e^*)-(c^0-v)Q_e^*=(p-v)S(\tilde{Q})-(c^0-v)\tilde{Q}$。显然，当$c=c^0=(p-v)\bar{F}(\tilde{Q})+v$，有$(p-v)\bar{F}(Q^0)=c^0-v=(p-v)\bar{F}(\tilde{Q})$，$Q^0=\tilde{Q}$。因此，$\Gamma^0(c^0)=\Gamma_e^*(c^0)=(p-v)S(\tilde{Q})-(c^0-v)\tilde{Q}$。

【定理3.2的证明】 (1)首先，我们证明，若$v<c\leqslant\dot{c}_e$，则$\Omega_e^*\geqslant\Omega_b^*$；否则，$\Omega_e^*<\Omega_b^*$。结合推论3.1的结果$\frac{d\Omega_b^*}{dc}=-\frac{S(Q_e^*)}{\bar{F}(Q_e^*)}$，能得到$\frac{d^2(\Gamma(\tilde{Q})-\Omega_b^*)}{dc^2}=\frac{\bar{F}^2(Q_b^*)+S(Q_b^*)f(Q_b^*)}{\bar{F}^2(Q_b^*)}$。$\frac{dQ_b^*}{dc}<0$，意味着函数$\Gamma(\tilde{Q})-\Omega_b^*$在$c$上是凹函数。当$c=\bar{c}_b$时，根据$\bar{c}_b$的定义，$(p-v)\bar{F}(\tilde{Q})=(c-v)J(\tilde{Q})$。因此，根据引理3.1，$\tilde{Q}=Q_b^*$，则$\Gamma(\tilde{Q})=\Gamma(Q_b^*)=\Omega_b^*+\Pi_b^*>\Omega_b^*$。

所以，当$c=\bar{c}_b$时，$\Gamma(\tilde{Q})-\Omega_b^*>0$。根据$\breve{c}$的定义，若$c=\breve{c}$，则$\Gamma(\tilde{Q})=0$。显然，$\Omega_b^*=(p-w_b^*)S(Q_b^*)>0$。所以，当$c=\breve{c}$时，有$\Gamma(\tilde{Q})-\Omega_b^*<0$。因此，根据函数$\Gamma(\tilde{Q})-\Omega_b^*$的凹性，在$(\bar{c}_b,\breve{c})$区域，存在唯一的$\dot{c}_e$满足$\Gamma(\tilde{Q})-\Omega_b^*=0$。此外，当$\bar{c}_b\leqslant c<\dot{c}_e$时，有$\Gamma(\tilde{Q})>\Omega_b^*$；当$c\geqslant\dot{c}_e$时，有$\Gamma(\tilde{Q})\leqslant\Omega_b^*$。

现在，我们证明$\dot{c}_e>\bar{c}_e$。

根据$\bar{c}_e$和$\bar{c}_b$的定义：$\bar{c}_e=\dfrac{(p-v)\bar{F}(Q)}{1+2\bar{F}(Q)}+v$，$\bar{c}_b=\dfrac{(p-v)\bar{F}(\tilde{Q})}{J(Q)}+v$。显然，当$J(\tilde{Q})\geqslant 1+2\bar{F}(\tilde{Q})$时，有$\bar{c}_b\leqslant\bar{c}_e$；否则$\bar{c}_b>\bar{c}_e$。

我们考虑$J(\tilde{Q})\geqslant 1+2\bar{F}(\tilde{Q})$的情况。在这种情况下，有$\bar{c}_b\leqslant\bar{c}_e$。当$c=\bar{c}_e$时，有$\dfrac{c-v}{p-v}=\dfrac{\bar{F}(\tilde{Q})}{1+2\bar{F}(\tilde{Q})}<\bar{F}(\tilde{Q})$。根据$Q^0$的定义，有$\bar{F}(Q^0)=\dfrac{c-v}{p-v}$。随后，有$\tilde{Q}<Q^0$，根据$\bar{c}_b$的定义，当$c=\bar{c}_b$时，有$Q_b^*=\tilde{Q}$。此外，根据$(p-v)\bar{F}(Q_b^*)=(c-v)J(Q_b^*)$，可知$Q_b^*$在$c$上是递减的。因为$\bar{c}_b\leqslant\bar{c}_e$，那么在点$c=\bar{c}_e$，有$\tilde{Q}\geqslant Q_b^*$。因此，当$c=\bar{c}_e$时，$Q^0>\tilde{Q}\geqslant Q_b^*$。根据$Q^0$的定义，对于任意给定的$c$，$Q^0$是$\Gamma(Q)$的最大值点。所以，当$c=\bar{c}_e$时，有$\Gamma(\tilde{Q})\geqslant\Gamma(Q_b^*)>\Omega_b^*$（即$\Gamma(\tilde{Q})-\Omega_b^*>0$）。因此，根据$\dot{c}_e$的定义，我们可以知道$\dot{c}_e$一定大于$\bar{c}_e$。

我们考虑$J(\tilde{Q})<1+2\bar{F}(\tilde{Q})$的情况，在这种情况下，有$\bar{c}_b>\bar{c}_e$。因为$\dot{c}_e>\bar{c}_b$，所以有$\dot{c}_e>\bar{c}_e$。

唯一点$\dot{c}_e$满足$\Gamma(\tilde{Q})=\Omega_b^*$以及$\max\{\bar{c}_e,\bar{c}_b\}<\dot{c}_e<\breve{c}$。此外，根据$\Gamma(\tilde{Q})-\Omega_b^*$的凹性，我们可知：当$\max\{\bar{c}_e,\bar{c}_b\}<c<\dot{c}_e$时，有$\Gamma(\tilde{Q})>\Omega_b^*$；当$c>\dot{c}_e$时，有$\Gamma(\tilde{Q})\leqslant\Omega_b^*$。

根据定理3.1和引理3.2，当$c\geqslant\bar{c}_e$，$w_e^*=c$，$Q_e^*=\tilde{Q}$，因此，$\Omega_e^*=\Gamma(\tilde{Q})$。根据上述结果，我们有：当$\max\{\bar{c}_c,\bar{c}_b\}\leqslant c<\dot{c}_e$时，$\Omega_e^*>\Omega_b^*$；当$c\geqslant\dot{c}_e$时，$\Omega_e^*\leqslant\Omega_b^*$。

(2)现在，我们证明对于任意的$c\in(v,p]$，有$w_e^*\leqslant w_b^*$和$\Pi_b^*\geqslant\Pi_e^*$。

根据定理3.1，我们知道Q_e^*随着c下降，$L_e(Q_e^*)$随着c增加。因此，$\dfrac{c-v}{w_b^*-v}=\dfrac{L_e(Q_e^*)}{Q_e^*}$随着$c$增加。根据推论3.1和引理3.1，有$(w_b^*-v)\bar{F}(Q_b^*)=c-v$，和$Q_b^*$随着$c$减少，$\dfrac{c-v}{w_b^*-v}=\bar{F}(Q_b^*)$在$c$上是增加的。当$c\to v$，$\dfrac{c-v}{w_e^*-v}\to 0$，$\dfrac{c-v}{w_b^*-v}\to 0$；当$c=\bar{c}_e<p$时，$Q_e^*=L_e(Q_e^*)=\tilde{Q}$，$\bar{F}(Q_b^*)<1$，并且有$\dfrac{c-v}{w_e^*-v}=1>\dfrac{c-v}{w_b^*-v}$。因此，当$c<\bar{c}_e$，$\dfrac{c-v}{w_e^*-v}>\dfrac{c-v}{w_b^*-v}$（即$w_e^*<w_b^*$）。此外，若$c>\bar{c}_e$，有$\dfrac{c-v}{w_e^*-v}=1$和$\dfrac{c-v}{w_b^*-v}\leqslant 1$。最后，对于任意的$c\in(v,p]$，有$w_e^*\leqslant w_b^*$。

接下来，我们证明$\Pi_e^*\leqslant\Pi_b^*$。记$\Pi_e^*=(w_e^*-v)(Y(Q_e^*)-Y(L_e(Q_e^*)))$和$\Pi_b^*=(w_b^*-v)Y(Q_b^*)$。给定$c>\bar{c}_e$，$Q_e^*=L_e(Q_e^*)$和$\Pi_e^*=0$，$\Pi_b^*\geqslant 0$。现在，我们考虑$c\in(v,\bar{c}_e]$的情况。当$c=\bar{c}_e$时，$Y(Q_e^*)-Y(L_e(Q_e^*))=0<Y(Q_e^*)$。当$c\to v$，有$Q_e^*\to+\infty$，$L_e(Q_e^*)\to 0$，$Q_b^*\to+\infty$，$Y(Q_e^*)-Y(L_e(Q_e^*))=Y(Q_b^*)\to+\infty$。因为$Y(Q_e^*)-Y(L_e(Q_e^*))$和$Y(Q_b^*)$在$c\in(v,\bar{c}_e]$是减少的，可得到$Y(Q_e^*)-$

$Y(L_e(Q_e^*))<Y(Q_b^*)$。由 $w_e^*<w_b^*$,可得到 $\Pi_e^*=(w_e^*-v)[Y(Q_e^*)-Y(L_e(Q_e^*))]<(w_b^*-v)Y(Q_b^*)=\Pi_b^*$。因此,对于任意的 $c\in(v,p]$,有 $\Pi_e^*\leqslant\Pi_b^*$。

【引理 3.4 的证明】 (1)在这部分,我们首先证明存在唯一点 $w_e=w_e^M$,使得 $\Pi_e(Q_e^*,w_e^M)=\Pi_b^*$。根据引理 3.1,显然 $p-v>(c-v)/\bar{F}(Q_b^*)=w_b^*-v$(即 $p>w_b^*$)。对于任意给定的 c,有一个常数 $\Pi_b^*(c)\geqslant 0$。其次,当 $w_e=c$ 时,有 $\Pi_e(Q_e^*,c)=0\leqslant\Pi_b^*$;当 $w_e=p$ 时,根据(3.2)和(3.3),有:

$$\begin{aligned}\Pi_e(Q_e^*,p)&=\mathrm{E}[(p-v)\min[D,Q_e^*(p)]-(c-v)Q_e^*(p)]^+\\&\geqslant\mathrm{E}[(p-v)\min[D,Q_b^*]-(c-v)Q_b^*]^+\\&\geqslant\mathrm{E}[(w_b^*-v)\min[D,Q_b^*]-((1+r_b^*)c-v)Q_b^*]^+=\Pi_b^*\end{aligned}$$

上述第一个不等式结果是 $Q_e^*(p)$是最优决策。根据引理 3.3,我们知道 $\Pi_e(Q_e^*,w_e)$ 随着 w_e 增加。因此,对于给定的 c,有唯一的 $w_e=w_e^M$ 满足 $\Pi_e(Q_e^*,w_e^M)=\Pi_b^*$。

(2)接着,我们通过反证法证明对任意的 $c\in(v,p]$,$w_e^M(c)\leqslant w_b^*(c)$。

首先,我们假设,对于某个 $c\in(c,p]$,存在 $w_e^M(c)>w_b^*(c)$。然后,我们有:

$$\begin{aligned}\Pi_b^*&=\mathrm{E}[(w_b^*(c)-v)\min[D,Q_b^*]-((1+r_b^*)c-v)Q_b^*]^+\\&<\mathrm{E}[(w_e^M(c)-v)\min[D,Q_b^*]-((1+r_b^*)c-v)Q_b^*]^+\\&\leqslant\mathrm{E}[(w_e^M(c)-v)\min[D,Q_b^*]-(c-v)Q_b^*]^+\\&\leqslant\mathrm{E}[(w_e^M(c)-v)\min[D,Q_e^*(w_e^M(c))]-(c-v)Q_e^*(w_e^M(c))]^+\\&=\Pi_e(Q_e^*,w_e^M(c))\end{aligned}$$

上一个不等式的原因是,当 $w_e=w_e^M(c)$,$Q_e^*(w_e^M(c)$是最优决策,结论 $\Pi_b^*<\Pi_e(Q_e^*,w_e^M(c))$ 与 $w_e^M(c)$ 的定义是矛盾的。因此,对于任何给定的 c,有 $w_e^M(c)\leqslant w_b^*(c)$。

从定理 3.2 知,有 $\Pi_e^*(c)<\Pi_b^*(c)$。因此,对 $c\in(v,p]$,有 $\Pi_e^*(Q_e^*,w_e^*(c))=\Pi_e^*(c)<\Pi_e(Q_e^*,w_e^M(c))$。从引理 3.3 可知,对任意给定的 c,有 Π_e^* 随着 w_e 递增。于是,我们可得 $w_e^*(c)<w_e^M(c)$。因此,我们有 $w_e^*(c)<w_e^M(c)\leqslant w_b^*(c)$。

【引理 3.5 的证明】 (1)从引理 3.2 可知,Q_e^* 随着 w_e 递增。当 $w_e=p$,制造商设置一个最优的产量 $Q_e^*(p)$,此时,零售商的利润为 $\Omega_e^*(p)=\Omega_e(Q_e^*(p),p)$。从等式(3.5)可知,对任意给定的 c,当 $w_e=p$,有:$\Omega_e^*(p)=\mathrm{E}\min[(p-v)\min[D,Q_e^*(p)],(c-v)Q_e^*(p)]\leqslant 0<\Omega_b^*$因此,对任意的 $c\in(v,\dot{c}_e]$,有 $\Omega_e^*(p)<\Omega_b^*$。

(2)存在一个唯一的 $w_e^R\in(w_e^*,p]$,当 $\bar{c}_b\leqslant c\leqslant\dot{c}_e$,满足 $\Omega_e(Q_e^*,w_e^R)=\Omega_b^*$。

从定理 3.2 的证明可知,$\Gamma(\tilde{Q})=\Omega_b^*$。另外,对于给定的 $c\in[\bar{c}_b,\dot{c}_e)$,当 $w_e=c$,有 $\Gamma(\tilde{Q})=\Gamma_e(Q_e^*,c)=\Omega_e(Q_e^*,c)+\Pi_e(Q_e^*,c)=\Omega_e(Q_e^*,c)$。于是,有 $\Omega_e(Q_e^*,c)>\Omega_b^*$。

接下来,我们考虑两种情况:$\bar{c}_b\leqslant\bar{c}_e$(即,$J(\tilde{Q})\geqslant 1+2\bar{F}(\tilde{Q})$)和 $\bar{c}_b>\bar{c}_e$(即 $J(\tilde{Q})<1+2\bar{F}(\tilde{Q})$)。

①$\bar{c}_b\leqslant\bar{c}_e$。存在两个范围:$\bar{c}_b\leqslant c\leqslant\bar{c}_e$ 和 $\bar{c}_e<c<\dot{c}_e$。

当$\bar{c}_e < c \leqslant \dot{c}_e$，从定理3.1的证明知，对所有的$w_e$，$\frac{\mathrm{d}\Omega_e(Q_e^*, w_e)}{\mathrm{d}w_e} < 0$。我们已经知道当$w_e = c$时，$\Omega_e(Q_e^*, c) > \Omega_e^*$，且从(3.1)的证明知，当$w_e = p$，$\Omega_e^*(p) < \Omega_b^*$。再者，从引理3.3知，$\Omega_e(Q_e^*, w_e)$是关于$w_e$的单峰函数。因此，存在一个唯一的$w_e^R$，满足$\Omega_e(Q_e^*, w_e^R) = \Omega_b^*$。因为$w_e^* = c$，则$w_e^R > w_e^*$。

当$\bar{c}_b \leqslant c \leqslant \bar{c}_e$，从定理3.1的证明知，当$w_e = w_e^*$，$\Omega_e(Q_e^*, w_e)$达到最大值。因此有$\Omega_e(Q_e^*, w_e^*) > \Omega_e(Q_e^*, c) > \Omega_b^*$。再者，从(3.1)的部分知，$\Omega_e^*(p) < \Omega_b^*$和$\Omega_e(Q_e^*, w_e)$的单峰性质，我们知道存在一个唯一的$w_e^R \in (w_e^*, p]$，满足$\Omega_e(Q_e^*, w_e^R) = \Omega_b^*$。

②$\bar{c}_b > \bar{c}_e$。我们考虑c的范围在$\bar{c}_b \leqslant c < \dot{c}_e$。从定理3.1的证明知，当$w_e = w_e^*$，$\mathrm{d}\Omega_e(Q_e^*, w_e)/\mathrm{d}w_e < 0$。类似于以上情况①中$\bar{c}_e < c \leqslant \dot{c}_e$的情景，即存在一个唯一的$w_e^R$，满足$\Omega_e(Q_e^*, w_e^R) = \Omega_b^*$且$w_e^R > w_e^* = c$。

(3)我们证明存在一个唯一的$w_e^R \in (w_e^*, p)$，满足当$v \leqslant c < \bar{c}_b$时，$\Omega_e(Q_e^*, w_e^R) = \Omega_b^*$。

因为$v \leqslant c < \bar{c}_b \leqslant \max\{\bar{c}_b, \bar{c}_e\} \leqslant \dot{c}_e$，从定理3.2可知，$\Omega_e(Q_e^*, w_e^*) = \Omega_e^* > \Omega_b^*$；在证明(1)中可知，$\Omega_e^*(p) < \Omega_b^*$；$\Omega_e(Q_e^*, w_e)$是一个单峰函数，在$(w_e^*, p)$这个范围内，存在一个唯一的点$w_e^R$，对任意的$v \leqslant c < \bar{c}_b$，满足$\Omega_e(Q_e^*, w_e^R) = \Omega_b^*$。

因此，从(2)(3)的证明可知，存在一个唯一的$w_e^R \in (w_e^*, p)$，对任意的$v \leqslant c < \dot{c}_e$，满足$\Omega_e(Q_e^*, w_e^R) = \Omega_b^*$。

【定理3.3的证明】 (1)从引理3.5知，当$c = \dot{c}_e$，$w_e^R(c) = c$。从引理3.4知，对任意给定的$c \in (v, p)$，$w_e^M(c) > c$。因此，肯定存在一个点$\hat{c}_e < \dot{c}_e$，有$w_e^M(\hat{c}_e) = w_e^R(\hat{c}_e)$。

(2)由上述结论知，对任意给定的$c \in (v, \dot{c}_e]$，存在w_e^M和w_e^R之间的两种情况。当$c \geqslant \hat{c}_e$，$w_e^M > w_e^R$，唯一的子博弈完美均衡融资是银行融资。当$c < \hat{c}_e$，有$w_e^M < w_e^R$，即存在一个帕累托区域$w_e \in [w_e^M, w_e^R]$，有$\Pi_e(Q_e^*, w_e) \geqslant \Pi_b^*$和$\Omega_e(Q_e^*, w_e) \geqslant \Omega_b^*$。因此，唯一的子博弈完美均衡融资是提前支付融资。

(3)由上述结论知，当$v < c < \hat{c}_e$，唯一的子博弈完美均衡融资是提前支付融资；当$\hat{c}_e \leqslant c \leqslant p$，融资均衡是银行融资。

【定理3.4的证明】 按照定理3.3中的相同步骤，我们可以很容易地得到结果。

【引理3.6的证明】 首先，遵循与引理3.3相同的过程，我们很容易证明$\Pi_I(Q_I^*, w_I)$随着w_I递增。

接着，我们证明，对于给定的w_I，$\Pi_I(Q_I^*, w_I)$随着r_I递减。根据等式

$$(w_I - v)\bar{F}(Q_I^*) = (c(1 + r_I) - v)\bar{F}(L_I(Q_I^*))\text{和}L_I(Q_I^*) = \frac{(c(1 + r_I) - v)Q_I^*}{w_I - v}$$

可知：

$$-(w_I-v)f(Q_I^*)\frac{\mathrm{d}Q_I^*}{\mathrm{d}r_I}=c\bar{F}(L_I(Q_I^*))-(c(1+r_I)-v)f(L_I(Q_I^*))\frac{\mathrm{d}L_I(Q_I^*)}{\mathrm{d}r_I},$$

$$\frac{\mathrm{d}L_I(Q_I^*)}{\mathrm{d}r_I}=\frac{cQ_I^*}{w_I-v}+\frac{c(1+r_I)-v}{w_I-v}\frac{\mathrm{d}Q_I^*}{\mathrm{d}r_I}$$

因此,有:

$$\frac{\mathrm{d}Q_I^*}{\mathrm{d}r_I}=\frac{cQ_I^*(M(Q_I^*)-1)}{(1+r_I)c-v},\frac{\mathrm{d}L_I(Q_I^*)}{\mathrm{d}r_I}=\frac{cQ_I^*M(Q_I^*)}{w_I-v}$$

因此,有:

$$\frac{\mathrm{d}Q_I^*}{\mathrm{d}r_I}\leqslant 0,\frac{\mathrm{d}L_I(Q_I^*)}{\mathrm{d}r_I}\geqslant 0 \tag{3.13}$$

对任何的r_I,有:

$$\frac{\mathrm{d}\Pi_I(Q_I^*,w_I)}{\mathrm{d}r_I}=(w_I-v)[Q_I^*f(Q_I^*)\frac{\mathrm{d}Q_I^*}{\mathrm{d}r_I}-L_I(Q_I^*)f(L_I(Q_I^*))\frac{\mathrm{d}L_I(Q_I^*)}{\mathrm{d}r_I}]\leqslant 0 \tag{3.14}$$

因此,对一个固定的购买价格w_I,制造商的收益函数$\Pi_I(Q_I^*,w_I)$随着r_I递减。

(1)我们证明,对任意的$c\in(v,\hat{c}_I]$,$w_I^M(r_I)$随着r_I递增。

与引理3.2相似,制造商的利润函数$\Pi_I(Q_I,w_I)$是关于Q_I的单峰函数。从等式(3.6)知,对于给定的c和w_I,$\Pi_I(Q_I,w_I)$随着r_I递增。因此,对于给定的c和w_I,制造商的利润函数的最大值$\Pi_I(Q_I^*,w_I)$必须随着r_I递减。再者,已知$\Pi_I(Q_I^*,w_I)$随着w_I递增,有$\Pi_I(Q_I^*,w_I^M)=\Pi_b^*$。因此,点$w_I^M$随着$r_I$递增。

现在,我们证明,对任意的$c\in(v,\hat{c}_I]$,$Q_I^*(w_I^M(r_I),r_I)$随着r_I递减。

考虑r_I^1和r_I^2在$0\leqslant r_I^1<r_I^2\leqslant\hat{r}_I$的范围内,且$w_I^M(r_I)$随着$r_I$递增,因此有$w_I^M(r_I^1)<w_I^M(r_I^2)$。通过以上结论知,对任意的$r_I^i$, $w_I^M(r_I^i)$, $i=1,2$,有$V(Q_I^*(w_I^M(r_I^i),r_I^i))=V(L(Q_I^*(w_I^M(r_I^i),r_I^i)))$。通过等式(3.6),有:

$$\Pi_I(Q_I^*(w_I^M(r_I^i),r_I^i),w_I^M(r_I^i))=(w_I^M(r_I^i)-v)\int_{L(Q_I^*(w_I^M(r_I^i),r_I^i))}^{Q_I^*(w_I^M(r_I^i),r_I^i)}xf(x)\mathrm{d}x$$

根据$w_I^M(r_I^i)$的定义,上述函数的值一定等于Π_b^*。因为$w_I^M(r_I^1)<w_I^M(r_I^2)$,有$Q_I^*(w_I^M(r_I^1),r_I^1)>Q_I^*(w_I^M(r_I^2),r_I^2)$。因此,$Q_I^*(w_I^M(r_I),r_I)$随着$r_I$递减。

(2)从定理3.2知,$\dot{c}_e$满足$\Gamma(\tilde{Q})=\Omega_b^*$。另外,$\dot{c}_I$也满足$\Gamma(\tilde{Q})=\Omega_b^*$,因此,有$\dot{c}_e=\dot{c}_I$。

(3)现在,我们证明$\hat{c}_I>\hat{c}_e$。

首先,我们证明,当$c=\hat{c}_e$时,$Q_e^*(w_e^M)>Q_I^*(w_I^M)>Q_b^*$。

根据w_e^M和w_e^R的定义,有$\Pi_e(Q_e^*,w_e^M)=\Pi_b(Q_b^*)$和$\Omega_e(Q_e^*,w_e^R)=\Omega_b(Q_b^*)$。因为当$c=\hat{c}_e$,有$w_e^M=w_e^R$,因此,$\Gamma_e(Q_e^*,w_e^M)=\Gamma_b(Q_b^*)$。我们已知供应链的总利润$\Gamma(Q)$是一个关于$Q$的凹函数,且$Q_0$为极值点。因此,有$Q_e^*(w_e^M)>Q_0>Q_b^*$。

根据w_I^M的定义，$\Pi_I(Q_I^*,w_I^M)=\Pi_b(Q_b^*)$。根据定理3.1和$c=\hat{c}_e>\bar{c}_e$，零售商的最优批发决策$w_I^*=\hat{c}_e(1+r_I)$。根据定理3.9，因为$c=\hat{c}_e>\bar{c}_b$，制造商的最优决策$Q_I^*(w_I^*)>Q_b^*$。根据引理3.2的相同步骤，我们可得到$Q_I^*(w_I)$随着$w_I$递增。因为$w_I^M>w_I^*$，所以有$Q_I^*(w_I^M)>Q_I^*(w_I^*)$，于是$Q_I^*(w_I^M)>Q_b^*$。从证明(1)的结果，在确定的$c=\hat{c}_e$，已知有$Q_e^*(w_e^M)>Q_I^*(w_I^M)$。所以，$Q_e^*(w_e^M)>Q_I^*(w_I^M)>Q_b^*$。

接着，我们证明$\hat{c}_I>\hat{c}_e$。

因为供应链的总利润$\Gamma(Q)$是一个关于Q的凹函数，当$c=\hat{c}_e$，$\Gamma_e(Q_e^*,w_e^M)=\Gamma_b(Q_b^*)$和$Q_e^*(w_e^M)>Q_I^*(w_I^M)>Q_b^*$，有$\Gamma_I(Q_I^*,w_I^M)>\Gamma_e(Q_e^*,w_e^M)$。已知$\Omega_e(Q_e^*,w_e^M)=\Omega_b(Q_b^*)$，$\Pi_I(Q_I^*,w_I^M)=\Pi_e(Q_e^*,w_e^M)=\Pi_b(Q_b^*)$。因此，$\Omega_I(Q_I^*,w_I^M)=\Gamma_I(Q_I^*,w_I^M)-\Pi_I(Q_I^*,w_I^M)=\Gamma_I(Q_I^*,w_I^M)-\Pi_e(Q_e^*,w_e^M)>\Gamma_e(Q_e^*,w_e^M)-\Pi_e(Q_e^*,w_e^M)=\Omega_e(Q_e^*,w_e^M)=\Omega_b(Q_b^*)$。

于是，可得$\Omega_I(Q_I^*,w_I^M)>\Omega_b(Q_b^*)$，$\Pi_I(Q_I^*,w_I^M)=\Pi_b(Q_b^*)$。所以，当$c=\hat{c}_e$，有$w_I^R>w_I^M$。于是，得到$\hat{c}_I>\hat{c}_e$。

【定理3.5的证明】 回看推论3.2，给定$r_I=0$，当$c=c^0$，无息提前支付协调整个供应链。因此，若$c=c^0$，$Q^0(c)=\tilde{Q}$，$Q^0(c)$和$Q_I^*(w_I^*)$均随着c递减，且$Q_I^*(w_I^*)\geqslant\tilde{Q}$。所以，当$c<c^0$时，$Q_I^*(w_I^*)<Q^0(c)$；否则，$Q_I^*(w_I^*)=\tilde{Q}>Q^0(c)$。

从引理3.6知，$Q_I^*(w_I^M(r_I),r_I)$随着r_I递减。因此，在给定$\bar{c}_3$，$\bar{c}_2$和$\bar{c}_1$的定义下，有$\bar{c}_3<\bar{c}_2<\bar{c}_1<c^0$。

对于给定的$c\in(v,\hat{c}_I]$，$r_I\in[0,\hat{r}_I]$和$w_I=w_I^M(r_I)$，零售商的利润函数为$\Omega_I(Q_I^*,w_I^M(r_I))=(p-v)S(Q_I^*(w_I^M(r_I)))-(c-v)Q_I^*(w_I^M(r_I))-\Pi_b^*$。供应链的总利润$pS(Q)-cQ$是凹函数，且其最大值在点$Q^0(c)$。因此，若$Q_I^*(w_I^M(r_I))<Q^0(c)$，$\Omega_I(Q_I^*,w_I^M(r_I))$随着$Q_I^*$递增；否则，$\Omega_I(Q_I^*,w_I^M(r_I))$随着$Q_I^*$递减。

如果$c<\bar{c}_3$，$Q_I^*(w_I^M(r_I))<Q_I^*(w_I^M(0))<Q^0(c)$，$\Omega_I(Q_I^*,w_I^M(r_I))$随着$Q_I^*$递增。$Q_I^*(w_I^M(r_I))$随$r_I$递减（定理3.6），$\Omega_I(Q_I^*,w_I^M(r_I))$随着$r_I$递减，因此，有$\Omega_e(Q_e^*,w_e^M)=\Omega_I(Q_I^*,w_I^M(0))>\Omega_I(Q_I^*,w_I^M(r_I))$。

如果$c>\bar{c}_1$，$Q_I^*(w_I^M(0))>Q_I^*(w_I^M(\hat{r}_I))>Q^0(c)$，$\Omega_I(Q_I^*,w_I^M(r_I))$随着$Q_I^*$递减。因为$Q_I^*(w_I^M(r_I))$随$r_I$递减，所以$\Omega_I(Q_I^*,w_I^M(r_I))$随着$r_I$单调递增。

如果$c<\bar{c}_1$，$Q_I^*(w_I^M(\hat{r}_I))<Q^0(c)$，因为$Q_I^*(w_I^M(r_I))$随$r_I$递减，解出方程$Q_I^*(w_I^M(r_I^*))=Q^0(c)$，有$r_I^*<\hat{r}_I$。从前面可知，$\bar{c}_2$为解出$\Omega_I(Q_I^*,w_I^M(\hat{r}_I))=\Omega_I(Q_I^*,w_I^M(0))$，我们有$Q_I^*(w_I^M,r_I^*(\bar{c}_2))=Q^0(\bar{c}_2)$。给定$c=\bar{c}_2$，$\Omega_I^M(Q_I^*,w_I^M(r_i),\bar{c}_2)$在$r_I\in[r_I^M(\bar{c}_2),\hat{r}_I]$递减。因此，$\bar{c}_2\leqslant c<\bar{c}_1$，$\Omega_I^M(Q_I^*,w_I^M(r_I))>\Omega_I(Q_I^*,w_I^M(0))$，且$\Omega_I^M(Q_I^*,w_I^M(r_I))$随着$r_I$先增后减。

如果$\bar{c}_3\leqslant c<\bar{c}_2$，我们解出方程$\Omega_I^M(Q_I^*,w_I^M(r_I^M))=\Omega_I(Q_I^*,w_I^M(0))$，有$r_I^M<\hat{r}_I$。对于任意给定的$c\in[\bar{c}_3,\bar{c}_2)$，有$\Omega_I^M(Q_I^*,w_I^M(r_I))\geqslant\Omega_I(Q_I^*,w_I^M(0))$。若

$r_I \leqslant r_I^M(c), \Omega_I^M(Q_I^*, w_I^M(r_I)) < \Omega_I(Q_I^*, w_I^M(0))$。

【定理3.6的证明】 首先，我们证明对任意的$c \in (v, p]$，$\hat{r}_I(c)$随着c递减。

从引理3.6的证明中可知，对于任意给定的c，在$w_I = p$时，$\Pi_I(Q_I^*(c), p, r_I)$随着r_I递减。根据定理3.1相同的步骤，我们可以很容易地证得，对于给定的r_I，$\frac{\mathrm{d}Q_I^*}{\mathrm{d}c} < 0$和$\frac{\mathrm{d}L_I(Q_I^*(c))}{\mathrm{d}c} > 0$。已知制造商的最优函数$\Pi_I(Q_I^*(c), p, r_I) = (p - v)[Y(Q_I^*(c)) - Y(L_I(Q_I^*(c)))]$。因此，对于给定的$r_I$，$\Pi_I(Q_I^*(c), p, r_I)$随着$c$递减。

我们考虑两种情况：$\frac{\mathrm{d}\Pi_b^*(c)}{\mathrm{d}c} \geqslant 0$和$\frac{\mathrm{d}\Pi_b^*(c)}{\mathrm{d}c} < 0$。

①假设$\frac{\mathrm{d}\Pi_b^*(c)}{\mathrm{d}c} \geqslant 0$。让$\grave{c}_1 < c < \grave{c}_2$，有$\Pi_b^*(\grave{c}_1) \leqslant \Pi_b^*(\grave{c}_2)$。已知在$r_I$的可行域内，有$\Pi_I(Q_I^*(\grave{c}_1), p, r_I) > \Pi_I(Q_I^*(\grave{c}_2), p, r_I)$。在$\hat{r}_I(c)$的定义下，$\Pi_I(Q_I^*(\grave{c}_1), p, \hat{r}_I(\grave{c}_1)) = \Pi_b^*(\grave{c}_1)$，$\Pi_I(Q_I^*(\grave{c}_2), p, \hat{r}_I(\grave{c}_2)) = \Pi_b^*(\grave{c}_2)$。因为$\frac{\mathrm{d}\Pi_b^*(c)}{\mathrm{d}c} \geqslant 0$和$\grave{c}_1 < \grave{c}_2$，有$\Pi_I(Q_I^*(\grave{c}_2), p, \hat{r}_I(\grave{c}_2)) = \Pi_b^*(\grave{c}_2) > \Pi_b^*(\grave{c}_1) = \Pi_I(Q_I^*(\grave{c}_1), p, \hat{r}_I(\grave{c}_1)) > \Pi_I(Q_I^*(\grave{c}_2), p, \hat{r}_I(\grave{c}_1))$。

于是，$\hat{r}_I(\grave{c}_1) > \hat{r}_I(\grave{c}_2)$，即$\mathrm{d}\hat{r}_I(c)/\mathrm{d}c < 0$。

②假设$\frac{\mathrm{d}\Pi_b^*(c)}{\mathrm{d}c} < 0$。让$\grave{c}_1 < c < \grave{c}_2$，有$\Pi_b^*(\grave{c}_1) > \Pi_b^*(\grave{c}_2)$。因此，$\Pi_I(Q_I^*(\grave{c}_1), p, \hat{r}_I(\grave{c}_1)) > \Pi_I(Q_I^*(\grave{c}_2), p, \hat{r}_I(\grave{c}_2))$。在关系式$\Pi_I(Q_I^*(c), p, r_I) = (p - v)[Y(Q_I^*(c)) - Y(L_I(Q_I^*(c)))]$下，于是有$Q_I^*(\grave{c}_1) > Q_I^*(\grave{c}_2)$，$L_I(Q_I^*(\grave{c}_1), \hat{r}_I(\grave{c}_1)) < L_I(Q_I^*(\grave{c}_2), \hat{r}_I(\grave{c}_2))$。则$\frac{(1 + \hat{r}_I(\grave{c}_1))\grave{c}_1 - v}{p - v} = \frac{L_I(Q_I^*(\grave{c}_1), \hat{r}_I(\grave{c}_1))}{Q_I^*(\grave{c}_1)} < \frac{L_I(Q_I^*(\grave{c}_2), \hat{r}_I(\grave{c}_2))}{Q_I^*(\grave{c}_2)} = \frac{(1 + \hat{r}_I(\grave{c}_2))\grave{c}_2 - v}{p - v}$。因此，$(1 + \hat{r}_I(c))c - v$随着$c$递增且$(1 + \hat{r}_I(c))c \leqslant p$。当$c = p$，$(1 + \hat{r}_I(p))p \leqslant p$，所以必须有$\hat{r}_I(p) = 0$和$\frac{\mathrm{d}\hat{r}_I(c)}{\mathrm{d}c} < 0$。因此，对任意的$c \in (v, p]$，$\hat{r}_I(c)$随着$c$递减。

其次，我们在$[\tilde{c}_3, \hat{c}_I]$中考虑最优利率r_I^*。

对任意给定的$\tilde{c}_3 \leqslant c \leqslant \hat{c}_I$，最优利率$r_I^*$满足

$(w_I^M(r_I^*) - v)\bar{F}(Q^0(c)) = (c(1 + r_I^*) - v)\bar{F}(L_I(Q^0(c)))\Pi_I^*(w_I^M(r_I^*), Q^0(c)) = \Pi_b^*$，$Q^0(c)$为$\bar{F}(Q^0(c)) = \frac{c - v}{p - v}$的解。我们有$\frac{L_I(Q^0(c))}{Q^0(c)} = \frac{c(1 + r_I^*(c)) - v}{w_I^M(c) - v}$，如果$c$增加，$\frac{L_I(Q^0(c))}{Q^0(c)}$随着$c$增加，因此，$\frac{c(1 + r_I^*(c)) - v}{w_I^M(c) - v}$也随着$c$增加，使得$\tilde{c}_0$为$c(1 + r_I^*(c)) = w_I^M(c)$的解，于是可以得到$Q^0(\tilde{c}_0) = \tilde{Q}$。如果$c \in [\tilde{c}_3, \tilde{c}_1]$递增，

$\frac{c(1+r_I^*(c))-v}{w_I^M(c)-v}<1$增加到1。因为$w_I^M(c)$随着$c$递增，为了保持$\frac{c(1+r_I^*(c))-v}{w_I^M(c)-v}$增加到$c$，我们必须使$r_I^*(c)$随$c$递增。回看之前$(w_I^M(\hat{r}_I)-v)\bar{F}(Q^0(c))=(c(1+\hat{r}_I)-v)\bar{F}(L_I(Q^0(c)))$，有$r_I^*(\tilde{c}_1)=\hat{r}_I$。最后，使得对于任意给定的$c\in[\tilde{c}_3,\tilde{c}_1)$，$r_I^*(c)\leqslant r_I^*(\tilde{c}_1)$。当$c\in[\tilde{c}_1,\hat{c}_I]$，最优利率达到最大值(即$r_I^*=\hat{r}_I$)，且我们已知$\hat{r}_I$随着$c$递减。

【定理3.7的证明】 这些结果直接来自定理3.5和定理3.6，此处不再赘述。

【引理3.7的证明】 我们依次证明了以下两项：

(1)第一，由式(3.2)和(3.3)知，当银行融资和提前支付的批发价都为w_x时，有$\Pi_b(Q,w_x)=\mathrm{E}[w_x\min[D,Q]+v(Q-D)^+-c(1+r_b^*)Q]^+$，$\Pi_e(Q,w_x)=\mathrm{E}[w_x\min[D,Q]+v(Q-D)^+-cQ]^+$。由于$r_b^*>0$，对任意的$Q$，都有$c(1+r_b^*)Q>cQ$，则$\Pi_b(Q,w_x)<\Pi_e(Q,w_x)$。特别地，有$\Pi_b(Q_b^*,w_x)<\Pi_e(Q_b^*,w_x)$。第二，因为$Q_e^*$是$\Pi_e(Q,w_x)$最大值，对任何的$Q_e$，都有$\Pi_e(Q_e,w_x)\leqslant\Pi_e(Q_e^*,w_x)$。特别地，有$\Pi_e(Q_b^*,w_x)\leqslant\Pi_e(Q_e^*,w_x)$，因此，有$\Pi_b(Q_b^*,w_x)<\Pi_e(Q_e^*,w_x)$。

(2)第一，我们考虑$\Omega_b(Q_b^*,w_x)$的性质。从$(w_x-v)\bar{F}(Q_b^*)=c-v$，有$\frac{\mathrm{d}Q_b^*}{\mathrm{d}w_x}=\frac{1}{(w_x-v)^2f(Q_b^*)}\geqslant 0$。因此，由于$\Omega_b(Q_b^*,w_x)=(p-w_x)S(Q_b^*)$，有$\frac{\mathrm{d}\Omega_b(Q_b^*,w_x)}{\mathrm{d}w_x}=\frac{p-w_x}{(w_x-v)^2h(Q_b^*)}-S(Q_b^*)$。显然，$p-w_x$，$\frac{1}{(w_x-v)^2}$，$\frac{1}{h(Q_b^*)}$随$w_x$递减，因此$\frac{\mathrm{d}\Omega_b(Q_b^*,w_x)}{\mathrm{d}w_x}$关于$w_x$递减，$\Omega_b(Q_b^*,w_x)$是一个关于$w_x$的单峰函数。当$w_x=c$，$Q_b^*=0$，则$S(Q_b^*)=0$和$\Omega_b(Q_b^*,c)=(p-w_x)S(Q_b^*)=0$。当$w_x=p$，则$\Omega_b(Q_b^*,p)=(p-w_x)S(Q_b^*)=0$。

第二，我们考虑$\Omega_e(Q_e^*,w_x)$和$\Omega_b(Q_b^*,w_x)$在点$w_x=p$处的关系。从式(3.5)中知，当$w_x=p$，$\Omega_e(Q_e^*,p)=-(c-v)Q_e^*+\mathrm{E}\min[(p-v)\min[D,Q_e^*],(c-v)Q_e^*]\leqslant 0$，我们已知此处性质为$\Omega_e(Q_e^*,p)=0$。因此，在点$w_x=p$处，$\Omega_e(Q_e^*,p)\leqslant\Omega_b(Q_b^*,p)$。

第三，我们分析阈值w_x^E。存在三种情况：$c\in(v,\dot{c}_e]$，$c\in(\dot{c}_e,\breve{c}]$和$c\in(\breve{c},p]$。

①$c\in(v,\dot{c}_e]$。根据定理3.1的证明，对$w_x\geqslant w_e^*$，$\Omega_e(Q_e^*,w_x)$随w_x递减。再者，由定理3.2知，$\Omega_e(Q_e^*,w_e^*)\geqslant\Omega_b(Q_b^*,w_b^*)$。因为$\Omega_b(Q_b^*,w_x)$是$w_x$的单峰函数，对任意的$w_x$，$\Omega_b(Q_b^*,w_b^*)\geqslant\Omega_b(Q_b^*,w_x)$。特别地，有$\Omega_b(Q_b^*,w_b^*)\geqslant\Omega_b(Q_b^*,w_e^*)$。因此，在点$w_x=w_e^*$，$\Omega_e(Q_e^*,w_e^*)\geqslant\Omega_b(Q_b^*,w_e^*)$。我们已经知道$\Omega_e(Q_e^*,p)\leqslant\Omega_b(Q_b^*,p)$，因此，必须存在一个唯一的点$w_x^R\in(w_e^*,p]$，有$\Omega_b(Q_b^*,w_x^R)=\Omega_e(Q_e^*,w_x^R)$。于是，当$w_x\in[c,w_x^R]$，有$\Omega_b(Q_b^*,w_x)\leqslant\Omega_e(Q_e^*,w_x)$；当$w_x\in(w_x^E,p]$，有$\Omega_b(Q_b^*,w_x)>\Omega_e(Q_e^*,w_x)$。

②$c\in(\dot{c}_e,\check{c}]$。首先,我们考虑$\Omega_e(Q_e^*,w_x)$。从引理3.3和定理3.1的证明中可知,当$c\in(\dot{c}_e,\check{c}]\in[\bar{c}_e,p]$,$\Omega_e(Q_e^*,w_x)$在$w_x$处是递减的并且最大值点是$c$。此外,从定理3.1知,当$c\in(\dot{c}_e,\check{c}]$时,有$w_e^*=c$和$Q_e^*=L_e(Q_e^*)=\tilde{Q}$。从式(3.4)知,当$\Pi_e^*=0$,$\Omega_e(Q_e^*,w_e^*)=\Gamma(\tilde{Q})=(p-v)S(\tilde{Q})-(c-v)\tilde{Q}$。从$\check{c}$的定义中知,如果$c\leqslant\check{c}$,有$(p-v)S(\tilde{Q})-(c-v)\tilde{Q}>0$。因此,在点$c\in(\dot{c}_e,\check{c}]$处,有$\Omega_e(Q_e^*,c)\geqslant0$。我们已经知道$\Omega_b(Q_b^*,c)=0$,所以$\Omega_e(Q_e^*,c)\geqslant\Omega_b(Q_b^*,c)$。我们知道$\Omega_e(Q_e^*,p)\geqslant\Omega_b(Q_b^*,p)$,因此,一定存在一个唯一的$w_x^E\in(c,p]$使$\Omega_b(Q_b^*,w_x^E)=\Omega_e(Q_e^*,w_x^E)$。所以,当$w_x\in[c,w_x^E]$,有$\Omega_b(Q_b^*,w_x)\leqslant\Omega_e(Q_e^*,w_x)$,当$w_x\in(w_x^E,p]$,有$\Omega_b(Q_b^*,w_x)>\Omega_e(Q_e^*,w_x)$。

③$c\in(\check{c},p]$。从定理3.1中知,当$c\geqslant\check{c}\geqslant\bar{c}_e$,有$w_e^*=c$和$Q_e^*=L_e(Q_e^*)=\tilde{Q}$。从式(3.4)得,$\Pi_e^*=0$,$\Omega_e(Q_e^*,w_e^*)=\Gamma(\tilde{Q})=(p-v)S(\tilde{Q})-(c-v)\tilde{Q}$。从$\check{c}$的定义中知,如果$c>\check{c}$,有$(p-v)S(\tilde{Q})-(c-v)\tilde{Q}<0$。因此,给定$c\in(\check{c},p]$,有$\Omega_e(Q_e^*,c)<0$,所以$c$是$\Omega_e(Q_e^*,w_x)$的最大值点。因此对于任意的$w_x$,都有$\Omega_e(Q_e^*,w_x)\leqslant\Omega_e(Q_e^*,c)<0$。此外,对于任意的$w_x$,有$\Omega_b(Q_b^*,w_x)\geqslant0$。所以对于任意的$w_x\in[c,p]$,有$\Omega_b(Q_b^*,w_x)\geqslant\Omega_e(Q_e^*,w_x)$。

【引理3.8的证明】 我们依次证明以下三项:

(1)当$r_I=0$,有$Q_I^*=Q_e^*$和$\Pi_I(Q_I^*,w_x,0)=\Pi_e(Q_e^*,w_x)$。此外,从引理3.7(1)知,$\Pi_{\mathrm{b}}(Q_{\mathrm{b}}^*,w_{\mathrm{x}})<\Pi_e(Q_e^*,w_x)$,因此$\Pi_b(Q_b^*,w_x)\leqslant\Pi_I(Q_I^*,w_x,0)$。很明显,当$r_I\to+\infty$,有$\Pi_I(Q_I^*,w_x,r_I)\to0$。从定理3.6知,$\mathrm{d}\Pi_I(Q_I^*,w_x,r_I)\leqslant0$。因此,一定存在一个利率$r_x^M$,使$\Pi_b(Q_b^*,w_x)=\Pi_I(Q_I^*,w_x,r_x^M)$。当$r_I\in[0,r_x^M]$,有$\Pi_b(Q_b^*,w_x)<\Pi_I(Q_I^*,w_x,r_I)$;当$r_I\geqslant r_x^M$,有$\Pi_b(Q_b^*,w_x)\geqslant\Pi_I(Q_I^*,w_x,r_I)$。

(2)与引理3.3(2)中的证明过程相同,我们可以证明,对于固定的r_I,零售商的利润$\Omega_I(Q_I^*,w_x)$在w_x上为单峰函数。因此,与引理3.7(2)的证明过程相同,一定存在$r_I\geqslant0$,使w_x^I为唯一值。当$w_x\in[c,w_x^I]$,有$\Pi_b(Q_b^*,w_x)\leqslant\Omega_I(Q_I^*,w_x)$;当$w_x\in(w_x^I,p]$,有$\Pi_b(Q_b^*,w_x)>\Omega_I(Q_I^*,w_x)$。

现在,我们需要证明,当$r_I\in[0,r_x^M]$,有$w_x^I>w_x^E$。

从式(3.8),我们知道:

$$\frac{\mathrm{d}\Omega_I(Q_I^*,w_x,r_I)}{\mathrm{d}r_I}=\frac{cw_xQ_I^*\bar{F}(Q_I^*)}{(1+r_I)c-v}U(Q_I^*)\tag{3.15}$$

其中:

$$U(Q_I^*)=1-(1-M(Q_I^*))\frac{(p-v)\bar{F}(Q_I^*)-(c-v)}{(w_x-v)\bar{F}(Q_I^*)}\tag{3.16}$$

从式(3.11)知,当$r_I=0$,有$Q_e^*=Q_I^*$和$U(Q_I^*)=U(Q_e^*)$。从式(3.9)知,$\dfrac{\mathrm{d}Q_e^*}{\mathrm{d}w_e}>0$。因此,从引理3.10中,我们知道$1-M(Q_I^*)$关于$w_e$是减少的。很明显,

$\frac{(p-v)\bar{F}(Q_e^*)-(c-v)}{\bar{F}(Q_e^*)}=(p-v)-\frac{c-v}{\bar{F}(Q_e^*)}$关于$w_e$是减少的。同样，$\frac{1}{w_e-v}$关于$w_e$也是减少的。因此，$(1-M(Q_I^*))\frac{(p-v)\bar{F}(Q_e^*)-(c-v)}{(w_x-v)\bar{F}(Q_e^*)}$关于$w_e$是减少的。所以，$U(Q_e^*)$关于$w_e$一定是增加的。按照同样的证明过程，我们知道$U(Q_I^*)$关于$w_e$一定也是增加的。从式(3.13)中可知，$\frac{\mathrm{d}Q_I^*}{\mathrm{d}r_I}<0$。从引理3.10中，我们知道$M(Q_I^*)$关于$r_I$是减少的。因此，$1-M(Q_I^*)$关于$r_I$是递增的。同样，$\bar{F}(Q_I^*)$关于$r_I$是增加的。因此，$\frac{(p-v)\bar{F}(Q_I^*)-(c-v)}{\bar{F}(Q_I^*)}=(p-v)-\frac{c-v}{\bar{F}(Q_I^*)}$关于$r_I$是增加的。所以，对于固定的$w_x$，$(1-M(Q_I^*))\frac{(p-v)\bar{F}(Q_I^*)-(c-v)}{(w_x-v)\bar{F}(Q_I^*)}$关于$r_I$是增加的。对于固定的$w_x$，$U(Q_I^*)$是关于$r_I$的减函数。所以，对于固定的$w_x$，有$U(Q_e^*)\geqslant U(Q_I^*)$。

然后，我们在两种情况下展示了$w_x^I>w_x^E$：$\bar{c}^0<c<\check{c}$和$v<c<\bar{c}^0$。其中$\bar{c}^0$满足$Q^0=\tilde{Q}$。

①$\bar{c}^0<c<\check{c}$。从$\bar{c}^0$的定义中可知，当$\bar{c}^0<c$，有$(p-v)\bar{F}(\tilde{Q})-(c-v)<0$。因为$Q_I^*\geqslant\tilde{Q}$，所以$(p-v)\bar{F}(Q_I^*)-(c-v)<0$。从式(3.16)知，$U(Q_I^*)>0$。从式(3.15)知，$\frac{\mathrm{d}\Omega_I(Q_I^*,w_x,r_I)}{\mathrm{d}r_I}>0$。这意味着，对于固定的$w_x$和$r_I$，$\Omega_I(Q_I^*,w_x,r_I)$总是大于$\Omega_e(Q_e^*,w_x)$。此外，根据$w_x^E$的定义，有$\Omega_b(Q_b^*,w_x^E)=\Omega_e(Q_e^*,w_x^E)<\Omega_I(Q_I^*,w_x^E)$。从对$w_x^I$的定义知，$\Omega_b(Q_b^*,w_x^I)=\Omega_I(Q_I^*,w_x^I)$。因为当$w_x\geqslant w_I^*$时，$\Omega_I(Q_I^*,w_x)$关于$w_x$是减少的，所以一定有$w_x^E<w_x^I$。

②$v<c<\bar{c}^0$。从定理3.1的证明知，$K(Q_e^*)=-V(Q_e^*)U(Q_e^*)-(Y(Q_e^*)-Y(L(Q_e^*)))$。当$w_x=w_e^*$，有$K(Q_e^*)=0$。此外，有$Y(Q_e^*)-Y(L(Q_e^*))>0$和$V(Q_e^*)>0$。因此，当$w_x=w_e^*$，有$U(Q_e^*)<0$。我们已经知道，对于固定的$w_x$，有$U(Q_e^*)\geqslant U(Q_I^*)$。因此，当$w_x=w_e^*$，有$U(Q_I^*)<0$。现在我们考虑$w_x=p$的点。因为$0\leqslant 1-M(Q_I^*)\leqslant 1/2$和$\frac{(p-v)\bar{F}(Q_I^*)-(c-v)}{(p-v)\bar{F}(Q_I^*)}<1$，所以$(1-M(Q_I^*))\frac{(p-v)\bar{F}(Q_I^*)-(c-v)}{(p-v)\bar{F}(Q_I^*)}\leqslant 1/2$。我们已经知道$U(Q_I^*)$关于$w_e$是增加的，因此一定存在点$\dot{w}_x\in(w_e^*,p)$使当$w_e\in(v,\dot{w}_x)$，有$U(Q_I^*)\leqslant 0$；当$w_e\in(\dot{w}_x,p]$，有$U(Q_I^*)>0$。然后，从式(3.15)中可知，当$w_e\in(v,\dot{w}_x)$，有$\frac{\mathrm{d}\Omega_I(Q_I^*,w_x,r_I)}{\mathrm{d}r_I}<0$；当

$w_e \in (\dot{w}_x, p]$，有 $\frac{\mathrm{d}\Omega_I(Q_I^*, w_x, r_I)}{\mathrm{d}r_I} > 0$。根据相同的证明过程，一定有 $w_x^E < w_x^I$。

(3)当 $c \geqslant \check{c}^0$ 时，有 $Q_I^* \geqslant \tilde{Q} \geqslant Q^0$，所以 $\check{c} > \check{c}^0$。当 $\check{c} < c \leqslant p$，$\Omega_I(Q_I^*, w_x)$ 关于 r_I 是增加的。当 r_I 等于最大值 $w/c-1$ 时，有 $Q_I^* = \tilde{Q}$，以及 $\Omega_I(Q_I^*, w_x) = \Gamma_I(Q_I^*, w_x) - \Pi_I(Q_I^*, w_x) = pS(\tilde{Q}) - c \leqslant 0$。因此，对于任意的 r_I，有 $\Omega_I(Q_I^*, w_x) \leqslant \Omega_b(Q_b^*, w_x)$。所以对于任意的 $w_x \in [c, p]$，有 $\Omega_b(Q_b^*, w_x) > \Pi_I(Q_I^*, w_x)$。

【定理3.8的证明】 根据引理3.7和引理3.8得到的结果很简单，此处不再赘述。

【引理3.9的证明】 根据引理3.1，Q_b^* 关于 c 是递减的。如果 $c \leqslant \bar{c}_b$，有 $Q_b^* \geqslant \tilde{Q}$；否则，$Q_b^* < \tilde{Q}$。从定理3.1知，如果 $c \geqslant \bar{c}_e$，有 Q_e^* 关于 $c \in (v, \bar{c}_e)$ 是减少的，以及 $Q_e^* = \tilde{Q}$。因此，当 $\bar{c}_b \leqslant \bar{c}_e$ 和 $c \in (\bar{c}_b, p]$，有 $Q_e^* > Q_b^*$。

下面我们证明，如果 $c < \bar{c}_e$，有 $Q_e^* > Q_b^*$。我们使用反证法，假设 $c \in (v, \bar{c}_e)$，有 $Q_e^* < Q_b^*$。我们知道，如果 $c = v$，有 $Q_e^* = Q_b^*$；如果 $c = \bar{c}_e$，有 $Q_e^* > Q_b^*$。因为 Q_e^* 和 Q_b^* 关于 c 都是减少的，所以存在 $c < \bar{c}_e$ 使 $Q_b^* = Q_e^*$。根据引理3.1和引理3.2，给定 $c > v$，有 $Q_b^* \neq Q_e^*$。这与上述假设是矛盾的。因此可以得到，如果 $c \in (v, \bar{c}_e)$，有 $Q_e^* > Q_b^*$。

同样，我们可以证明，当 $\bar{c}_b > \bar{c}_e$ 时，如果 $c < \bar{c}_b$，有 $Q_e^* \leqslant Q_b^*$。当 $c \in (\bar{c}, p]$，有 $Q_e^* > Q_b^*$。

【定理3.9的证明】 (1)有 $\Gamma(Q) = (p-v)S(Q) - (c-v)Q$ 和 $\frac{\mathrm{d}\Gamma(Q)}{\mathrm{d}c} = (p-v)\bar{F}(Q) - (c-v)\frac{\mathrm{d}Q}{\mathrm{d}c} - Q$。

首先，在 $J(\tilde{Q}) \geqslant 1 + 2\bar{F}(\tilde{Q})$ 的情形下，从引理3.9知，有 $\bar{c}_b \leqslant \bar{c}_e$。我们考虑了 c 的以下三种情况。

① $c \in (v, \bar{c}_b]$。从定理3.1中，我们知道 $\frac{\mathrm{d}Q_e^*}{\mathrm{d}c} < 0$。因为 $c < \bar{c}_e$，我们知道 $(p-v)\bar{F}(Q_e^*) - (c-v) > 0$。那么有 $Q_e^* < Q^0$ 和 $\frac{\mathrm{d}\Gamma_e^*(c)}{\mathrm{d}c} = (p-v)\bar{F}(Q_e^*) - (c-v)\frac{\mathrm{d}Q_e^*}{\mathrm{d}c - Q_e^*} < 0$。当 $c \to v$ 时，有 $\Gamma_e^*(c) = \Gamma_b^*(c)$。当 $c < \bar{c}_b$，我们知道 $Q_b^* = \tilde{Q}$ 和 $\Gamma_b^*(c) = \Gamma(\tilde{Q})$。所以，当 $c = \bar{c}_b$，有 $\Gamma_e^*(c) > \Gamma(\tilde{Q}) = \Gamma_b^*(c)$。因为当 $c \in (v, \bar{c}_b]$ 时，$\Gamma_e^*(c)$ 和 $\Gamma_b^*(c)$ 关于 c 都是减少的，所以 $\Gamma_e^*(c) > \Gamma_b^*(c)$。

② $c \in (\bar{c}_b, \bar{c}_e]$。从引理3.9中我们知道，$Q_e^* > Q_b^*$，且我们已经知道 $(p-v)\bar{F}(Q_e^*) - (c-v) > 0$，那么有 $Q^0 > Q_e^* > Q_b^*$ 以及 $\Gamma_e^*(c) \geqslant \Gamma_b^*(c)$。

③ $c \in (\bar{c}_e, p]$。从定理3.1知，$Q_e^* = \tilde{Q}$，且我们已经知道 $Q_b^* < \tilde{Q}$，因此 $Q_e^* > Q_b^*$。同样，有 $\frac{\mathrm{d}\Gamma_e^*(c)}{\mathrm{d}c} = (p-v)\bar{F}(Q_e^*) - (c-v)\frac{\mathrm{d}Q_e^*}{\mathrm{d}c - Q_e^*} = -Q_e^* < 0$。

当$c=\bar{c}_e$时，有$\Gamma_e^*(c)>\Gamma_b^*(c)$。很明显，当$c=p$，$Q_b^*=0$和$Q_e^*=\tilde{Q}$，有$\Gamma_b^*(c)=0$和$\Gamma_e^*(c)<0$。因此，存在唯一的点$c=\ddot{c}_e$使$\Gamma_e^*(c)=\Gamma_b^*(c)$。因此，如果$c\in(\bar{c}_e,\ddot{c}_e]$，有$\Gamma_e^*(c)\geqslant\Gamma_b^*(c)$；如果$c\in(\ddot{c}_e,p]$，有$\Gamma_e^*(c)<\Gamma_b^*(c)$。

综合以上结果，我们得到：如果$c\in(v,\ddot{c}_e]$，有$\Gamma_e^*(c)\geqslant\Gamma_b^*(c)$；如果$c\in(\ddot{c}_e,p]$，有$\Gamma_e^*(c)<\Gamma_b^*(c)$。

其次，在$J(\tilde{Q})<1+2\bar{F}(\tilde{Q})$的情形下，从引理3.9知，$\bar{c}_b>\bar{c}_e$。我们也考虑了$c$的以下三种情况。

①$c\in(v,\bar{c}_e]$。我们知道$\frac{\mathrm{d}Q_e^*}{\mathrm{d}c}<0$和$(p-v)\bar{F}(Q_e^*)-(c-v)>0$，那么我们有$\frac{\mathrm{d}\Gamma_e^*(c)}{\mathrm{d}c}<0$。当$c\to v$时，有$\Gamma_e^*(c)=\Gamma_b^*(c)$。当$c=\bar{c}_e$时，有$\Gamma_e^*(c)<\Gamma_b^*(c)$。因为当$c\in(v,\bar{c}_e]$时，$\Gamma_e^*(c)$和$\Gamma_b^*(c)$关于$c$是递减的，因此$\Gamma_e^*(c)<\Gamma_b^*(c)$。

②$c\in(\bar{c}_e,\bar{c}_b]$。从引理3.9中我们知道，$Q_e^*\leqslant Q_b^*$。很明显，$Q_b^*(c)<Q^0(c)$，所以$\Gamma_e^*(c)\leqslant\Gamma_b^*(c)$。在点$c=\bar{c}_b$时，有$Q_b^*(c)=\tilde{Q}=Q_e^*(c)$，并且$\Gamma_e^*(c)=\Gamma_b^*(c)$。

③$c\in(\bar{c}_b,p]$。我们知道$Q_e^*(c)>Q_b^*(c)$和$\frac{\mathrm{d}\Gamma_e^*(c)}{\mathrm{d}c}<0$，因此存在唯一的点$c=\ddot{c}_e$使$\Gamma_e^*(c)=\Gamma_b^*(c)$，并且如果$c\in(\bar{c}_b,\ddot{c}_e]$，有$\Gamma_e^*(c)\geqslant\Gamma_b^*(c)$；如果$c\in(\ddot{c}_e,p]$，有$\Gamma_e^*(c)<\Gamma_b^*(c)$。

综合以上结果，我们得到：如果$c\in(v,\bar{c}_b)$，有$\Gamma_e^*(c)<\Gamma_b^*(c)$；如果$c\in[\bar{c}_b,\ddot{c}_e]$，有$\Gamma_e^*(c)\geqslant\Gamma_b^*(c)$，如果$c\in(\ddot{c}_e,p]$，有$\Gamma_e^*(c)<\Gamma_b^*(c)$。

(2)我们通过反证法证明$\dot{c}_e>\ddot{c}_e$。假设$\dot{c}_e\leqslant\ddot{c}_e$，我们得到$\Gamma_e^*(\dot{c}_e)<\Gamma_b^*(\dot{c}_e)$。那么，有$\Omega_e^*(\dot{c}_e)+\Pi_e^*(\dot{c}_e)\geqslant\Omega_b^*(\dot{c}_e)+\Pi_b^*(\dot{c}_e)$。因为$\Omega_e^*(\dot{c}_e)=\Omega_b^*(\dot{c}_e)$，所以$\Pi_e^*(\dot{c}_e)\geqslant\Pi_b^*(\dot{c}_e)$。

因为$\dot{c}_e\geqslant\max\{\bar{c}_e,\bar{c}_b\}$，$\Pi_e^*(\dot{c}_e)=0$和$\dot{c}_e<p$，有$\Pi_b^*(\dot{c}_e)>0$，那么有$\Pi_e^*(\dot{c}_e)<\Pi_b^*(\dot{c}_e)$。这与上面的结果相矛盾，因此有$\dot{c}_e>\ddot{c}_e$。

【引理3.10】 $M(Q_e^*)=\frac{H(Q_e^*)-1}{H(Q_e^*)-H((L_e(Q_e^*)))}$，其中$Q_e^*$满足$(w_e-v)\bar{F}(Q_e^*)=(c-v)\bar{F}((L_e(Q_e^*)))$。$M(Q_e^*)$的性质如下：

(1)$M(Q_e^*)$在$(c,p]$上随着w_e的增加而增加；

(2)当$w_e=c$时，有$1/2\leqslant M(Q_e^*)\leqslant 1$和$M(Q_e^*)=1/2$。

【引理3.10的证明】 我们依次证明以下两项：

(1)从引理3.2的证明中，根据$c<w_e\leqslant p$，有$L_e(Q_e^*)<\tilde{Q}<Q_e^*$。随着模型部分中$h(Q)$的增加，我们可以证明$H(Q)$关于$Q$也是增加的，因此$H(L_e(Q_e^*))\leqslant H(\tilde{Q})\leqslant H(Q_e^*)$。从$\tilde{Q}$的定义中，有$H(\tilde{Q})=1$，那么$H(L_e(Q_e^*))\leqslant 1\leqslant H(Q_e^*)$。因此，对于所有的$c<w_e\leqslant p$，根据引理3.10中对$M(Q_e^*)$的定义，有$M(Q_e^*)\leqslant 1$，

那么：

$$\frac{\partial M(Q_e^*)}{\partial Q_e}=\frac{H'(Q_e^*)(1-H(L_e(Q_e^*)))+H'(L_e(Q_e^*))(H(Q_e^*)-1)\dfrac{c-v}{w_e-v}}{(H(Q_e^*)-H(L_e(Q_e^*)))^2}>0 \tag{3.17}$$

因为$Q_e^*(w_e)$是w_e的函数，我们可以令$L_e(Q_e^*)=\dfrac{c-v}{w_e-v}Q_e^*(w_e)$。因此：

$$\frac{\partial L_e(Q_e^*)}{\partial Q_e}=-\frac{L_e(Q_e^*)}{w_e-v}$$

$$\frac{\mathrm{d}L_e(Q_e^*)}{\mathrm{d}w_e}=(c-v)\frac{(w_e-v)\mathrm{d}Q_e^*/\mathrm{d}w_e-Q_e^*}{(w_e-v)^2}=-\frac{(c-v)Q_e^*M(Q_e^*)}{(w_e-v)^2} \tag{3.18}$$

那么有：

$$\begin{aligned}\frac{\mathrm{d}M(Q_e^*)}{\mathrm{d}w_e}&=\frac{\partial M(Q_e^*)}{\partial Q_e}\cdot\frac{\mathrm{d}Q_e^*}{\mathrm{d}w_e}+\frac{\partial M(Q_e^*)}{\partial w_e}\\&=\frac{H'(Q_e^*)[1-H(L_e(Q_e^*))]+H'(L_e(Q_e^*))(H(Q_e^*)-1)\dfrac{c-v}{w_e-v}}{[H(Q_e^*)-H(L_e(Q_e^*))]^2}\cdot\\&\quad\frac{Q_e^*(1-M(Q_e^*))}{w_e-v}-\frac{H'(L_e(Q_e^*))(H(Q_e^*)-1)\dfrac{L_e(Q_e^*)}{w_e-v}}{[H(Q_e^*)-H(L_e(Q_e^*))]^2}\\&=\frac{Q_e^*[1-H(L_e(Q_e^*))]^2\Theta(w_e)}{(w_e-v)[H(Q_e^*)-H(L_e(Q_e^*))]^3}\end{aligned} \tag{3.19}$$

其中，$\Theta(w_e)=H'(Q_e^*)-H'(L_e(Q_e^*))\Upsilon(w_e)$，$\Upsilon(w_e)=\dfrac{L_e{}'(Q_e^*)}{Q_e^*}\cdot\dfrac{(H'(Q_e^*)-1)^2}{[1-H(L_e(Q_e^*))]^2}$。

对$\Upsilon(w_e)$求关于w_e的导数，有：

$$\begin{aligned}\frac{\mathrm{d}\Upsilon(w_e)}{\mathrm{d}w_e}&=\frac{1}{Q_e^*(1-H(L_e(Q_e^*)))^2}\\&\quad\left[\frac{\mathrm{d}L_e(Q_e^*)}{\mathrm{d}w_e}(H(Q_e^*)-1)^2+2L_e(Q_e^*)(H(Q_e^*)-1)H'(Q_e^*)\frac{\mathrm{d}Q_e^*}{\mathrm{d}w_e}\right]-\\&\quad\frac{L_e(Q_e^*)(H(Q_e^*)-1)^2}{(Q_e^*)^2(1-H(L_e(Q_e^*)))^4}\left[\frac{\mathrm{d}Q_e^*}{\mathrm{d}w_e}(1-H(L_e(Q_e^*)))^2-2Q_e^*\right.\end{aligned}$$

$$(1-H(L_e(Q_e^*)))H'(L_e(Q_e^*))\frac{\mathrm{d}L_e(Q_e^*)}{\mathrm{d}w_e}\Bigg]$$

$$=\frac{L_e(Q_e^*)(H(Q_e^*)-1)[-(H(Q_e^*)-1)+2Q_e^*(1-M(Q_e^*))\Theta(w_e)]}{(w_e-v)Q_e^*[1-H(L_e(Q_e^*))]^2} \tag{3.20}$$

因为Q_e^*满足$(w_e\text{-}v)\bar{F}(Q_e^*)=(c-v)\bar{F}(L_e(Q_e^*))$，给定$L_e(Q_e^*)=\frac{c-v}{w_e-v}Q_e^*(w_e)$和$V(Q)=Q\bar{F}(Q)$，可知$V(Q_e^*)=V(L_e(Q_e^*))$。显然，当$w_e=c$时，有$Q_e^*=L_e(Q_e^*)=\bar{Q}$，$\Upsilon(w_e)=1$，$\Theta(w_e)=0$。

为了证明在$(c,p]$上$\frac{\mathrm{d}M(Q_e^*)}{\mathrm{d}w_e}>0$，根据式(3.19)和$H(Q_e^*)>H(L_e(Q_e^*))$，我们需要展示$\Theta(w_e)>0$，并且和$\Upsilon(w_e)$相关。因此，我们考虑$\frac{\mathrm{d}\Upsilon(w_e)}{\mathrm{d}w_e}$在$(c,p]$上的以下四种情况。

①对于所有的$w_e\in(c,p]$，$\frac{\mathrm{d}\Upsilon(w_e)}{\mathrm{d}w_e}>0$。在式(3.20)中，有$H(Q_e^*)>1$和$M(Q_e^*)<1$，可知$-(H(Q_e^*)-1)+2Q_e^*(1-M(Q_e^*))\Theta(w_e)>0$。因此，得到$\Theta(w_e)>\frac{H(Q_e^*)-1}{2Q_e^*(1-M(Q_e^*))}>0$。

②存在点$\dot{w}_e^1\in(c,p]$，当$w_e\in(c,\dot{w}_e^1]$时，有$\frac{\mathrm{d}\Upsilon(w_e)}{\mathrm{d}w_e}>0$；当$w_e\in(\dot{w}_e^1,p]$时，有$\frac{\mathrm{d}\Upsilon(w_e)}{\mathrm{d}w_e}<0$。首先，当$w_e\in(c,\dot{w}_e^1]$时，从式(3.20)和条件$\frac{\mathrm{d}\Upsilon(w_e)}{\mathrm{d}w_e}\geqslant0$和$H(Q_e^*)>1$，一定有$-(H(Q_e^*)-1)+2Q_e^*(1-M(Q_e^*))\Theta(w_e)\geqslant0$，因此，可以得到$\Theta(w_e)>\frac{H(Q_e^*)-1}{2Q_e^*(1-M(Q_e^*))}>0$。其次，当$w_e\in(\dot{w}_e^1,p]$时，有$\frac{\mathrm{d}\Upsilon(w_e)}{\mathrm{d}w_e}<0$。假设$h(Q)$是递增的，并且是关于$Q$的凸函数，我们得到$h'(Q)>0$和$h''(Q)$。那么$H'(Q)=h(Q)+Qh'(Q)>0$和$H''(Q)=2h'(Q)+Qh''(Q)>0$，即$H(Q)$和$H'(Q)$都是递增的。因此，从$Q_e^*$在$w_e$处增加和$L_e(Q_e^*)$在$w_e$处减少，可知$H'(Q_e^*)$在$w_e$处增加和$H'(L_e(Q_e^*))$在$w_e$处减少。因此，$\Theta(w_e)=H'(Q_e^*)-H'(L_e(Q_e^*))\Upsilon(w_e)$随着$w_e$的增加而增加。因此，对于所有的$w_e\in(c,p]$，可以得到$\Theta(w_e)>0$。

③对于所有的$w_e\in(c,p]$，$\frac{\mathrm{d}\Upsilon(w_e)}{\mathrm{d}w_e}\leqslant0$。我们知道，当$w_e=c$时，$\Upsilon(w_e)=1$。根据属于$(c,\dot{w}_e^2]$中所有的$w_e$有$\Upsilon(w_e)$在$w_e$处减少的条件，有$\Upsilon(w_e)\leqslant1$。此外，在$Q$处有$H'(Q)$增加和$Q_e^*>L_e(Q_e^*)$的结果，得到$H'(Q_e^*)>H'(L_e(Q_e^*))$。因此，由$\Upsilon(w_e)\leqslant1$，可知$H'(Q_e^*)>H'(L_e(Q_e^*))\Upsilon(w_e)$。那么，可以得到$\Theta(w_e)=$

$H'(Q_e^*)-H'(L_e(Q_e^*))\Upsilon(w_e)>0$。

④存在点$\dot{w}_e^2\in(c,p]$，当$w_e\in(c,\dot{w}_e^2]$时，有$\frac{\mathrm{d}\Upsilon(w_e)}{\mathrm{d}w_e}\leqslant 0$；当$w_e\in(\dot{w}_e^2,p]$时，有$\frac{\mathrm{d}\Upsilon(w_e)}{\mathrm{d}w_e}>0$。首先，我们考虑当$w_e\in(c,\dot{w}_e^2]$时，$\frac{\mathrm{d}\Upsilon(w_e)}{\mathrm{d}w_e}\leqslant 0$的情况。我们知道，当$w_e=c$，$\Upsilon(w_e)=1$。根据属于$(c,\dot{w}_e^2]$中所有的$w_e$有$\Upsilon(w_e)$在$w_e$处减少的条件，有$\Upsilon(w_e)\leqslant 1$。此外，在$Q$处有$H'(Q)$增加和$Q_e^*>L_e(Q_e^*)$的结果，得到$H'(Q_e^*)>H'(L_e(Q_e^*))$。因此，由$\Upsilon(w_e)\leqslant 1$的结果，可以得到$H'(Q_e^*)>H'(L_e(Q_e^*))\Upsilon(w_e)$。那么，可以得到$\Theta(w_e)=H'(Q_e^*)-H'(L_e(Q_e^*))\Upsilon(w_e)>0$。其次，我们考虑当$w_e\in(\dot{w}_e^2,p]$时，$\frac{\mathrm{d}\Upsilon(w_e)}{\mathrm{d}w_e}>0$的情况。在式(3.20)中，得到$H(Q_e^*)>1$和$M(Q_e^*)<1$，因此肯定有$-(H(Q_e^*)-1)+2Q_e^*(1-M(Q_e^*))\Theta(w_e)>0$。因此，得到$\Theta(w_e)>\frac{H(Q_e^*)-1}{2Q_e^*(1-M(Q_e^*))}>0$。因此，对于所有的$w_e$属于$(c,p]$，可以得到$\Theta(w_e)>0$。

所以，对于所有的w_e属于$(c,p]$，得到$\Theta(w_e)>0$。然后，在式(3.19)中，有$\Theta(w_e)>0$和$H'(Q_e^*)>H'(L_e(Q_e^*))$的结果，得到$\frac{\mathrm{d}M(Q_e^*)}{\mathrm{d}w_e}>0$（即$M(Q_e^*)$随着$w_e$的增加而增加）。

(2)$\bar{M}=\lim\limits_{w_e\to c}M(Q_e^*)$。因为$\lim\limits_{w_e\to c}Q_e^*=\tilde{Q}$和$\lim\limits_{w_e\to c}L_e(Q_e^*)=\tilde{Q}$，所以下列关系成立：$\lim\limits_{w_e\to c}\frac{\mathrm{d}Q_e^*}{\mathrm{d}w_e}=\frac{\tilde{Q}}{c-v}(1-\bar{M})$，$\lim\limits_{w_e\to c}\frac{L_e(Q_e^*)}{dw_e}=-\frac{\tilde{Q}\bar{M}}{c-v}$，$\lim\limits_{w_e\to c}H'(Q_e^*)=\lim\limits_{w_e\to c}H'(L_e(Q_e^*))=H'(\tilde{Q})$。然后，根据L'Hospital法则，有$\bar{M}=$

$$\lim_{w_e\to c}\frac{H'(Q_e^*)\frac{\mathrm{d}Q_e^*}{\mathrm{d}w_e}}{H'(Q_e^*)\frac{\mathrm{d}Q_e^*}{\mathrm{d}w_e}-H'(L_e(Q_e^*))\frac{\mathrm{d}L_e(Q_e^*)}{\mathrm{d}w_e}}=\frac{\frac{\tilde{Q}}{c-v}(1-\bar{M})}{\frac{\tilde{Q}}{c-v}(1-\bar{M})+\frac{\tilde{Q}}{c-v}\bar{M}}。$$
$$=1-\bar{M}$$

因此，当$w_e=c$，$\bar{M}=1/2$，即$M(Q_e^*)=1/2$。

第四章 CHAPTER 4

基于买方担保的订单融资模式及其风险控制研究

一、引言

在中国,中小企业是“大众创业”的重要组成部分,在促进经济增长与吸收就业等方面影响重大。但与大型企业相比,其抵押资产较少,信用评级较低以及贷款风险较高,这使得中小企业很难获得第三方商业银行的融资。中小企业融资难的问题同样存在于美国、日本等发达国家。从世界商业环境调查(WBES)的结果来看,在发展中国家,大约有43%的中小企业存在融资难、融资成本高的问题,而在发达国家,11%的中小企业存在类似问题。

针对中小企业融资难的问题,担保融资成为一种主要的融资方法。目前,银行等金融机构对贷款的审核标准主要是贷款企业的抵押资产或商业信誉,而中小企业受经营发展的限制很难获得银行较高的信用评级,并且可抵押给银行的固定资产较少,很难从银行获得满足生产需要的融资。因此,融资企业必须通过第三方担保或供应链成员的担保代偿来获得银行的融资。

本章基于拉式供应链中买方担保的订单融资过程,考虑供应链中的核心企业为融资企业进行担保的情形。目前,不少银行相继推出类似的融资业务,即基于供应链中核心企业的良好信誉与较强的坏账承担能力,为供应链中资金较少的企业提供能满足生产的融资。例如中国工商银行的“易融通”,中国民生银行的“商贷通”等,其中“商贷通”从2009年至今已向超过5万名客户发放了超过1600亿元的贷款。

在前述的文献回顾中提到,目前已有不少学者开始对核心企业担保融资展开研究。从对文献的总结分析来看,鲜有文献基于订单融资的模式进行数学建模分析担保的作用。而在现实中,很多银行相继推出了订单融资业务,如中国建设银行、招商银行等。而在融资担保的相关文献中,鲜有学者考虑拉式供应链运营模式。因此,本章基于核心企业(买方)担保的模式,在拉式供应链中进行订单融资模式以及风险控制研究，探讨供应链中买方为供应商担保代偿的风险控制作用与价值。本章主要的创新点在于：一是考虑了拉式供应链中的订单融资问题，这不同于以往推式供应链中的供应链金融模型，二是探索了拉式供应链中买方为资金约束供应商进行担保代偿的风险控制机制。

二、模型描述

考虑一个由核心企业（买方）、供应商以及第三方商业银行组成的供应链，核心企业资金充足，供应商拥有初始资金 B，可能存在生产或采购的资金约束。本章考虑这样一类拉式运营模式：在销售季节开始之前，核心企业与供应商达成采购协议，考虑核心企业与上游供应商是长期稳定的合作伙伴，故确定的采购价格 w 较稳定，供应商根据对市场需求的判断决策生产产能 Q(Cachon，2004)。供应商依据产能决策与自有资金 B 向第三方商业银行进行融资。

记供应商的产能设置与产品生产的单位成本为 c。若 $cQ > B$，则说明供应商自有资金 B 无法满足产能需要，需向第三方商业银行获得融资 V，融资利率为 R_b，其中 $V \geqslant \max\{0, cQ-B\}$。在销售季节中，核心企业根据市场需求 D 向供应商发出采购量订单，供应商按订单提供采购量。记产品的零售价为 p。在不失一般性的前提下，有 $p > w > c(1+R_b)$。

记市场需求 x 的累计概率分布函数为 $F(x)$，其概率密度函数为 $f(x)$。记 $\bar{F}(Q)=1-F(Q)$。与以往研究一致，这里假设市场需求的损失函数 $h(x)=f(x)/\bar{F}(x)$ 是递增的，即市场随机需求分布函数具有 IFR 性质(Cachon，2003；Cachon，2004)。记 $S(Q)=\mathrm{E}\min\{x,Q\}=Q\bar{F}(Q)+\int_0^Q xf(x)\mathrm{d}x$，$H(Q)=Qh(Q)$。记 $\bar{Q}$ 满足 $H(\bar{Q})=1$。与以往研究相一致，供应链的所有参与主体为风险中性。

【假设 4.1】　参数之间的关系满足 $p > w > c(1+R_b) > 0$，这就说明产品的销售价格大于批发价格，而批发价格又大于生产成本，因为上游供应商的资金约束，所以这里的生产成本为考虑融资后的生产成本，这里不考虑资金的机会成本。

【假设 4.2】　市场需求具有 IFR 性质，这是供应链管理中对需求的一个常见假设。详细请参照 Cachon(2003；2004)的研究。

【假设 4.3】　本章不考虑产品的残值，即残值为 0。

本章模型所用到的符号及其含义见表 4.1。

表 4.1　模型中用到的符号及其含义

符号	含义
x	产品的市场需求，$x \geqslant 0$

续表

符号	含义
p	产品的单位销售价
w	产品的单位批发价
c	产品的单位生产成本
Q	供应商的产品数量决策
V	融资企业的借款量
R_b	无核心企业担保时的融资利率
R_g	担保费用率
R_L	有核心企业担保时的融资利率
B	融资企业的初始资金
Π	供应商的利润
Ω	核心企业的利润
Θ	银行的利润
利润函数的下标	
b	无核心企业担保的情形
g	有核心企业担保的情形

三、拉式供应链中订单融资的决策分析

供应商完成融资和采购生产后的现金余额为$B_0=B+V-cQ$。如果$B_0>0$且$V>0$，说明供应商借款量V过大，这会造成过多的利息和费用支出，所以供应商应该减少V使得$B_0=0$；另外一个情况是供应商资金充足，无须融资，即$B_0\geqslant 0, V=0$。因此，恒有$B_0\times V=0$。在融资过程中，通常的做法是融资量V由供应商的产品数量决策和现有资金共同决定，即满足$V\geqslant \max\{0, cQ-B\}$。与以往研究一致，供应商过多的融资量带来的资金收入要小于其融资成本，所以借款量满足$V=\max\{0, cQ-B\}$。

下面分析供应商的期望收益与产品数量决策情况。当实际需求$x<Q$时，说明供应商的产品数量决策过大，供应商最后获得核心企业的采购量为x；当实际需求$x\geqslant Q$时，说明供应商的产品数量决策低于实际需求，此时供应商获得核心企业的采购量为Q。在销售季节过后，供应商的现金状态为：

$$B_T(x)=B_0+w\min\{x,Q\}-(1+R_b)V。\tag{4.1}$$

这里定义阈值：

$$L_b(Q)=\frac{(1+R_b)(cQ-B)}{w},\bar{B}_0=c\bar{F}\left[\frac{(1+R_b)}{w}\right]。$$

若 $Q\leqslant B/c$，供应商自有资金可以满足产能需求，供应商的期望利润为 $\Pi_b(Q)=wS(Q)-cQ$，此时供应商的最优决策为 $Q_{nb}=\bar{F}^{-1}(\frac{c}{w})$。显然，$Q_{nb}$ 关于批发价格 w 单调递增。记当 $w=c(1+R_b)$ 时，Q_{nb} 的值为 $\bar{Q}_{nb}=\bar{F}^{-1}(\frac{1}{1+R_b})$。

若 $Q>B/c$，则供应商自有资金无法满足生产需求，需要进行融资生产。又由 $w\geqslant c(1+R_b)$ 得 $L_b(Q)\leqslant Q$，由式(4.1)得，当 $x\leqslant L_b(Q)$ 时，$B_T(x)=w(x-L_b(Q))\leqslant 0$，即供应商的现金状态不大于0。因此，供应商的期望利润为

$$\Pi_b(Q)=E(B_T(x))-B=w\int_{L_b(Q)}^{Q}xf(x)\mathrm{d}x+wQ\bar{F}(Q)-wL_b(Q)\bar{F}(L_b(Q))-B。$$

记以上利润函数的最优解为 Q_b，满足：

$$w\bar{F}(Q_b)=c(1+R_b)\bar{F}(L_b(Q_b))\tag{4.2}$$

对供应商的利润函数求关于 Q 的二阶导数，得：

$$\frac{\mathrm{d}^2\Pi_b(Q_b)}{\mathrm{d}Q^2}=-w\bar{F}(Q_b)\left[h(Q_b)-\frac{c(1+R_b)}{w}h(L_b(Q_b))\right]。$$

由 IFR 性质可以得到 $\frac{\mathrm{d}^2\Pi_b(Q_b)}{\mathrm{d}Q^2}<0$，即 Q_b 是唯一的最优解。因此，当 $0\leqslant B\leqslant\bar{B}_0$ 时，供应商的最优决策为 Q_b。当 $B=0$ 时，记供应商的决策为 Q_{b0}，即满足 $w\bar{F}(Q_{b0})=c(1+R_b)\bar{F}\left[\frac{c(1+R_b)Q_{b0}}{w}\right]$。当 $B=\bar{B}_0$ 时，$Q_b=\bar{B}_0/c=\bar{F}^{-1}\left[\frac{c(1+R_b)}{w}\right]$，即供应商的决策恰好等于不融资但资金不足以达到最优决策 Q_{nb} 时的决策。

由式(4.2)进行隐函数求导，得：

$$\frac{\mathrm{d}Q_b}{\mathrm{d}B}=-\frac{(1+R_b)h(L_b(Q_b))}{wh(Q_b)-(1+R_b)ch(L_b(Q_b))}$$

由需求分布函数的 IFR 性质可知 $\frac{\mathrm{d}Q_b}{\mathrm{d}B}<0$，即供应商在进行融资后的最优的产品数量决策随着初始资金的增大而减小。同理，供应商融资后的产能决策与融资利率的关系为：

$$\frac{\mathrm{d}Q_b}{\mathrm{d}R_b}=\frac{w}{1+R_b}\times\frac{H(L_b(Q_b))-1}{wh(Q_b)-c(1+R_b)h(L_b(Q_b))}$$

结合需求分布函数的IFR性质与引理4.1，可以得到$\frac{\mathrm{d}Q_b}{\mathrm{d}R_b}<0$，即供应商在进行融资后的最优的产品数量决策随着融资利率的增大而减小。

【引理4.1】 当$B=0$时，$H(L_b(Q_{b0}))\leqslant 1\leqslant H(Q_{b0})$；当$B>0$时，有$1-H(L_b(Q_b))>0$。

因为本章主要关注供应商需要进行融资的情形，下面的研究主要分析存在资金约束的情况。当$0\leqslant B\leqslant \bar{B}_0$时，供应链中三个成员的最大期望利润之和为$\Gamma_b^*=pS(Q_b)-cQ_b$，其中供应商的最大期望利润为：

$$\Pi_b^*=w\int_{L_b(Q_b)}^{Q_b}xf(x)\mathrm{d}x-F(L_b(Q_b))B+R_b\overline{F}(L_b(Q_b))B \tag{4.3}$$

核心企业的最大期望利润为$\Omega_b^*=(p-w)S(Q_b)$；银行的最大期望收益为：

$$\Theta_b^*=wS(L_b(Q_b))+B-cQ_b \tag{4.4}$$

下面分析供应商和银行的最大期望利润关于初始资金的变动关系。

【命题4.1】 当$0\leqslant B<\bar{B}_0$时，$\frac{\mathrm{d}\Omega_b^*}{\mathrm{d}B}<0$。当$0\leqslant B\leqslant \tilde{B}_0$时，有$\frac{\mathrm{d}\Pi_b^*}{\mathrm{d}B}<0$，$\frac{\mathrm{d}\Theta_b^*}{\mathrm{d}B}>0$；当$\tilde{B}_0<B\leqslant \bar{B}_0$时，有$\frac{\mathrm{d}\Pi_b^*}{\mathrm{d}B}>0$，$\frac{\mathrm{d}\Theta_b^*}{\mathrm{d}B}<0$。其中，阈值$\tilde{B}_0$的定义如下：

(1)$\bar{Q}<\bar{Q}_{nb}$。令$\tilde{B}_0=0$。

(2)$\bar{Q}\geqslant \bar{Q}_{nb}$且$L_b(Q_{b0}(p))\geqslant \bar{Q}_{nb}$。令$\tilde{B}_0$满足$L_b(Q_{b0}(\tilde{B}_0))=\bar{Q}_{nb}$。

(3)$\bar{Q}\geqslant \bar{Q}_{nb}$且$L_b(Q_{b0}(p))<\bar{Q}_{nb}$。如果$w\in[c(1+R_b),\hat{w}_0]$，令$L_b(Q_{b0}(\tilde{B}_0))=\bar{Q}_{nb}$；如果$w\in(\hat{w}_0,p]$，令$\tilde{B}_0=0$。其中阈值$\hat{w}_0$满足当$B=0$时，$L_b(Q_{b0}(\hat{w}_0))=\bar{Q}_{nb}$。

【推论4.1】 存在一个$\check{B}_0\in[0,\tilde{B}_0)$，使得：当$0\leqslant B\leqslant \check{B}_0$时，$\Theta_b^*\leqslant 0$；当$\check{B}_0\leqslant B\leqslant \bar{B}_0$时，$\Theta_b^*\geqslant 0$。

图4.1描述了命题4.1中阈值$\tilde{B}_0$和$\bar{B}_0$的变动规律。命题4.1和图4.1指出供应商和银行的期望利润与B的变动关系存在两种基本情况。当$0\leqslant B\leqslant \tilde{B}_0$时（即在区域1中），供应商的期望利润随着$B$增大而减少，而银行的期望利润随着$B$增大而增大。在区域1中，市场的风险较大，而供应商的初始资金较少，银行承担了较大的融资坏账风险。当$\tilde{B}_0<B\leqslant \bar{B}_0$时（即在区域2中），供应商的期望利润随着$B$增大而增大，而银行的期望利润随着$B$增大而减少。当$0\leqslant B\leqslant \check{B}_0$时（即图中阴影部分），银行的期望利润为负。当市场风险较小时，$\check{B}_0=0$，说明在市场风险较小时银行为供应商提供融资是有利的。

$p=1, w=0.7, c=0.4, R_b=0.15, \mu=100, x\sim Gamma(\mu,\sigma)$

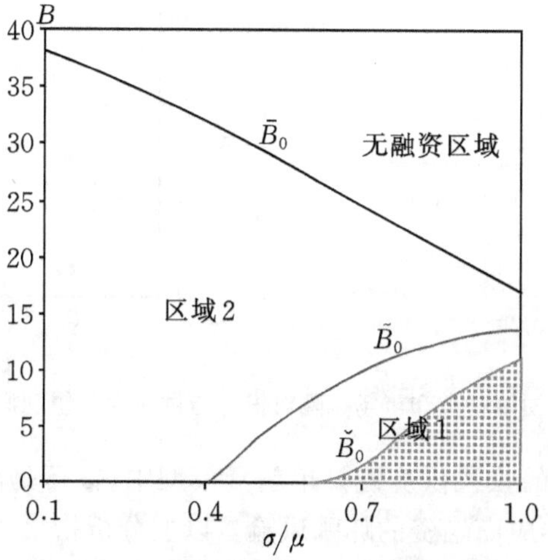

图4.1　市场风险对于初始资金阈值的影响

【命题4.2】 当$0\leqslant B<\bar{B}_0$时，供应商与核心企业的期望利润随着融资利率的增大而减小，即$\frac{\mathrm{d}\Pi_b^*}{\mathrm{d}R_b}<0$，$\frac{\mathrm{d}\Omega_b^*}{\mathrm{d}R_b}<0$。

图4.2描述了不同市场风险中银行和供应商的最大期望利润与供应商初始资金B的变动关系。当市场风险比较小的时候(σ/μ较小)，银行的期望利润随着B的增大而减小。因为此时供应商面临的市场风险较小，银行向初始资金少的供应商提供融资时，大的融资量会带来较大的回报。但是当市场风险比较大的时候(σ/μ较大)，银行因为要承担较大的融资坏账风险，银行向初始资金较少的供应商提供融资可能会带来较大的损失。推论4.1进一步说明了，当初始资金小于$\check{B}_0$时，银行的期望利润为负。此时，银行可能不愿意向供应商提供融资，这使得供应商仅能提供B/c的产品数量决策，这将可能使得供应商与核心企业的利润都受损。从供应商的角度来看，市场风险较小且自有资金量较大时，供应商的融资量较小所以融资费用较低，从而会获得较大的收益。但是当市场风险较大时，初始资金较少的供应商将更激进地进行生产或采购，从而获得较大的收益。因此，从双方的利润变动情况来看，当市场风险较大且供应商自有资金量较少时，银行将面临较大的融资风险，而供应商反而会大量融资而获得较大的收益。命题4.2同时指出，融资利率越低，对于供应商和核心企业的期望利润都是有利的，这一结论符合预期。那么，如何保障银行的收益和降低供应商的融资风险是融资中要解决的关键问题。

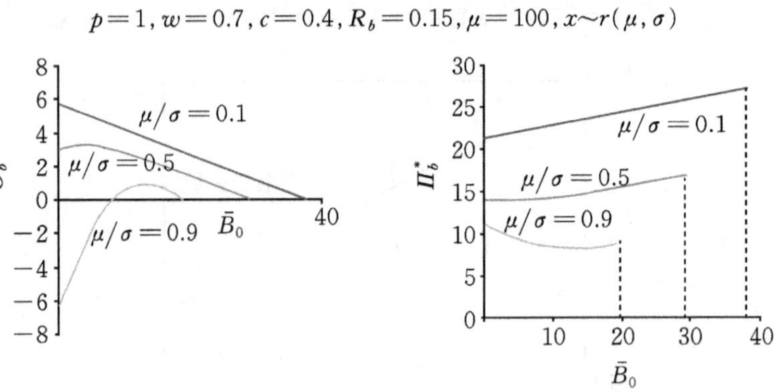

图4.2 初始资金和市场风险对银行与供应商期望利润的影响

在这一部分分析的拉式供应链订单融资模型中，银行是融资风险的主要承担者，核心企业不承担供应商融资的坏账风险。以上分析指出，由于核心企业不承担市场和融资风险，当供应商的初始资金较少时，银行的收益可能较少甚至为负，而核心企业的期望利润反而会较大。因此，需要给出有效的融资风险分担机制，能够使银行愿意向资金量小的供应商提供融资，最终核心企业和供应商也可以在供应链融资中获益。下面分析核心企业担保下的融资风险控制方式。

四、核心企业担保的风险控制作用

资金约束的供应商可以在核心企业的担保下，通过第三方商业银行获得满足产品数量决策的融资。核心企业为供应商提供全额担保服务，设担保费率为R_g。若供应商破产，则由核心企业为供应商向第三方商业银行代偿亏损额。假设在有核心企业担保时，银行收取的融资利率为R_L。以下定义两个阈值：

$$L_g(Q)=\frac{(cQ-B)(1+R_g+R_L)}{w}$$

$$\bar{B}_1=c\bar{F}^{-1}\left[\frac{c(1+R_g+R_L)}{w}\right]$$

当$Q>\frac{B}{c}$时，供应商的期望利润为$\Pi_g(Q)=wQ\bar{F}(Q)+w\int_{L_g(Q)}^{Q}xf(x)\mathrm{d}x-wL_g(Q)\bar{F}(L_g(Q))-B$。因此，当$0\leqslant B\leqslant\bar{B}_1$时，供应商的最优决策$Q_g$满足：

$$w\bar{F}(Q_g)=c(1+R_g+R_L)\bar{F}(L_g(Q_g)) \tag{4.5}$$

类似于式(4.3)中的分析，易知$\frac{\mathrm{d}Q_g}{\mathrm{d}B}<0,\frac{\mathrm{d}Q_g}{\mathrm{d}R_g}<0,\frac{\mathrm{d}Q_g}{\mathrm{d}R_L}<0$。当$B=0$时，记供应商的决策为$Q_{g0}$，即满足$w\bar{F}(Q_{g0})=c(1+R_g+R_L)\bar{F}\left[\frac{cQ_{g0}(1+R_g+R_L)}{w}\right]$，当

$B=\bar{B}_1$ 时，$Q_g=\bar{F}^{-1}\left[\frac{c(1+R_g+R_L)}{w}\right]$。类似于引理4.1，可以得到：当 $B=0$ 时，$H(L_g(Q_{g0}))\leqslant 1\leqslant H(Q_{g0})$；当 $B>0$ 时，有 $1-H(L_g(Q_g))>0$。

因为当 $x<L_g(Q_g)$ 时，核心企业需要为供应商代偿部分融资与利息，则核心企业的期望利润函数为：

$$\Omega_g(Q_g,x)=\begin{cases}(p-w)\min\{x,Q_g\}+R_g(cQ_g-B) & ,x\geqslant L_g(Q_g)\\(p-w)\min\{x,Q_g\}+R_g(cQ_g-B)-w[L_g(Q_g)-x] & ,x<L_g(Q_g)\end{cases}$$

在供应商进行融资后，即 $0\leqslant B\leqslant \bar{B}_1$，核心企业的最大期望利润可以表示为：

$$\Omega_g^*=(p-w)S(Q_g)+wT(Q_g)$$

其中，$T(Q_g)=S(L_g(Q_g))-\frac{(1+R_L)}{w}(cQ_g-B)$。相应地，银行的期望利润为：$\Theta_g^*=R_L(cQ_g-B)$。供应商的最大期望利润为：

$$\Pi_g^*=w\int_{L_g(Q_g)}^{Q_g}xf(x)\mathrm{d}x-F(L_g(Q_g))B+(R_g+R_L)B\bar{F}(L_g(Q_g))$$

下面分析供应商、核心企业和银行的最大期望利润关于初始资金的关系。记当 $w=c(1+R_g+R_L)$ 时，Q_{nb} 的值为 $\bar{Q}_{nb}^g=\bar{F}^{-1}(\frac{1}{1+R_g+R_L})$。

【命题4.3】 (1)当 $0\leqslant B\leqslant \bar{B}_1$ 时，Θ_g^* 关于 B 单调递减。

(2)当 $0\leqslant B\leqslant \tilde{B}_1$ 时，$\frac{\mathrm{d}\Pi_g^*}{\mathrm{d}B}\leqslant 0$。当 $\tilde{B}_1<B\leqslant \bar{B}_1$ 时，$\frac{\mathrm{d}\Pi_g^*}{\mathrm{d}B}>0$。其中，阈值 $\tilde{B}_1$ 的定义如下：

①$\bar{Q}<\bar{Q}_{nb}^g$，令 $\tilde{B}_1=0$。

②$\bar{Q}\geqslant \bar{Q}_{nb}^g$ 且 $L_g(Q_{g0}(p))\geqslant \bar{Q}_{nb}^g$，令 $\tilde{B}_1$ 满足 $L_g(Q_g(\tilde{B}_1))=\bar{Q}_{nb}^g$。

③$\bar{Q}\geqslant \bar{Q}_{nb}^g$ 且 $L_g(Q_{g0}(p))<\bar{Q}_{nb}^g$，如果 $w\in[c(1+R_g+R_L),\hat{w}_1]$，令 $\tilde{B}_1$ 满足 $L_g(Q_g(\tilde{B}_1))=\bar{Q}_{nb}^g$；如果 $w\in(\hat{w}_1,p]$，令 $\tilde{B}_1=0$。当 $B=0$ 时，阈值 $\hat{w}_1$ 满足 $L_g(Q_{g0}(\hat{w}_1))=\bar{Q}_{nb}^g$。

下面分析 Ω_g^* 关于 B 的单调性。求 Ω_g^* 关于 B 的导数得：

$$\begin{aligned}\frac{\mathrm{d}\Omega_g^*}{\mathrm{d}B}&=(p-w)\bar{F}(Q_g)\frac{\mathrm{d}Q_g}{\mathrm{d}B}+[R_g-(1+R_g+R_L)F(L_g(Q_g))]\left(c\frac{\mathrm{d}Q_g}{\mathrm{d}B}-1\right)\\&=[\bar{F}(Q_g)-c(1+R_L)]\frac{\mathrm{d}Q_g}{\mathrm{d}B}+(1+R_L)-(1+R_g+R_L)\bar{F}(L_g(Q_g))\end{aligned}$$

由于 $\frac{\mathrm{d}\Omega_g^*}{\mathrm{d}B}$ 的解析式非常复杂，无法通过数理分析来证明 Ω_g^* 与 B 的单调性，所以这里利用数值分析加以说明，图4.3描述了核心企业担保下初始资金和市场风险对核心企业和银行的最大期望利润的影响。

$p=1, w=0.7, c=0.4, R_g=0.05, R_L=0.1, \mu=100, x\sim r(\mu,\sigma)$

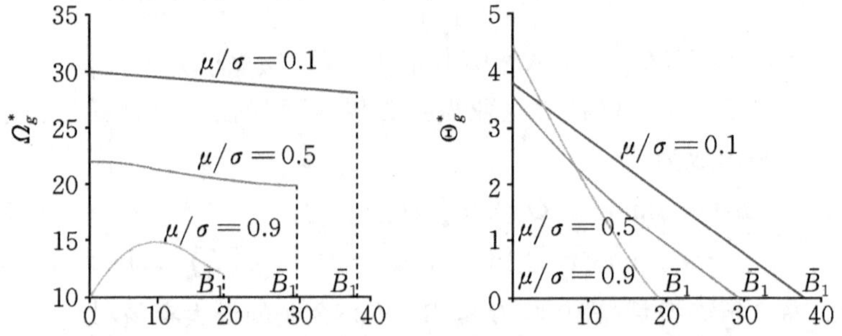

图4.3　核心企业担保下初始资金和市场风险对核心企业和银行期望利润的影响

下面首先考虑一个情况：$R_b=R_g+R_L$，即有或没有核心企业担保的总融资费率相等。这时，供应商的最优决策不变，即 $Q_b=Q_g$，同时也有 $L_b(Q_b)=L_g(Q_g)$，$\Pi_b^*=\Pi_g^*$。令 $\Delta_1=\Theta_b^*-\Theta_g^*$，$\Delta_2=\Omega_g^*-\Omega_b^*$。

这里定义一个阈值：

$$\bar{R}_g=\frac{L_b(Q_{b0})-S(L_b(Q_{b0}))}{cQ_{b0}/w}$$

【命题4.4】　阈值 $\bar{R}_g>0$ 且关于 R_b 单调递增。

这里的 $\bar{R}_g$ 表示的是在 $R_b=R_g+R_L$ 的情况下，当 $B=0$ 时核心企业在两种模式下利润恰好相等时的担保费率，这是一个用来判断核心企业与银行在两种不同融资模式下的获益情况的阈值。命题4.4描述了阈值 $\bar{R}_g$ 的性质，命题4.5给出了 $\bar{R}_g$ 和 B 在不同模式下的利润增减关系。

【命题4.5】　考虑 $R_b=R_g+R_L$ 的情况：

(1)若 $R_g=0$，则对于任意的 $B\in(0,\bar{B}_1)$，都有 $\Omega_b^*>\Omega_g^*$，$\Theta_b^*<\Theta_g^*$。

(2)若 $R_g\neq 0$，当 $\bar{R}_g>R_b$ 或 $\bar{R}_g<R_b$ 且 $R_g\in(0,\bar{R}_g)$ 时，存在一个 $\hat{B}_1\in(0,\bar{B}_1)$，当 $B\in(0,\hat{B}_1)$ 时，$\Omega_b^*>\Omega_g^*$，$\Theta_b^*<\Theta_g^*$；当 $B\in[\hat{B}_1,\bar{B}_1]$ 时，$\Omega_b^*\leqslant\Omega_g^*$，$\Theta_b^*\geqslant\Theta_g^*$。

(3)若 $R_g\neq 0$，$\bar{R}_g<R_b$ 且 $R_g\in(\bar{R}_g,R_b)$ 时，有 $\Omega_b^*<\Omega_g^*$，$\Theta_b^*>\Theta_g^*$。

命题4.5与图4.4、图4.5指出核心企业和银行在不同模式下的利润增减存在两种情况。当 $0\leqslant B\leqslant\hat{B}_1$ 时（区域1），核心企业在进行担保代偿后的期望利润要低于不担保下的期望利润。当 $\hat{B}_1\leqslant B\leqslant\bar{B}_1$ 时（区域2），核心企业在进行担保代偿后的期望利润要高于不担保下的期望利润。从图4.4可以看出，核心企业在市场风险较小的时候，更可能从担保模式中获益；而当市场风险较大的时候，供应商的初始资金较少时，核心企业的利润会受损。图4.5描述了在不同市场风险下，融资费率对核心企业和银行利润的影响。当市场风险较小时，无论融资费率多大，核心企业都能在担保模式下获利。当市场风险较大时，核心企业在担保模式下不再始终是获利的，只有当供应商的初始资金较多的时候才能获利，并且融资费率越大，核心企业对供应商的初始资金要求越低。银行的期望利润变化恰与核心企业的变化相反。

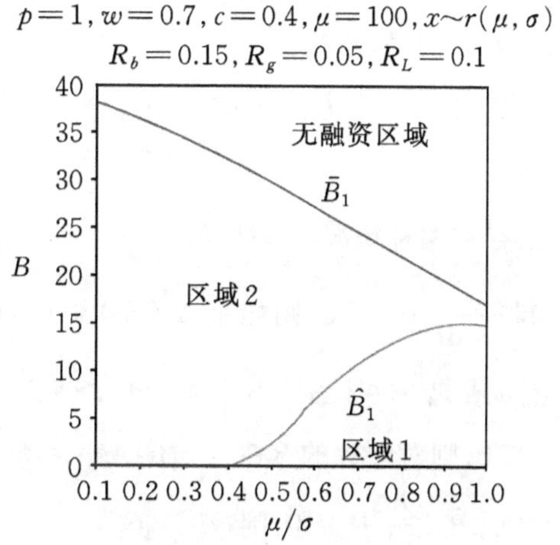

图4.4 初始资金和市场风险对阈值的影响

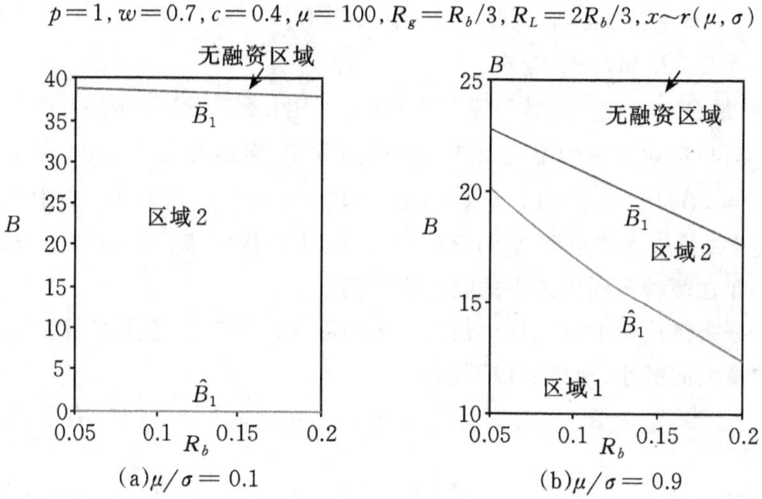

图4.5 融资利率对阈值的影响

【推论4.2】 考虑$R_b=R_g+R_L$的情况，当$0\leqslant B\leqslant \bar{B}_1$时，$\Omega_b^*-\Omega_g^*=\Theta_g^*-\Theta_b^*$。

从推论4.2可以看出，由于$R_b=R_g+R_L$，所以无论核心企业是否提供担保代偿服务，供应商的订货量都没有发生改变，整条供应链的总利润也没有发生变化，供应商的利润也并没有发生变化。若核心企业不提供担保代偿，则由银行承担供应商的破产风险。若核心企业为供应商进行代偿，则原来由银行承担的风险全部转移给了核心企业。推论4.2也说明了核心企业为供应商进行担保服务后的风险转移情况。

下面分析当$R_b > R_g + R_L$或者$R_b < R_g + R_L$的情况。命题4.6描述了两种情况下，银行的收益变动情况，其中：当$B=0$时，无核心企业担保时的银行期望利润为Θ_{b0}^*，有核心企业担保时的银行期望利润为Θ_{g0}^*。

【命题4.6】 考虑$R_b > R_g + R_L$的情况：

(1)如果$\Theta_{g0}^* < \Theta_{b0}^*$，则存在一个$\grave{B}_{b1}$使$\Theta_g^* = \Theta_b^*$。当$B \in [0, \grave{B}_{b1})$时，$\Theta_g^* < \Theta_b^*$；当$B \in [\grave{B}_{b1}, \bar{B}_0]$时，$\Theta_g^* \geqslant \Theta_b^*$。

(2)如果$\Theta_{g0}^* \geqslant \Theta_{b0}^*$，存在两种情况：

①如果存在$\ddot{B}_0$使得$\dfrac{\mathrm{d}\Delta_1(\ddot{B}_0)}{\mathrm{d}B} = 0$，则如果$\Delta_1(\ddot{B}_0) \geqslant 0$，则存在点$\hat{B}_{b1}, \grave{B}_{b1}$使得$\Theta_g^* = \Theta_b^*$，当$B \in [0, \hat{B}_{b1})$或者$B \in [\grave{B}_{b1}, \bar{B}_0]$时，$\Theta_g^* > \Theta_b^*$，当$B \in [\hat{B}_{b1}, \grave{B}_{b1}]$时，$\Theta_g^* < \Theta_b^*$；如果$\Delta_1(\ddot{B}_0) < 0$，则对任意的$B \in [0, \bar{B}_0]$，$\Theta_g^* > \Theta_b^*$。

②如果任意的$B \in [0, \bar{B}_0]$，$\dfrac{\mathrm{d}\Delta_1}{\mathrm{d}B} > 0$，则$\Theta_g^* > \Theta_b^*$。

【命题4.7】 考虑$R_b < R_g + R_L$的情况：

(1)如果$\Theta_{g0}^* > \Theta_{b0}^*$，则存在一个$\hat{B}_{b1}$使得$\Theta_g^* = \Theta_b^*$。当$B \in [0, \hat{B}_{b1})$时，$\Theta_g^* > \Theta_b^*$；当$B \in [\hat{B}_{b1}, \bar{B}_1]$时，$\Theta_g^* \leqslant \Theta_b^*$。

(2)如果$\Theta_{g0}^* \leqslant \Theta_{b0}^*$，则对于任意的$B \in [0, \bar{B}_1]$，都有$\Theta_g^* < \Theta_b^*$。

对于核心企业在两种不同模式下的收益变动，根据前文的推导，得：$\Delta_2 = (p - w)S(Q_g) + wS(L_g(Q_g)) - (1 + R_L)(cQ_g - B) - (p - w)S(Q_b)$。由于$\Delta_2$的解析式较为复杂，无法直接证明$\Delta_2$与$B$的单调性，所以接下来通过数值分析来解释说明核心企业在两种不同模式下的收益变动情况。

最后分析供应商的利润变动情况。由命题4.2可得，供应商的期望利润随着融资利率的增大而减小，所以有以下结论：

【推论4.3】 当$R_b > R_g + R_L$时，$\Pi_b^* < \Pi_g^*$。当$R_b < R_g + R_L$时，$\Pi_b^* > \Pi_g^*$。

五、数值分析

下面通过数值分析研究当两种不同模式下融资费率不相等时，供应链中三个成员的利润变动情况。

在数值分析中，考虑一些固定的参数：$p=1$，$R_b=0.15$，R_g与R_L的大小在不同的模式下发生改变。假设市场需求满足Gamma分布，其概率密度函数为$f(x) = \dfrac{x^{\tau-1}e^{x/\upsilon}}{\upsilon^{\tau}\Gamma(\tau)}$，$\tau = \left(\dfrac{1}{\sigma/\mu}\right)^2$，$\upsilon = \dfrac{\mu}{\tau}$。在模拟中，需求的协方差$\sigma/\mu$的取值区间为[0.1,1]，

需求的协方差越大，则市场风险越大。

(一) $R_b > R_g + R_L$

当 $R_b > R_g + R_L$ 时，表示有核心企业担保代偿下的订单融资所需的总融资费率较低，这就说明第三方商业银行在融资活动有担保的情况下，愿意向供应商提供较低的融资利率。图4.6描述了市场风险与初始资金对核心企业、供应商与银行收益变动的影响。

$p=1, R_b=0.15, x \sim r(u,\sigma)$

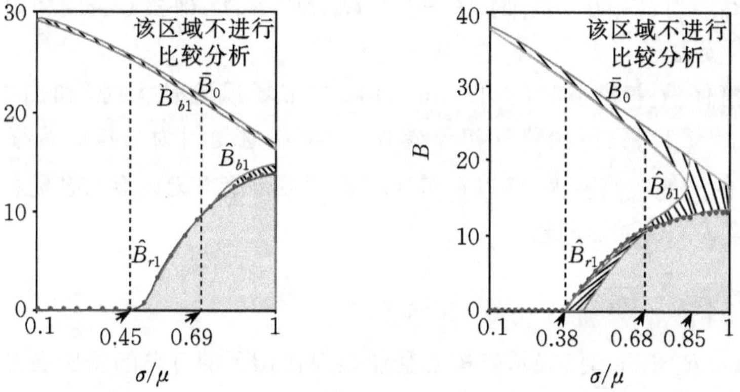

$R_L=0.1, R_g=0.045, w=0.6, c=0.3$ (a)　　$R_L=0.1, R_g=0.02, w=0.7, c=0.4$ (b)

▧:担保模式下，核心企业、供应商和银行均受益
▨:担保模式下，供应商受益，核心企业和银行均受损
□:担保模式下，核心企业受损，供应商和银行受益
□:担保模式下，银行受损，供应商和核心企业受益

图4.6　当 $R_b > R_g + R_L$ 时，市场风险与初始资金对银行、核心企业和供应商期望利润的影响

若市场风险较小(如图4.6(a)中，$0.1 \leqslant \sigma/\mu < 0.45$)，则只有当供应商初始资金较多的时候，银行才能从担保模式中获益，而核心企业始终可以在担保模式中获益。这是因为银行在担保模式下的融资利率降低了，当市场风险较小时，供应商无须核心企业进行代偿，因此支付给银行的融资费用相比无担保模式下的要低，核心企业比无担保模式下多一项担保收入，使得核心企业可以在市场风险较小的时候获利。

若市场风险处于中等大小(如图4.6(a)中，$0.45 \leqslant \sigma/\mu < 0.69$)，银行除了在供应商初始资金较多的时候可以在担保模式下获益，还可能在供应商初始资金较少的时候获益，而核心企业可能因为供应商的初始资金太少而在担保模式下受损。

这是因为在担保模式下，银行不需要考虑坏账风险，而核心企业承担了相应的坏账风险。但需要注意的是，由于两种模式下的融资费率不同，银行与核心企业并不是完全的风险抵消，核心企业偏爱资金较多的供应商，而银行由于不用担心坏账风险，所以更偏爱向资金较少的供应商提供融资，此时存在 $\hat{B}_{b1} < \hat{B}_{r1}$。当 $B \in [\hat{B}_{b1}, \hat{B}_{r1}]$ 时，有 $\Theta_g^* < \Theta_b^*$，$\Omega_g^* < \Omega_b^*$，即存在使得核心企业与银行在担保模式下同时受损的情形。

若市场风险较大(如图4.6(a)中，$0.69 \leqslant \sigma/\mu < 1$)，银行还是可以在供应商初始资金较多或较少时获益，核心企业在供应商初始资金较少的时候受损。此时存在 $\hat{B}_{b1} > \hat{B}_{r1}$。当 $B \in [\hat{B}_{b1}, \hat{B}_{r1}]$ 时，有 $\Theta_g^* > \Theta_b^*$，$\Omega_g^* > \Omega_b^*$，即核心企业和银行在担保模式中同时受益。

而当担保费率较小时(如图4.6(b))，在市场风险较大时(如图4.6(b)中，$0.85 \leqslant \sigma/\mu < 1$)，银行始终从担保模式中获益，这是因为当担保费率变小的时候，供应商的产能决策变大，所以在担保模式下银行获得无风险的融资利息会高于在无担保模式下的融资利息。

(二) $R_b < R_g + R_L$

当 $R_b < R_g + R_L$ 时，表示有核心企业担保代偿下的订单融资所需的融资费率较高，此时供应商的融资成本高于无担保模式下的融资成本。图4.7比较了核心企业与银行收益变动与市场风险和初始资金的关系。

$p=1, w=0.7, c=0.4, R_b=0.15, R_L=0.12, R_g=0.05, x \sim r(u,\sigma)$

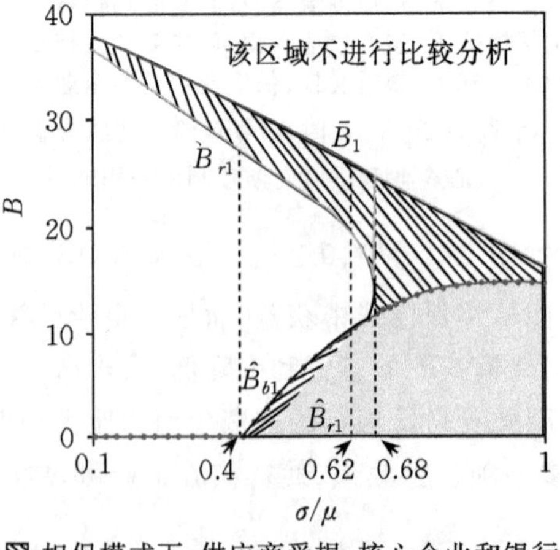

▧:担保模式下，供应商受损，核心企业和银行均受益
▨:担保模式下，供应商、核心企业和银行均受损
□:担保模式下，核心企业和供应商受损，银行受益
□:担保模式下，银行和供应商受损，核心企业受益

图4.7 当 $R_b < R_g + R_L$ 时，市场风险与初始资金对银行、核心企业和供应商期望利润的影响

若市场风险较小(如图4.7中,$0.1 \leqslant \sigma/\mu < 0.4$),则当供应商的初始资金较多时,核心企业不能从担保模式下获益,其余情况下均能从担保模式下获益,银行始终不能从担保模式中获益。这是因为在融资费率变大的时候,供应商的产品数量决策变小,初始资金较多的供应商所需的融资量较小,核心企业在担保模式下获得的担保费小于因供应商产品数量决策变小带来的损失。对于初始资金较少的供应商,其融资量较大,核心企业在担保模式下获得的担保费会大于因供应商产品数量决策变小而带来的损失,使得核心企业可以在担保模式下获益。而此时银行在无担保模式下的坏账风险很小,且在担保模式下银行收取的融资利率低于无担保模式下的利率,故银行在担保模式下的期望收益低于无担保模式下的期望收益。

若市场风险处于中等大小(如图4.7中,$0.4 \leqslant \sigma/\mu < 0.62$),则当供应商初始资金较多或较少时,核心企业均可能在担保模式下受损,其余情况能从担保模式中获益,而银行在供应商初始资金较少的时候可以从担保模式中获益。这是因为若供应商初始资金较少,则银行在无担保模式下存在较大的坏账风险,而在担保模式下,由于核心企业的担保作用,银行可以不承担坏账风险,所以银行在担保模式下的期望收益较高。核心企业在担保模式下因为要承担资金较少的供应商的代偿风险,所以当供应商初始资金较少时,核心企业不能在担保模式中获益。从图4.7可以看出,此时存在$\hat{B}_{b1} > \hat{B}_{r1}$,当$B \in [\hat{B}_{r1}, \hat{B}_{b1}]$时,有$\Theta_g^* > \Theta_b^*$,$\Omega_g^* > \Omega_b^*$,即核心企业和银行在担保模式中同时受益。

若市场风险较大(如图4.7中,$0.62 \leqslant \sigma/\mu < 0.68$),则当供应商初始资金较多或较少时,核心企业在担保模式下受损,其余情况下能从担保模式中获益,而银行在供应商初始资金较少时可以从担保模式中获益,此时存在$\hat{B}_{b1} < \hat{B}_{r1}$,当$B \in [\hat{B}_{b1}, \hat{B}_{r1}]$时,有$\Theta_g^* < \Theta_b^*$,$\Omega_g^* < \Omega_b^*$,即核心企业和银行在担保模式中同时受损。

若市场风险非常大(如图4.7中,$0.68 \leqslant \sigma/\mu < 1$),核心企业则无法在担保模式中获益,而银行可以在供应商初始资金较少的时候获益。这是因为市场风险非常大时,担保费无法抵消过大的代偿风险。而银行在担保模式下不用考虑资金较少的供应商的坏账风险,因此相比无担保模式,银行在担保模式下的期望收益较高。而当供应商的初始资金较多的时候,由于融资量的减少,使得核心企业和银行均不能从担保模式下获益。

六、本章小结

本章构建了一个由资金约束供应商、核心企业和银行组成的拉式供应链模型,探索了核心企业(买方)为资金约束供应商的融资活动担保的风险与价值,刻画了供应链中各个成员的收益函数，并比较了各成员收益的变化。研究发现，若核心企业不为资金约束供应商进行担保，则银行的期望利润随着供应商的初始资金的增大先增大后减小，并在市场风险较大或供应商初始资金较少时期望收益可能为负。融资利率越大，供应商和核心企业的收益越低。

若核心企业为资金约束供应商进行担保，且总融资费率不变时，核心企业恰好承担了在无担保模式下银行所需承担的那部分风险，且一方利润增加将带来另一方的利润受损。当市场风险较小时，核心企业的期望利润随着供应商初始资金的增大而减小。当市场风险较大时，核心企业的期望利润随着供应商的初始资金的增大先增大后减小。

若担保后的总融资费率降低，当供应商的初始资金较多时，供应链中存在三方同时受益的情形。当供应商的初始资金较少时，从市场风险的影响来看，若市场风险较小，则银行不能从担保模式中获益，核心企业能在担保模式中获益。若市场风险较大，则核心企业不能从担保模式中获益，银行能在担保模式中获益。比较有意思的是，当市场风险处于中等时，对于资金较少的供应商，核心企业与银行可能在担保模式下同时受损。而当市场风险略大一点，且供应商初始资金处于中等水平时，供应链中可能存在三方同时受益的情形。

若担保后的总融资费率增大，由于供应商需要支付更多的融资成本，供应商必然会受损，所以在该种情形下，供应链无法达到三方同时受益的情形。当市场风险较小时，核心企业总可以在担保模式下获益，而银行无法从担保模式下获益。当市场风险中等时，若供应商初始资金较少，则银行在担保模式中获益，此时存在核心企业与银行在担保模式下同时获益的情形。当市场风险较大时，供应商的初始资金处于中等水平时，核心企业与银行可能在担保模式下同时受损。当市场风险很大时，担保模式对核心企业始终不利，当供应商初始资金较多时，担保模式对银行也不利。

由不同融资成本情形下的数值分析结果可知：在现实的融资中，核心企业与银行应该尽量降低供应商的融资成本，这可以使得供应商有动力去接受提出的融资方案。对核心企业来说，若市场风险较大，则核心企业应为初始资金较多的供应商提供担保；若市场风险较小，核心企业总可以为供应商提供担保。对银行来说，当市场风险较小时，只有当供应商的初始资金较多，银行才适合选择担保模式；当市场风险较大时，对于资金较多或资金较少的供应商，银行都能为其提供担保而获益。对于初始资金较多的供应商，核心企业与银行均适合采用担保模式。

而当供应商融资成本较高时，对核心企业来说，若市场风险较大，则不采取担保模式。若市场风险较小，核心企业应为资金不多的供应商提供担保。对银行来说，当市场风险较小时，不适合选择担保模式。而当市场风险较大时，若供应商初始资金不多，则可以选择担保模式。对于初始资金较多的供应商，核心企业与银行均不适合采用担保模式。因此，本章对拉式供应链中订单融资模式下各成员的决策具有一定的指导意义。

七、本章结论的证明

【引理 4.1 的证明】 当$B=0$时，$L_b(Q_{b0})=\dfrac{c(1+R_b)}{w}Q_{b0}$。由式(4.2)得：

$$Q_{b0}\bar{F}(Q_{b0})=\frac{c(1+R_b)}{w}Q_{b0}\bar{F}(L_b(Q_{b0}))$$

即 $Q_{b0}\bar{F}(Q_{b0})=L_b(Q_{b0})\bar{F}(L_b(Q_{b0}))$。定义 $V(Q)=Q\bar{F}(Q)$。显然，$V(Q_{b0})=V(L_b(Q_{b0}))$。

因为$V'(Q)=\bar{F}(Q)(1-H(Q))$，由$\bar{F}(Q)$关于Q单调递减和$H(Q)$关于Q单调递增可以得到$V'(Q)$关于Q单调递减，所以$V(Q)$是关于Q的单峰函数，当且仅当$V'(Q)=0$时，$V(\bar{Q})$达到最大值，此时的$H(\bar{Q})=1$。由此可知，当$0<Q\leqslant\bar{Q}$时，$V'(Q)\geqslant 0$；当$Q>\bar{Q}$时，$V'(Q)<0$。又因为$V(Q_{b0})=V(L_b(Q_{b0}))$，$Q_{b0}>L_b(Q_{b0})$，可以得到$L_b(Q_{b0})\leqslant\bar{Q}\leqslant Q_{b0}$，所以有$H(L_b(Q_{b0}))\leqslant H(\bar{Q})\leqslant H(Q_{b0})$。

又因为Q_b关于B是单调递减的，所以$L_b(Q_b)=\dfrac{(1+R_b)}{w}(cQ_b-B)<\dfrac{(1+R_b)}{w}cQ_{b0}=L_b(Q_{b0})$。因此，$H(L_b(Q_b))<H(L_b(Q_{b0}))$。那么，当$B>0$时，$1-H(L_b(Q_b))>1-H(L_b(Q_{b0}))\geqslant 0$。

【命题 4.1 的证明】 当$0\leqslant B<\bar{B}_0$时，对Ω_b^*求关于B的导数，有$\dfrac{d\Omega_b^*}{dB}=(p-w)\bar{F}(Q_b)\dfrac{dQ_b}{dB}$。因为$\dfrac{dQ_b}{dB}<0$，故$\dfrac{d\Omega_b^*}{dB}<0$成立。

下面考虑当$B=0$时$L_b(Q_{b0})$的性质。由$w\bar{F}(Q_{b0})=c(1+R_b)\bar{F}\left[\dfrac{c(1+R_b)Q_{b0}}{w}\right]$，采用隐函数求导可知，$\dfrac{dQ_{b0}}{dw}=\dfrac{1-H(L_b(Q_{b0}))}{wh(Q_{b0})-c(1+R_b)h(L_b(Q_{b0}))}>0$，即$Q_{b0}$关于$w$单调递增。同理：

$$\begin{aligned}\frac{dL_b(Q_{b0})}{dw}&=\frac{c(1+R_b)}{w}\times\frac{dQ_{b0}}{dw}-\frac{L_b(Q_{b0})}{w}\\&=\frac{c(1+R_b)}{w^2}\frac{1-H(Q_{b0})}{h\left[Q_{b0}-\dfrac{c(1+R_b)}{w}h(L_b(Q_{b0}))\right]}\end{aligned}$$

由引理 4.1 和 IFR 性质可知，$\dfrac{dL_b(Q_{b0})}{dw}<0$，即$L_b(Q_{b0})$关于$w$单调递减。又

由引理4.1的证明可知，当$w=c(1+R_b)$时，$Q_{b0}=\bar{Q}$，$L_b(Q_{b0})=\bar{Q}$。

当$0\leqslant B<\bar{B}_0$时，由式(4.3)和式(4.4)知，$\frac{\mathrm{d}\Pi_b^*}{\mathrm{d}B}=wQ_bf(Q_b)\frac{\mathrm{d}Q_b}{\mathrm{d}B}-wL_b(Q_b)f(L_b(Q_b))\frac{\mathrm{d}L_b(Q_b)}{\mathrm{d}B}-F(L_b(Q_b))-Bf(L_b(Q_b))\frac{\mathrm{d}L_b(Q_b)}{\mathrm{d}B}+R_b\bar{F}(L_b(Q_b))-R_bBf(L_b(Q_b))\frac{\mathrm{d}L_b(Q_b)}{\mathrm{d}B}$，化简后可以得到：$\frac{\mathrm{d}\Pi_b^*}{\mathrm{d}B}=R_b-(1+R_b)F(L_b(Q_b))=(1+R_b)[\bar{F}(L_b(Q_b))-\bar{F}(\bar{Q}_{nb})]$，$\frac{\mathrm{d}\Theta_b^*}{\mathrm{d}B}=(c\frac{\mathrm{d}Q_b}{\mathrm{d}B}-1)[R_b-(1+R_b)F(L_b(Q_b))]=(c\frac{\mathrm{d}Q_b}{\mathrm{d}B}-1)(1+R_b)[\bar{F}(L_b(Q_b))-\bar{F}(\bar{Q}_{nb})]$。因此，当$\bar{F}(L_b(Q_b))>\bar{F}(\bar{Q}_{nb})$时，有$\frac{\mathrm{d}\Pi_b^*}{\mathrm{d}B}>0$，$\frac{\mathrm{d}\Theta_b^*}{\mathrm{d}B}<0$；当$\bar{F}(L_b(Q_b))<\bar{F}(\bar{Q}_{nb})$时，有$\frac{\mathrm{d}\Pi_b^*}{\mathrm{d}B}<0$，$\frac{\mathrm{d}\Theta_b^*}{\mathrm{d}B}>0$。

在供应链中给定其他参数p,c,R_b时，$L_b(Q_b)$与$\bar{Q}_{nb}$的大小关系与B和w有关。考虑如下三种情况。

(1)$L_b(Q_b)\geqslant\bar{Q}_{nb}$且$\bar{Q}\geqslant\bar{Q}_{nb}$，则对于任意的$w$有$\bar{F}(L_b(Q_{b0}(w)))\leqslant\bar{F}(\bar{Q}_{nb})$。又由于$Q_b$关于$B$单调递减，则$L_b(Q_b)$关于$B$单调递减，$\bar{F}(L_b(Q_b))$关于$B$单调递增。当$B=\bar{B}_0$时，$Q_b=\bar{B}_0/c$，此时$L_b(Q_b)=0$，所以$\bar{F}(L_b(Q_b))=1>\bar{F}(Q_{nb})$。所以，存在一个交点$\tilde{B}_0$，满足$\bar{F}(L_b(Q_b))=\bar{F}(\bar{Q}_{nb})$，其等价于$L_b(Q_b(\tilde{B}_0))=\bar{Q}_{nb}$。当$0\leqslant B\leqslant\tilde{B}_0$时，有$\bar{F}(L_b(Q_b))<\bar{F}(\bar{Q}_{nb})$，则$\frac{\mathrm{d}\Pi_b^*}{\mathrm{d}B}<0$，$\frac{\mathrm{d}\Theta_b^*}{\mathrm{d}B}>0$；当$\tilde{B}_0<B\leqslant\bar{B}_0$时，有$\bar{F}(L_b(Q_b))>\bar{F}(\bar{Q}_{nb})$，则$\frac{\mathrm{d}\Pi_b^*}{\mathrm{d}B}>0$，$\frac{\mathrm{d}\Theta_b^*}{\mathrm{d}B}<0$。

(2)$L_b(Q_b)<\bar{Q}_{nb}$且$\bar{Q}\geqslant\bar{Q}_{nb}$。以上已证，$L_b(Q_{b0})$关于$w$单调递减。已知，当$w=c(1+R_b)$时，$L_b(Q_{b0})=\bar{Q}$，则存在$\hat{w}_0\in(c(1+R_b),p)$满足$L_b(Q_{b0}(\hat{w}_0))=\bar{Q}_{nb}$。这里再分两种情形：

①如果$w\in[c(1+R_b),\hat{w}_0)$，有$\bar{F}(L_b(Q_{b0}(w)))\leqslant\bar{F}(\bar{Q}_{nb})$。同以上情况(1)中的分析，命题中相关结论成立。

②如果$w\in[\hat{w}_0,p)$，有$\bar{F}(L_b(Q_{b0}(w)))>\bar{F}(\bar{Q}_{nb})$。已知$\bar{F}(L_b(Q_b))$关于$B$单调递增，所以对于任意的$B\in[0,\bar{B}_0]$，均有$\bar{F}(L_b(Q_b))>\bar{F}(\bar{Q}_{nb})$。因此可以得到$\frac{\mathrm{d}\Pi_b^*}{\mathrm{d}B}>0$，$\frac{\mathrm{d}\Theta_b^*}{\mathrm{d}B}<0$。

(3)$\bar{Q}<\bar{Q}_{nb}$。因为$L_b(Q_{b0})$关于w单调递减，且已知当$w=c(1+R_b)$时，$L_b(Q_{b0})=\bar{Q}$。对于所有的$\hat{w}_0\in(c(1+R_b),p)$，均有$L_b(Q_{b0})<\bar{Q}_{nb}$，故有$\bar{F}(L_b(Q_{b0}(w)))>\bar{F}(\bar{Q}_{nb})$。同以上情况(2)中②的分析，可知命题中的相关结论成立。

根据以上三种情况，按照命题中的三种情况定义阈值$\tilde{B}_0$，可知命题中的结论成立。

【推论4.1的证明】 当$B=\bar{B}_0$时,$Q_b=\dfrac{\bar{B}_0}{c}$,则$L_b(Q_b)=0$,此时有$\Theta_b^*=0$。

由命题4.1可知,当$\tilde{B}_0\leqslant B\leqslant\bar{B}_0$时,$\Theta_b^*$关于$B$单调递减。因此,在区间$[\tilde{B}_0,\bar{B}_0]$,有$\Theta_b^*\geqslant 0$。

由命题4.1可知,当$0\leqslant B\leqslant\tilde{B}_0$时,$\Theta_b^*$关于$B$单调递增。因此,若$B=0$时,$\Theta_b^*>0$,则在区间$[0,\tilde{B}_0]$,有$\Theta_b^*>0$,此时令$\check{B}_0=0$,显然推论中的结论成立。若$B=0$时,$\Theta_b^*<0$,则一定存在一个$\check{B}_0\in(0,\tilde{B}_0)$使得$\Theta_b^*(\check{B}_0)=0$,且有:当$0\leqslant B\leqslant\check{B}_0$时,$\Theta_b^*\leqslant 0$;当$\check{B}_0\leqslant B\leqslant\bar{B}_0$,$\Theta_b^*\geqslant 0$。

综合以上分析,推论中的结论成立。

【命题4.2的证明】 对核心企业的最优期望利润Ω_b^*求关于R_b的导数,有

$$\frac{\mathrm{d}\Omega_b^*}{\mathrm{d}R_b}=(p-w)\bar{F}(Q_b)\frac{\mathrm{d}Q_b}{\mathrm{d}R_b}。$$

因已证$\dfrac{\mathrm{d}Q_b}{\mathrm{d}R_b}<0$,所以易知$\dfrac{\mathrm{d}\Omega_b^*}{\mathrm{d}R_b}<0$。

同理,对供应商的最优期望利润求关于R_b的导数,则有:

$$\begin{aligned}\frac{\mathrm{d}\Pi_b^*}{\mathrm{d}R_b}&=wQ_bf(Q_b)\frac{\mathrm{d}Q_b}{\mathrm{d}R_b}-wL_b(Q_b)f(L_b(Q_b))\frac{\mathrm{d}L_b(Q_b)}{\mathrm{d}R_b}-\\&\quad Bf(L_b(Q_b))\frac{\mathrm{d}L_b(Q_b)}{\mathrm{d}R_b}+B\bar{F}(L_b(Q_b))-R_bBf(L_b(Q_b))\frac{\mathrm{d}L_b(Q_b)}{\mathrm{d}R_b}\\&=wQ_b\bar{F}(Q_b)\frac{\mathrm{d}Q_b}{\mathrm{d}R_b}\left[h(Q_b)-\frac{c(1+R_b)}{w}h(L_b(Q_b))\right]+B\bar{F}(L_b(Q_b))-\\&\quad cQ_bL_b(Q_b)f(L_b(Q_b))\\&=(B-cQ_b)\bar{F}(L_b(Q_b))\end{aligned}$$

因为当$0\leqslant B<\bar{B}_0$,供应商需要进行融资生产,故有$B<cQ_b$,所以可以得到:$\dfrac{\mathrm{d}\Pi_b^*}{\mathrm{d}R_b}<0$。

【命题4.3的证明】 (1)对银行的期望利润函数求关于B的导数:

$$\frac{\mathrm{d}\Theta_g^*}{\mathrm{d}B}=R_L\left(c\frac{\mathrm{d}Q_g}{\mathrm{d}B}-1\right)$$

和Q_b关于B的性质类似,可以求出:

$$\frac{\mathrm{d}Q_g}{\mathrm{d}B}=-\frac{(1+R_g+R_L)h(L_g(Q_g))}{wh(Q_g)-(1+R_g+R_L)ch(L_g(Q_g))}<0$$

所以对于$0\leqslant B\leqslant\bar{B}_1$,$\dfrac{\mathrm{d}\Theta_g^*}{\mathrm{d}B}<0$恒成立。

(2)记$w=c(1+R_g+R_L)$时,$Q_{g0}=\bar{Q}^g$,此时$L_g(Q_{g0})=\bar{Q}^g$。对供应商的期望

利润函数求关于B的导数：

$$\frac{\mathrm{d}\Pi_g^*}{\mathrm{d}B}=(1+R_g+R_L)[\bar{F}(L_g(Q_g))-\bar{F}(\bar{Q}_{nb}^g)]$$

同命题4.1的证明，命题4.3(2)中的结论分别成立。此处过程略。

【命题4.4的证明】 首先分析$\bar{R}_g$的分子与R_b的性质。令$\Delta(L_b(Q_{b0}))=L_b(Q_{b0})-S(L_b(Q_{b0}))$，对$\Delta(L_b(Q_{b0}))$求关于$R_b$的导数：

$$\frac{\mathrm{d}\Delta(L_b(Q_{b0}))}{\mathrm{d}R_b}=\frac{\mathrm{d}L_b(Q_{b0})}{\mathrm{d}R_b}F(L_b(Q_{b0}))=\frac{cQ_{b0}}{w}\frac{H(Q_{b0})-1}{H(Q_{b0})-H(L_b(Q_{b0}))}F(L_b(Q_{b0}))$$

结合引理4.1，当$B=0$时，有$H(Q_{b0})>1>H(L_b(Q_{b0}))$，所以$\frac{\mathrm{d}\Delta(L_b(Q_{b0}))}{\mathrm{d}R_b}>0$。

再分析$\bar{R}_g$的分母R_b的性质。因为已证Q_b关于R_b单调递减，所以当$B=0$时，依然有$\frac{\mathrm{d}Q_b}{\mathrm{d}R_b}<0$，即$\bar{R}_g$的分母关于$R_b$单调递减。综合上述分析，得：$\frac{\mathrm{d}\bar{R}_g}{\mathrm{d}R_b}>0$。

下面分析$\Delta(L_b(Q_{b0}))=L_b(Q_{b0})-S(L_b(Q_{b0}))$的大小。易得$\Delta(L_b(Q_{b0}))$关于$L_b(Q_{b0})$单调递增，当且仅当$L_b(Q_{b0})=0$时，$\Delta(L_b(Q_{b0}))=0$。当$B=0$时，恒有$L_b(Q_{b0})>0$，所以$\Delta(L_b(Q_{b0}))>0$恒成立，即$\bar{R}_g>0$。

【命题4.5的证明】 首先，分析核心企业为供应商提供担保对银行的期望利润的影响。由上述分析得：

$$\frac{\mathrm{d}\Delta_1}{\mathrm{d}B}=[R_g-(1+R_g+R_L)F(L_g(Q_g))]\left[c\frac{\mathrm{d}Q_g}{\mathrm{d}B}-1\right]$$

其次，分析核心企业为供应商担保对核心企业的期望利润的影响。同样地，$\Delta_2=\Omega_g^*-\Omega_b^*=wS(L_b(Q_b))-(1+R_L)(cQ_g-B)$，对$\Delta_2$求关于$B$的导数，得：

$$\frac{\mathrm{d}\Delta_2}{\mathrm{d}B}=[R_g-(1+R_g+R_L)F(L_g(Q_g))]\left(c\frac{\mathrm{d}Q_g}{\mathrm{d}B}-1\right)$$

不难发现，Δ_1和Δ_2关于B的单调性恰好相同，所以下面分析过程以核心企业为主，即研究Δ_2的性质，进而得出Δ_1的性质。

当且仅当$F(L_g(Q_g))=\frac{R_g}{1+R_g+R_L}$时，$\frac{\mathrm{d}\Delta_2}{\mathrm{d}B}=0$，又因为$Q_g$关于$B$单调递减，所以$F(L_g(Q_g))$也是关于$B$的单调减函数。因此存在$\check{B}\in(0,\bar{B}_1)$使得$F(L_g(Q_g(\check{B})))=\frac{R_g}{1+R_g+R_L}$。当$B\in(0,\check{B})$时，$\frac{\mathrm{d}\Delta_2}{\mathrm{d}B}>0$；当$B\in(\check{B},\bar{B}_1)$时，$\frac{\mathrm{d}\Delta_2}{\mathrm{d}B}<0$。所以，当$R_g\neq 0$时，$\Delta_2$是关于$B$的单峰函数。

(1)首先考虑$R_g=0$的情况。此时$\frac{\mathrm{d}\Delta_2}{\mathrm{d}B}=-(1+R_L)F(L_g(Q_g))\left(c\frac{\mathrm{d}Q_g}{\mathrm{d}B}-1\right)>0$。又因为当$B=0$时，$\Delta_2(Q_{b0})=S(L_g(Q_{b0}))-L_g(Q_{b0})<0$恒成立。当且仅当$B=\bar{B}_1$时，

$\Delta_2(Q(\bar{B}_1))=0$,所以若$R_g=0$,则$\Delta_2<0$,$\Delta_1<0$恒成立,即$\Omega_b^*>\Omega_g^*$,$\Theta_b^*<\Theta_g^*$。

(2)当$R_g\neq 0$时,则若$\bar{R}_g>R_b$,则对于任意的$R_g\in(0,R_b)$,$\Delta_2(Q_{b0})<0$恒成立。由上述分析得,Δ_2是关于B的单峰函数且$\Delta_2(Q(\bar{B}_1))=0$,所以一定存在一个点$\hat{B}_1$,满足:当$0<B<\hat{B}_1$时,有$\Delta_2<0$,$\Delta_1<0$恒成立,即$\Omega_b^*>\Omega_g^*$,$\Theta_b^*<\Theta_g^*$;当$\hat{B}_1<B<\bar{B}_1$时,则$\Delta_2>0$,$\Delta_1>0$,即$\Omega_b^*<\Omega_g^*$,$\Theta_b^*>\Theta_g^*$。

同理,若$\bar{R}_g<R_b$且当$R_g\in(0,\bar{R}_g)$时,有$\Delta_2(Q_{b0})<0$。与上述分析类似,一定存在一个点$\hat{B}_1$,满足:当$0<B<\hat{B}_1$时,有$\Delta_2<0$,$\Delta_1<0$恒成立,即$\Omega_b^*>\Omega_g^*$,$\Theta_b^*<\Theta_g^*$;当$\hat{B}_1<B<\bar{B}_1$时,则$\Delta_2>0$,$\Delta_1>0$,即$\Omega_b^*<\Omega_g^*$,$\Theta_b^*>\Theta_g^*$。

(3)若$\bar{R}_g<R_b$,当$R_g\in(\bar{R}_g,R_b)$时,$\Delta_2(Q_{b0})>0$,此时对于任意的$B\in(0,\bar{B}_1)$,都有$\Delta_2>0$,$\Delta_1>0$,即$\Omega_b^*<\Omega_g^*$,$\Theta_b^*>\Theta_g^*$。

【推论4.2的证明】 当$R_g+R_L=R_b$时,$Q_b=Q_g$,$L_b(Q_b)=L_g(Q_g)$,$\bar{B}_0=\bar{B}_1$。$\Omega_g^*-\Omega_b^*=wT(Q_g)=wS(L_g(Q_g))-(1+R_L)(cQ_g-B)$。$\Theta_b^*-\Theta_g^*=(1+R_L)(cQ_g-B)-wS(L_g(Q_g))$,所以$\Omega_b^*-\Omega_g^*=\Theta_g^*-\Theta_b^*$。

【命题4.6的证明】 (1)$\Delta_1=\Theta_b^*-\Theta_g^*$。由命题4.1得,$\Theta_b^*$是关于$B$的单峰函数,当$B\in(0,\tilde{B}_0)$时,$\Theta_b^*$关于$B$单调递增。命题4.3已证$\Theta_g^*$在$B\in(0,\bar{B}_1)$上单调递减,当$R_b>R_g+R_L$时,$\bar{B}_0<\bar{B}_1$,故这里只分析$\Delta_1$在区间$(0,\bar{B}_0)$上的性质。已知$\Theta_b(\bar{B}_0)=\Theta_g(\bar{B}_1)=0$,所以当$B=\bar{B}_0$时,有$\Theta_b(\bar{B}_0)-\Theta_g(\bar{B}_0)<0$成立,即$\Delta_1(\bar{B}_0)<0$。当$B=0$时,若$\Theta_{b0}^*>\Theta_{g0}^*$,则说明在区间$(0,\bar{B}_0)$上只存在一个点使得$\Theta_g^*=\Theta_b^*$。

(2)当$\Theta_{g0}^*\geqslant\Theta_{b0}^*$时,存在两种可能。下面首先讨论$\Delta_1$关于$B$的性质。因为当$B\in(0,\tilde{B}_0)$时,$\Theta_b^*$关于$B$单调递增,$-\Theta_g^*$也是关于$B$的单调增函数,因此$\Delta_1$在$(0,\tilde{B}_0)$上关于$B$也是单调增函数,所以$\Delta_1$达到最大值时的点$\ddot{B}_0$一定满足$\ddot{B}_0>\tilde{B}_0$,即$\Delta_1$是关于$B$的单峰函数。这里有两种可能:$\ddot{B}_0\in(0,\bar{B}_0)$或$\ddot{B}_0>\bar{B}_0$。

如果$\ddot{B}_0\in(0,\bar{B}_0)$,则需要判断当$B=\ddot{B}_0$时$\Delta_1$的大小,若$\Delta_1(\ddot{B}_0)>0$,则$\Delta_1$在$(0,\bar{B}_0)$上有两个零点,$\hat{B}_{b1}\in(0,\ddot{B}_0)$,$\grave{B}_{b1}\in(\ddot{B}_0,\bar{B}_0)$。若$\Delta_1(\ddot{B}_0)<0$,则说明在区间$(0,\bar{B}_0)$上,$\Delta_1<0$恒成立。

如果$\ddot{B}_0>\bar{B}_0$,则说明在区间$(0,\bar{B}_0)$上,$\dfrac{\mathrm{d}\Delta_1}{\mathrm{d}B}>0$,又因为当$B=\bar{B}_0$时,$\Delta_1(\bar{B}_0)<0$,所以对于任意的$B\in(0,\bar{B}_0)$,$\Delta_1<0$。命题4.6(2)中的两种情形分别满足。

【命题4.7的证明】 当$R_b<R_g+R_L$时,有$\bar{B}_0>\bar{B}_1$,所以与命题4.6不同的是,这里分析的区间为$(0,\bar{B}_1)$,且当$B=\bar{B}_1$时,$\Theta_b(\bar{B}_1)>\Theta_g(\bar{B}_1)$,即$\Delta_1(\bar{B}_1)>0$恒成立。与命题4.6的分析相同,$\Delta_1$同样是关于$B$的单峰函数,证明略。假设当$B=\ddot{B}_1$时,$\Delta_1$达到最大值。这里也有两种可能:$\ddot{B}_1\in(0,\bar{B}_1)$或者$\ddot{B}_1>\bar{B}_1$。

当$B=0$时，若$\Theta_{b0}^* \geqslant \Theta_{g0}^*$，结合$\Theta_b(\bar{B}_1) > \Theta_g(\bar{B}_1)$，则无论$\ddot{B}_1$在什么位置，对于任意的$B \in (0, \bar{B}_1)$，$\Delta_1 > 0$恒成立。

若$\Theta_{b0}^* < \Theta_{g0}^*$且$\ddot{B}_1 \in (0, \bar{B}_1)$，则恒有$\Delta_1(\ddot{B}_1) > 0$，所以在区间$(0, \ddot{B}_1)$中，存在一个交点$\hat{B}_{b1}$使得$\Theta_g^* = \Theta_b^*$，在区间$(\ddot{B}_1, \bar{B}_1)$上，$\Theta_b^* > \Theta_g^*$恒成立。若$\ddot{B}_1 > \bar{B}_1$，则$\Delta_1$在区间$(0, \bar{B}_1)$上单调递增，又因为$\Theta_{b0}^* < \Theta_{g0}^*$，$\Theta_b(\bar{B}_1) > \Theta_g(\bar{B}_1)$，所以在$(0, \bar{B}_1)$上始终存在一个交点$\hat{B}_{b1}$使得$\Theta_g^* = \Theta_b^*$。命题4.7中的(1)和(2)分别成立。

【推论4.3的证明】 由命题4.2可得，$\frac{d\Pi_b^*}{dR_b} < 0$，所以当$R_b < R_g + R_L$，供应商在核心企业提供担保时的最优期望利润在减小，即$\Pi_b^* > \Pi_g^*$。同理可知，当$R_b > R_g + R_L$时，说明供应商融资总支出的费用降低了，故此时供应商在核心企业提供担保时的最优期望利润在增大，即$\Pi_b^* < \Pi_g^*$。

第五章 CHAPTER 5

基于部分担保的供应链融资均衡研究

一、引言

中小企业在经济和社会福利方面创造了很多积极的外部影响，这些影响有利于投资、创新、就业和社会稳定，促进了发达国家和发展中国家的经济增长。然而，当中小企业进行采购或生产决策时，经常会出现流动资金受限的情况。发展中国家的信用信息系统在收集中小企业过去的信用信息方面不精确。此外，巨大的需求波动也使得中小企业具有很高的违约概率。这些问题导致银行难以对中小企业进行风险评估。因此，中小企业通常受到比大型企业更严格的信贷限制。因此，发展中国家中小企业融资缺口普遍存在。根据《世界商业环境调查》，发展中国家约43%的中小企业存在资金缺口。因此，为克服这一差距，加深和扩大金融准入成为一个重要的财务和企业运营问题。

信用担保计划弥补了这些融资缺口，因为它们旨在通过减少金融机构遭受的金融损失来应对市场失灵。因此，许多国家建立了部分信贷担保计划(PCG)作为缓解融资缺口的主要解决方案。PCG计划是一种风险转移和多样化机制，通过将部分风险转移给担保人，从而降低贷款机构的风险。Beck、Klapper和Mendoza(2010)分析了46个发展中国家和76个发达国家PCG计划的数据，指出其中大约一半是由政府或政府相关组织资助的，其他的是由金融机构或私人公司资助的。最古老的PCG计划由美国小企业管理局(SBA)实施。SBA由美国联邦政府创建于1953年，是一个专门为中小企业的融资提供担保的机构，坏账的代偿比例为75%～80%。在SBA的帮助下，一些中小企业在获得融资后飞速发展，像苹果、康柏、英特尔以及美国在线等卓越的企业都是在SBA的帮助下成长起来的。在日本，除了政府提供的担保外，信用担保协会为不良贷款提供约80%的担保，其中包括70%～90%的还款。在韩国，一些担保公司由政府或金融机构成立，对不良贷款提供50%～85%的担保。因此，PCG计划中的大多数第三方担保公司都得到了政府的支持，其最终目标并不是营利。

Honohan(2010)证实，在实践中，PCG计划的实际成本相对较高，这也需要政府提供较高的补贴。例如，英国的小企业贷款担保计划(small firms loan guarantee scheme)收取2%的年费，在其担保贷款中，超过三分之一的贷款出现违约。在许多发展中国家，由于缺乏资金和补贴以及借款人的高违约风险，在PCG申请方面存在很大障碍，因此，对于资金紧张的公司来说，从第三方担保机构获得担保是相对困难和昂贵的。

一种新颖的PCG方案是供应链核心企业提供保障。当核心企业与供应链中资金紧张的企业结成伙伴关系，承诺部分偿还不良贷款时，银行会倾向于接受该方案。2013年，中国商业银行恒丰银行(Evergrowing Bank)基于对买方信贷和真实商业信息的支持，推出了一项新的担保方案。一个典型例子是，浙江省的一家小型机械设备零售商因资金短缺而无法从其他银行获得贷款，在国内大型机械制造商供应商的帮助下，恒丰银行为零售商提供资金，条件是当零售商破产时，大型制造商将偿还部分不良贷款(Yan等，2016)。在中国，农业供应链的下游企业，如农户或农产品零售企业几乎都由中小企业组成，资金紧张，而上游企业是大型核心企业，资金充足。近年来，中国建立了核心企业为下游企业提供信用担保的新模式。徐冬琴(2016)研究了淮安天参农牧水产股份有限公司(大型饲料生产企业)供应链金融案例，该公司与淮安农商银行合作，为下游零售商或农户提供担保。2014—2016年，这一供应链模式帮助157家小型农业企业或农户从银行获得贷款，在中国农业供应链中越来越受欢迎。在本研究中，我们将这种模式称为供应商提供PCG的供应链金融。

基于以上研究背景，本章考虑以下研究问题：①供应商何时愿意为零售商提供融资担保？零售商何时接受供应商的担保？②两种担保模型中的参数(担保率、担保系数、初始资本)如何影响各成员的经营决策？这两种担保模式中供应链效率和每个成员的盈利能力的比较关系如何？

本研究试图考察两种PCG模型的经营决策和融资决策，并对两种模型中各成员的决策、供应商和零售商的利润以及银行的收入进行比较。这项研究有两个方面的贡献。首先，我们利用第三方或供应商提供的PCG建立了两个供应链金融模型，分析了担保率对供应链中供应商和零售商的均衡订货量、利润和银行收入的影响。其次，我们对供应商和零售商的最优决策和最优利润，以及银行在两种融资模型中的收益进行了比较分析。我们探讨了两种情况，其中涉及供应商提供的PCG中的担保系数比第三方提供的PCG中的担保系数大(或小)。此外，我们还考虑了初始资本、担保费率和市场风险对供应链成员利润或收入的影响。

二、相关文献分析

本研究的动机有不同的来源，包括面临资金约束问题的供应链的运营决策和财务决策，不同类型金融模型的比较以及金融中的信用担保问题。

金融和运营决策的交叉研究已得到极大的关注。Buzacott 和 Zhang(2004)首先分析了资金约束下零售商的运营和财务决策，发现与使用自己的资金相比，基于资产的融资能使零售商提升他们的资金回报。Xu 和 Birge(2008)证明了资金约束下报童的最优生产决策。Dada 和 Hu(2008)研究了资金约束零售商在面对银行利润最大化时的最优订购量。Lai 等(2009)讨论了资金受限的供应商应该采用预购或寄售模式的情况。Caldentey 和 Chen(2009)考虑了一个由供应商和资金短缺的零售商组成的两级供应链，分析经营决策和财务决策之间的相互作用。Kouvelis 和 Zhao(2011)分析在破产成本较高的情况下，向资金有限的零售商应采用的最优价格，他们进一步研究了不同类型的破产成本对零售商最优订购量的影响。Chen 和 Wang(2012)调查了贸易信贷和有限责任对预算约束的两级供应链绩效的影响。Chen 和 Teng(2015)建立了一个供应商—零售商—买方供应链系统，证明了存在最优贸易信贷和周期时间，并且其是唯一的。Zhou 等(2015)研究表明，零售商的最优订货策略是双阈值策略。Zhao 和 Huchzermeier(2017)认为，当跨国公司利用产能回流、生产转移和金融对冲来管理供需不匹配和货币风险时，存在运营和融资的交互问题。Chod(2017)展示了债务融资如何影响零售商的库存决策，并认为当供应商提供融资时，这种影响将得到缓解。区别于以上研究，本研究的重点是 PCG 在短期融资中的供应链影响。

在更一般的情况下，资金短缺、银行信贷融资(BCF)和贸易信贷融资(TCF)在许多供应链金融研究中被同时考虑。Jing 等(2012)研究了一个由供应商和资金受限的零售商组成的供应链，该供应链包含三个情况，即只有 BCF，只有 TCF，以及 BCF 和 TCF 同时存在。Kouvelis 和 Zhao(2012)证明 TCF 是零售商的最佳融资策略，因为供应商设定的 TCF 利率小于或等于无风险利率。Babich 等(2012)分析了在资本受限的供应链中，供应商对 BCF 和 TCF 的偏好，并探讨了两种融资方案中总供应链的价值。Cai 等(2014)分析了竞争金融市场中的 BCF 和 TCF，考察了风险水平对资金约束零售商偏好的影响。Jing 和 Seidmann(2014)也对 BCF 和 TCF 进行了分析，发现贸易信贷在缓解双重边际效应方面比银行信贷更有效，生产成本相对更低。最近，Zhai 和 Hua(2017)证实，选择 TCF 比选择 BCF 更有利于供应商和零售商。他们肯定，与 BCF 相比，TCF 能帮助供应商控制供应链。然而，在我们的研究中，供应商通过信用担保而不是贸易信用来支持其下游企业。研究结果为供应链金融实践背后的供应商理论和新担保的采购融资提供了依据。

在信用担保方面,Green(2003)证明了信用担保方案在解决贷款风险较高和缺乏抵押的问题上是有效的。Craig等(2008)发现当地市场的年平均就业水平与当地市场的SBA担保贷款水平之间存在正相关且具有显著的相关性,特别是在低收入市场中,这种相关性非常显著。Boschi等(2014)利用意大利中小企业中央担保基金的数据分析了部分信贷担保对融资的影响。该研究发现,覆盖率低于某一阈值可能无法有效减少企业在寻求外部融资资金时面临的障碍。Xiang和Yang(2015)建立了一个简单的模型,并得出了一个关键的结论,即信用担保可以消除融资约束。只有少数研究从供应链管理的角度对信用担保进行了定量研究。Luo等(2016)使用了实物期权方法,建立了一种具有部分担保的投资和融资模型。其中Yan等(2016)为我们的研究提供了最相关的参考,论文分析了均衡融资策略,分析了PCG合同的协调条件,探讨了信用担保系数的影响。与现有研究不同,本研究考虑了资本约束供应链中的两种PCG模型。本研究分析了两种模型中供应商和零售商的经营决策、利润以及银行的收益,并对不同情景下的最优策略进行了比较分析。

三、模型描述

本研究考虑了供应链金融系统中一个标准的单周期报童模型,该模型涉及四个参与方,即资金受限的中小企业零售商(简称“她”)、资金丰富的供应商(简称“他”)、商业银行和第三方担保公司。零售商在第0时刻向供应商购买产品,然后在第T时刻销售给顾客。当零售商没有足够的现金购买商品时,她可以向银行借款,以避免供应链中断。零售商是中小型企业,因而她很难获得银行贷款,除非有一家公司承诺为她的债务提供担保。

【假设5.1】 供应商在时刻0宣布批发价格w。在本研究中,我们假设供应商与零售商之间是稳定的合作伙伴关系,即批发价格w是外生的。

作为一个跟随者,零售商根据批发价格来决定订单数量。如果零售商的初始资金不足以满足订单数量,那么她可以在第三方或供应商担保下获得银行的融资,融资利率由银行确定。如有需要,零售商将于T时刻向银行偿还贷款和利息,并支付担保费用。如果零售商无法还款,则视为违约,银行将获得零售商和第三方的全部销售收入,或者供应商将支付剩余债务的部分金额。

基于供应链金融研究的背景(Cai等,2014;Kouvelis & Zhao,2011),该银行根据风险提供了价格合理的贷款。因此,可得到假设5.2,让R_f为无风险利率。与以往研究一致,$(0,T)$时段的无风险利率R_f是供应链成员的外生参数。在不失一般性的前提下,我们假设$p>(1+R_f)w$。

【假设 5.2】 在时刻0,银行在收到零售商的贷款请求和第三方或供应商的担保后,决定利率并提供贷款。

在$(0, T)$时间段内,零售商需求不确定,该需求由非负随机变量x表示,概率密度函数为$f(x)$,其累积概率分布函数为$F(x)$;因此,$\overline{F}(x)=1-F(x)$。市场需求的损失函数为$h(x)=f(x)/\overline{F}(x)$。设$H(x)=xh(x)$表示广义故障率。

【假设 5.3】 我们假设$F(x)$是可微的,严格递增的,并且在$[0,+\infty)$上与$f(x)$完全连续。需求分布包括严格递增的故障率(IFR),即$h(x)$在x中单调递增。

在技术上,我们使用假设5.3,这是供应链建模中最优解存在唯一性的一个常用假设。许多常见的分布具有IFR特性,如均匀分布、正态分布、指数分布和伽马分布(Buzacott & Zhang,2004)。

如果担保企业为零售商的银行贷款提供PCG,当零售商不能完全偿还银行时,它需要共同承担部分坏账的偿还责任。承诺的信用担保的系数是$\lambda_i(i=0,1)$,λ_i的范围从0到1。设$\overline{\lambda}_i=1-\lambda_i$是对银行风险的分担比例和$R_g$为第三方担保的信贷担保费率。

【假设 5.4】 保证系数λ_i与交易前由银行和担保企业协商确定。

根据现实中的实践,我们假设供应商在支持零售商时不向零售商收取担保费用(Xu等,2015)。因此,我们可得到以下假设。

【假设 5.5】 当供应商想要支持零售商时,他不会向零售商收取担保费用。

本研究以第三方担保为基准模型建立担保模型,比较两种担保模型的决策和利润,研究供应商是否愿意为零售商提供融资担保。在这个研究模型中,供应商是供应链中追逐利润的参与者。由于供应商没有风险成本,所以在第三方担保模型中,供应商总是获得正的利润。当供应商为零售商提供担保时,其利润必须大于第三方担保模型。因此,当他想要提供担保时,他不会赔钱。此外,第三方担保在我们的研究中并不是一个主动的参与者。在有供应商担保的融资模式中,第三方处于交易之外,没有成本和利润。因此,无法比较两种模式下第三方的预期利润。对于第三方担保,令$i=0$;对于供应商担保,令$i=1$。我们使用Ω_i表示零售商的期望利润,Π_i表示供应商的收入,Θ_i表示银行的收入。我们用Ψ_0表示第三方担保的预期利润。供应链的总利润为Γ_i^{SC}。令q_i^*和R_i^*分别为零售商的最优订货量和银行的最优利率,$i=0,1$。为简化说明,忽略缺货造成的商誉损失,未售出的产品没有残值(Cai等,2014;Kouvelis & Zhao,2011;Yan等,2016)。为了描述和分析本研究的定量模型,表5.1给出了本研究中所有的记号和参数。最后,在本研究中,我们只考虑对称情况,并设置了与之前研究相同的假设(Jain & Moinzadeh,2005;Li & Zhang,2008;Savaskan,Bhattacharya & Van Wassenhove,2004)。

【假设 5.6】 所有供应链成员在优化其目标的同时都可以获得相同的信息。

本章模型中用到的符号及其含义见表5.1。

表5.1 模型中用到的符号及其含义

符号	含义
p	产品的单位售价
c	产品的单位生产成本
w	产品的单位批发价
y	零售商的初始资金
x	随机需求,$x \geqslant 0$
$f(x)$	概率密度函数
$F(x)$	累积分布函数
$h(x)$	随机需求x的风险率
$H(x)$	广义故障率,$H(x)=xh(x)$
$S(q)$	预期的销售,$S(q)=\mathrm{E}\min\{x,q\}=q\overline{F}(q)+\int_0^q xf(x)\mathrm{d}x$
$C(q)$	零售商的预期成本
λ_i	信用担保系数,$\lambda_i\in(0,1)$和$\overline{\lambda}_i=1-\lambda_i, i=0,1$
R_f	无风险利率
R_g	第三方担保的担保费率
$\tilde{q}$	$=\overline{F}^{-1}[w(1+R_f+R_g)/p]$
$\bar{\delta}_{t1}$	满足$\int_0^{\bar{\delta}_{t1}} F(x)dx=\dfrac{R_g}{\lambda_0(1+R_f)+\overline{\lambda}_0 R_g}\bar{\delta}_{t1}$
$\tilde{q}_x$	$=\dfrac{y}{w}+\dfrac{\Theta_0(\overline{\delta}_{t1})}{w(1+R_f)}$
$\overline{R}_x$	$=\dfrac{p\overline{\delta}_{t1}(1+R_f)}{\Theta_0(\overline{\delta}_{t1})}-1$
Ω_i	零售商的期望利润,Ω_i^*为最大值,$i=0,1$
Π_i	供应商的期望利润,Π_i^*为最大值,$i=0,1$
Θ_i	银行的期望收益,Θ_i^*为最大值,$i=0,1$
Ψ_0	第三方担保的预期利润,Ψ_0^*为最大值
Γ_i^{SC}	供应链的总预期利润,$i=0,1$
$\bar{R}_g$	第三方担保利润为零时的担保率
δ_{t2}	需求阈值,$\delta_{t2}=(1+R_0+R_g)(wq-y)^+/p$,$\delta_{t2}^*$为最优
$\tilde{y}_1$	当$\Pi_1^*=\Pi_0^*$时资本的最小阈值

续表

符号	含义
$\tilde{y}_2$	当$\Pi_1^*=\Pi_0^*$时初始资本的较大阈值
$\bar{y}_1$	当$q_1^*=q_0^*$时资本的最小阈值
$\bar{y}_2$	当$q_1^*=q_0^*$时资本的较大阈值
$\dot{y}$	当$\bar{q}_x(\dot{y})=\hat{q}_0(\dot{y})$时的初始资本
$\dot{R}g$	当$\bar{q}_x(\dot{R}_g)=\hat{q}_0(\dot{R}_g)$时的担保率
决策变量	
$\hat{q}_0$	零售商在第三方担保模型中的最佳解决方案
$\hat{R}_0$	银行在第三方担保模型中的最优利率
q_i	零售商的订货量，q_i^*为最优选择，$i=0,1$
R_i	银行的内生利率，R_i^*为最优选择，$i=0,1$
δ_{t1}	需求阈值，$\delta_{t1}=(1+R_0)(wq-y)^+/p$，$\delta_s^*$为最优选择
δ_s	需求阈值，$\delta_s=(1+R_1)(wq-y)^+/p$，$\delta_s^*$为最优选择

四、基于第三方部分担保的融资模式

（一）基于第三方部分担保融资的均衡解

在本部分，我们考虑一个基准模型：基于第三方PCG的供应链金融。根据模型的设置，当$wq>y$时，零售商将以利率R_0获得银行贷款以满足采购订单所需资金。根据之前的研究(Buzacott & Zhang，2004)，不存在过度融资的情况，$(wq-y)^+$即代表零售商从银行获得的贷款金额。在T时刻需要偿还的贷款是$(wq-y)^+(1+R_0)$。令$q_x=y/w$。因此，对于任何$q>q_x$，零售商都需要银行贷款$wq-y$；当$q\leqslant q_x$时，零售商的贷款额为零。

零售商在销售期间$(0,T)$内获得销售收入，预期的销售收入是$S(q)=E\min\{x,q\}=q\bar{F}(q)+\int_0^q xf(x)\mathrm{d}x$。我们表示两个需求阈值$\delta_{t1}=(1+R_0)(wq-y)^+/p$和$\delta_{t2}=(1+R_0+R_g)(wq-y)^+/p$。如果实现的需求足够高，足以支付贷款、利息和担保费用，即$x\geqslant\delta_{t2}$，则零售商将获得净利润，将全额偿还银行贷款$(wq-y)^+(1+R_0)$，并可以全额支付给第三方担保公司担保费用$(wq-y)^+R_g$。当实现的需求较低时，考虑零售商的两种违约情况。第一个情况是

$\delta_{t1} \leqslant x < \delta_{t2}$，零售商只能偿还银行贷款和利息，但剩下的钱不能支付担保费用。第二个情况是 $x < \delta_{t1}$，零售商不能完全偿还银行贷款和利息，然后第三方担保偿还 $\lambda_0 p(\delta_{t1} - x)$。

首先，我们考虑零售商在时间 T 的期望利润 $\Omega_0(q)$，其中 $\Omega_0 = pS(q) - C(q)$，$C(q)$ 是预期的成本。当 $0 < q \leqslant q_x$ 时，零售商的初始资本足以满足订单数量，其期望成本为 $C(q) = wq(1+R_f)$。当 $q > q_x$ 时，零售商需要银行贷款，其预期成本为 $C(q) = y(1+R_f) + \mathrm{E}_x(\min\{px,(wq-y)^+(1+R_0+R_g)\}) = p\int_0^{\delta_{t2}} \overline{F}(x)\mathrm{d}x + y(1+R_f)$。在这种情况下，如果 $x < \delta_{t2}$，零售商将会破产；否则，她可以获得净利润。此外，如果 $\delta_{t2} > q$，零售商将会破产，她将不会向银行借款。因此，当零售商借款的时候，我们假设 $\delta_{t2} > q$，这是之前的研究中的一种常见假设(Kouvelis & Zhao,2011)。因此，零售商的预期利润为：

$$\Omega_0(q) = \begin{cases} p\int_0^q \overline{F}(x)\mathrm{d}x - wq(1+R_f), 0 \leqslant q \leqslant q_x \\ p\int_{\delta_{t2}}^q \overline{F}(x)\mathrm{d}x - y(1+R_f), q > q_x \end{cases} \tag{5.1}$$

因此，在时刻 T，供应商的期望利润是 $\Pi_0 = (w-c)(1+R_f)q$，银行的预期收入是：

$$\begin{aligned}\Theta_0(\delta_{t1}) &= \int_0^{\delta_{t1}} [px + \lambda_0 p(\delta_{t1} - x)] f(x)\mathrm{d}x + \int_{\delta_{t1}}^{+\infty} (wq-y)(1+R_0) f(x)\mathrm{d}x \\ &= p\delta_{t1} - \overline{\lambda}_0 p\int_0^{\delta_{t1}} F(x) - y\mathrm{d}x\end{aligned}$$

显然，当 $q = q_x$，有 $\Theta_0(\delta_{t1}(q_x)) = \Theta_0(0) = 0$。因此，当 $q > q_x$，我们得到：

$$(wq-y)(1+R_f) = \Theta_0(\delta_{t1}) \tag{5.2}$$

上述公平合理定价的利率同金融市场完全竞争、贷款人预期成本与预期收益的情况相一致。

第三方担保的预期利润为：

$$\Psi_0 = (wq-y)R_g - \lambda_0 p\int_0^{\delta_{t1}} R(\delta_{t1} - x) f(x)\mathrm{d}x \tag{5.3}$$

现在，我们定义一个阈值 $\overline{\delta}_{t1}$，它满足 $\int_0^{\overline{\delta}_{t1}} F(x)\mathrm{d}x = \dfrac{R_g}{\lambda_0(1+R_f) + \overline{\lambda}_0 R_g}\overline{\delta}_{t1}$。然后，我们得到两个阈值：订单数量 $\overline{q}_x = \dfrac{y}{w} + \dfrac{\Theta_0(\overline{\delta}_{t1})}{w(1+R_f)}$，利率 $\overline{R}_x = \dfrac{p\overline{\delta}_{t1}(1+R_f)}{\Theta_0(\overline{\delta}_{t1})} - 1$。

【引理5.1】 (1)给定 q，当 $q > q_x$ 时，必定存在唯一的点 δ_{t1}，其满足式(5.2)，并且 $\mathrm{d}\delta_{t1}/\mathrm{d}q > 0$。

(2)存在唯一的点 $\overline{q}_x > q_x$，$\overline{\delta}_{t1}$ 满足式(5.2)和 $\Psi_0 = 0$；当 $q_x \leqslant q \leqslant \overline{q}_x$ 时，$\Psi_0(q, \delta_{t1}(q)) \geqslant 0$；当 $q > \overline{q}_x$ 时，$\Psi_0(q, \delta_{t1}(q)) < 0$。

引理5.1表明，对于给定 q，银行的最优决策 $R_0(q)$ 必定存在于 δ_{t1} 的公式中，其满足式(5.2)。这一发现意味着$R_0(q)$和δ_{t1}之间存在一对一的映射。显然,$R_0(q)$和δ_{t1}可以相互替换。如下所示,使用q和$\delta_{t1}(q)$作为零售商和银行的决策变量比q和$R_0(q)$更方便。

下面,我们考虑零售商的最优订货量。当$y \geqslant w\tilde{q}$时,零售商的初始资本足以满足最优订货量,并且从式(5.1)中我们知道零售商的最优决策q_0^*是$\tilde{q}=\overline{F}^{-1}[w(1+R_f+R_g)/p]$。当$y < w\tilde{q}$时,零售商将从银行获得贷款以获得最大期望利润。以下定理给出了零售商的First Best最优决策$\hat{q}_0$,以及银行的最优利率$\hat{R}_0$。

【定理5.1】　当$y < w\tilde{q}$时,$\hat{q}_0$满足:

$$p\overline{F}(\hat{q}_0)=w\overline{F}(\hat{\delta}_{t2}(\hat{q}_0))\left(\frac{1+R_f}{1-\overline{\lambda}_0 F(\hat{\delta}_{t1}(\hat{q}_0))}+R_g\right) \tag{5.4}$$

$\hat{\delta}_{t1}=\hat{\delta}_{t1}(\hat{q}_0)$满足式(5.2),$\hat{\delta}_{t2}=\hat{\delta}_{t1}+\dfrac{R_g(w\hat{q}_0-y)}{p}$。银行的最优利率$\hat{R}_0$满足:

$$(1+\hat{R}_0)(w\hat{q}_0-y)=p\hat{\delta}_{t1} \tag{5.5}$$

而且,$\hat{q}_0$关于y递减。

在没有资金约束的传统供应链中,零售商的最优决策只取决于经营参数。定理5.1表明,均衡订购量与金融利率、担保系数、初始资本有关,这与以往的研究不同。当$\lambda_0=0$和$R_g=0$时,我们得到银行承担零售商所有违约风险的特殊情况。该定理还说明了当金融市场竞争激烈时,银行如何决定最优金融利率。但是,从引理5.1中可以看出,当零售商的最优订单数量大于$\overline{q}_x$时,第三方担保将获得负的预期利润,所以没有提供担保的动机。在第三方担保预期利润为非负的条件下,零售商的最优决策q_0^*和银行的最优决策R_0^*可由以下定理得到。我们定义阈值$\dot{y}$:如果$y=0$时$\overline{q}_x(y) > \hat{q}_0(y)$,则令$\dot{y}=0$,否则令$\dot{y}$点满足$\overline{q}_x(\dot{y})=\hat{q}_0(\dot{y})$。

【定理5.2】　(1)当$0 \leqslant y < \dot{y}$时,有$q_0^*=\overline{q}_x$,$\delta_{t1}^*=\overline{\delta}_{t1}$,并且$R_0^*=\overline{R}_x$。

(2)当$\dot{y} \leqslant y < w\tilde{q}$时,有$q_0^*=\hat{q}_0$,$\delta_{t1}^*=\hat{\delta}_{t1}$,并且$R_0^*=\hat{R}_x$。

下面的命题主要分析最优决策的性质、供应商和零售商的利润以及银行的收入。我们表示两个阈值对零售商的资本:$\dot{y}=\max\left\{0, w\overline{F}^{-1}\left(\dfrac{w(1+R_f)}{p}\right)-\dfrac{\Theta_0(\overline{\delta}_{t1})}{1+R_f}\right\}$,$\dot{y}$满足$\hat{q}_0(\dot{y})=\overline{F}^{-1}\left(\dfrac{w(1+R_f)}{p}\right)$。

【命题5.1】　(1)当$0 \leqslant y < \dot{y}$时,q_0^*关于y递增;当$\dot{y} \leqslant y < w\tilde{q}$时,$q_0^*$关于$y$递减。

(2)当$0 \leqslant y < \dot{y}$时,Π_0^*关于y递增;当$\dot{y} \leqslant y < w\tilde{q}$时,$\Pi_0^*$关于$y$递减。

(3)当$0 \leqslant y < \dot{y}$时,$\Theta_0^*=\Theta_0(\overline{\delta}_{t1})$是恒定的;当$\dot{y} \leqslant y < w\tilde{q}$时,$\Theta_0^*$关于$y$递减。

(4)当 $0 \leqslant y < \dot{y}$ 时，Ω_0^* 关于 y 递增；当 $\dot{y} \leqslant y < \dot{y}$ 时，Ω_0^* 关于 y 递减；当 $\dot{y} \leqslant y < w\tilde{q}$ 时，Ω_0^* 关于 y 递增。

定理5.2和命题5.1表明，当零售商的初始资本较少时($0 \leqslant y < \dot{y}$)，他的最优订单数量将给第三方担保带来巨大风险，因此第三方担保为零售商的贷款提供担保的动机较弱。因此，零售商的最优订单数量是 $\bar{q}_x$，这是第三方担保的最大可接受数量。根据这一最优决策，第三方担保的预期利润为零，银行获得恒定的预期收益。在这种情况下(其中 $0 \leqslant y < \dot{y}$)，如果零售商具有较高的初始资本，零售商可以订购更多产品，供应商将获得高预期利润。

当零售商有足够资金(情况 $\dot{y} \leqslant y < w\tilde{q}$)，他可以实现最优订单数量。第三方也将有一个正的预期利润，且愿意提供担保。在 $\dot{y} \leqslant y < w\tilde{q}$ 情况下，与先前的研究结果一致(Buzacott & Zhang，2004)，命题5.1说明了零售商拥有的初始资本越多，其采取的订购决策越保守。这时因为均衡订单数量减少，零售商和供应商将获得更少的利润。贷款金额随着订单数量的增加而减少，因此，银行的收入也会减少。

(二)担保费率对最优决策与收益的影响

现在，我们考虑担保费率 R_g 对最优决策、供应商和零售商的利润以及银行收入的影响。我们定义一个阈值 $\dot{R}_g$：如果 $\bar{q}_x(R_g) > \hat{q}_0(R_g)$，当 $R_g = 0$ 时，让 $\dot{R}_g = 0$，否则，让 $\dot{R}_g$ 是满足 $\bar{q}_x(\dot{R}_g) = \hat{q}_0(\dot{R}_g)$ 的点。

【命题5.2】 (1)对于固定 y，当 $0 < R_g < \dot{R}_g$ 时，有 $q_0^* = \bar{q}_x$，$\delta_{t1}^* = \bar{\delta}_{t1}$，$R_0^* = \bar{R}_x$，并且 q_0^*，Π_0^* 和 Θ_0^* 关于 R_g 递增。

(2)对于固定 y，当 $\dot{R}_g \leqslant R_g$ 时，有 $q_0^* = \hat{q}_0$，$\delta_{t1}^* = \hat{\delta}_{t1}$，$R_0^* = \hat{R}_0$，并且 q_0^*，Π_0^* 和 Θ_0^* 关于 R_g 递减。

通常认为第三方担保受益于较高的担保率。如果 R_g 较小，则零售商的最优决策将为第三方担保带来负利润。因此，第三方担保会限制零售商的实际订单数量，零售商会收取较高的担保率，从而使自己的利润不为负。但是，从命题5.2的证明中得知，在无约束条件下，担保率的增加会对零售商的最优决策产生负面影响。因此，当担保率足够高时，零售商的订单量较小，可以实现其最优决策。

在第三方担保模型中，当 R_g 较小时，零售商必须服从第三方担保人的决定，这样才能促使其加入担保合同。在这种情况下，零售商的订单数量随着 R_g 增加而增加，这意味着第三方担保机构可能更愿意提高担保率。有了这样高的担保率，零售商虽然可以提高订单的数量，但总是低于她的最优决策量。命题5.2还表明，供应商的利润和银行的收入与零售商的最优决策关于 R_g 的性质相同。

从图5.1可以看出，当市场需求的不确定性较大时，第三方需要收取较高的利率才能使利润非负。在实际业务中，担保率一般设置在1%～3%(Honohan, 2010)。因此，在由第三方提供PCG的融资模式中，担保人可能不愿意提供担保，或者需要政府提供补贴来维持交易。零售商和供应商之间的贸易将会终止，这对供应链是不利的。因此，在某些情况下，供应商希望支持他的合作伙伴，并试图为零售商提供部分担保。

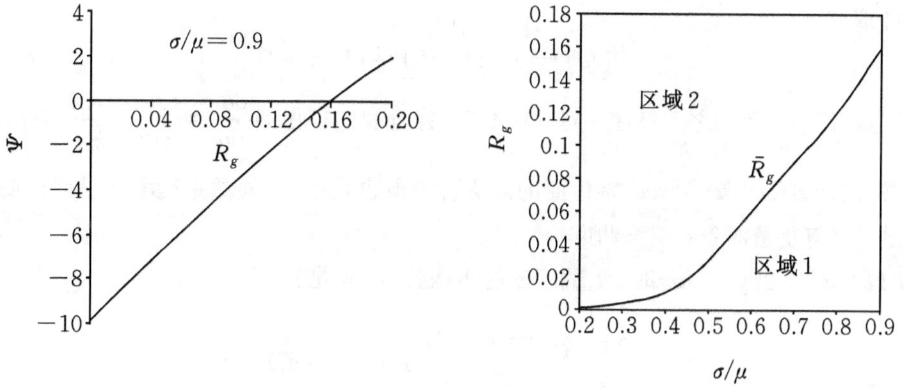

图5.1　市场风险对 $\bar{R}_g$ 的影响

五、基于供应商部分担保的融资模式

在本部分，我们考虑供应商为贷款提供信用担保的情况，其中 λ_1 是信用担保系数，范围从0到1，并且是外生的。如果零售商无法全额偿还贷款和利息，供应商将偿还坏账的一部分 λ_1。设 $\delta_s=(1+R_1)(wq-y)^+/p$ 是零售商的破产阈值。决策顺序与第三方担保的决策顺序相似。我们首先考虑的是零售商的预期利润。当 $0\leqslant q\leqslant q_x$ 时，由于零售商的初始资金足以满足订单数量，其预期采购成本为 $C(q)=(1+R_f)wq$。当 $q\geqslant q_x$ 时，如果实现的需求低于 δ_s，零售商将默认“违约”；否则，零售商可以还清贷款和利息。因此，预计零售商总成本是 $C(q)=y(1+R_f)+\mathrm{E}_x(\min\{px,(wq-y)^+(1+R_1)\})=p\int_0^{\delta_s}\overline{F}(x)\mathrm{d}x+y(1+R_f)$。零售商的预期收入为 $pS(q)$。因此，零售商在 T 时刻的预期利润为：

$$\Omega_1(q)=pS(q)-C(q)=\begin{cases}p\int_0^q\overline{F}(x)\mathrm{d}x-wq(1+R_f),0\leqslant q\leqslant q_x\\ p\int_{\delta_s}^q\overline{F}(x)\mathrm{d}x-y(1+R_f),q\geqslant q_x\end{cases}\tag{5.6}$$

在这种情况下，如果零售商不能偿还贷款，供应商将偿还一部分贷款和利息。因此，供应商的预期利润为：

$$\Pi_1=(1+R_f)(w-c)q-\lambda_1 p\int_0^{\delta_s}(\delta_s-x)f(x)\mathrm{d}x$$

银行的预期收入是：

$$\begin{aligned}\Theta_1(\delta_s)&=\int_0^{\delta_s}[px+\lambda_1 p(\delta_s-x)]f(x)\mathrm{d}x+\int_{\delta_s}^{+\infty}(wq-y)[1+R_1]f(x)\mathrm{d}x\\&=\lambda_1 p\delta_s+\bar{\lambda}_1 pS(\delta_s)\end{aligned}$$

类似于引理5.1，当$q>q_x$时，δ_s总是存在于价格合理的贷款中，这意味着以下条件成立：

$$(wq-y)(1+R_f)=\Theta_1(\delta_s) \tag{5.7}$$

因此，在q和δ_s之间存在一对一的映射，并且我们还得到$\dfrac{\mathrm{d}\delta_s}{\mathrm{d}q}=\dfrac{w(1+R_f)}{p(1-\bar{\lambda}_1)}F(\delta_s)>0$。根据(5.6)，如果$y\geqslant w\tilde{q}$，零售商的最优订货量也是$\tilde{q}$。下面的定理考虑了零售商为满足最优订货量而受到资金约束的情况。

【定理5.3】 当$y<w\tilde{q}$时，Ω_1关于q是凹函数，q_1^*满足：

$$p\bar{F}(q_1^*)=\bar{F}(\delta_s^*)\frac{w(1+R_f)}{1-\bar{\lambda}_1 F(\delta_s^*)} \tag{5.8}$$

δ_s^*满足$(wq_1^*-y)(1+R_f)=\Theta_1(\delta_s^*)$，$R_1^*$满足：

$$(wq_1^*-y)(1+R_1^*)=p\delta_s^* \tag{5.9}$$

这个定理表明，零售商的最优解和最好的响应对于q和δ_s之间的一对一映射是唯一的。与之前的研究一致，我们将重点放在q_1^*的性质上。

【命题5.3】 当$y<w\tilde{q}$时，q_1^*关于y是减少的和关于λ_1是增加的。

命题5.3说明，如果零售商资金有限，那么当初始资金y较小时，最优订货量q_1^*较大。这一发现意味着，零售商的初始资本越多，她就越保守。此外，供应商偿还坏账比例的担保系数对零售商的最优解有影响。具体来说，供应商承诺偿还的比例越高，订单数量就会越大。

【命题5.4】 当$y<w\tilde{q}$，

(1)Ω_1^*关于y是减少的，关于λ_1是增加的。

(2)Θ_1^*关于y是减少的，关于λ_1是增加的。

命题5.4表明银行的收入关于λ_1是增加的。这一发现与我们的假设一致。此外，订单数量关于λ_1是增加的。因此，银行可以为增加的订单量获得可观的利息收入。由于λ_1增加，银行支付的坏账比例减少。

然而，供应商的利润较复杂，有待进一步讨论。因此，我们进行了一个模拟，以探索供应商的利润与批发价格之间的关系。图5.2描绘了三种不同保证系数的情景($\lambda_1=0.5,\lambda_1=0.65,\lambda_1=0.8$)。从图5.2可以看出，供应商的利润函数关于$w$是凹函数，即存在一个最优的批发价格，可以使供应商的利润最大化，这意味着极高的或者很低的批发价格都会降低供应商的利润。图5.2表明最优批发价格随保证系数的增加而增加(λ_1),这与我们的假设一致。由于供应商承诺担保额外的不良贷款,供应商可能无法偿还银行贷款,从而无法获得高额利润。因此,供应商应该制定较高的批发价格,在较高的保证系数下实现利润最大化。

$p=1, c=0.3, R_f=0.1, y=10, \sigma/\mu=0.9, x\sim Gamma$

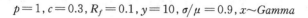

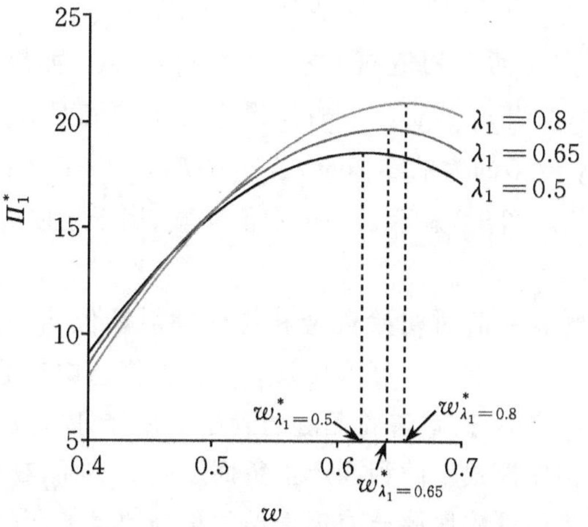

图5.2 w对Π_1的影响

六、风险分担与融资模式比较

(一)代偿比例相等的情况

在这一部分,我们考虑供应商担保模型和第三方担保模型中担保比例相等的情况,即$\lambda_0=\lambda_1$。首先,我们考虑零售商的订单数量。由命题5.2可知,在第三方担保模型中,零售商的订单数量随R_g的增大而下降。因此,当两个模型中的担保系数相同时,第三方保证模型中的订单数量小于供应商保证模型。因此,我们得到以下引理。

【引理5.2】 当$y<w\bar{q}$,如果$\lambda_0=\lambda_1$和$R_g>0$,则有$q_1^*>q_0^*$。

结果$q_1^*>q_0^*$与我们的判断是一致的,因为当供应商与第三方担保的担保比例相同且供应商不向零售商收取费用时,零售商在供应商担保模型中增加订购量的动机更强。因此,零售商从银行获得更多的贷款,银行在供应商担保模型中获得更多的预期收益,即$\Theta_0^*<\Theta_1^*$。重要的是,我们考虑了银行作为跟随者在两种融资模型中获得相同的平均预期收益率的情况。虽然银行在供应商担保模型中获得了较

高的收益，但其仍然获得了相同的收益率。这些结果在下面的定理中给出。

【定理5.4】 当$\lambda_0=\lambda_1$时，对于任意y，我们得到$\Gamma_0^{SC}\leqslant\Gamma_1^{SC}$，$\Theta_0^*\leqslant\Theta_1^*$和$\Omega_0^*\leqslant\Omega_1^*$。

定理5.4表明，对于任何初始资金y，零售商将在供应商担保模型中获得更多利润。因此，当两个融资模型中的担保系数相等时，零售商会更倾向于使用供应商担保的融资模型。此外，供应商担保模型中供应链的总利润高于第三方担保模型。

根据Π_0^*和Π_1^*之间的区别，可得到$\Pi_0^*-\Pi_1^*=\lambda_1 p\int_0^{\delta_s^*}F(x)\mathrm{d}x-(w-c)(1+R_f)(q_0^*-q_1^*)$。我们定义两个阈值$\tilde{y}_1$和$\tilde{y}_2$（其中$\tilde{y}_1\leqslant\tilde{y}_2$）：如果不存在$y\in[0,w\tilde{q}]$满足$\Pi_1^*(y)\leqslant\Pi_0^*(y)$，设$\tilde{y}_1=\tilde{y}_2=w\tilde{q}$；如果有一个点满足$\Pi_1^*(y)\leqslant\Pi_0^*(y)$，令$\tilde{y}_2$成为$\Pi_0^*(y)-\Pi_1^*(y)=0$的大的零值点，让$\tilde{y}_1$是$\Pi_0^*(y)-\Pi_1^*(y)=0$的小零点或只有一个零点时$\tilde{y}_1=0$。图5.3显示了一个数值实验，用于检验两种模型中供应商的利润差异。

图5.3描述了当$\lambda_0=\lambda_1$时初始资金和担保率对阈值$\tilde{y}_1$和$\tilde{y}_2$的影响。结果表明，当担保率较低时，供应商总是可以从供应商担保模型中获益。这种好处产生的主要原因如下：当R_g较小时，零售商无法达到她的最佳订单数量，订单数量不足会对供应商在第三方担保模式中的利润产生负面影响。然而，在供应商担保模型中，供应商可以允许零售商订购比第三方担保模型更高数量的产品。虽然供应商会承担偿还不良贷款的风险，但是其增加的收入可以完全抵消风险成本。因此，供应商可以在供应商担保模型中获得比第三方担保模型更多的利润。同样，当担保率不高时，零售商的初始资金较低，零售商可以在供应商保证模型中订购更多的产品，供应商有足够的动机为资金状况较差的零售商提供担保。

$p=1, w=0.5, c=0.3, R_f=0.1, \lambda_0=0.7, \lambda_1=0.7, x\sim Gamma, \sigma/\mu=0.9$

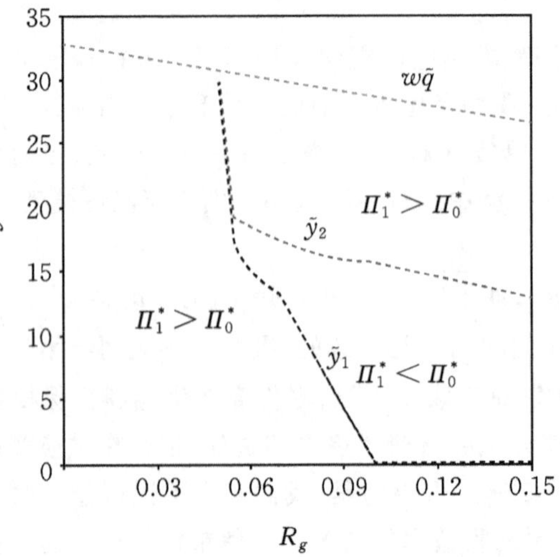

图5.3　当$\lambda_0=\lambda_1$时两种模型供应商利润的比较

现在,我们考虑担保率相对较高的情况。一方面,在第三方担保模式下,零售商可以订购数量最优的产品,供应商可以获得较高的利润。另一方面,当零售商的初始资金较低时,供应商在提供担保时会承担增加的风险成本。因此,当零售商的初始资金较低时,供应商无法从供应商担保模型中获益。然而,当零售商的初始资本较高时,由于供应商担保模型中零售商的订单量较大,供应商的坏账损失较小,可以获得更多的利润。如图5.3所示,在这些情况下,供应商会有动机为零售商提供担保。

初始资金的阈值$\tilde{y}_1$和$\tilde{y}_2$表示供应商可以从两种担保模型中获得相同利润的情况。命题5.2表明,如果R_g较高,则q_0^*关于R_g是减少的。因此,$q_1^* - q_0^*$函数关于R_g递增,这意味着高的R_g使得供应商在供应商担保模型中从零售商获得的购买量高于第三方担保模型。然后,供应商的收入可以弥补更多的坏账,包括初始资金很少的零售商。因此,$\tilde{y}_1$和$\tilde{y}_2$关于R_g是减少的,这意味着供应商将有更大的动力为零售商提供担保。

【发现5.1】 当供应商对融资的担保比例与第三方担保所提供的比例相同时,零售商会接受供应商担保模式,因为这样可以获得可观的利润增长。如果第三方担保模式的担保率较低,则由供应商提供担保;否则,他就有动机为相对贫穷或富裕的零售商提供担保,而不是为初始资金适中的零售商提供担保。

(二)供应商代偿比例高的情况

在本部分,我们考虑供应商提供高的代偿比例的情况,即$\lambda_0 < \lambda_1$。我们首先讨论两种模式下订单数量和利润或收入的差异。

【引理5.3】 当$\lambda_0 < \lambda_1$,$q_0^* < q_1^*$恒成立。

引理5.3表明,当供应商承诺偿还较高比例的坏账时,零售商总是在供应商担保模型中订购更多的产品。这个结果有两个原因:由命题5.3可知,保证系数λ_1对均衡订单量q_1^*有正面影响;相比之下,由命题5.2可知,担保费率R_g对均衡订购量q_0^*有负面影响。因此,当供应商在供应商保证模型中提供的保证比例更高且$R_g > 0$时,零售商会在供应商保证模型中订购更多的产品。

【定理5.5】 当$\lambda_0 < \lambda_1$时,有$\Gamma_0^{SC} < \Gamma_1^{SC}$,$\Theta_0^* < \Theta_1^*$和$\Omega_0^* < \Omega_1^*$。

定理5.5表明,供应商担保模型中较高的担保比例可以提高供应链的总利润。此外,在这种情况下,零售商可以从供应商担保模型中获益。根据定理5.5,当供应商担保方案中的担保比例较大时,零售商愿意遵循供应商担保方案。

最后,我们进行了模拟,以进一步研究供应商的利润。图5.4表明供应商不能总是从供应商保证模型中受益。根据$\lambda_0 = \lambda_1$的情况,当R_g较小时,供应商可以始终受益于供应商保证模型。由于基本原因已在前一部分讨论过,我们在此省略。

此外，当担保率很高时，供应商不会因为向资金缺乏的零售商提供担保而受益。同样，$\tilde{y}_1$和$\tilde{y}_2$是两个阈值，表示供应商可以在两种担保模型下获得相同的利润。图5.4说明$\tilde{y}_1$和$\tilde{y}_2$随R_g减小。

$$p=1, w=0.5, c=0.3, R_f=0.1, \lambda_0=0.6, \lambda_1=0.8, x\sim Gamma, \sigma/\mu=0.9$$

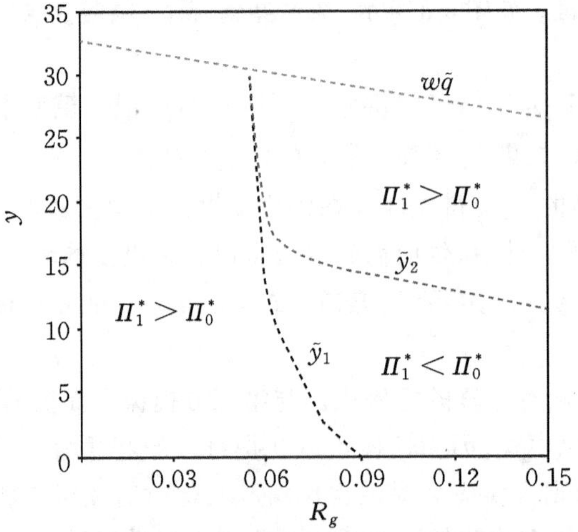

图5.4　当$\lambda_0 < \lambda_1$时两种模型供应商利润的比较

【发现5.2】　当供应商提供的担保比例高于第三方担保所提供的比例时，以及当第三方担保模型中的担保率较低时，供应商总是可以从供应商担保模型中获益。如果第三方担保模式的担保率较高，供应商将为相对贫穷或富裕的零售商提供担保。此外，零售商总是倾向于供应商担保模式。

(三)供应商代偿比例低的情况

在本部分，我们考虑了第三方担保人承诺偿还高比例坏账的情况，即$\lambda_0 > \lambda_1$。然而，比较两种担保模型的最优解和利润或收入在数学上是复杂的。为了分析本研究所关注的问题，我们进行了几个数值实验。我们考虑q_0^*和q_1^*之间的差异，定义了两个阈值$\bar{y}_1$和$\bar{y}_2$(其中$0 \leqslant \bar{y}_1 \leqslant \bar{y}_2$)：如果不存在$y \in [0, w\tilde{q}]$满足$q_1^*(y) < q_0^*(y)$，设$\bar{y}_1 = \bar{y}_2 = w\tilde{q}$；如果存在满足$q_1^*(y) \leqslant q_0^*(y)$的点，则$\bar{y}_2$为$q_0^*(y) - q_1^*(y)$的大的零值点，并让$\bar{y}_1$为$q_0^*(y) - q_1^*(y)$的小零点，或者只有一个零点时$\bar{y}_1 = 0$。下面是一些模拟的基本参数，$p=0.1$，$c=0.3$，$R_f=0.1$，$\lambda_0=0.8$和$\lambda_1=0.6$。

1. 考虑市场风险σ/μ的影响

变异系数σ/μ被描述为市场需求的风险。一个大的σ/μ意味着市场的高风险。下面重点讨论σ/μ对零售商的均衡订单数量、供应商和零售商的利润以及两种模型之间的银行收入的影响。图5.5和图5.6给出了详细的结果。

图5.5描述了订单量关于变异系数σ/μ的变化情况，并考虑了两个具有不同λ_0值的情况。当σ/μ很小时，$\bar{y}_1$和$\bar{y}_2$在这两种情况下总是等于零。当市场风险较低时，数值分析发现$q_0^*<q_1^*$在整个区域$y\in[0,w\tilde{q}]$中始终成立。随着σ/μ的增加，λ_0的值越大，曲线$\bar{y}_1$和$\bar{y}_2$的值越大。基于这些结果，我们可得到以下发现。

【发现5.3】 当供应商提供的担保比例低于第三方担保比例，且零售商初始资本大于阈值$\bar{y}_2$或小于阈值$\bar{y}_1$时，零售商在供应商担保模型中订购的产品多于在第三方担保模型中订购的产品；否则，零售商订购的产品就会减少。当市场风险增加时，阈值$\bar{y}_1$和$\bar{y}_2$也会增加。

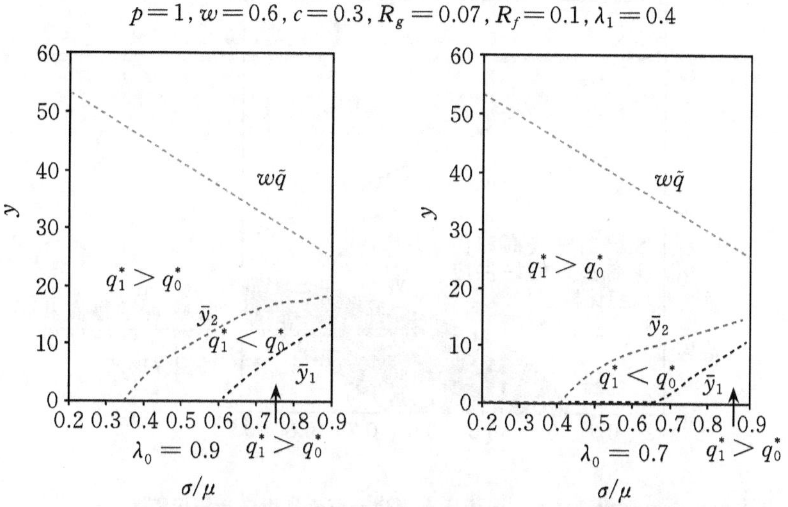

图5.5 当$\lambda_0>\lambda_1$时，σ/μ对阈值$\bar{y}_1$和$\bar{y}_2$的影响

下面考虑σ/μ对零售商和供应商担保模型偏好的影响。如图5.6所示，在该参数设置中，零售商在供应商担保模型中获得的利润总是高于第三方担保模型；因此，她更喜欢供应商担保模式。此外，当σ/μ很小，由于在供应商担保模型中零售商的订货量更高，供应商在这个模型中的预期利润将会更高，因而供应商偏好供应商担保模型。随着市场风险的增加，当零售商的初始资本较低时，供应商可能会选择第三方担保模式。图5.6还显示，当市场风险较高且零售商非常差时，基于上述分析，在第三方担保模型中，零售商的最优订货量必须受到第三方担保的限制。因此，供应商担保模型中订单数量的增加可以弥补零售商不良贷款的风险成本。这一发现也意味着供应商愿意为市场风险较高的相对贫穷或富裕的零售商提供担保。然而，高市场风险和低初始资本会导致第三方担保的利润为负。这一发现还意味着，当市场风险较高时，相对较差的零售商很难获得银行贷款。与第三方担保

模式相比,供应商担保是零售商在高风险市场下缺乏初始资金的重要途径。由图5.6,我们有如下发现。

【发现5.4】 考虑供应商提供的担保比例低于第三方担保模式的情景,有两种情况:

(1)零售商的初始资本相对较高($y \geqslant \tilde{y}_2$)或相对较低($y \leqslant \tilde{y}_1$)时,零售商和供应商都更喜欢供应商担保模式。

(2)当零售商的初始资本属于中间区域($\tilde{y}_1 < y < \tilde{y}_2$)时,零售商更喜欢供应商担保模式,供应商更喜欢第三方担保模式。此外,阈值$\tilde{y}_1$和$\tilde{y}_2$随着市场风险增加而增大。

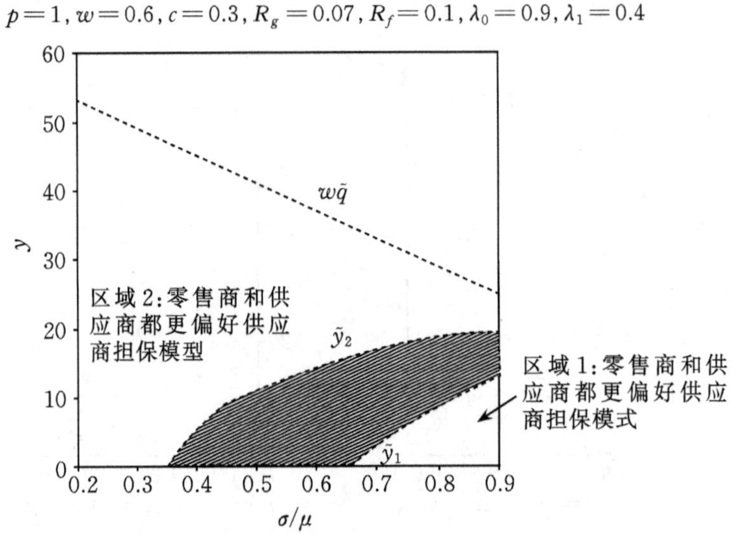

▨:供应商更喜欢第三方担保模式而零售商更偏好供应商担保模式

图5.6 当 $\lambda_0 > \lambda_1$时,σ/μ对阈值$\tilde{y}_1$和$\tilde{y}_2$的影响

2.考虑担保费率R_g的影响

图5.7分析了担保费率对均衡订单量的影响。基于其他参数固定的情况,我们分析在不同的市场风险情况下$\bar{y}_1$和$\bar{y}_2$变化的模式。与发现5.3、5.4相似,得到如下结果。

【发现5.5】 考虑供应商提供的担保比例低于第三方担保模式的情景,有两种情况:

(1)当市场风险较低时,无论担保率多少,阈值$\bar{y}_1$和$\bar{y}_2$,$\tilde{y}_1$和$\tilde{y}_2$总是等于零.

(2)当市场风险不是太低时,如果担保率R_g增加,那么$\bar{y}_1$和$\bar{y}_2$,$\tilde{y}_1$和$\tilde{y}_2$减少。

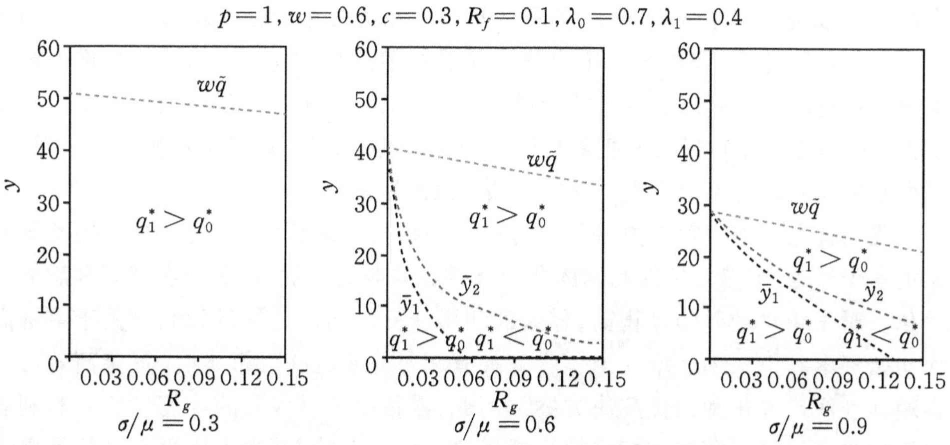

图5.7 当 $\lambda_0 > \lambda_1$ 时，担保率对阈值 $\bar{y}_1$ 和 $\bar{y}_2$ 的影响

零售商在图5.8的参数设置中可能总是倾向于供应商担保模式。我们考虑了供应商在两种担保模式下的利润比较。

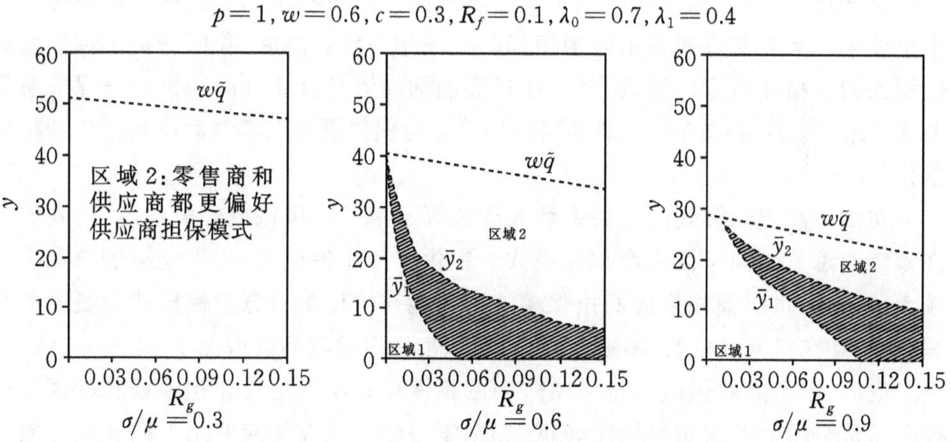

区域1:零售商和供应商都更偏好供应商担保模式

区域2:零售商和供应商都更偏好供应商担保模式

▨:供应商更喜欢第三方担保模式而零售商更偏好供应商担保模型

图5.8 当 $\lambda_0 > \lambda_1$ 时，担保率对阈值 $\bar{y}_1$ 和 $\bar{y}_2$ 的影响

七、本章小结

资金短缺是许多中小企业普遍存在的现象，供应链融资是解决这一问题的有效途径。然而，为资金有限的中小企业融资可能会带来风险。因此，PCG方案来

自第三方或资金充裕的供应商，其目的是帮助缺乏资金的公司获得生产或采购的资金。在本研究中，我们分析了由资金受限的零售商、供应商、第三方担保公司和商业银行组成的供应链金融系统的融资决策。我们重点讨论供应商在为零售商提供担保时考虑的条件以及零售商何时接受供应商的担保，研究了零售商的担保率、担保系数和初始资本对各成员订单量及利润的影响。

我们首先考虑由第三方提供担保的基准模型。研究结果证实，当零售商的初始资本较低时，第三方担保利润的非负条件将限制其最优解，无法实现其利润的最大化。对于相对较差的零售商，零售商和供应商的均衡订货量和利润关于零售商的初始资本和担保率递增。当零售商拥有相对较高的初始资本时，零售商就可以实现其利润最大化和最优解决方案。因此，零售商或供应商的均衡订货量和利润关于零售商的初始资本和担保率递减。这一发现意味着，在采用第三方担保提供的PCG时，相对较差的零售商和供应商都倾向于较低的担保率。然而，较低的担保率或较少的初始资本可能会导致第三方担保的利润为负，尤其是当第三方担保为相对较差的零售商提供担保时。因此，零售商的订单数量将是有限的。此外，市场风险增加，第三方担保在提供担保时遭遇损失的机会增加。这些结果与许多中小企业无法从第三方担保中获得担保的发现相一致。随后，我们分析了供应商提供担保的新担保模型。结果表明，零售商的均衡订货量和利润在供应商保证系数上均有增加。这意味着供应商的高担保系数会促使更多的零售商使用供应商担保模式。

在供应商担保模式的担保系数大于或等于第三方担保模式的情况下，我们发现零售商总是倾向于供应商担保模式。在供应商担保模式中，供应链的总利润也较大。此外，供应商在供应商担保模式中可能获得比第三方担保模式中更多的利润，尤其是在担保率较低、零售商相对较差、市场风险较高的情况下。

最后，本研究对供应商担保模式中的担保系数小于第三方担保模式的情况进行了数值分析。如果市场风险较低，那么零售商可以在供应商担保模式中订购更多的产品。零售商和供应商都可以从供应商担保模式中获益。随着市场风险的增加，一些较差的零售商可能会通过第三方担保订购更多的产品；因此，供应商可能更倾向于第三方担保，而零售商可以在供应商担保模式中获益。当市场风险较高时，由于第三方对订单数量的约束，一些较差的零售商可以在供应商担保模式中订购更多的产品。然后，供应商可能会有动机为一些糟糕的零售商提供担保。零售商和供应商对两种担保模式的偏好在很大程度上取决于市场风险。当担保率提高、市场风险较低时，供应商和零售商都能从供应商担保模式中获益。如果市场风险和担保率都很高，一些较差的零售商可能会在第三方担保模式下获得更多的产品，供应商对一些较差的零售商的担保动机可能会降低。因此，我们发现零售商可能总是倾向于供应商担保模式。

我们的研究为部分信用担保下的供应链金融提供了管理视角。第一,当市场风险较低时,供应商有很强的动机为资金紧张的零售商提供财务担保,而不是允许零售商使用第三方提供的担保。当零售商接受并受益于供应商的担保时,整个供应链的效率提高。第二,当市场风险较高时,如果第三方担保人对零售商的订单数量有非负约束,供应商可以为一些较差的零售商提供担保。同样,如果第三方担保人具有非负约束,并且收取较高的担保率,那么供应商也会有动机为一些较差的零售商提供担保。第三,对于大多数富裕的零售商,供应商有担保的动机,零售商也可以从供应商担保模型中获益。

未来可以研究PCG模型中供应商的最佳响应问题以及第三方担保公司利润最大化的问题。另一个可能的方向是,风险中性假设可以扩展到风险规避或风险寻求模型。

八、本章结论的证明

【引理5.1的证明】 (1)对于给定的q,$q > q_x$,$(wq - y)(1 + R_f)$为常数且大于零。现在,我们得到银行预期收入的一阶导数:

$$\frac{\mathrm{d}\Theta_0(\delta_{t1})}{\mathrm{d}\delta_{t1}} = p[1 - \bar{\lambda}_0 F(\delta_{t1})] > 0$$

这意味着银行的收入随着δ_{t1}的增加而增加。当$\delta_{t1} \to +\infty$,有$\frac{\mathrm{d}\Theta_0(\delta_{t1})}{\mathrm{d}\delta_{t1}} \to p\lambda_0$,然后$\Theta_0(\delta_{t1}) \to +\infty$。此外,$\Theta_0(0) = 0$。因此,当$q > q_x$,必须存在一个点$\delta_{t1} > 0$满足式(5.2)。

由式(5.2)可得:

$$\frac{\mathrm{d}\delta_{t1}}{\mathrm{d}q} = \frac{w(1 + R_f)}{p[1 - \bar{\lambda}_0 F(\delta_{t1})]} > 0 \tag{5.10}$$

(2)由式(5.10),有$\frac{\mathrm{d}\Psi_0}{\mathrm{d}q} = R_g w - \lambda_0 w(1 + R_f)\frac{F(\delta_{t1})}{1 - \bar{\lambda}_0 F(\delta_{t1})}$。因为$\frac{\mathrm{d}\delta_{t1}}{\mathrm{d}q} > 0$,那么$F(\delta_{t1})$随着$q \in (q_x + \infty)$的增加而增加。所以$\frac{\mathrm{d}\Psi_0}{\mathrm{d}q}$随着$q$的增加而增加,$\Psi_0$在$q$上是单峰的。当$q = q_x$,有$\Psi_0 = 0$。我们可以验证,当$q = \bar{q}_x$和$\delta_{t1} = \bar{\delta}_{t1}$,有$\Psi_0(\bar{q}_x, \bar{\delta}_{t1}) = 0$。因此,从$\Psi_0$的单峰特性,我们知道:当$q_x \leqslant q \leqslant \bar{q}_x$,有$\Psi_0(q, \delta_{t1}(q)) \geqslant 0$;当$q > \bar{q}_x$,有$\Psi_0(q, \delta_{t1}(q)) < 0$。

【定理5.1的证明】 当$q \geqslant q_x$,零售商的预期利润为$\Omega_0(q) = p\int_{\delta_{t2}}^{q} \bar{F}(x)\mathrm{d}x - y(1 + R_f)$。然后,根据(5.2)和$\delta_{t2}(q) = \delta_{t1}(q) + \frac{R_g(wq - y)}{p}$,有:

$$\frac{\mathrm{d}\Omega_0(q)}{\mathrm{d}q}=p\overline{F}(q)-\overline{F}(\delta_{t2}(q))\left[\frac{(1+R_f)w}{1-\overline{\lambda}_0F(\delta_{t1}(q))}+R_gw\right]$$

根据之前的研究(请参见Buzacott & Zhang(2004)的定理3),我们得到:

$$\begin{aligned}\frac{\mathrm{d}^2\Omega_0(q)}{\mathrm{d}q^2}&=-pf(q)+p(\delta_{t2}(q))\left[\frac{(1+R_f)w}{p[1-\overline{\lambda}_0F(\delta_{t1}(q))]}+\frac{wR_g}{p}\right]\\&\quad\frac{\mathrm{d}\delta_{t2}(q)}{\mathrm{d}q}-p\overline{F}(\delta_{t2}(q))\frac{w^2(1+R_f)^2}{p(1-\overline{\lambda}_0F(\delta_{t1}(q)))^2}\cdot\frac{\overline{\lambda}_0f(\delta_{t1}(q))}{1-\overline{\lambda}_0F(\delta_{t1}(q))}\\&=-p\overline{F}(q)\left[h(q)-\frac{\overline{F}(q)}{\overline{F}(\delta_{t2}(q))}h(\delta_{t2}(q))\right]-p\overline{F}(\delta_{t2}(q))\\&\quad\frac{w^2(1+R_f)^2}{p(1-\overline{\lambda}_0F(\delta_{t1}(q)))^2}\cdot\frac{\overline{\lambda}_0f(\delta_{t1}(q))}{1-\overline{\lambda}_0F(\delta_{t1}(q))}\end{aligned}$$

根据需求的IFR的性质和$q>\delta_{t2}(q)$,我们知道$\frac{\mathrm{d}^2\Omega_0(q)}{\mathrm{d}q^2}<0$,因此$\Omega_0(q)$是关于$q$的凹函数,然后最佳解决方案是唯一的。从$\frac{\mathrm{d}\Omega_0(q)}{\mathrm{d}q}=0$的一阶条件,最优订货量满足式(5.4)。

当给出零售商的最优反应函数后,从引理5.1中的式(5.2),我们得到关于$\hat{\delta}_{t1}$的最优解,然后银行的最优解满足(5.5)。

现在,我们证明$\frac{\mathrm{d}\hat{q}_0}{\mathrm{d}y}\leqslant 0$。对式(5.4)应用隐函数定理,在等式的两边求$y$的导数,有:

$$\begin{aligned}-pf(\hat{q}_0)\frac{\mathrm{d}\hat{q}_0}{\mathrm{d}y}&=wf(\hat{\delta}_{t2})\frac{\mathrm{d}\hat{\delta}_{t2}}{\mathrm{d}y}\left(\frac{1+R_f}{1-\overline{\lambda}_0F(\hat{\delta}_{t1})}+R_g\right)+\\&\quad wF(\hat{\delta}_{t2})(1+R_f)\frac{\overline{\lambda}_0f(\hat{\delta}_{t1})}{(1-\overline{\lambda}_0F(\hat{\delta}_{t1}))^2}\frac{\mathrm{d}\hat{\delta}_{t1}}{\mathrm{d}y}\end{aligned}\tag{5.11}$$

从式(5.2)和$\hat{\delta}_{t2}(q)=\hat{\delta}_{t1}(q)$,得到:

$$\begin{aligned}\frac{\mathrm{d}\hat{\delta}_{t1}}{\mathrm{d}y}&=\frac{(1+R_f)(w\frac{\mathrm{d}\hat{q}_0}{\mathrm{d}y}-1)}{p(1-\overline{\lambda}_0F(\hat{\delta}_{t1}))}\\\frac{\mathrm{d}\hat{\delta}_{t2}}{\mathrm{d}y}&=\frac{\mathrm{d}\hat{\delta}_{t1}}{\mathrm{d}y}+\frac{R_g(w\frac{\mathrm{d}\hat{q}_0}{\mathrm{d}y}-1)}{p}\end{aligned}\tag{5.12}$$

将$\frac{\mathrm{d}\hat{\delta}_{t1}}{\mathrm{d}y}$和$\frac{\mathrm{d}\hat{\delta}_{t2}}{\mathrm{d}y}$代入式(5.11)中,有:

$$-pf(\hat{q}_0)\frac{\mathrm{d}\hat{q}_0}{\mathrm{d}y}=-\frac{wf(\hat{\delta}_{t2})\left(w\frac{\mathrm{d}\hat{q}_0}{\mathrm{d}y}-1\right)}{p}\left(\frac{1+R_f}{1-\overline{\lambda}_0F(\hat{\delta}_{t1})}+R_g\right)^2+$$

$$\frac{w\overline{F}(\hat{\delta}_{t2})(1+R_f)^2\left(w\frac{\mathrm{d}\hat{q}_0}{\mathrm{d}y}-1\right)\lambda_0 f(\hat{\delta}_{t1})}{p[1-\overline{\lambda}_0F(\hat{\delta}_{t1})]^3}$$

简化后，据式(5.4)，有$\frac{\mathrm{d}\hat{q}_0}{\mathrm{d}y}=\frac{\Lambda_{n1}}{\Lambda_{d1}}$，其中：

$$\Lambda_{n1}=-\frac{\overline{F}(\hat{q}_0)h(\hat{\delta}_{t2})}{w\overline{F}(\hat{\delta}_{t2})h(\hat{q}_0)}+\frac{w\overline{F}(\hat{\delta}_{t2})(1+R_f)^2\overline{\lambda}_0 f(\hat{\delta}_{t1})}{p^2[1-\overline{\lambda}_0F(\hat{\delta}_{t1})]^3 f(\hat{q}_0)} \tag{5.13}$$

$$\Lambda_{d1}=1-\frac{\overline{F}(\hat{q}_0)h(\hat{\delta}_{t2})}{\overline{F}(\hat{\delta}_{t2})h(\hat{q}_0)}+\frac{w^2\overline{F}(\hat{\delta}_{t2})(1+R_f)^2\overline{\lambda}_0 f(\hat{\delta}_{t1})}{p^2 f(\hat{q}_0)^2[1-\overline{\lambda}_0F(\hat{\delta}_{t1})]^3} \tag{5.14}$$

通过需求分布的IFR属性，我们得到：

$$1-\frac{\overline{F}(\hat{q}_0)h(\hat{\delta}_{t2})}{\overline{F}(\hat{\delta}_{t2})h(\hat{q}_0)}\geqslant 0$$

因此，$\Lambda_{d1}\geqslant 0$。$\frac{\mathrm{d}\hat{q}_0}{\mathrm{d}y}$的分母改写成：

$$\Lambda_{n1}=-\frac{1}{w}\left[\frac{\overline{F}(\hat{q}_0)h(\hat{\delta}_{t2})}{\overline{F}(\hat{\delta}_{t2})h(\hat{q}_0)}-\frac{w^2(1+R_f)^2}{p^2[1-\overline{\lambda}_0F(\hat{\delta}_{t1})]^2}\cdot\frac{\overline{\lambda}_0 f(\hat{\delta}_{t1})}{f(\hat{q}_0)}\cdot\frac{\overline{F}(\hat{\delta}_{t2})}{1-\overline{\lambda}_0F(\hat{\delta}_{t1})}\right]$$

从式(5.4)中，我们知道：

$$\frac{\overline{F}(\hat{\delta}_{t2})}{1-\overline{\lambda}_0F(\hat{\delta}_{t1})}=\frac{\frac{p\overline{F}(\hat{q}_0)}{w}-\overline{F}(\hat{\delta}_{t2})R_g}{1+R_f}<\frac{p\overline{F}(\hat{q}_0)}{w(1+R_f)}$$

因此，根据式(5.4)和$\hat{\delta}_{t2}\geqslant\hat{\delta}_{t1}$，我们知道：

$$\begin{aligned}\Lambda_{n1}&\leqslant-\frac{1}{w}\left[\frac{\overline{F}(\hat{q}_0)h(\hat{\delta}_{t2})}{\overline{F}(\hat{\delta}_{t2})h(\hat{q}_0)}-\frac{w^2(1+R_f)^2}{p^2(1-\overline{\lambda}_0F(\hat{\delta}_{t1}))^2}\cdot\frac{\overline{\lambda}_0 f(\hat{\delta}_{t1})}{f(\hat{q}_0)}\cdot\frac{\overline{F}(\hat{\delta}_{t2})}{1-\overline{\lambda}_0F(\hat{\delta}_{t1})}\right]\\&\leqslant-\frac{1}{w}\left[\frac{\overline{F}(\hat{q}_0)h(\hat{\delta}_{t2})}{\overline{F}(\hat{\delta}_{t2})h(\hat{q}_0)}-\frac{w(1+R_f)}{p(1-\overline{\lambda}_0F(\hat{\delta}_{t1}))}\cdot\frac{1}{h(\hat{q}_0)}\cdot\frac{\overline{\lambda}_0 f(\hat{\delta}_{t1})}{F(\hat{\delta}_{t1})}\right]\\&=-\frac{1}{w}\left[\frac{\overline{F}(\hat{q}_0)}{\overline{F}(\hat{\delta}_{t2}h(\hat{q}_0)}(h(\hat{\delta}_{t2}-\overline{\lambda}_0h(\hat{\delta}_{t1}))\pm\frac{wR_g}{p}\cdot\frac{\overline{\lambda}_0h(\hat{\delta}_{t2})}{h(\hat{q}_0)}\right]\leqslant 0\end{aligned}$$

因此，有$\frac{\mathrm{d}\hat{q}_0}{\mathrm{d}y}\leqslant 0$。

【定理5.2的证明】 根据$\overline{\delta}_{t1}$的定义，$\overline{\delta}_{t1}$与y无关。因此，$\bar{q}_x=\dfrac{y}{w}+\dfrac{\Theta_0(\overline{\delta}_{t1})}{w(1+R_f)}$关于$y$是递增的。从定理5.1来看，$q_0^*$关于$y$是递减的。从$\dot{y}$的定义中，我们知道：当$0\leqslant y<\dot{y}$，有$\bar{q}_x<\hat{q}_0$，当$\dot{y}\leqslant y<w\tilde{q}$，有$\bar{q}_x\geqslant\hat{q}_0$。为了满足$\Psi_0^*\geqslant 0$，得到$q_0^*=\min\{\bar{q}_x,\hat{q}_0\}$。

相应地，我们得到最优的δ_{t1}^*和银行的最优决策R_0^*。

【命题5.1的证明】 (1)由引理5.1和定理5.1可知$\bar{q}_x$关于y是递增的，$\hat{q}_0$关于y是递减的。因此，从定理5.2中，我们得到了结果。

(2)当$0\leqslant y<\dot{y}$，从$\dfrac{dq_0^*}{dy}>0$中，有$\dfrac{d\Pi_0^*}{dy}=(w-c)(1+R_f)\dfrac{dq_0^*}{dy}>0$。当$\dot{y}<y<w\tilde{q}$，根据$\dot{y}<y<w\tilde{q}$，有$\dfrac{d\Pi_0^*}{dy}=(w-c)(1+R_f)\dfrac{dq_0^*}{dy}\leqslant 0$。

(3)当$0<y<\dot{y}$，$\delta_{t1}^*=\overline{\delta}_{t1}$与$y$无关。$\Theta_0^*=\Theta_0(\overline{\delta}_{t1})$是常数。当$\dot{y}<y<w\tilde{q}$，从

$$\frac{d\delta_{t1}^*}{dy}=\frac{\left(w\dfrac{dq_0^*}{dy}-1\right)(1+R_f)}{p(1-\overline{\lambda}_0F(\delta_{t1}^*))},\text{有}\frac{d\Theta_0^*}{dy}=p(1-\overline{\lambda}_0F(\delta_{t1}^*))\frac{dq_0^*}{dy}\leqslant 0。$$

(4)当$0\leqslant y\leqslant\dot{y}$时，有$\dfrac{d\Omega_0^*}{dy}=\dfrac{p}{w}\left[\overline{F}(\bar{q}_x)-\dfrac{w(1+R_f)}{p}\right]$。根据式(5.4)和(5.12)，我们知道，当$y>\dot{y}$，有$\dfrac{d\Omega_0^*}{dy}=\dfrac{p}{w}\left[\overline{F}(\hat{q}_0)-\dfrac{w(1+R_f)}{p}\right]$。

从$\acute{y}$的定义可知，当$y=\acute{y}$，有$\overline{F}(\bar{q}_x)-\dfrac{w(1+R_f)}{p}=0$。$\bar{q}_x$关于$y$递增，那么当$0\leqslant y\leqslant\acute{y}$，有$\overline{F}(\bar{q}_x)-\dfrac{w(1+R_f)}{p}\geqslant 0$；当$y>\acute{y}$，有$\overline{F}(\bar{q}_x)-\dfrac{w(1+R_f)}{p}<0$。

从$\grave{y}$的定义可知，$\hat{q}_0$关于y递减，当$0\leqslant y<\grave{y}$，有$\overline{F}(\hat{q}_0)-\dfrac{w(1+R_f)}{p}\leqslant 0$；当$y>\grave{y}$，有$\overline{F}(\hat{q}_0)-\dfrac{w(1+R_f)}{p}>0$。

因此，当$0\leqslant y\leqslant\acute{y}$，有$q_0^*=\bar{q}_x$和$\dfrac{d\Omega_0^*}{dy}>0$，当$\acute{y}\leqslant y\leqslant\dot{y}$，有$q_0^*=\bar{q}_x$和$\dfrac{d\Omega_0^*}{dy}<0$；当$\dot{y}\leqslant y\leqslant\grave{y}$，有$q_0^*=\hat{q}_0$和$\dfrac{d\Omega_0^*}{dy}>0$，当$\grave{y}\leqslant y\leqslant w\tilde{q}$，有$q_0^*=\hat{q}_0$和$\dfrac{d\Omega_0^*}{dy}<0$。我们在命题中得到结果。

【命题5.2的证明】 (1)首先，我们考虑$\bar{q}_x$，$\Theta_0(\overline{\delta}_{t1})$，$\Pi_0(\bar{q}_x)$关于$R_g$的性质。由于$\overline{\delta}_{t1}$

满足$\int_0^{\delta_{t1}} F(x)\mathrm{d}x=\frac{R_g}{\lambda_0(1+R_f)+\bar{\lambda}_0 R_g}\delta_{t1}$，有$(\delta_{t1})-\frac{\int_0^{\delta_{t1}} xf(x)\mathrm{d}x}{\delta_{t1}}=\frac{1}{\frac{\lambda_0(1+R_f)}{R_g}+\bar{\lambda}_0}$。当$R_g$变大时，这个等式的右边增加，左边必须增加。很明显，当δ_{t1}增加时，$F(\delta_{t1})-\frac{1}{\delta_{t1}}$和$\int_0^{\delta_{t1}} xf(x)\mathrm{d}x$也增加。因此$\bar{\delta}_{t1}$关于$R_g$是递增的。那么有$\frac{\mathrm{d}\Theta_0(\bar{\delta}_{t1})}{\mathrm{d}R_g}=p[1-\bar{\lambda}_0F(\bar{\delta}_{t1})]\frac{\mathrm{d}\bar{\delta}_{t1}}{\mathrm{d}R_g}>0$。因此$\frac{\mathrm{d}\bar{q}_x}{\mathrm{d}R_g}=\frac{1}{w(1+R_f)}\frac{\mathrm{d}\Theta_0(\bar{\delta}_{t1})}{\mathrm{d}R_g}>0$，即$\bar{q}_x$关于$R_g$是递增的。显然，$\Pi_0(\bar{q}_x)$关于$R_g$是递增的。

其次，我们考虑$\hat{q}_0$，$\Theta_0(\hat{\delta}_{t1})$，$\Pi_0(\bar{q}_{xx})$和$\Omega_0(\hat{q}_0)$关于 R_g的性质。在式(5.4)上应用隐函数定理，并在等式两边取R_g的导数，我们有：

$$-pf(\hat{q}_0)\frac{\mathrm{d}\hat{q}_0}{\mathrm{d}R_g}=-f(\hat{\delta}_{t2})\frac{\mathrm{d}\hat{\delta}_{t2}}{\mathrm{d}R_g}\left[\frac{w(1+R_f)}{1-\bar{\lambda}_0F(\hat{\delta}_{t1})}+wR_g\right]+ F(\hat{\delta}_{t2})\left[\frac{w(1+R_f)\bar{\lambda}_0 f(\hat{\delta}_{t1})}{(1-\lambda_0F(\hat{\delta}_{t1}))^2}\cdot\frac{\mathrm{d}\hat{\delta}_{t1}}{\mathrm{d}R_g}+w\right] \tag{5.15}$$

从式(5.2)和$\hat{\delta}_{t2}(q)=\hat{\delta}_{t1}(q)+R_g(wq-y)/p$，有：

$$\frac{\mathrm{d}\hat{\delta}_{t1}}{\mathrm{d}R_g}=\frac{w(1+R_f)}{p[1-\bar{\lambda}_0F(\hat{\delta}_{t1})]}\cdot\frac{\mathrm{d}\hat{q}_0}{\mathrm{d}R_g},\ \frac{\mathrm{d}\hat{\delta}_{t2}}{\mathrm{d}R_g}=\frac{\mathrm{d}\hat{\delta}_{t1}}{\mathrm{d}R_g}+\frac{w\hat{q}_0-y}{y}+\frac{wR_g}{p}\cdot\frac{\mathrm{d}\hat{q}_0}{\mathrm{d}R_g}$$

从式(5.4)有：

$$\frac{1+R_f}{1-\bar{\lambda}_0F(\hat{\delta}_{t1})}+R_g=\frac{p\,\bar{F}(\hat{q}_0)}{w\,\bar{F}(\hat{\delta}_{t2})} \tag{5.16}$$

将它们代入式(5.15)，有$\frac{\mathrm{d}\hat{q}_0}{\mathrm{d}R_g}=\frac{\Lambda_{n2}}{\Lambda_{d2}}$，其中：

$$\Lambda_{n2}=\frac{(w\hat{q}_0-y)}{p}\cdot\frac{h(\hat{\delta}_{t2})}{h(\hat{q}_0)}-\frac{w\,\bar{F}(\hat{\delta}_{t2})}{wf(\hat{q}_0)} \tag{5.17}$$

$$\Lambda_{d2}=1-\frac{\bar{F}(\hat{q}_0)h(\hat{\delta}_{t2})}{\bar{F}(\hat{\delta}_{t2})h(\hat{q}_0)}+\frac{w^2\bar{F}(\hat{\delta}_{t2})(1+R_f)^2\bar{\lambda}_0 f(\hat{\delta}_{t1})}{p^2f(\hat{q}_0)[1-\bar{\lambda}_0F(\hat{\delta}_{t1})]^3} \tag{5.18}$$

由$q>\hat{\delta}_{t2}(q)$和需求分布的IFR，有$\Lambda_{d2}>0$。由$w\hat{q}_0-y<w\hat{q}_0$，$\frac{\mathrm{d}\hat{q}_0}{\mathrm{d}R_g}$的分母简化为$\Lambda_{n2}\leqslant\frac{w\,\bar{F}(\hat{\delta}_{t2})}{h(\hat{q}_0)\,\bar{F}(\hat{q}_0)}\left(H(\hat{q}_0)\frac{\bar{F}(\hat{q}_0)h(\hat{\delta}_{t2})}{\bar{F}(\hat{\delta}_{t2})h(\hat{q}_0)}-1\right)$。

由于$\frac{\bar{F}(\hat{q}_0)h(\hat{\delta}_{t2})}{\bar{F}(\hat{\delta}_{t2})h(\hat{q}_0)}<1$和$H(\hat{q}_0)\leqslant 1$，$\frac{\mathrm{d}\hat{q}_0}{\mathrm{d}R_g}$的分母是负的。因此$\frac{\mathrm{d}\hat{q}_0}{\mathrm{d}R_g}<0$，并且

$\frac{d\Pi_0(\hat{q}_0)}{dR_g}=(1+R_f)(w-c)\frac{d\hat{\delta}_{t1}}{dR_g}<0$，$\frac{d\Theta_0(\hat{\delta}_{t1})}{dR_g}=p(1-\bar{\lambda}_0F(\hat{\delta}_{t1}))\frac{d\hat{\delta}_{t1}}{dR_g}<0$。对 $\Omega_0(\hat{q}_0,\hat{\delta}_{t2})$ 求关于 R_g 的导数：

$$\frac{d\Omega_0(\hat{q}_0,\hat{\delta}_{t2})}{dR_g}=p\bar{F}(\hat{q}_0)\frac{d\hat{q}_0}{dR_g}-p\bar{F}(\hat{\delta}_{t2})\frac{d\hat{\delta}_{t2}}{dR_g}$$

将 $\frac{d\hat{\delta}_{t2}}{dR_g}$ 代入，有 $\frac{d\Omega_0(\hat{q}_0,\hat{\delta}_{t2})}{dR_g}=-\bar{F}(\hat{q}_0)(w\hat{q}_0-y)<0$。

(2)类似于命题5.1，当 $R_g\to 0$ 时，如果 $\bar{q}_x>\hat{q}_0$，对于任意的 R_g，那么我们可以得到 $\bar{q}_x>\hat{q}_0$ 的不等式，因此，$\dot{R}_g=0$。否则，当 $R_g\to 0$ 时，如果 $\bar{q}_x<\hat{q}_0$，则必须存在一个点 $\dot{R}_g$ 满足 $\bar{q}_x=\hat{q}_0$。显然，当 $0<R_g<\dot{R}_g$，有 $q_0^*=\bar{q}_x$，它关于 R_g 递增。当 $R_g\geqslant\dot{R}_g$，有 $q_0^*=\hat{q}_0$。因此，我们在这个命题中得到了结果。

【定理5.3的证明】 当 $y<w\tilde{q}$ 时，零售商的预期利润为 $\Omega_1(q)=p\int_{\delta_s}^{q}\bar{F}(x)dx-y(1+R_f)$。对 $\Omega_1(q)$ 求关于 q 的一阶和二阶导数，我们有：

$$\frac{d\Omega_1(q)}{dq}=p\bar{F}(q)-\bar{F}(\delta_s)\frac{w(1+R_f)}{1-\bar{\lambda}_1F(\delta_s)}$$

$$\frac{d^2\Omega_1(q)}{dq^2}=-pf(q)-\frac{-f(\delta_s)(1-\bar{\lambda}_1F(\delta_s))\frac{d\delta_s}{dq}-\bar{F}(\delta_s)\left(-\bar{\lambda}_1f(\delta_s)\frac{d\delta_s}{dq}\right)}{[1-\bar{\lambda}_1F(\delta_s)]^2}w(1+R_f)$$

$$=-p\bar{F}(q)\left[h(q)-\frac{\bar{F}(q)}{\bar{F}(\delta_s)}\cdot\frac{\lambda_1}{1-\bar{\lambda}_1F(\delta_s)}h(\delta_s)\right]$$

根据之前的研究(请参见Buzacott & Zhang(2004)的定理3)，如果需求分布是IFR，对于 $\delta_s(q)<q$，则 $h(q)>h(\delta_s(q))$ 的不等式成立。从 $\bar{F}(\delta_s)\leqslant 1$ 有 $\lambda_1\leqslant 1-\bar{\lambda}_1F(\delta_s)$，因此 $\frac{d^2\Omega_1(q)}{dq^2}<0$。从 $\frac{d\Omega_1(q)}{dq}=0$ 的一阶条件，最优 q_1^* 满足式(5.8)。

对于 q 和 δ_s 之间一对一映射的关系，如果给出 q，我们可以得到唯一的 δ_s。因此，给定零售商 q_b^* 的最优解，最佳响应 $\delta_s^*=\frac{(wq_1^*-y)(1+R_1^*)}{p}$ 成立。因此，银行的最优融资利率 R_1^* 满足式(5.9)。

【命题5.3的证明】 (1)应用式(5.8)的隐函数定理并且取两边 y 的导数，得到：

$$\frac{dq_1^*}{dy}=\frac{\lambda_1w(1+R_f)f(\delta_s^*)}{pf(q_1^*)(1-\bar{\lambda}_1F(\delta_s^*))^2}\cdot\frac{d\delta_s^*}{dy}\tag{5.19}$$

从式(5.7)有：

$$\frac{\mathrm{d}\delta_s^*}{\mathrm{d}y}=\frac{w(1+R_f)}{p(1-\bar{\lambda}_1F(\delta_s^*))}\cdot\frac{\mathrm{d}q_1^*}{\mathrm{d}y}-\frac{1+R_f}{p(1-\bar{\lambda}_1F(\delta_s^*))} \tag{5.20}$$

将(5.20)代入式(5.19),有:

$$w\left[1-\frac{h(q_1^*)}{h(\delta_s^*)}\cdot\frac{\bar{F}(\delta_s^*)}{\bar{F}(q_1^*)}\cdot\frac{1-\bar{\lambda}_1F(\delta_s^*)}{\lambda_1}\right]\frac{\mathrm{d}q_1^*}{\mathrm{d}y}=1$$

由于$\delta_s^*\leqslant q_1^*$,我们得到$\frac{h(q_1^*)}{h(\delta_s^*)}\geqslant 1$和$\frac{\bar{F}(\delta_s^*)}{\bar{F}(q_1^*)}\geqslant 1$。由于$\lambda_1-[1-\bar{\lambda}_1F(\delta_s^*)]=-\bar{\lambda}_1 F(\delta_s^*)\leqslant 0$,$\frac{1-\bar{\lambda}_1F(\delta_s^*)}{\lambda_1}\geqslant 1$成立。因此,有$1-\frac{h(q_1^*)}{h(\delta_s^*)}\cdot\frac{\bar{F}(\delta_s^*)}{\bar{F}(q_1^*)}\cdot\frac{1-\bar{\lambda}_1F(\delta_s^*)}{\lambda_1}\leqslant 0$,所以$\frac{\mathrm{d}q_1^*}{\mathrm{d}y}\leqslant 0$成立。

(2)同样地,我们有:

$$\frac{\mathrm{d}\delta_s^*}{\mathrm{d}\lambda_1}=\frac{w(1+R_f)}{p(1-\bar{\lambda}_1F(\delta_s^*))}\frac{\mathrm{d}q_1^*}{\mathrm{d}y}-\frac{\delta_s^*-S(\delta_s^*)}{1-\bar{\lambda}_1F(\delta_s^*)} \tag{5.21}$$

通过在式(5.8)中应用隐函数定理,并在两侧取关于λ_1的导数,我们得到:

$$\frac{\mathrm{d}q_1^*}{\mathrm{d}y}=\frac{w(1+R_f)}{f(q_1^*)(1-\bar{\lambda}_1F(\delta_s^*))^2}\left[\lambda_1 f\left(\delta_s^*\right)\cdot\frac{\mathrm{d}\delta_s^*}{\mathrm{d}\lambda_1}+\bar{F}(\delta_s^*)F(\delta_s^*)\right] \tag{5.22}$$

将式(5.21)和(5.22)代入,有$\frac{\mathrm{d}q_1^*}{\mathrm{d}\lambda_1}=\frac{\Lambda_{n3}}{\Lambda_{d3}}$,其中:

$$\Lambda_{n3}=\frac{w(1+R_f)}{pf(q_1^*)(1-\bar{\lambda}_1F(\delta_s^*))^2}\left[F(\delta_s^*)\bar{F}(\delta_s^*)-\frac{\lambda_1f(\delta_s^*)(\delta_s^*-S(\delta_s^*))}{1-\bar{\lambda}_1F(\delta_s^*)}\right]$$

$$\Lambda_{d3}=1-\frac{w^2(1+R_f)^2\lambda_1f(\delta_s^*)}{p^2f(q_1^*)(1-\bar{\lambda}_1F(\delta_s^*))^3}$$

我们可以很容易地证明对于所有的成立的等式$\int_0^{\delta_s^*}F(x)\mathrm{d}x=\int_0^{\delta_s^*}(\delta_s^*-x)f(x)\mathrm{d}x$,不等式$\int_0^{\delta_s^*}F(x)\mathrm{d}x<\delta_s^*F(\delta_s^*)$恒成立。因此,我们有:

$$\Lambda_{n3}\geqslant\frac{w(1+R_f)}{pf(q_1^*)(1-\bar{\lambda}_1F(\delta_s^*))^2}\left[F(\delta_s^*)\bar{F}(\delta_s^*)-\frac{\lambda_1f(\delta_s^*)\delta_s^*F(\delta_s^*)}{1-\bar{\lambda}_1F(\delta_s^*)}\right]$$
$$=\frac{w(1+R_f)F(\delta_s^*)\bar{F}(\delta_s^*)}{pf(q_1^*)(1-\bar{\lambda}_1F(\delta_s^*))^2}\left[1-\frac{\lambda_1}{1-\bar{\lambda}_1F(\delta_s^*)}H(\delta_s^*)\right]$$

根据之前的研究(参见Kouvelis & Zhao(2011)的命题6),我们得到$H(\delta_s^*)<1$。另外,$\frac{\lambda_1}{1-\bar{\lambda}_1F(\delta_s^*)}\leqslant 1$。因此,$\frac{\lambda_1}{1-\bar{\lambda}_1F(\delta_s^*)}H(\delta_s^*)\geqslant 0$恒成立。

从式(5.8)可以直接知道$\frac{\mathrm{d}q_1^*}{\mathrm{d}\lambda_1}$的分母具有该属性：

$$\Lambda_{d3}=1-\frac{w^2(1+R_f)^2\lambda_1 f(\delta_s^*)}{p^2 f(q_1^*)(1-\bar{\lambda}_1 F(\delta_s^*))^3}=1-\frac{\overline{F}(q_1^*)}{\overline{F}(\delta_s^*)}\cdot\frac{h(\delta_s^*)}{h(q_1^*)}\cdot\frac{\lambda_1}{1-\bar{\lambda}_1 F(\delta_s^*)}\geqslant 0$$

对于严格增加故障率的需求，我们可以很容易地知道$\frac{\mathrm{d}q_1^*}{\mathrm{d}\lambda_1}$的分母大于0。因此，我们有$\frac{\mathrm{d}q_1^*}{\mathrm{d}\lambda_1}\geqslant 0$。

【命题5.4的证明】 (1)当$y<w\bar{q}$时，我们有$\Omega_1^*=p\int_{\delta_s^*}^{q_1^*}\overline{F}(x)\mathrm{d}x-y(1+R_f)$。$q_1^*$满足式(5.8)。对$\Omega_1^*$求关于$y$的导数，我们有：

$$\frac{\mathrm{d}\Omega_1^*}{\mathrm{d}y}=p\overline{F}(q_1^*)\frac{\mathrm{d}q_1^*}{\mathrm{d}y}-p\overline{F}(\delta_s^*)\frac{\mathrm{d}\delta_s^*}{\mathrm{d}y}-(1+R_f)$$

然后，将式(5.19)、(5.20)和(5.8)代入，有：

$$\frac{\mathrm{d}\Omega_1^*}{\mathrm{d}y}=-(1+R_f)\frac{\lambda_1 F(\delta_s^*)}{\overline{F}(\delta_s^*)+\lambda_1 F(\delta_s^*)}<0$$

同样地，对Ω_1^*求关于λ_1的导数，我们有：

$$\frac{\mathrm{d}\Omega_1^*}{\mathrm{d}\lambda_1}=\overline{F}(\delta_s^*)\frac{p\int_0^{\delta_s^*}F(x)\mathrm{d}x}{1-\bar{\lambda}_1 F(\delta_s^*)}\geqslant 0$$

(2)对Θ_1^*求关于y的导数，我们有：

$$\frac{\mathrm{d}\Theta_1^*}{\mathrm{d}y}=(1+R_f)\left(w\frac{\mathrm{d}q_0^*}{\mathrm{d}y}-1\right)$$

由于$\frac{\mathrm{d}q_0^*}{\mathrm{d}y}\leqslant 0$，有$\frac{\mathrm{d}\Theta_1^*}{\mathrm{d}y}\leqslant 0$。

同样地，对Θ_1^*求关于λ_1的导数，我们有：

$$\frac{\mathrm{d}\Theta_1^*}{\mathrm{d}\lambda_1}=p(1-\bar{\lambda}_1 F(\delta_s^*))\frac{\mathrm{d}\delta_s^*}{\mathrm{d}\lambda_1}+p\int_0^{\delta_s^*}F(x)\mathrm{d}x$$

将式(5.21)代入，可以得到：

$$\frac{\mathrm{d}\Theta_1^*}{\mathrm{d}\lambda_1}=w(1+R_f)\frac{\mathrm{d}q_1^*}{\mathrm{d}\lambda_1}$$

由于$\frac{\mathrm{d}q_1^*}{\mathrm{d}\lambda_1}\geqslant 0$，对于任意$\lambda_1$，$\frac{\mathrm{d}\Theta_1^*}{\mathrm{d}\lambda_1}\geqslant 0$恒成立。

【引理5.2的证明】 根据式(5.2)和(5.7)，当$\lambda_0=\lambda_1$时，δ_s和q之间的一对一映射关系与$\hat{\delta}_{t1}$和q一致。因此，式(5.8)可以改写为：

$$p\overline{F}(q_1^*)=\overline{F}(\hat{\delta}_{t1})\frac{w(1+R_f)}{1-\overline{\lambda}_0\overline{F}(\hat{\delta}_{t1})} \tag{5.23}$$

因此，$R_g=0,\hat{q}_0=q_1^*$的等式成立。从命题5.2中我们已经知道，$\hat{q}_0$关于R_g递减，因此，当$R_g>0$时，$q_1^*>\hat{q}_0$的不等式成立。从定理5.2中知$q_0^*=\min\{\bar{q}_x,\hat{q}_0\}$，则有$\hat{q}_0\geqslant q_0^*$。因此，对于任意$y\leqslant w\tilde{q}$，有$q_1^*\geqslant q_0^*$。

【定理5.4的证明】 供应链的总利润是$\Gamma^{SC}=pS(q)-C(q)$。我们让整个供应链的最优解是$q_{\max}^*$，并且$q_{\max}^*=\overline{F}^{-1}(c/p)$。因此，当$0<q<q_{\max}^*$时，$\Gamma^{SC}$关于$q$是递增的。从引理5.2中知当$\lambda_0=\lambda_1$时，$q_0^*<q_1^*$成立。这样，我们得到$\Gamma_0^{SC}\leqslant\Gamma_1^{SC}$。

我们知道，当$\lambda_0=\lambda_1$和$R_g=0$时，如果第三方担保对零售商的最优解决方案没有限制，有$q_0^*=\hat{q}_0=q_1^*$。零售商可以达到她的第一个最佳订单数量$\hat{q}_0$，然后$\Theta_0^*=\Theta_1^*$和$\Omega_0^*=\Omega_1^*$。从命题5.2中，我们已经知道当$q_0^*=\hat{q}_0$，Θ_0^*关于R_g递减和Ω_0^*关于R_g递减。因此，当$y>\dot{y}$，很容易得到$\Theta_0^*\leqslant\Theta_1^*$和$\Omega_0^*\leqslant\Omega_1^*$。如果$0\leqslant y<\dot{y}$，有$q_0^*=\bar{q}_x<\hat{q}_0$。因此，零售商的实际利润$\Omega_0(\bar{q}_x)<\Omega_0(\hat{q}_0)$，当$0\leqslant y<\dot{y}$时，很明显$\Omega_0^*<\Omega_1^*$。从命题1中，当$0\leqslant y<\dot{y}$时，银行的收入是常数$(w\bar{q}_x-y)(1+R_f)$，我们有$\Theta_0(\bar{q}_x)<\Theta_0(\hat{q}_0)$，因为$\bar{q}_x<\hat{q}_0$。因此，如果$0\leqslant y<\dot{y}$，我们也有$\Theta_0^*\leqslant\Theta_1^*$。因此，从上面的分析可知，当$R_g>0$时，$\Theta_0^*\leqslant\Theta_1^*$和$\Omega_0^*\leqslant\Omega_1^*$不等式成立。

【引理5.3的证明】 类似于引理5.2，在$\lambda_0=\lambda_1$和$R_g=0$的情况下，如果第三方担保对零售商的最优解没有约束，那么$q_0^*=\hat{q}_0=q_1^*$的等式恒成立。从命题5.3中我们已经知道q_1^*关于λ_1递增。从命题5.2知，$\hat{q}_0$关于R_g递减。因此，如果$R_g\neq0$且$\lambda_0<\lambda_1$，则$\hat{q}_0<q_1^*$成立。当$0<y<\dot{y}$时，对于$\bar{q}_x<\hat{q}_0$，当$y<w\tilde{q}$时，也可以获得$q_1^*>q_0^*$。

【定理5.5的证明】 在引理5.3中，类似于定理5.4，当$\lambda_0<\lambda_1$时，$q_0^*<q_1^*$的不等式成立。因此，我们有$\Gamma_0^{SC}<\Gamma_1^{SC}$。从上面的分析知，当$\lambda_0=\lambda_1$和$R_g=0$时，如果第三方担保对零售商的订单数量没有约束，我们有$\Omega_0^*=\Omega_1^*$和$\Theta_0^*=\Theta_1^*$。从命题5.2知，如果$y\geqslant\dot{y}$，则Ω_0^*关于R_g是递减的。因此，当$\lambda_0=\lambda_1$且$R_g\neq0$时，我们在$y\geqslant\dot{y}$有$\Omega_0^*<\Omega_1^*$。与定理5.4类似，如果$0<y<\dot{y}$，我们仍然有$\Omega_0^*<\Omega_1^*$。

而且，从命题5.4中，我们有$\frac{\mathrm{d}\Omega_1^*}{d\lambda_1}$，即$\Omega_1^*$关于$\lambda_1$是递增的。显然，当$\lambda_0<\lambda_1$且$R_g\neq0$时，$\Omega_0^*<\Omega_1^*$成立。

同样地，我们总是有$\Theta_0^*<\Theta_1^*$，这里省略证明过程。

第六章 CHAPTER 6

保证保险项下保理融资的融资均衡研究

一、引言

随着中国经济的快速发展,供应链企业之间的众多交易都基于贸易信用而开展。在赊销贸易中,上游企业形成了大量的应收账款,更加需要相关的金融产品和服务提供支持,也增加了银行、专业保理公司及保险公司等金融机构的盈利机会及发展前景。供应链金融的具体技术众多,而依据本章的研究问题,以下仅对信用保证保险与保理的协同合作进行分析。

信用保证保险是以信用风险作为保险标的的保险服务。在国外的产业实践及相关理论中,信用保证保险又被称为贸易信用保险。而在国内,信用保证保险被划分为信用保险和保证保险。信用保证保险的优势在于:①有助于促进市场运行,助力企业扩大市场规模;②有助于降低信用市场的交易成本,提升企业融资效率。但是信用保证保险也有劣势:①保险公司赔付机制尚不规范,易对权利人产生不利影响;②对于无追索权保理业务来说,下游买方应为第一还款源。

保理是指贸易、服务或者其他基础合同项下的债权人(卖方)将其现在或将来的应收账款债权转让给提供融资服务的金融机构,由金融机构为其提供买方信用风险担保、应收账款催收、应收账款管理、应收账款融资等服务的供应链金融产品。本章的研究模型属于无追索权保理融资模型,在下文中出现的“保理融资”均为无追索权保理融资。

具体来看,信用保证保险与保理业务既具有竞争性,又具有互补性。首先,竞争性给二者的结合造成了一定障碍。信用保证保险和保理均具有转移下游买方信用风险,对买方进行尽职调查及资信评估等特点。但在相关费率、赔偿限额及申请难度等方面仍存在差异。

其次,信用保证保险与保理业务又存在互补性。①保理业务的发展为信用保险公司创造了盈利机遇。保理业务的蓬勃发展为信用保证保险提供了新的市场机遇。如果保险公司与提供保理服务的金融机构开展合作，则可以不断提升保险公司的市场影响力，优化保险产品研发能力。②信用保证保险增强了保理公司的抗风险能力。商业银行及专业保理商等保理服务提供机构虽有较高的服务水平，产品种类也较丰富，但在风险管理方面仍存在薄弱环节。当保理公司为面临风险较多的进出口贸易业务提供融资服务时，信用保证保险便能够为其提供较好的风险保障。

在现代贸易中，买方的地位得到了不断提高。赊销交易成了上下游企业普遍接受的结算方式。据相关统计，2017年国际贸易中采用赊销结算的比例已经占到80%以上，而国内贸易中开展赊销的企业占比也已超过90%。由此，赊销所导致的应收账款成为产业链上游中小企业的重要资产，也阻碍了其现金流的高效运行。除此之外，我国的中小企业还面临融资难、融资贵的困境。外部金融压力与内部供应链负担相互综合，对贸易活动中的中小企业造成了双重"财务剥削"。而基于应收账款开展融资及相关管理服务的保理服务能够很好地满足企业的融资需求。

早在20世纪，保理业务就已经在英国、美国、法国和意大利等海外发达国家得到了快速发展。欧美许多国家均以保理作为国际结算的支付手段。中国在2011年跃居全球第一大保理市场并一直延续至今。在实践中，除了平安银行(原深圳发展银行)、汇丰银行等传统商业银行提供各类保理服务外，产业链中的核心企业也在纷纷建立自己的商业保理公司，如富士康、联塑及传化等企业。保理业务作为传统金融服务的重要补充，其对于企业的重要性不言而喻。

从理论上来看，保理业务的核心价值为利他和多赢，其对处于资金困境的中小企业具有十分重要的意义。保理服务可以使得开展赊销的中小企业迅速回笼资金，保证经营稳定，有助于企业增加产品销量，扩大市场份额；保理服务可以加快应收账款的资产变现速度，改善企业的财务状况，降低企业的现金流压力；保理服务还可以承担买方的信用风险，即在下游核心买方出现破产、经营不善等情况时，卖方仍然能够收到保理商支付的保理融资预付款。本章将重点开展基础赊销模型与保理融资模型的比较分析，以研究申请叙作保理业务对于上游卖方的影响。本章的创新点主要有：考虑了保理融资预付款产生的相关收益，以此来凸显产业链上游中小卖方申请叙作保理业务的动机。

二、相关文献分析

基于商业信用融资渠道的研究在学术界受到了广泛关注，在经济学和金融学领域已有不少学者进行了相关研究。Petersen和Rajan(1997)通过实证的方法来研究企业间的贸易信用问题；Brennan等(1988)指出供应商融资是一种可以给市场能力较强的供应商带来更多价值的融资渠道，企业可以运用贸易信用来实施价格歧视;Long等(1993)提出了贸易信用可以用来作为产品质量的担保方式。

在运营管理领域,学者主要侧重于研究贸易信用融资对处于资金约束情形下的供应商或者零售商的融资与运营决策的影响。如Babich等(2006)研究了商业信用如何影响产业链企业间的关系、供应商选择决策以及供应链整体绩效等。其研究表明,当无法获取商业贷款服务时,处于资金约束情形的下游零售商应该尽可能地使用供应商提供的贸易信用融资服务;Caldentey和Chen(2009)在贸易信用合同中考虑保证金因素,并研究了供应链成员企业的金融与运营的综合决策问题。

国内的学者也开展了有关贸易信用融资中的决策及其价值的研究。关涛(2007)采用实证的方法研究了基于贸易信用的融资模式对经济发展的价值;王文利和骆建文(2014)研究了供应商所提供的交易信用对零售商两阶段订货行为的影响;马中华和陈祥锋(2014)研究了信息不对称环境下资金约束供应链中贸易信用合同的设计问题。

近几年,一些基于买方的贸易信用融资模式也开始被应用。王文利等(2013)研究了处于资金约束状态中的卖方企业可以选择的两种贸易信用融资模式——零售商提前订购部分产品并支付货款的内部预定融资模式以及零售商为供应商提供担保以向银行获取贷款的外部融资模式,分析了两种模式下零售商和供应商的最优生产决策和融资决策;占济舟(2014)研究了零售商采取提前支付时所享受的批发价折扣问题。

学界关于保理融资的研究也较为丰富。保理融资是一种基于购买上游企业应收账款债权为企业融资的金融产品。随着信用赊销成为产业链上企业间最主要的贸易方式,上游卖方企业的应收账款额度也在不断增加,保理逐渐成为一个重要的研究主题。由于保理业务在国外有较为成熟的发展,相关的研究文献也很多,但大多数是采用案例研究或者实证研究的方法。Smith和Schnucker(1994)运用实证研究的方法来研究企业是否采用保理业务的决策行为,其模型基于强调交易成本(包括信息成本)作为纵向一体化决定因素的理论;研究发现,交易成本越高,企业越会倾向采取保理业务。Soufani(2001)通过收集英国中小企业的数据,分析了保理业务对企业的作用,发现保理业务能够改善企业的现金流;此后,Soufani(2002)又通过统计调查研究了企业所处的行业、经营年限、企业产量和组织结构等因素对企业采纳保理业务决策的影响。

国内对保理业务的研究主要体现在三个方面,即对保理及其流程的阐述,对我国保理业务遇到的障碍进行分析并提出相关对策,以及探讨保理业务对企业尤其是企业融资的作用。

徐燕(2003)详细介绍了保理业务的内容、特点、业务流程以及作用等,比较了国内外保理业务的发展现状,并对我国的保理业务发展提出相关建议;鲁其辉等(2012)采用经典报童模型分析了在多阶段运营的情况下,基于应收账款的融资模式对供应链整体绩效的影响情况。另外，国内学者对于国际保理业务的研究也比较多：陆晓明(2002)评析了保理业务在国际贸易结算与融资中的作用及其特征，并阐述了国际保理业务的市场状况和市场前景；李金泽(2002)分析了商业银行等金融机构开展保理业务时可能会遇到的法律风险并提出了相应的解决措施。

国内外学者不仅对单一的保理业务形态进行研究，还对保理业务的衍生形态进行了相关研究。Klapper(2006)详细介绍了反向保理(reverse factoring)的定义、操作机制以及对供应链参与主体的益处；Tanrisever等(2012)研究了外部融资成本、账期、现金流、运营资本以及利率等因素对反向保理业务的影响；Vliet等(2015)从账期以及融资利率的角度研究了供应商在反向保理业务中的效益，并给出了相关决策。

目前，国内对于保理的学术研究主要是概念的阐述和定性研究，对保理中的风险控制机制研究较少。不同于上述文献，本章将通过建立面临随机市场需求的数学模型来对保理业务进行理论研究，并考虑结合保证保险来作为相关的风险控制措施。

信用保证保险主要分为信用保险和保证保险。目前，国内外的学者主要集中于对(出口)信用保险进行相关的研究，其中不乏一些定量研究。Funatsu(1986)通过假设保险费率固定来研究出口信用保险对出口商出口决策的影响，并考虑了出口商在比例化和非比例化两种情形下的保险额度的决策，研究发现降低保险费率能够促进出口，并且出口商对风险的态度也会影响信用保险的投保；Ford等(1996)在研究中设定保险费率会依保险责任范围的大小而发生变动，发现出口量与保险责任范围并不相关以及保险费率会对最优保险责任范围造成影响；Dewit(2001)着重研究了出口保险的公共供给问题，此类出口保险体系往往由具有全球性政策目标的出口国政府来提供，他还研究了出口信用保险如何确定保险费率的问题；Lai和Soumaré(2010)研究了信用保险对于投资的重要性，结果表明，信用保险制度能使一个项目以较低的成本获得资金。

我国关于贸易信用保险的文献中，对出口信用保险的研究也比较多，但对国内贸易信用保险的研究则比较少。闫奕荣(2003)分析与比较了日本和法国等发达国家的出口信用保险的制度、组织形式及具体运作特点；何慎远等(2011)通过实证方法研究了我国出口信用保险对出口贸易的促进作用，研究表明出口信用保险制度对我国的贸易出口有较为显著的促进作用。

最近，也有学者开始在供应链金融的研究背景中考虑贸易信用保险，但这方面的文献较少。Li等(2016)首先尝试在资金约束的供应链中考虑贸易信用保险的作用，并通过设定信用风险随机的决策模型来研究制造商和银行的最优决策；研究发现，制造商通过投保贸易信用保险能够扩大销售，并能有效减少违约风险，银行也能够从贸易信用保险中获益。

通过对上述文献的分析可以得知，目前国内外对于信用保证保险的研究大多从经济学和金融学领域出发，在商业贸易的背景下进行研究，较少有学者从运营管理的角度来研究信用保证保险对供应链融资参与主体的影响与作用，从资金约束的角度来研究信用保证保险对融资主体决策的影响的文献也较少。另外，从运营管理的角度来研究信用保证保险的文献主要是基于面临随机信用风险的决策模型。

从保理的相关研究来看，很少有学者通过数学建模来从理论角度研究保理融资或保证保险项下的保理融资对供应链上各个参与主体的影响。大多数学者仅通过简单论述来分析保理及保证保险项下的保理融资的业务流程及相关影响，研究缺乏一定的深度。而本章建立面向随机市场需求的决策模型，重点对各类模型开展分析及比较研究，极大地拓展了相关领域的研究。

为了简化研究，许多学者没有考虑保理融资预付款所带来的投资收益。在产业实践中，运用融资预付款所产生的收益往往是许多上游中小卖家申请叙作保理业务的动机。分析相关收益的变动对于上游卖方的业务决策具有十分重要的意义。

三、模型描述

在这一部分，首先考虑仅由下游买方和上游卖方组成的基础赊销模型，再考虑包含了保理商的无追索权保理融资模型。其中，假设下游买方存在资金约束的问题，其初始自有资金为B。在某种程度上，买方的资金实力也可用于衡量其信用风险的大小。在0时刻，买方向上游卖方采购产品，在$(0,T)$时间段将产品销售给消费者。产品批发价格w和单位生产成本c由卖方决定，相应地，存在资金约束情形的买方会依据自身对市场需求的判断来决策订货数量q。

在研究中，我们假设产品的市场价格p为固定值。为了简化研究，不会考虑因缺货而引起的企业商誉损失，亦不考虑产品的残值问题。设定下游买方所面临的市场需求为x，累计概率分布为$F(x)$，其概率密度函数为$f(x)$。记$\bar{F}(x)=1-F(x)$。我们假设$F(x)$具有可微且严格递增的性质。为了与以往的研究相一致，我们记市场需求的递增失败率为$h(x)=f(x)/\bar{F}(x)$，即市场随机需求分布函数具有IFR的性质。记广义失败率$H(x)=xh(x)$。我们假设，供应链金融的参与主体不存在信息不对称问题。

在第四章及第五章的研究中，我们先假设产品的批发价格w为固定值。在赊销贸易合同中，卖方为了降低自身风险，往往会要求买方依据合同金额支付一定比例的预付款。设定预付款比例为β，如果买方的资金不足以支付预付款βwq，则买卖双方不会签订赊销合同。相应地，如果双方签订了赊销贸易合同，则上游卖方应收账款的价值则为$\bar{\beta}wq$，记$\bar{\beta}=1-\beta$。

在0时刻，保理商会决定保理融资利率r_f和保理融资预付比例λ，记$\bar{\lambda}=1-\lambda$。当卖方将其赊销贸易合同中的债权全部转让给保理商后，其会立刻获得相应的保理融资预付款，额度为$\lambda\bar{\beta}wq$。在T时刻，买方会将应付账款$\bar{\beta}wq$支付给保理商。保理商在扣除保理融资利息后再将剩余款项支付给卖方，额度为$\bar{\lambda}\bar{\beta}wq-r_f\lambda\bar{\beta}wq$。相应地，保理商收回保理融资预付款和相应的利息，即$\lambda\bar{\beta}wq+r_f\lambda\bar{\beta}wq$。如果买方无法在$T$时刻归还货款，则意味着相关风险的发生，保理商会没收买方所有销售收入。在扣除保理融资预付款和利息后，保理商将剩余资金转给卖方。需要注意的是，如果买方发生违约情形后的剩余财产小于保理融资预付款与利息之和，则保理商会收取买方全部的剩余资金，而卖方不会收到保理商转移支付的任何资金。

本章模型中用到的符号及其含义见表6.1。

表6.1　模型中用到的符号及其含义

符号	含义
p	产品的单位售价
c	产品的单位生产成本
w	产品的单位批发价
B	买方的自有资金
x	随机市场需求，$x\geqslant 0$
β	赊销贸易中买方的预付款比例
λ	保理融资预付款比例
r_f	保理融资的利率
r_s	卖方保理融资款产生的收益
r_i	信用保证保险费率
y	信用保证保险投保人的实际损失
利润函数的下标	
0	基本赊销模型
1	仅有保理融资的情形
2	保证保险项下保理融资的情形

四、基本赊销模型和保理模型及其比较研究

假设买方所决策的产品订货数量为 q，在 T 时刻，下游买方的资金状态则为 $\Omega_0(q,x)=p\min\{q,x\}+B-wq$。记 $L_0(q)=\dfrac{wq-B}{p}$ 为买方的违约阈值，即当市场需求 $x\leqslant L_0(q)$ 时，买方会发生违约；反之，则不会违约。图6.1直观地展示了相关阈值的意义。相应地，我们可求得买方在 T 时刻的期望资金状态为：

$$\Omega_0(q)=p\left[q\int_{L_0(q)}^{\infty}xf(x)\mathrm{d}x-L_0(q)\bar{F}(L_0(q))+q\bar{F}(q)\right]。$$

定义 $q_{nb}=\bar{F}^{-1}(w/q)$ 为买方无违约风险时的订货数量，定义 $I(q)=\int_0^q(q-x)f(x)\mathrm{d}x$ 为买方未售出的产品。当批发价格 w 一定时，定义 q_b 为满足等式 $p\bar{F}(q)=w\bar{F}(L_0(q))$ 的买方订货数量。记 $\bar{B}_0=wq_{nb}$，$\hat{B}_0=\beta wq_b(\hat{B}_0)$。

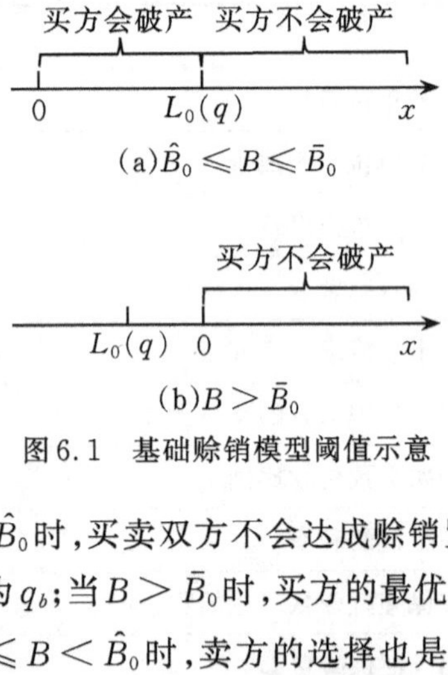

(a) $\hat{B}_0\leqslant B\leqslant\bar{B}_0$

(b) $B>\bar{B}_0$

图6.1　基础赊销模型阈值示意

【命题6.1】　当 $0\leqslant B<\hat{B}_0$ 时，买卖双方不会达成赊销贸易协议；当 $\hat{B}_0\leqslant B\leqslant\bar{B}_0$ 时，买方的最优订货数量为 q_b；当 $B>\bar{B}_0$ 时，买方的最优订货数量为 q_{nb}。

在某种程度上，当 $0\leqslant B<\hat{B}_0$ 时，卖方的选择也是一种风险管理策略。当下游买方的初始资金实力低于一定水平时，其会直接通过取消赊销交易来规避相关风险。

现在，我们分析仅有赊销贸易时卖方的利润函数。当市场需求 $x>L_0(q)$ 时，买方不会破产并且其能在 T 时刻及时支付 $\bar{\beta}wq$ 给卖方。此时，卖方的利润函数为 $\Pi_0(q,x)=\beta wq+\bar{\beta}wq-cq=(w-c)q$。当市场需求 $0\leqslant x\leqslant L_0(q)$ 时，买方会发生破产情形。此时，卖方利润函数为 $\Pi_0(q,x)=px+B-cq=(w-c)q+p(x-L_0(q))$。可得，$\Pi_0(q)=(w-c)q-pI(L_0(q))$。即根据命题6.1可得，当 $0\leqslant B<\hat{B}_0$ 时，卖方无任何利润；当 $\hat{B}_0\leqslant B\leqslant\bar{B}_0$ 时，卖方的利润为 $\Pi_0(q)=(w-c)q_b-pI(L_0(q_b))$；当 $B>$

$\bar{B}_0$时，卖方的利润为$\Pi_0(q_{nb})=(w-c)q_{nb}$。

在无追索权保理融资模型中，记阈值$L_1(q)=\dfrac{\eta_1 wq-B}{p}$的含义为：买方在$T$时刻的资金恰好能够偿还保理融资本金与利息的临界点。其中，$\eta_1=(1+r_f)\lambda\bar{\beta}+\beta$。在分析中，我们假设$\eta_1<1$，即$r_f<\dfrac{1}{\lambda}-1$。相关阈值的意义可见图6.2。

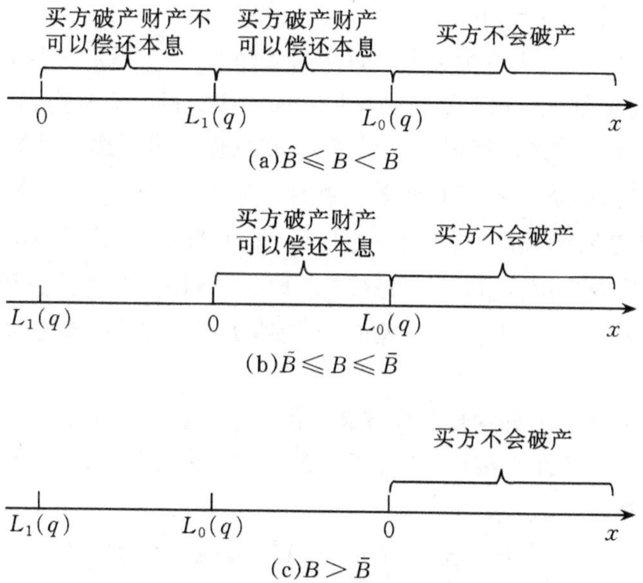

图6.2　保理融资模型阈值示意

【引理6.1】　当批发价格w固定时，$\mathrm{d}q_b/\mathrm{d}B<0$且$\mathrm{d}L_1(q_b)/\mathrm{d}B<0$。当$B>\tilde{B}_0$时，可得$L_1(q_b)\leqslant 0$。其中，$\tilde{B}_0=\eta_1 wq(\tilde{B}_0)$。

引理6.1表明，买方的最优订货数量会随其自有资金的增加而减少。这与前人的研究一致。引理6.1还表明，买方的初始自有资金B对保理商的风险控制存在重要影响。因为在无追索权保理融资中，下游买方承担了还款责任(买方为第一还款来源)。明显地，如果买方的自有资金越多，则保理商越有可能收回保理融资的本金与利息。

引理6.2将分析卖方与保理商在无追索权保理融资模型中的利润函数，我们简记$\tau_1=1+(r_s-r_f)\lambda\bar{\beta}$为卖方叙作保理融资服务的投资回报。

【引理6.2】　在保理融资中，当批发价格w给定时，卖方和保理商的利润分别为：

$$\Theta_1=\begin{cases}r_f\lambda\bar{\beta}wq_b-pI(L_1(q_b)), & \hat{B}_0\leqslant B<\tilde{B}_0\\ r_f\lambda\bar{\beta}wq_b, & \tilde{B}_0\leqslant B\leqslant\bar{B}_0\\ r_f\lambda\bar{\beta}wq_{nb}, & B>\bar{B}_0\end{cases}$$

$$\Pi_1=\begin{cases}(\tau_1w-c)q_b-pI(L_0(q_b))+pI(L_1(q_b)), & \hat{B}_0\leqslant B<\tilde{B}_0\\ (\tau_1w-c)q_b-pI(L_0(q_b)), & \tilde{B}_0\leqslant B\leqslant\bar{B}_0\\ (\tau_1w-c)q_{nb}, & B>\bar{B}_0\end{cases}$$

从上述分析可知，当下游买方的订货数量越多时，其承担的库存成本（如产品滞销风险等）也就越大。由前述引理6.1可知，当买方的自有资金越少时，保理商和卖方会共同承担下游的库存风险。引理6.2则具体展示了相关风险的大小，即：当$\hat{B}_0\leqslant B<\tilde{B}_0$时，保理商不能收回融资利息，其所承担的库存风险为$pI(L_1(q_b))$。卖方承担的库存风险为$pI(L_0(q_b))-pI(L_1(q_b))$；当$\tilde{B}_0\leqslant B\leqslant\bar{B}_0$时，仅有卖方承担库存风险，具体为$pI(L_0(q_b))$；当$B>\bar{B}_0$时，买方的资金实力较强，保理商与卖方均不承担库存风险。同样地，引理6.2也说明了买方的资金实力对保理融资风险控制的重要影响。

下面我们将分析何种情形下卖方会从保理融资业务中获益。

【定理6.1】 当批发价格w给定时，如果投资收益率$r_s>\tilde{r}_s$，则有$\Pi_1\geqslant\Pi_0$；反之，$\Pi_1<\Pi_0$。其中：

$$\tilde{r}_s=\begin{cases}r_f-pI(L_1(q_b))/(\lambda\bar{\beta}wq_b), & \hat{B}_0\leqslant B<\tilde{B}_0\\ r_f, & B\geqslant\tilde{B}_0\end{cases}$$

定理6.1表明，卖方申请叙作保理业务的动机之一是保理商提前给付的资金所产生的投资收益（此处为广义的投资收益，不仅包括外部投资项目所产生的收益，也包括将资金有效运用于内部管理运营所产生的效益。）。当上游卖方通过保理融资预付款产生的投资收益率大于$\tilde{r}_s$时，卖方即能够从保理融资服务中获益。另外，定理6.1还表明，如果买方的资金实力较弱（如$\hat{B}_0\leqslant B<\tilde{B}_0$），卖方更易从保理融资业务中获得益处。而当买方资金实力较强时（如$B\geqslant\tilde{B}_0$），仅当外部的投资收益率大于保理融资利率时，卖方才能从保理服务中获益。这也易于理解：买方资金实力越弱，其信用风险越大，而无追索权保理的优点之一就是能够有效化解买方的信用风险。因而，上游中小卖方更易获得较大的收益。

图6.3展示了保理融资对上游卖方的价值。在这一部分的模型仿真中，使用伽马分布并设其参数$\mu=100$，其他相关基础参数则包括：$p=1$，$w=0.6$，$c=0.4$，$\beta=0$，$\lambda=0.6$。首先，当市场风险较高（如$\sigma/\mu=0.9$）且买方的资金实力较低（可视为信用风险较高）时，则卖方会有较强的动机申请叙作保理业务；若买方的资金

实力较高(可视为信用风险较低)且保理融资预付款所产生的投资收益大于融资利率时,卖方也将会申请保理业务。除此之外,上游卖方将可能缺乏相关动机申请相关融资服务。

图6.3也揭示了市场风险和买方初始资金对阈值$\tilde{r}_S$的影响。易知,$\tilde{r}_S$会随着市场风险的增加而减少。若市场风险极其小(如$\sigma/\mu=0.3$),阈值$\tilde{r}_S$会与保理融资利率接近一致。此外,阈值会随着买方初始资金B的增加而增加,这与前述定理6.1的结论相一致。因此,我们可从中得到相关的管理启示:上游中小卖方在无追索权保理融资开展后应高效、合理地运用融资预付款,以优化其现金流,提升营运资本管理水平。需要注意的是,在市场风险较高及买方资金实力较低(信用风险增加)的情况下,卖方更应该关注相关资金的合理运用。

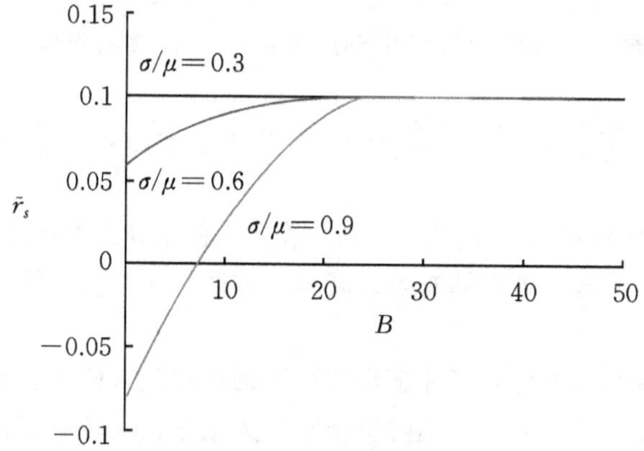

图6.3　买方自有资金及市场风险对$\tilde{r}_s$的影响

本部分既构建了仅包含卖方与买方的基本赊销贸易模型,又在此基础上建立了加入保理商的无追索权保理融资模型,通过模型的对比探索了保理商的加入对供应链参与主体(主要为上游卖方企业)的影响。我们刻画了不同模型下各个供应链参与主体的利润函数,并分析了影响利润的相关因素,如下游买方的资金实力及保理融资预付款产生的投资收益率等。考虑运用融资预付款产生的收益能够很好地解释上游企业申请保理业务的动机,是本研究的创新点之一。研究发现,在基础赊销贸易模型中,上游卖方会依据买方的自有资金实力来设置准入门槛,以决定是否达成相关的赊销贸易。在基本赊销模型中,卖方的风险管理策略极其有限,主要是通过取消赊销贸易来规避相关风险。

而在后续的无追索权保理融资模型中,研究得出的结论则较为丰富。首先,当上游卖方不考虑最优批发价格情形时,核心买方决策的最优订货数量会随其初始资金实力的增加而减少。其次,对于保理商来说,买方的资金实力是其进行风险管理时所必须考量的一个重要因素。考虑到回款路径的改变,核心买方的资金实力越强，保理商收回融资本金与利息的可能性越大。这与传统的银行信贷存在明显的不同。再者，当买方决策的订货数量越多(其自有资金越少)时，相应的库存风险将由保理商和卖方共同承担，库存风险也随买方资金实力的增加而减少。

从上游企业的角度来看，上游卖方应致力于高效、合理地运用保理融资预付款，其运用保理融资预付款所产生的投资回报率越高，就越能从保理业务中获得高的收益。当买方自有资金较多(信用风险较低)时，投资回报率只有高于保理融资利率时才能使卖方获益；而当买方自有资金较少(信用风险较高)时，卖方反而更容易从保理融资中获益。这一研究表明：对上游中小卖方来说，无追索权保理业务具有较好的转移买方信用风险的功能。

从本部分的数值仿真还可以得出：当市场风险及信用风险均较高时，上游卖方将会有很强烈的意愿申请叙作保理业务以转移自身的风险。可以看出，本部分的研究结论对无追索权保理融资模式中的产业实践具有较强的指导意义。

五、保证保险项下保理融资模型的分析及比较研究

上文分析了保理融资对于产业链中上游中小企业等各参与主体的意义。相较于基础赊销贸易，保理服务能够有效地转移卖方面临的相关风险，而其中最主要的即买方信用风险。

在本部分，我们拓展建立了保证保险项下的保理融资模型，研究重点也是模型之间的比较：保证保险项下的保理融资模型与无追索权保理融资模型对比，以探究保证保险的引入对上游卖方以及保理商的影响；保证保险项下的保理融资模型与基础赊销模型的对比，以探究保险公司及保理商的加入对上游卖方的影响。

(一)保证保险项下保理融资模型分析

在前文所研究的无追索权保理融资中，保理商承担了买方的信用风险。这对保理商是极为不利的，为了减少自身面临的相关风险，许多保理商在提供保理服务前会要求上游卖方企业投保保证保险。当卖方投保保证保险后，卖方与保险公司、保理商达成三方赔款转让协议，将保险合同项下的保险赔偿受益权转让给保理商。在此基础上，上游卖方与保理商签订保证保险项下的应收账款保理融资协议。需要注意的是，上游卖方、保险公司与保理商三方共同签订的保险赔款转让协议仅仅是变动了赔款路径，它改变的只是保险公司的赔款支付对象，并没有改变保险公司进行赔付的各项条件。所以，在本章的模型中，保险公司的赔付仍以投保人(卖方)的实际损失为计算基数。这一点是十分重要的。

保证保险承保的是在保险期间被保险人(卖方)按贸易合同交付货物后由买方信用引起的损失。根据银保监会的相关文件,当发生买方破产或者买方逾期拖欠应收账款时,保险公司应按照保险合同的约定负责赔偿。由于本研究未考虑时间因素,所以只考虑下游买方破产这一种情形。

在本研究的保证保险项下保理融资中,我们假设卖方的实际损失为y,即保险公司赔付给保理商的资金为y。为了更加贴合实际,本研究作出下列假设,保险公司在赔偿时,将从卖方的实际损失中扣除以下项目:①买方在发生损失的赊销合同项下已支付的款项;②卖方通过保理融资收回的款项。记阈值$L_2(q)=\dfrac{\eta_2 wq-B}{p}$为买方在$T$时刻的资金加保险赔款恰好能够偿还保理融资本金与利息的临界点。其中,$\eta_2=(1+r_f)2\lambda\bar{\beta}+2\beta-1$。相关阈值的意义可见图6.4。研究假设$r_f<\dfrac{1}{\lambda}-1$,可得$\eta_2<\eta_1$及$L_2(q)<L_1(q)$。

记$\tau_2=1+(r_s-r_f)\lambda\bar{\beta}-r_i\bar{\beta}$为存在保证保险情形下卖方运用保理融资预付款所产生的投资收益。另外,我们定义阈值$\breve{B}_0$:若$\eta_2>0$,则令$\breve{B}_0$满足于$\breve{B}_0=\eta_2 wq_b(\breve{B}_0)$;否则,令$\breve{B}_0=\hat{B}_0$。

【引理6.3】 在保证保险项下保理融资中,保理商、卖方以及保险公司的利润分别如下:

$$\Theta_2=\begin{cases}r_f\lambda\bar{\beta}wq_b-pI(L_2(q_b)), & \hat{B}_0\leqslant B<\breve{B}_0\\ r_f\lambda\bar{\beta}wq_b, & \breve{B}_0\leqslant B\leqslant\bar{B}_0\\ r_f\lambda\bar{\beta}wq_{nb}, & B>\bar{B}_0\end{cases}$$

$$\Pi_2=\begin{cases}(\tau_2 w-c)q_b-pI(L_1(q_b))+pI(L_2(q_b)), & \hat{B}_0\leqslant B<\breve{B}_0\\ (\tau_2 w-c)q_b-pI(L_1(q_b)), & \breve{B}_0\leqslant B\leqslant\tilde{B}_0\\ (\tau_2 w-c)q_b, & \tilde{B}_0<B\leqslant\bar{B}_0\\ (\tau_2 w-c)q_{nb}, & B>\bar{B}_0\end{cases}$$

$$\Psi_2=\begin{cases}r_i\bar{\beta}wq_b-pI(L_0(q_b))+pI(L_1(q_b)), & \hat{B}_0\leqslant B\leqslant\tilde{B}_0\\ r_i\bar{\beta}wq_b-pI(L_0(q_b)), & \tilde{B}_0<B\leqslant\bar{B}_0\\ r_i\bar{\beta}wq_{nb}, & B>\bar{B}_0\end{cases}$$

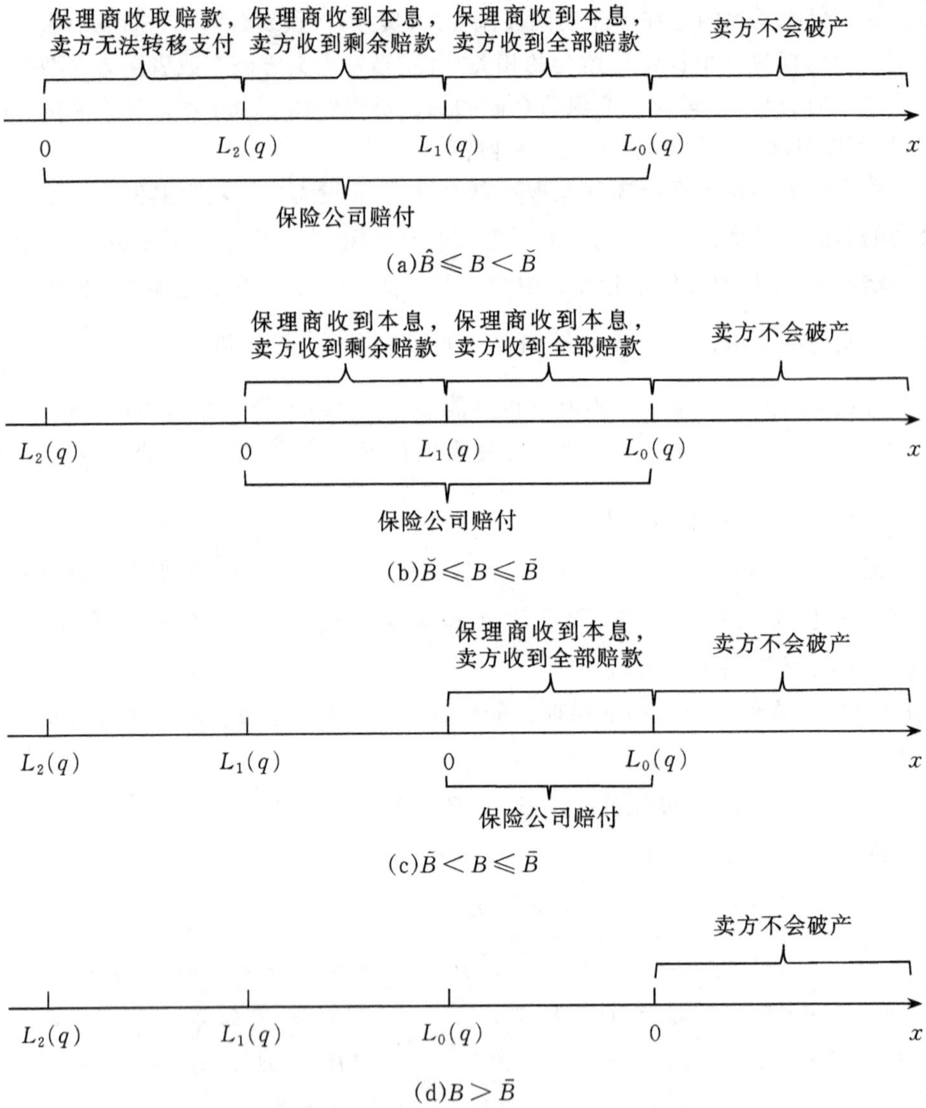

图6.4　保证保险项下保理融资阈值示意

与前述引理6.2类似，我们也能从引理6.3中得到上游卖方、保理商、信用保险公司各自承担的库存成本大小，此处不再赘述。

(二)保证保险对保理商及卖方的影响研究

记 $\tilde{r}_i$ 为满足 $\Psi_2(q_b)=0$ 的保险费率，即：当 $\hat{B}_0 \leqslant B \leqslant \tilde{B}_0$ 时，$\tilde{r}_i=\dfrac{pI(L_0(q_b))-pI(L_1(q_b))}{\bar{\beta}wq_b}$；当 $\tilde{B}_0 < B \leqslant \bar{B}_0$ 时，$\tilde{r}_i=\dfrac{pI(L_0(q_b))}{\bar{\beta}wq_b}$；当 $B > \bar{B}_0$ 时，$\tilde{r}_i=$

0。记$\breve{r}_i$为满足$\Pi_2(q_b)=\Pi_1(q_b)$的保险费率，即：

当 $\hat{B}_0 \leqslant B \leqslant \breve{B}_0$ 时，$\breve{r}_i=\dfrac{pI(L_0(q_b))+pI(L_2(q_b))-2pI(L_1(q_b))}{\bar{\beta}wq_b}$；当 $\breve{B}_0 < B \leqslant \tilde{B}_0$时，$\breve{r}_i=\dfrac{pI(L_0(q_b))-2pI(L_1(q_b))}{\bar{\beta}wq_b}$；当$\tilde{B}_0 < B \leqslant \bar{B}_0$时，$\breve{r}_i=\dfrac{pI(L_0(q_b))}{\bar{\beta}wq_b}$；当$B > \bar{B}_0$时，$\breve{r}_i=0$。接下来，我们将分析引入保证保险对于卖方和保理商利润的影响。

【定理6.2】 考虑保证保险的保理融资模型中，若批发价格w固定，可得：

(1)当$\hat{B}_0 \leqslant B \leqslant \tilde{B}_0$时，$\breve{r}_i < \tilde{r}_i$；当$B > \tilde{B}_0$时，$\breve{r}_i = \tilde{r}_i$。

(2)当$r_i > 0$时，在保理融资区域内($B > \hat{B}_0$)，可得$\Theta_2 \geqslant \Theta_1$。

(3)当$r_i > \tilde{r}_i$时，可得$\Pi_2 \leqslant \Pi_1$和$\Psi_2 \geqslant 0$；当$\breve{r}_i \leqslant r \leqslant \tilde{r}_i$时，可得$\Pi_2 \leqslant \Pi_1$和$\Psi_2 < 0$；当$0 < r_i \leqslant \breve{r}_i$，可得$\Pi_2 \geqslant \Pi_2$和$\Psi_2 < 0$。

基于定理6.2、定理6.3及相关数值仿真(图6.5至图6.8)，我们将探究保证保险制度对于上游中小卖方、保理公司等参与主体的影响。

首先，作为一种风险转移工具，保证保险制度的引入的确能够提升保理商对卖方提供融资服务的意愿。根据前述定理6.2的数学推导结论，一旦上游卖方投保保证保险并将相关保单下的权益转让给保理商，则此时保理商的利润将会有效增加。在这种情况下，保理商也会愿意为资金实力较弱的中小卖方企业提供融资服务。图6.5(相关参数为$r_f=0.05$，$r_s=0.02$，$\sigma/\mu=0.9$)表明：当市场风险较高而买方自有资金较少(信用风险较高)时，处于无追索权保理中的保理商的期望利润可能为负。此种情形下，保理商未必会愿意向上游卖方提供融资服务。然而，若上游卖方投保了保证保险，则保理商在高风险的情形下会获得正的期望利润。而当买方的资金实力较强(信用风险较低)时，Θ_1和Θ_2又会趋向一致。即，保证保险的风险转移作用会变弱。可以看出，相较于市场风险，买方资金实力的强弱(信用风险的大小)更能影响保理商的利润情况。

其次，在无追索权保理融资中，保证保险可以作为一种风险分配机制。根据前述定理6.2，我们可得$\breve{r}_i \leqslant \tilde{r}_i$。因此，我们可以发现：当批发价格$w$给定时，信用保险公司获得正利润的情形与上游卖方获得更多利润的情形无法同时存在。换言之，信用保险公司利润的增加来源于上游卖方利润的减少。

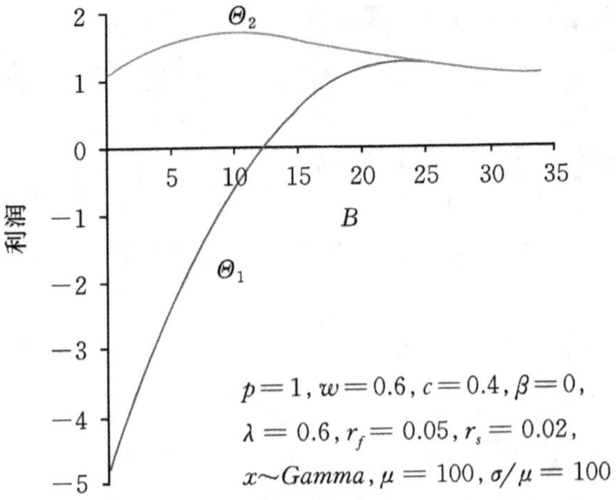

图 6.5　保证保险制度对保理商利润的影响

在图 6.5 中，考虑了不同市场风险情形下买方初始资金状态 B 对 $\bar{r}_i$ 和 $\check{r}_i$ 的影响，其表明 $\bar{r}_i$ 和 $\check{r}_i$ 均会随着下游买方初始资金 B 的增加而减少。不难知道，在保证保险项下保理融资模型中，保费对上游的中小企业来说是一笔固定支出的财务负担。当市场风险相对较高时，保证保险的引入未必会使上游卖方受益。如果下游买方拥有较多的初始资金（信用风险低），则卖方完全无须投保保证保险，相应的保费支出反而会对上游的中小企业造成不利影响。但是，当风险较高尤其是信用风险较高（买方资金实力较低）时，投保保证保险的确能够帮助上游的中小企业减少风险。不难看出，上述研究结论能够为中小企业的投保决策提供借鉴。

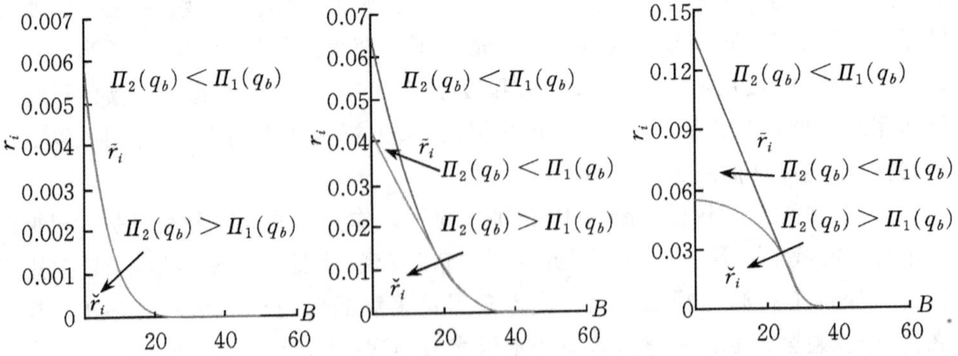

(a)$\sigma/\mu=0.3$　(b)$\sigma/\mu=0.6$　(c)$\sigma/\mu=0.9$

图 6.6　买方初始资金对 $\bar{r}_s$ 和 $\check{r}_i$ 的影响

另外，图 6.6 也展示了 $\bar{r}_i$ 与市场风险之间的关系。当买方的初始自有资金 B 固定时，$\bar{r}_i$ 随着市场风险的增加而增加。换言之，在波动的经济环境中，保险公司会倾向于收取较高的保险费率。这一结论也与现实相符并且也能从图 6.7 中得出。

在图6.7中，区域1和2表示$\Pi_2(q_b)<\Pi_1(q_b)$，而区域3则表示$\Pi_2(q_b)>\Pi_1(q_b)$。对于给定的市场风险σ/μ，核心买方拥有的初始资金越多，则满足$\Psi_2=0$的$\bar{r}_i$也会越低。在图6.7(a)的区域3中，设定极端情况：下游核心买方的初始资金为0。此时，相较于其他数值仿真结果，曲线$\breve{r}_i$的性质发生了变化。即，当市场风险较高时，上游卖方的实际利润要小于期望利润。换言之，在市场风险和信用风险均处于极端高时，保证保险的风险转移作用会削弱。

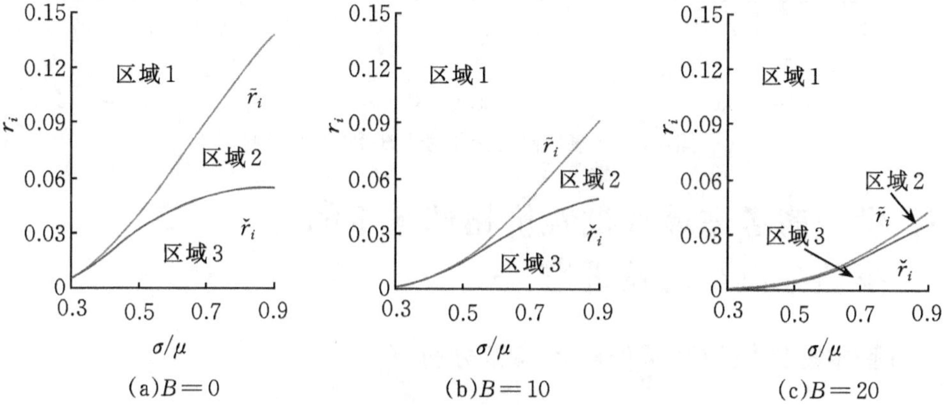

图6.7　市场风险变化对于$\breve{r}_i$和$\bar{r}_i$的影响

【**定理6.3**】　考虑保证保险的保理融资中，若批发价格w给定，记$R_d=\lambda r_i-(r_s-r_f)$。可得：

(1)若$R_d\geqslant 0$：当$\hat{B}_0\leqslant B\leqslant\bar{B}_0$时，总有$\Pi_2\geqslant\Pi_0$。

(2)若$R_d<0$：当$p[I(L_0(q_b(\hat{B}_0)))-I(L_1(q_b(\hat{B}_0)))+I(L_2(q_b(\hat{B}_0)))]<(-R_d)\bar{\beta}wq_b(\hat{B}_0)$时，则对于$\hat{B}_0\leqslant B\leqslant\bar{B}_0$，总有$\Pi_2<\Pi_0$。否则，存在满足$\Pi_2(B'_0)-\Pi_0(B'_0)=0$的$B'_0$，当$\hat{B}_0\leqslant B\leqslant B'_0$时，可得$\Pi_2\geqslant\Pi_0$；当$B'_0<B\leqslant\bar{B}_0$时，可得$\Pi_2<\Pi_0$。

通过定理6.3，我们可以得出处于何种情形时，保证保险项下的保理融资中上游卖方的利润会高于基础赊销贸易中卖方的利润。如图6.8(相关参数为$r_f=0.1$，$r_i=0.01$)所示，若保理融资预付资金所产生的投资收益率给定，在高市场风险情形下，处于保证保险项下保理融资模式中的卖方会获取较多的利润。同样地，若市场风险给定，投资收益率越高，上游中小企业也越有可能从保证保险项下保理融资中获益。这些结论与我们的预期及现实情形相一致。

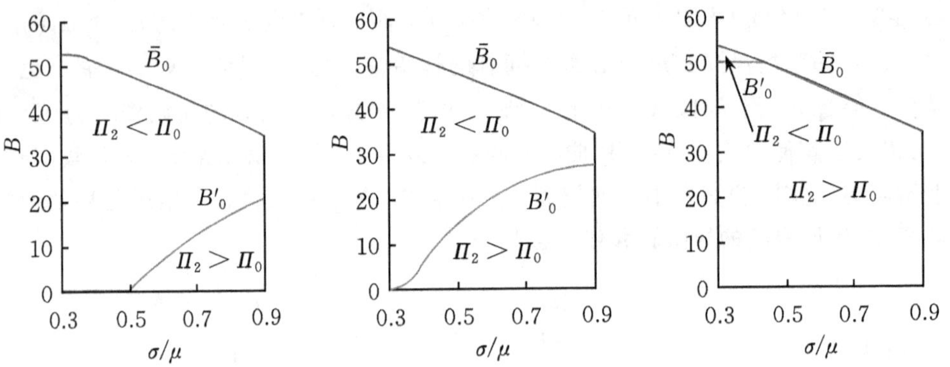

(a)$r_s=0.05$　(b)$r_s=0.1$　(c)$r_s=0.15$

图6.8　市场风险的变化对于$\bar{B}_0$和B'_0的影响

六、供应商考虑最优批发价格情景下的模型分析及比较研究

(一)基本赊销模型及保理融资模型分析

首先，我们记q_L和q_U为满足$pq\bar{F}(q)=B$的订货数量，且$q_L<q_U$。根据后文的分析，我们可知$q\bar{F}(q)$为q的单峰函数。那么，对任意的满足$L(q_0)>0$的最优订货数量q_b一定位于(q_L,q_U)内。

【引理6.4】订货数量q_b随批发价格w的递增而减少；批发价格w_b随订货数量q的递增而减少。w_bq在$(q^L,\tilde{Q})$内单调递增，且$\tilde{Q}$为(q^L,q^U)内的最大值。

Kouvelis和Zhao(2012)研究了存在破产成本情况下的贸易信用问题。当破产成本为0时，记买方的订货数量决策及卖方的批发价格决策分别为q_0^2和w_0^2。其中，q_0^2满足等式$\bar{F}(q_0^2)(1-H(q_0^2))=c/p$，且$w_0^2=p\bar{F}(q_0^2)$。

记唯一的均衡订货量q_0^1和均衡批发价w_0^1能够分别从下列等式中求得：

$$\bar{F}(L_0(q))w(1-H(q))=c\left[1-\frac{w}{p}qh(L_0(q))\right]$$

$$w\bar{F}(L_0(q))=p\bar{F}(q)$$

类似地，我们记资金阈值$\hat{B}'_0=\beta w_0^1q_0^1,\bar{B}'_0=w_0^2q_0^2$。

在对存在批发价格决策的情形进行研究前，我们据前人的研究作出下列假设：需求分布的失败率$h(x)$具有IFR性质。

【命题6.2】　假设失败率$h(x)$为凸函数，在基础赊销贸易中，均衡解q_0^*和w_0^*分别为：

(1)当$B<\hat{B}'_0$时，买卖双方无任何赊销贸易；

(2)当$\hat{B}'_0 \leqslant B \leqslant \bar{B}'_0$时，可得$q_0^*=q_0^1, w_0^*=w_0^1$；

(3)当$B>\bar{B}'_0$时，可得$q_0^*=q_0^2, w_0^*=w_0^2$。

可以看出，我们从命题6.2中得出的结论与前述研究类似。据上述命题可知，如果上游卖方未申请叙作保理融资业务，则在赊销贸易中的均衡解(q_0^1和w_0^1)可能会存在于买方的破产区域[$\hat{B}'_0, \bar{B}'_0$]内。

在下面的研究中，我们考虑存在保理融资情形下卖方与买方之间的两阶段斯塔克伯格博弈。首先，命题6.3说明了保理商和卖方的风险成本会随着买方订货数量的增加而增加。

【命题6.3】 在$q \in [q^L, \tilde{Q}]$区域内，我们可得：

(1)如果$\eta_1 w_b q \geqslant B$，则$I(L_1(q))$与$I(L_0(q))-I(L_1(q))$均随q的增加而递增；

(2)如果$\eta_2 w_b q \geqslant B$，则$I(L_1(q))-I(L_2(q))$随q的增加而递增；

(3)如果$w_b q \geqslant B$，则$I(L_0(q))$随q的增加而递增。

记唯一的均衡订货数量q_1^1和均衡批发价格w_1^1能够从下列等式中求得：

$$(\tau_1 - F(L_0(q)) + \eta_1 F(L_1(q)))w(1-H(q)) = c\left[1-\frac{w}{p}qh(L_0(q))\right]$$

$$w\bar{F}(L_0(q)) = p\bar{F}(q)$$

记唯一的均衡订货量q_1^2和均衡批发价格w_1^2能够从下列等式中求得：

$$(\tau_1 - F(L_0(q)))w(1-H(q)) = c\left[1-\frac{w}{p}qh(L_0(q))\right]$$

$$w\bar{F}(L_0(q)) = p\bar{F}(q)$$

记q_1^3为满足等式$\tau_1\bar{F}(q)(1-H(q)) = c/p$的均衡订货量，且$w_1^3 = p\bar{F}(q_1^3)$。我们记$\hat{B}_1 = \beta w_1^1(\hat{B}_1)q_1^1(\hat{B}_1)$，$\tilde{B}_1 = \eta_1 w_1^2(\tilde{B}_1)q_1^2(\tilde{B}_1)$，$\bar{B}_1 = w_1^3(\bar{B}_1)q_1^3(\bar{B}_1)$。

【命题6.4】 假设失败率$h(x)$为凸函数，在无追索权保理融资中，相应的均衡解q_1^*和w_1^*分别为：

(1)当$\hat{B}'_1 \leqslant B < \tilde{B}'_1$时，可得$q_1^*=q_1^1, w_1^*=w_1^1$；

(2)当$\tilde{B}'_1 \leqslant B \leqslant \bar{B}'_1$时，可得$q_1^*=q_1^2, w_1^*=w_1^2$；

(3)当$B>\bar{B}_1$时，可得$q_1^*=q_1^3, w_1^*=w_1^3$。

命题6.4展现了无追索权保理融资中的相关均衡解（订货数量与批发价格）。当$\hat{B}'_1 \leqslant B < \tilde{B}'_1$时，若市场需求小于相应的阈值$L_1(q_1^1)$，则买方在$T$时刻所拥有的现金无法偿还保理融资本金与利息。最终，保理商和上游卖方将共同承担相应的损失。当$\tilde{B}'_1 \leqslant B \leqslant \bar{B}'_1$时，保理商能够全额收回保理融资的本金与利息，但卖方只能收到部分转移支付的资金。当$B>\bar{B}_1$时，核心买方资金实力较强，保理商与卖方均不承担相关风险。

【定理6.4】 若$r_s \geqslant r_f$，则均衡订货数量q_1^*随买方初始资金B的增加而减少。

定理6.4表明，存在批发价格决策情形下，买方的初始资金越多，其订货量决策越保守。这与前述的研究结论一致。

（二）保证保险项下保理融资分析

记唯一的均衡订货数量q_2^1和均衡批发价格w_2^1能够从下列等式中求得：

$$(\tau_2-\eta_1 F(L_1(q))+\eta_2 F(L_2(q)))w(1-H(q))=c\left[1-\frac{w}{p}qh(L_0(q))\right]$$

$$w\bar{F}(L_0(q))=p\bar{F}(q)$$

记唯一的均衡订货数量q_2^2和均衡批发价格w_2^2能够从下列等式中求得：

$$(\tau_2-\eta_1 F(L_1(q)))w(1-H(q))=c\left[1-\frac{w}{p}qh(L_0(q))\right]$$

$$w\bar{F}(L_0(q))=p\bar{F}(q)$$

记唯一的均衡订货数量q_2^2和均衡批发价格w_2^3能够从下列等式中求得：

$$\tau_2 w(1-H(q))=c\left[1-\frac{w}{p}qh(L_0(q))\right]$$

$$w\bar{F}(L_0(q))=p\bar{F}(q)$$

记q_2^4为满足$\tau_2\bar{F}(q)(1-H(q))=c/p$的均衡订货数量，且$w_2^4=p\bar{F}(q_2^4)$。记$\hat{B}_2=\beta w_2^1(\hat{B}_2)q_2^1(\hat{B}_2)$，$\breve{B}_2=\eta_2 w_2^2(\breve{B}_2)q_2^2(\breve{B}_2)$，$\tilde{B}_2=\eta_1 w_2^2(\tilde{B}_2)q_2^2(\tilde{B}_2)$以及$\bar{B}_2=w_2^4 q_2^4$。

【命题6.5】 假设失败率$h(x)$为凸函数，在保证保险项下保理融资中，均衡解q_2^*和w_2^*分别为：

(1)当$\hat{B}_2 \leqslant B < \breve{B}_2$时，可得$q_2^*=q_2^1, w_2^*=w_2^1$；

(2)当$\breve{B}_2 \leqslant B \leqslant \tilde{B}_2$时，可得$q_2^*=q_2^2, w_2^*=w_2^2$；

(3)当$\tilde{B}_2 < B \leqslant \bar{B}_2$时，可得$q_2^*=q_2^3, w_2^*=w_2^3$；

(4)当$B > \bar{B}_2$时，可得$q_2^*=q_2^4, w_2^*=w_2^4$。

【定理6.5】 当$\tau_2 \geqslant 1$时，均衡订货数量q_2^*随买方初始资金B的增加而减少。

（三）供应商考虑最优批发价格情景下的模式比较

在下面的研究中，我们通过数值仿真来比较处于不同买方资金状态下的上游卖方的利润情况。为了使得数值仿真能够满足前述相关假设，我们令市场需求满足韦布尔分布，设参数$a=200$，b在区间[2.2,6]内。此外，我们设供应链系统中的其他基础参数为$p=1, c=0.4, \beta=0, \lambda=0.6, r_f=0.1$。

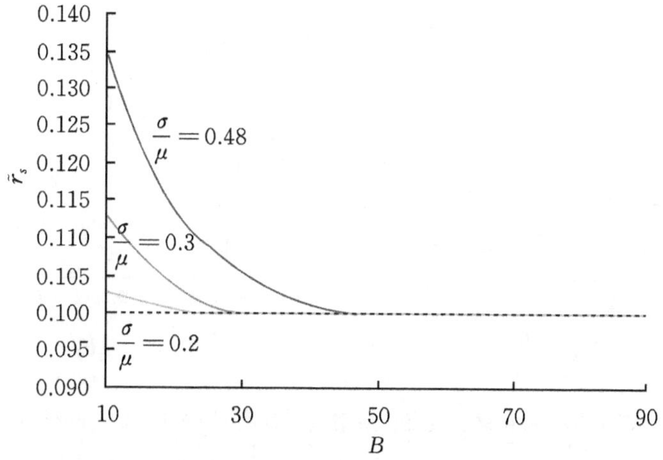

图6.9 存在最优批发价格情形下B对$\bar{r}_s$的影响

类似于图6.9,我们也研究了无追索权保理融资对于卖方的影响。如图6.10所示,若保理融资预付款所产生的投资收益率r_s高于$\bar{r}_s$时,申请叙作保理会对卖方有益。反之,则不然。值得注意的是,图6.10中的曲线$\bar{r}_s$与图6.9的有较大的不同。首先,通过研究发现:当存在最优批发价格决策时,阈值$\bar{r}_s$会随市场风险的提高而增加。当市场风险极端低时(如$\sigma/\mu=0.2$),曲线$\bar{r}_s$会趋向于保理融资利率。其次,当市场风险较高(如$\sigma/\mu=0.48$)且买方有充足的初始资金时,上游卖方会有较强的动机申请叙作保理业务;若买方的初始资金较匮乏,则上游卖方仅在r_s较高时才会考虑申请叙作保理业务。

下面的数值仿真主要考虑了存在最优批发价格时,引入保证保险机制对上游卖方利润的影响。即比较无追索权保理融资模型与保证保险项下的保理融资模型。如果卖方运用保理融资预付款所产生的投资收益率r_s满足$\tau_2\geqslant 1$且买方不存在破产风险,则相较于保理融资,处于保证保险项下的保理融资中的卖方利润会减少。此外,基于图6.10(a)我们可得:尽管运用保理融资预付款产生的回报率较高($r_s=0.2$),Π_2仍是会小于Π_1。因此,如果上游卖方决策批发价格,其投保的保证保险虽然会降低其面临的风险,但也会减少其期望利润。这个研究结论表明:对于进行批发价格决策的上游卖方来说,保险的保费是一笔无法忽视的财务负担。图6.10(b)(相关参数为:$r_s=0.2,r_i=0.02$)表明当买方初始资金实力一定时(设$B=30$),不同融资模型下的卖方利润均随市场风险的增加而减少。

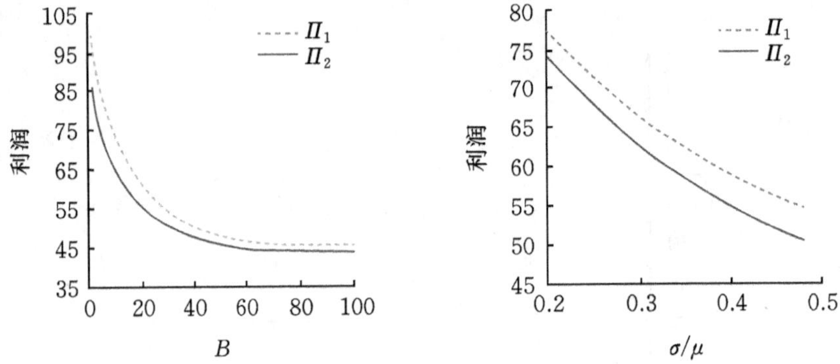

(a)　　　　　　　　　　　　(b)

图6.10　存在最优批发价格情形下 B 及 σ/μ 对 Π_1 和 Π_2 的影响

在图6.11中,我们将保证保险项下的保理融资模型与基础赊销贸易模型进行对比研究。在图6.11(a)中,我们可以看出:在保证保险项下的保理融资模型中,上游卖方的利润会随 r_s 的增加而增加。如果 r_s 处于较低的水平,则可能会发生 $\Pi_2 < \Pi_0$ 的情形。此时,易看出卖方缺乏动机申请叙作保理业务。但当 r_s 处于较高的水平且买方初始资金也较多时,卖方会有很强的动机申请叙作保理业务。

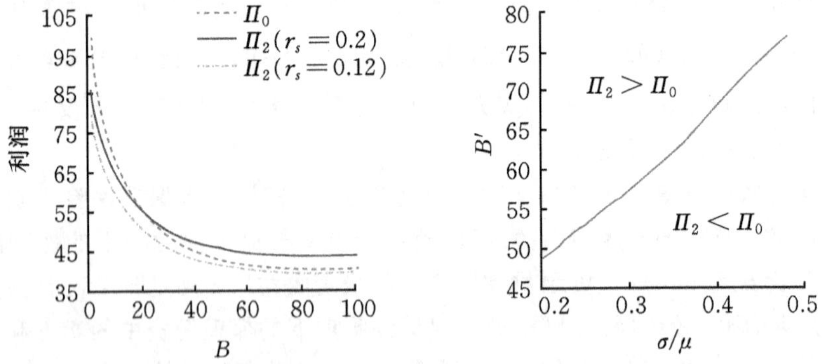

(a) $where\ r_i = 0.02$　　　　　　(b) $where\ r_s = 0.2, r_i = 0.02$

图6.11　存在最优批发价格情形下 B 及 σ/μ 对 Π_0 与 Π_2 的影响

七、本章小结

本章在无追索权保理融资模型中引入保险公司,构建了保证保险项下的保理融资模型。模型间的两两对比仍然是本部分主要的研究模式。

从数学建模及相关推导来看,下游核心买方的资金实力对于上游中小卖方及保理商的风险管理策略仍然具有较为重要的影响。而当买方订货过多时,相关的库存成本依然由卖方及保理商承担。上述结论与前一章节研究相一致。

对于保理商来说，在开展了无追索权保理融资业务之后，其承接了下游买方的信用风险。而卖方所投保的保证保险的确能够降低其面临的相关风险并提高保理商的利润。相关的数值仿真对保证保险对保理商的影响作出了具体分析。在高风险的情形下，保证保险对于保理商的积极作用十分明显。而当风险降低时（主要为信用风险），引入保证保险未必会增加保理商的利润。

对于上游的中小企业来说，保证保险机制的影响也要基于不同的情形展开分析。当相关风险较低时，保证保险的保费会成为上游中小企业的财务负担。而当市场风险较高时，保证保险的确能够给卖方带来积极的作用，但保险的风险转移作用也会减弱。

本章还将保证保险项下的保理融资模型与基础赊销模型进行对比分析。当保理融资预付款所产生的投资收益率给定时，在高市场风险情形下，处于保证保险项下的保理融资模式中的卖方会获取较多的利润。同样地，若市场风险给定，投资收益率越高，上游中小企业也越有可能从保证保险项下的保理融资中获益。可以看出，风险与收益的比较是影响上游中小企业进行投保决策的主要因素。

在本章，我们研究上游卖方企业开展最优批发价格决策的情形。与前述研究类似，研究的重点依旧在于融资模型之间的对比。首先，将无追索权保理融资模型与基础赊销模型进行对比分析。其次，在相关的数学推导中，我们得出了各个融资模型中相应的均衡批发价格和均衡订货数量。

鉴于本部分研究的难度，重点通过数值仿真来对模型之间的异同进行研究、分析。首先，对比保理融资模型与基础赊销模型，探究存在批发价格决策时保理商对上游卖方的影响。相较于不开展批发价格决策时的情形，此时的结论有较大的不同。当存在最优批发价格决策时，相关阈值会随市场风险的提高而增加。当市场风险极端低时，阈值曲线会趋向于保理融资利率。其次，当市场风险较高且买方有充足的初始资金时，上游卖方仍然会有较强的动机申请叙作保理业务以规避风险；若买方的初始资金较匮乏（信用风险较高），上游卖方仅会在保理融资预付款产生的投资收益较高时才会申请叙作保理业务。

八、本章结论的证明

【命题 6.1 的证明】　由买方利润函数可得 $\frac{\mathrm{d}\Omega_0(q)}{\mathrm{d}q}=p\bar{F}(q)-w\bar{F}(L_0(q))$，$\frac{\mathrm{d}^2\Omega_0(q)}{\mathrm{d}q^2}=\bar{F}(q)[wh(L_0(q))-ph(q)]$。因为 $p>w$，$q>L_0(q)$，$h(x)$ 单调递增，所以，$\Omega_0(q)$ 为单峰函数且最优订货数量唯一确定。令 q_b 为 $\frac{\mathrm{d}\Omega_0}{\mathrm{d}q}=0$ 的解，即 q_b 满足 $p\bar{F}(q)=$

$w\bar{F}(L_0(q))$。明显地，当$0\leqslant B<\hat{B}_0$时，买卖双方无任何交易。当$B>\bar{B}_0$时，$L_0(q)<0$，买方无违约风险。所以，当$\hat{B}_0\leqslant B\leqslant\bar{B}_0$时，买方的最优订货数量为$q_b$；当$B>\bar{B}_0$时，买方的最优订货数量为$q_{nb}$。

【引理6.1的证明】 根据$L_1(q_b)$的定义我们不难得到：当$B>\tilde{B}_0$时，$L_1(q_b)\leqslant 0$。由$p\bar{F}(q)=w\bar{F}(L_0(q))$可得：

$$\frac{\mathrm{d}q_b}{\mathrm{d}B}=\frac{-h(L_0(q_b))}{ph(q_b)-wh(L_0(q_b))}$$

因为$p>w$，$q_b>L_0(q_b)$，可得$\frac{\mathrm{d}q_b}{\mathrm{d}B}<0$。即最优订货数量$q_b$随买方自有资金$B$的增大而减少。据此，我们也可得到$\frac{\mathrm{d}L_1(q_b)}{\mathrm{d}B}=\frac{\eta_1 w\frac{\mathrm{d}q_b}{\mathrm{d}B}-1}{p}<0$。

【引理6.2的证明】 首先，当市场需求$x>L_0(q_b)$时，买方不会破产。在T时刻，买方会及时支付$\bar{\beta}wq_b$给保理商。然后，保理商将扣除本金与利息后的剩余资金转移支付给上游卖方。因此，卖方的利润为$\Pi_l(q_b,x)=\beta wq_b+(1+r_s)\lambda\dot{\beta}wq_b+\dot{\beta}wq_b-(1+r_f)\lambda\dot{\beta}wq_b-cq_b=(w-c)q_b+(r_s-r_f)\lambda\dot{\beta}wq_b$。保理商的利润为$\Theta_1(q_b,x)=r_f\lambda\bar{\beta}wq_b$。

(1)$\hat{B}_0\leqslant B<\tilde{B}_0$。此时，阈值$L_1(q_b)>0$。当市场需求$x\leqslant L_0(q_b)$时，买方会发生违约情形。

①若$px+B-\beta wq_b\geqslant(1+r_f)\lambda\bar{\beta}wq_b$，即$L_1(q_b)\leqslant x\leqslant L_0(q_b)$，则买方在$T$时刻的资金能够偿还保理商的融资本金与利息。不难得出，保理商的利润为$\Theta_1(q_b,x)=r_f\lambda\bar{\beta}wq_b$。由保理商至卖方的转移支付为$px+B-\beta wq_b-(1+r_f)\lambda\bar{\beta}wq_b$，可得卖方的利润为：

$$\begin{aligned}\Pi_1(q_b,x)&=\beta wq_b+(1+r_s)\lambda\bar{\beta}wq_b+px+B-\beta wq_b-(1+r_f)\lambda\bar{\beta}wq_b-cq_b\\&=(w-c)q_b+(r_s-r_f)\lambda\bar{\beta}wq_b+p(x-L_0(q_b))\end{aligned}$$

②若$0<x<L_1(q_b)$，则由保理商至卖方的转移支付为0。此时，保理商的利润为$\Theta_1(q_b,x)=px+B-\beta wq_b-\lambda\bar{\beta}wq_b=p(x-L_1(q_b))+r_f\lambda\bar{\beta}wq_b$。卖方的利润为$\Pi_1(q_b,x)=(w-c)q_b+(r_s-r_f)\lambda\bar{\beta}wq_b+p[L_1(q_b)-L_0(q_b)]$。根据以上分析，我们即可以求得保理商与卖方在$\hat{B}_0\leqslant B<\tilde{B}_0$时的期望利润。

(2)$\tilde{B}_0\leqslant B\leqslant\bar{B}_0$。此时，我们仅需考虑$x>L_0(q_b)$和$0\leqslant x\leqslant L_0(q_b)$的情形。与情形(1)相类似，当$0\leqslant x\leqslant L_0(q_b)$时，可得卖方利润为$\Pi_1(q_b,x)=(w-c)q_b+(r_s-r_f)\lambda\bar{\beta}wq_b+p(x-L_0(q_b))$，保理商的利润为$\Theta_1(q_b,x)=r_f\lambda\bar{\beta}wq_b$。根据以上分析，我们即可以求得保理商与卖方在$\tilde{B}_0\leqslant B\leqslant\bar{B}_0$时的期望利润。

(3)$B>\bar{B}_0$。此时，买方不会发生违约情形，且其最优订货数量总为q_{nb}。易得出保理商与卖方在$B>\bar{B}_0$时的期望利润，不再赘述。

【定理6.1的证明】 当$\hat{B}_0 \leqslant B < \tilde{B}_0$时，可得$\Pi_1 - \Pi_0 = (r_s - r_f)\lambda\bar{\beta}wq_b + pI(L_1(q_b))$。即当$r_s \geqslant \tilde{r}_s$时，有$\Pi_1 \geqslant \Pi_0$；反之，则$\Pi_1 < \Pi_0$。

当$\tilde{B}_0 \leqslant B \leqslant \bar{B}_0$时，可得$\Pi_1 - \Pi_0 = (r_s - r_f)\lambda\bar{\beta}wq_b$。当$B > \bar{B}_0$，可得$\Pi_1 - \Pi_0 = (r_s - r_f)\lambda\bar{\beta}wq_{nb}$。即当$r_s \geqslant \tilde{r}_s$时，有$\Pi_1 \geqslant \Pi_0$；反之，则$\Pi_1 < \Pi_0$。

【引理6.3的证明】 当市场需求$x > L_0(q_b)$时，买方不会发生违约情形。但卖方仍然需要支付相应的保费$r_i\bar{\beta}wq_b$。相应地，我们可以得到保理商的利润为$\Theta_2(q_b, x) = r_f\lambda\bar{\beta}wq_b$，卖方企业的利润为$\Pi_2(q_b, x) = (w-c)q_b + (r_s - r_f)\lambda\bar{\beta}wq_b - r_i\bar{\beta}wq_b$，保险公司的利润为$\Psi_2(q_b, x) = r_i\bar{\beta}wq_b$。

(1)$\hat{B}_0 \leqslant B < \breve{B}_0$。此时，阈值$L_2(q_b) > 0$。

①当$L_1(q_b) \leqslant x \leqslant L_0(q_b)$时，卖方会发生一定的损失，其实际损失$y = [\bar{\beta}wq_b - (1+r_f)\lambda\bar{\beta}wq_b] - [px + B - \beta wq_b - (1+r_f)\lambda\bar{\beta}wq_b] = p[L_0(q_b) - x]$。即保险公司会将卖方的实际损失$y$首先赔付给保理商。因此，我们可得保理商的利润函数为$\Theta_2(q_b, x) = r_f\lambda\bar{\beta}wq_b$。卖方的利润$\Pi_2(q_b, x) = \beta wq_b + (1+r_s)\lambda\bar{\beta}wq_b + p[L_0(q_b) - x] + [px + B - \beta wq_b - (1+r_f)\lambda\bar{\beta}wq_b] - cq_b - r_i\bar{\beta}wq_b = (w-c)q_b + (r_s - r_f)\lambda\bar{\beta}wq_b - r_i\bar{\beta}wq_b$。信用保险公司的利润为$\Psi_2(q_b, x) = r_i\bar{\beta}wq_b - p[L_0(q_b) - x]$。

②当$L_2(q_b) < x < L_1(q_b)$时，保险赔偿款以及买方在T时刻的资金能够偿还保理融资本息和。此时，由保理商至卖方的转移支付为$\bar{\beta}wq_b[1 - \lambda(1+r_f)] + px + B - \beta wq_b - (1+r_f)\lambda\bar{\beta}wq_b = p[x - L_2(q_b)]$。卖方的利润为$\Pi_2(q_b, x) = (w-c)q_b + (r_s - r_f)\lambda\bar{\beta}wq_b - p[L_0(q_b) - L_1(q_b)] + p[x - L_2(q_b)] - r_i\bar{\beta}wq_b$。保理商的利润仍然为$\Theta_2(q_b, x) = r_f\lambda\bar{\beta}wq_b$。

③当$0 < x \leqslant L_2(q_b)$时，保险赔偿款加买方在T时刻的资金不足以偿还保理融资本息和。此时，由保理商至卖方的转移支付为0。不难得到，保理商的利润函数为$\Theta_2(q_b, x) = \bar{\beta}wq_b[1 - \lambda(1+r_f)] + px + B - \beta wq_b - \lambda\bar{\beta}wq_b = r_f\lambda\bar{\beta}wq_b + p[x - L_2(q_b)]$。明显地，卖方的利润为$\Pi_2(q_b, x) = (w-c)q_b + (r_s - r_f)\lambda\bar{\beta}wq_b - p[L_0(q_b) - L_1(q_b)] - r_i\bar{\beta}wq_b$。

根据以上分析，我们可以求出：当$\hat{B}_0 \leqslant B < \breve{B}_0$时，保理商的期望利润$\Theta_2(q_b) = r_f\lambda\bar{\beta}wq_b - pI(L_2(q_b))$。卖方的期望利润$\Pi_2(q_b) = (\tau_2 w - c)q_b - pI(L_1(q_b)) + pI(L_2(q_b))$。信用保险公司的期望利润$\Psi_2(q_b) = r_i\bar{\beta}wq_b - pI(L_0(q_b)) + pI(L_1(q_b))$。

(2)$\breve{B}_0 \leqslant B \leqslant \tilde{B}_0$。此时，阈值$L_2(q_b) \leqslant 0$。与情形(1)类似，当$0 < x < L_1(q_b)$时，可得卖方的利润$\Pi_2(q_b, x) = (w-c)q_b + (r_s - r_f)\lambda\bar{\beta}wq_b - p[L_0(q_b) - L_1(q_b)] + p[x - L_2(q_b)] - r_i\bar{\beta}wq_b$，以及$\Theta_2(q_b, x) = r_f\lambda\bar{\beta}wq_b$。同理，可得在

$L_1(q_b)\leqslant x\leqslant L_0(q_b)$时的$\Pi_2(q_b,x)$和$\Theta_2(q_b,x)$。根据以上分析，我们可以求出：当$\breve{B}_0\leqslant B\leqslant\tilde{B}_0$时，保理商的期望利润$\Theta_2(q_b)=r_f\lambda\bar{\beta}wq_b-pI(L_2(q_b))$。卖方的期望利润$\Pi_2(q_b)=(\tau_2w-c)q_b-pI(L_1(q_b))$。保险公司的期望利润$\Psi_2(q_b)=r_i\bar{\beta}wq_b-pI(L_0(q_b))+pI(L_1(q_b))$。

(3)$\tilde{B}_0<B\leqslant\bar{B}_0$。此时，阈值$L_1(q_b)<0$。根据上述分析，当$0<x\leqslant L_0(q_b)$时，保理商的利润为$\Theta_2(q_b,x)=r_f\lambda\bar{\beta}wq_b$，卖方的利润为$\Pi_2(q_b,x)=(w-c)q_b+(r_s-r_f)\lambda\bar{\beta}wq_b-r_i\bar{\beta}wq_b$。我们可以求出：当$\tilde{B}_0<B\leqslant\bar{B}_0$时，保理商的期望利润$\Theta_2(q_b)=r_f\lambda\bar{\beta}wq_b$，卖方的期望利润$\Pi_2(q_b)=(\tau_2w-c)q_b$。

(4)$B>\bar{B}_0$。在此情形下，易得$\Theta_2(q_{nb})=r_f\lambda\bar{\beta}wq_{nb}$，$\Pi_2(q_{nb})=(\tau_2w-c)q_{nb}$，$\Psi_2(q_{nb})=r_i\bar{\beta}wq_{nb}$。

【定理6.2的证明】 (1)根据$\breve{r}_i$和$\tilde{r}_i$的定义，我们不难得到$\breve{r}_i\leqslant\tilde{r}_i$。

(2)由前述分析，可得$\dfrac{\mathrm{d}I(q)}{\mathrm{d}q}=F(q)>0$。当$\hat{B}_0\leqslant B<\breve{B}_0$时，已知$L_2(q_b)<L_1(q_b)$，可得$\Theta_2-\Theta_1=p[I(L_1(q_b))-I(L_2(q_b))]>0$；当$\breve{B}_0\leqslant B<\tilde{B}_0$时，$\Theta_2-\Theta_1=pI(L_1(q_b))>0$；当$B\geqslant\tilde{B}_0$时，$\Theta_2-\Theta_1=0$。

(3)根据$\tilde{r}_i$的定义，不难得出，当$r_i\geqslant\tilde{r}_i$时，$\Psi_2\geqslant0$。否则，$\Psi_2<0$。根据$\breve{r}_i$的定义，不难得出：当$r_i\geqslant\breve{r}_i$时，$\Pi_2\leqslant\Pi_1$；否则，$\Pi_2>\Pi_2$。

【定理6.3的证明】

$$记K(q_b)=\begin{cases}p[I(L_0(q_b))-I(L_1(q_b))+I(L_2(q_b))], & \hat{B}_0\leqslant B<\breve{B}_0\\ p[I(L_0(q_b))-I(L_1(q_b))], & \breve{B}_0\leqslant B\leqslant\tilde{B}_0\\ pI(L_0(q_b)), & \tilde{B}_0<B\leqslant\bar{B}_0\end{cases}$$

当$\hat{B}_0\leqslant B\leqslant\bar{B}_0$时，可得$\Pi_2(q_b)-\Pi_0(q_b)=K(q_b)+R_d\bar{\beta}wq_b$。

(1)若$R_d\geqslant0$，易得$\Pi_2\geqslant\Pi_0$。

(2)$R_d<0$。已知当$B=\breve{B}_0$时，$L_2(q_b)=0$；当$B=\tilde{B}_0$时，$L_1(q_b)=0$。可得，$K(q_b)$在$\hat{B}_0\leqslant B\leqslant\bar{B}_0$内连续，且易证得$K(q_b)$与$R_d\bar{\beta}wq_b$在$\hat{B}_0\leqslant B\leqslant\bar{B}_0$都随$B$的增加而减少。若$p[I(L_0(q_b(\hat{B}_0)))-I(L_1(q_b(\hat{B}_0)))+I(L_2(q_b(\hat{B}_0)))]<(-R_d)\bar{\beta}wq_b(\hat{B}_0)$，则在$\hat{B}_0\leqslant B\leqslant\bar{B}_0$内，可得$K(q_b)<(-R_d)\bar{\beta}wq_b$，即$\Pi_2<\Pi_0$。若$p[I(L_0(q_b(\hat{B}_0)))-I(L_1(q_b(\hat{B}_0)))+I(L_2(q_b(\hat{B}_0)))]>(-R_d)\bar{\beta}wq_b(\hat{B}_0)$，则当$\hat{B}_0\leqslant B\leqslant B'_0$时，$K(q_b)\geqslant(-R_d)\bar{\beta}wq_b$，即$\Pi_2\geqslant\Pi_0$。则当$B'_0<B\leqslant\bar{B}_0$时，$K(q_b)\leqslant(-R_d)\bar{\beta}wq_b$，即$\Pi_2\leqslant\Pi_0$。

【引理6.4的证明】 (1)首先，我们记$V(Q)=Q\bar{F}(Q)$，$V'(Q)=\bar{F}(Q)(1-H(Q))$。因此，当$Q<\tilde{Q}$时，$V(Q)>0$；当$Q>\tilde{Q}$时，$V'(Q)<0$。可得，$V(Q)$为单峰函数，

$\tilde{Q}$为$V(Q)$取得最大值时的订货数量。

接下来，我们考虑$B=0$时的情形。已知$w\bar{F}(L_0(q))=p\bar{F}(q)$，可得$q\bar{F}(q)=L_0(q)\bar{F}(L_0(q))$，即$V(q)=V(L_0(q))$。已知$V(Q)$为单峰函数，则必存在$L_0(q)\leqslant\tilde{Q}\leqslant q$。因此，$H(L_0(q))\leqslant H(\tilde{Q})\leqslant H(q)$。可得$1-\frac{wq_b}{p}h(L_0(q))=1-H(L_0(q))>0$。

当$B>0$时，根据引理6.1，若批发价格w给定，则有$\mathrm{d}q_b/\mathrm{d}B<0,\mathrm{d}L_0(q_b)/\mathrm{d}B<0$。因此，可得：

$$\frac{\mathrm{d}}{\mathrm{d}B}\left[1-\frac{wq_b-B}{p}h(L_0(q_b))\right]=-\frac{w}{p}\left[h(L_0(q_b))\frac{\mathrm{d}q_b}{\mathrm{d}B}+q_bh(L_0(q_b))\frac{\mathrm{d}L_0(q_b)}{\mathrm{d}B}\right]>0$$

。

即对$B\geqslant 0$，我们可得$1-\frac{wq_b-B}{p}h(L_0(q_b))>0$。类似地，我们也能得到，对$B\geqslant 0$，有$1-\frac{w_bq-B}{p}h(L_0(q_b))>0$。

(2)当批发价格w给定时，我们有：

$$\frac{\mathrm{d}q_b}{\mathrm{d}w}=\frac{1-\frac{wq_b}{p}h(L_0(q_b))}{w\left[\frac{w}{p}h(L_0(q_b))-h(q_b)\right]}<0$$

因为w_b是q_b的反函数，可知$\frac{\mathrm{d}w_b}{\mathrm{d}q}<0$。我们有：

$$\frac{\mathrm{d}w_bq}{\mathrm{d}q}=w_b+q\frac{\mathrm{d}w_b}{\mathrm{d}q}=w_b+q\frac{w_b\left[\frac{w_b}{p}h(L_0(q))-h(q)\right]}{1-\frac{w_b}{p}h(L_0(q))}$$

$$=\frac{w_b(1-H(q))}{1-\frac{w_bq}{p}h(L_0(q))}$$

由证明部分(1)可知，$1-\frac{w_bq}{p}h(L_0(q))>0$。又因为$H(\cdot)$单调递增，所以，当$q=\tilde{Q}$时，$w_bq$取得最大值。

【命题6.2的证明】根据引理6.4，可知最优订货数量$q\in(q^L,q^U)$。我们假设$q^a\in(q^L,\tilde{Q})$，$q^b\in(\tilde{Q},q^U)$，且$q^a<q^b$。因此，可得$w(q=q^a)q^a=w(q=q^b)q^b$及$L_0(q^a)=L_0(q^b)$。当$wq>B$时，卖方的利润函数为$\Pi_0(q)=(w-c)q-pI(L_0(q))$。即买方存在资金约束时，可得$\Pi_0(q^a)>\Pi_0(q^b)$。因此，我们仅需分析最优订货数量$q\in(q^L,\tilde{Q})$的情形。

(1)当 $wq > B$ 时,已知 $\Pi_0(q)=(w-c)q-pI(L_0(q))$ 且最优批发价格 w 满足 $w_b\bar{F}(L_0(q))=p\bar{F}(q)$。由此,我们可得:

$$\frac{\mathrm{d}\Pi_0}{\mathrm{d}q}=w\bar{F}(L_0(q))\frac{1-H(q)}{1-\dfrac{wq}{p}h(L_0(q))}-c$$

因为最优订货数量 $q\in(q^L,\tilde{Q})$,所以,我们仅在 $(q^L,\tilde{Q})$ 讨论 $\dfrac{\mathrm{d}\Pi_0(q)}{\mathrm{d}q}$。首先,$1-H(q)$ 为正且随订货数量 q 的增加而减少,批发价格 w 也随订货数量 q 的增加而减少。根据引理 6.4,我们可知 $\dfrac{\mathrm{d}w_bq}{\mathrm{d}q}>0$ 及 $\dfrac{\mathrm{d}L_0(q)}{\mathrm{d}q}>0$。因此,$1-\dfrac{wq}{p}h(L_0(q))$ 为正且随着订货数量 q 的增加而减少。

我们可得 $\dfrac{\mathrm{d}L_0(q)}{\mathrm{d}q}=\dfrac{w}{p}+\dfrac{q}{p}\cdot\dfrac{\mathrm{d}w}{\mathrm{d}q}<\dfrac{w}{p}<1$ 及 $0\leqslant 1-qh(q)<1-\dfrac{w}{p}qh(L_0(q))$。因为 $h'(\cdot)$ 为正值且单调递增,可得 $\dfrac{\mathrm{d}h(L_0(q))}{\mathrm{d}q}<\dfrac{\mathrm{d}h(q)}{\mathrm{d}q}$,$\dfrac{\mathrm{d}}{\mathrm{d}q}\left(\dfrac{w}{p}qh(L_0(q))\right)<\dfrac{\mathrm{d}qh(q)}{\mathrm{d}q}=\dfrac{\mathrm{d}H(q)}{\mathrm{d}q}$。可得:

$$\frac{\mathrm{d}}{\mathrm{d}q}\left(\frac{1-H(q)}{1-\dfrac{wq}{p}h(L_0(q))}\right)=\frac{1}{\left[1-\dfrac{wq}{p}h(L_0(q))\right]^2}$$

$$\left[(1-H(q))\frac{\mathrm{d}}{\mathrm{d}q}\left(\frac{w}{p}qh(L_0(q))\right)-\left(1-\frac{wq}{p}qh(L_0(q))\right)\frac{\mathrm{d}H(q)}{\mathrm{d}q}\right]<0$$

易得 $\dfrac{1-H(q)}{1-\dfrac{wq}{p}h(L_0(q))}$ 为正且为单调递减函数。

因为 $\bar{F}(L_0(\tilde{Q}))\geqslant 0$,$w\bar{F}(L_0(q))$ 也为单调递减函数。即 $\dfrac{\mathrm{d}\Pi_0}{\mathrm{d}q}$ 也为单调递减函数。当 $q=\tilde{Q}$ 时,$L_0(q)$ 取得最大值。可得 $H(\tilde{Q})=1$ 及 $\dfrac{\mathrm{d}\Pi_0}{\mathrm{d}q}=-c$。即在区间 $(q^L,\tilde{Q})$ 内,我们得到满足 $\dfrac{\mathrm{d}\Pi_0}{\mathrm{d}q}=0$ 的均衡订货数量 q_0^1 及满足 $w\bar{F}(L_0(q))=p\bar{F}(q)$ 的均衡批发价格 w_0^1。

(2)当 $B>\bar{B}_1$ 时,买方不存在破产风险。此时,阈值 $L_0(q)=0$。可得满足 $\bar{F}(q)(1-H(q))=c/p$ 的均衡订货量 q_0^2 及满足 $w=p\bar{F}(q)$ 的均衡批发价格 w_0^2。

【命题6.3的证明】 在区域$(q^L,\tilde{Q})$内，可得$\frac{\mathrm{d}w_b q}{\mathrm{d}q}\geqslant 0$。

(1)考虑$\eta_1 w_b q\geqslant B$的情形，我们可得：

$$\frac{\mathrm{d}[I(L_0(q))-I(L_1(q))]}{\mathrm{d}q}=\frac{[F(L_0(q))-\eta_1 F(L_1(q))]}{p}\cdot\frac{\mathrm{d}w_b q}{\mathrm{d}q}$$

因为$\frac{\mathrm{d}w_b q}{\mathrm{d}q}\geqslant 0, r_f<\frac{1}{\lambda}-1$，易得$\frac{\mathrm{d}[IL_0(q)-IL_1(q)]}{\mathrm{d}q}>0$。即$IL_0(q)-IL_1(q)$随订货数量$q$的增加而增加。又可得$\frac{\mathrm{d}I(L_0(q))}{\mathrm{d}q}=\frac{\eta_1 F(L_1(q))}{p}\cdot\frac{\mathrm{d}w_b q}{\mathrm{d}q}\geqslant 0$。即$I(L_1(q))$也随订货数量$q$的增加而增加。

(2)考虑$\eta_2 w_b q\geqslant B$的情形，我们可得：

$$\frac{\mathrm{d}[I(L_1(q))-I(L_2(q))]}{\mathrm{d}q}=\frac{[\eta_1 F(L_1(q))-\eta_2 F(L_2(q))]}{p}\cdot\frac{\mathrm{d}w_b q}{\mathrm{d}q}$$

因为$\eta_1>\eta_2$，我们可得$\frac{\mathrm{d}[I(L_1(q))-I(L_2(q))]}{\mathrm{d}q}$。即$I(L_1(q))-I(L_2(q))$随订货数量$q$的增加而增加。

(3)考虑$w_b q\geqslant B$的情形，我们可得$\frac{\mathrm{d}I(L_0(q))}{\mathrm{d}q}=\frac{F(L_0(q))}{p}\cdot\frac{\mathrm{d}w_b q}{\mathrm{d}q}$。即，$I(L_0(q))$随订货数量$q$的增加而增加。

【命题6.4的证明】 (1)当$\hat{B}'_1\leqslant B<\tilde{B}'_1$时，由$\Pi_1(q)=(\tau_1 w-c)q-pI(L_0(q))+pI(L_1(q))$可得$\frac{\mathrm{d}\Pi_1(q)}{\mathrm{d}q}=[\tau_1-F(L_0(q))+\eta_1 F(L_1(q))]\frac{w(1-H(q))}{1-\frac{w}{p}qh(L_0(q))}-c$。

当均衡订货数量$q\in(q^L,\tilde{Q})$时，易证得批发价格w和$\frac{1-H(q)}{1-\frac{w}{p}qh(L_0(q))}$均为正且随订货数量的增加而减少。我们可得：

$$\begin{aligned}\frac{\mathrm{d}[F(L_0(q))-\eta_1 F(L_1(q))]}{\mathrm{d}q}&=f(L_0(q))\frac{\mathrm{d}L_0(q)}{\mathrm{d}q}-\eta_1 f(L_1(q))\frac{\mathrm{d}L_1(q)}{\mathrm{d}q}\\&=\frac{f(L_0(q))-\eta_1 f(L_1(q))}{p}\cdot\frac{\mathrm{d}wq}{\mathrm{d}q}\\&=\frac{\bar{F}(L_0(q))}{p}\left(\frac{f(L_0(q))}{\bar{F}(L_0(q))}-\eta_1\frac{f(L_1(q))}{\bar{F}(L_0(q))}\right)\frac{\mathrm{d}wq}{\mathrm{d}q}\end{aligned}$$

记$g(Q)=\bar{F}(Q)h(Q)=V(Q)h(Q)/Q$。易得$\frac{\mathrm{d}h(Q)/Q}{\mathrm{d}Q}=\frac{Qh'(Q)-h(Q)}{Q^2}$，$\frac{\mathrm{d}[Qh'(Q)-h(Q)/Q^2]}{\mathrm{d}Q}=Qh''(Q)>0$。因此，当$Q\in(0,\tilde{Q})$时，可得$\frac{\mathrm{d}h(Q)/Q}{\mathrm{d}Q}>0$。

即$g(Q)$随Q的增加而增加。

因为$L_0(q)>L_1(q)$，$\eta_1<1$，我们可得$f(L_0(q))-\eta_1 f(L_1(q))>0$。即$F(L_0(q))-\eta_1 F(L_1(q))$随$q$的增加而增加。当$q\in(q^L,\tilde{Q})$时，易得$\tau_1-F(L_0(q))+\eta_1 F(L_1(q))$随$q$的增加而减少。当$q=\tilde{Q}$时，$\frac{\mathrm{d}\Pi_1(q)}{\mathrm{d}q}=-c$。最终，我们可得相应的均衡订货数量$q_1^1$和均衡批发价格$w_1^1$。

(2)当$\bar{B}'_1\leqslant B\leqslant \bar{B}'_1$时，由$\Pi_1(q)=(\tau_1 w-c)q-pI(L_0(q))$可得：

$$\frac{\mathrm{d}\Pi_1(q)}{\mathrm{d}q}=[(\tau_1-F(L_0(q)))]\frac{w(1-H(q))}{1-\frac{w}{p}qh(L_0(q))}-c$$

当均衡订货数量$q\in(q^L,\tilde{Q})$时，易证得批发价格w和$\frac{1-H(q)}{1-\frac{w}{p}qh(L_0(q))}$均为正值且随订货数量的增加而减少。$\tau_1-F(L_0(q))$随$q$的增加而减少。当$q=\tilde{Q}$时，$\frac{\mathrm{d}\Pi_1(q)}{\mathrm{d}q}=-c$。最终，我们可得相应的均衡订货量$q_1^2$和均衡批发价格$w_1^2$。

(3)当$B>\bar{B}_1$时，下游买方不存在破产风险。此时，阈值$L_0(q)=0$。易得相应的均衡订货数量q_1^3和均衡批发价格w_1^3。

【定理6.4的证明】 根据等式$w_b\bar{F}(L_0(q))=p\bar{F}(q)$，我们可得：

$$\frac{\mathrm{d}w_b}{\mathrm{d}B}=-\frac{w_b h(L_0)}{p\left[1-\frac{w_b}{p}qh(L_0(q))\right]}$$

根据前文，可知$1-\frac{w_b}{p}qh(L_0(q))>0$及$\frac{\mathrm{d}w_b}{\mathrm{d}B}<0$。因此，对于给定的订货数量$q$，有$\frac{\mathrm{d}(L_0(q))}{\mathrm{d}B}=\frac{q\frac{\mathrm{d}w_b}{\mathrm{d}B}-1}{p}<0$，$\frac{\mathrm{d}L_1(q)}{\mathrm{d}B}=\frac{\eta_1 q\frac{\mathrm{d}w_b}{\mathrm{d}B}-1}{p}<0$。此外，当订货数量给定时，我们还可得：$c\left[1-\frac{w_b}{p}qh(L_0(q))\right]$随$B$的增加而增加。

因为$r_s\geqslant r_f$，$\tau_1\geqslant 1$。因此，当订货数量给定时，我们可得：$[\tau_1-F(L_0(q))+\eta_1 F(L_1(q))]w_b(1-H(q))$随$B$的增加而减少。因此，最优解$q_1^1$必定随$B$的增加而减少。

同样地，当订货数量给定时，我们又可得：$[\tau_1-F(L_0(q))]w_b(1-H(q))$随$B$的增加而减少。因此，最优解$q_1^2$必定随$B$的增加而减少。我们又易得$\frac{\mathrm{d}q_1^3}{\mathrm{d}B}$。我们已知：当$B=\bar{B}_1$时，$q_1^1=q_1^2$；当$B=\bar{B}_1$时，$q_1^2=q_1^3$。即可得$\frac{\mathrm{d}q_1^*}{\mathrm{d}B}\leqslant 0$。

【命题 6.5 的证明】 (1)当 $\hat{B}_2 \leqslant B < \breve{B}_2$ 时,由 $\Pi_2(q)=(\tau_2 w-c)q-pI(L_1(q))+pI(L_2(q))$ 可得 $\frac{\mathrm{d}\Pi_2(q)}{\mathrm{d}q}=[\tau_2-\eta_1 F(L_1(q))+\eta_2 F(L_2(q))]\frac{w(1-H(q))}{1-\frac{w}{p}qh(L_0(q))}-c$。当均衡订货数量 $q\in(q^L,\tilde{Q})$ 时,易证得批发价格 w 和 $\frac{1-H(q)}{1-\frac{w}{p}qh(L_0(q))}$ 均为正值且随订货数量的增加而减少。我们可得:

$$\begin{aligned}\frac{\mathrm{d}[\eta_1 F(L_1(q))-\eta_2 F(L_2(q))]}{\mathrm{d}q}&=\eta_1 f(L_1(q))\frac{\mathrm{d}L_1(q)}{\mathrm{d}q}-\eta_2 f(L_2(q))\frac{\mathrm{d}L_2(q)}{\mathrm{d}q}\\&=\frac{\eta_1^2 f(L_0(q))-\eta_2^2 f(L_2(q))}{p}\cdot\frac{\mathrm{d}wq}{\mathrm{d}q}\\&=\frac{\bar{F}(L_1(q))}{p}\left[\eta_1^2\frac{f(L_1(q))}{\bar{F}(L_1(q))}-\eta_2^2\frac{f(L_2(q))}{\bar{F}(L_1(q))}\right]\frac{\mathrm{d}wq}{\mathrm{d}q}\end{aligned}$$

据前述证明可得,$g(Q)$ 随 Q 的增加而减少。因为 $L_1(q)>L_2(q)$,可得:

$$\eta_1^2 f(L_1(q))-\eta_2^2 f(L_2(q))>0$$

即 $\eta_1 F(L_1(q))-\eta_2 F(L_2(q))$ 随 q 的增加而增加。当 $q\in(q^L,\tilde{Q})$ 时,易得 $\tau_2-\eta_1 F(L_1(q))+\eta_2 F(L_2(q))$ 随 q 的增加而减少。当 $q=\tilde{Q}$ 时,$\frac{\mathrm{d}\Pi_2(q)}{\mathrm{d}q}=-c$。最终,我们可得相应的均衡订货数量 q_2^1 和均衡批发价格 w_2^1。

(2)当 $\breve{B}_2\leqslant B\leqslant\tilde{B}_2$ 时,由 $\Pi_2(q)=(\tau_2 w-c)q-pI(L_1(q))$ 可得 $\frac{\mathrm{d}\Pi_2(q)}{\mathrm{d}q}=[\tau_2-\eta_1 F(L_1(q))]\frac{w(1-H(q))}{1-\frac{w}{p}qh(L_1(q))}-c$。当均衡订货数量 $q\in(q^L,\tilde{Q})$ 时,易证得批发价格 w 和 $\frac{1-H(q)}{1-\frac{w}{p}qh(L_0(q))}$ 均为正值且随订货数量的增加而减少。因为 $L_1(q)$ 随订货数量的增加而减少,可得 $[\tau_2-\eta_1 F(L_1(q))]$ 为正值且也随订货数量的增加而减少。最终,我们可得相应的均衡订货数量 q_2^2 和均衡批发价格 w_2^2。

(3)当 $\tilde{B}_2<B\leqslant\bar{B}_2$ 时,由 $\Pi_2(q)=(\tau_2 w-c)q$ 可得 $\frac{\mathrm{d}\Pi_2(q)}{\mathrm{d}q}=\tau_2\frac{w(1-H(q))}{1-\frac{w}{p}qh(L_0(q))}-c$。当均衡订货数量 $q\in(q^L,\tilde{Q})$ 时,易证得批发价格 w 和 $\frac{1-H(q)}{1-\frac{w}{p}qh(L_0(q))}$ 均为

正值且随订货数量的增加而减少。最终，我们可得相应的均衡订货数量 q_2^3 和均衡批发价格 w_2^3。

(4)当 $B > \bar{B}_2$ 时，由 $\Pi_2(q_{nb}) = (\tau_2 w - c)q_{nb}$ 可得：

$$\frac{\mathrm{d}\Pi_2(q_{nb})}{\mathrm{d}q_{nb}} = \tau_2 \frac{w(1 - H(q_{nb}))}{1 - \dfrac{w}{p} q_{nb} h(L_0(q_{nb}))} - c$$

当均衡订货数量 $q_{nb} \in (q^L, \tilde{Q})$ 时，易证得批发价格 w 和 $\dfrac{1 - H(q_{nb}))}{1 - \dfrac{w}{p} q_{nb} h(L_0(q_{nb}))}$ 均为正值且随订货数量的增加而减少。最终，我们可得相应的均衡订货数量 q_2^4 和均衡批发价格 w_2^4。

【定理6.5的证明】 根据前述命题6.4，我们可知 $\bar{F}(Q)h(Q)$ 随 Q 的增加而增加。所以，易得 $\bar{F}(L_0(q))h(L_0(q)) \geqslant \bar{F}(L_1(q))h(L_1(q))$。另外，根据定理6.1的证明，我们可知 $\mathrm{d}w_b/\mathrm{d}B \leqslant 0$。因此，当订货数量 q 给定时，可得：

$$\begin{aligned}
&\frac{\mathrm{d}[F(L_0(q)) - \eta_1 F(L_1(q))]}{\mathrm{d}B} \\
&= \frac{[\bar{F}(L_0(q))h(L_0(q)) - \eta_1^2 \bar{F}(L_1(q))h(L_1(q))]}{p} q \frac{\mathrm{d}w_b}{\mathrm{d}B} \\
&\quad - \frac{[\bar{F}(L_0(q))h(L_0(q)) - \eta_1 \bar{F}(L_1(q))h(L_4(q))]}{p} \leqslant 0
\end{aligned}$$

因此，当 $\tau_2 \geqslant 1$ 时，对于给定的订货数量 q，我们可以得到：$[\tau_2 - \eta_1 F(L_1(q)) + \eta_2 F(L_2(q))] w_b (1 - H(q))$ 随 B 的增加而减少。根据定理6.4的证明，我们又可得到：$c\left[1 - \dfrac{w_b}{p} q h(L_0(q))\right]$ 随 B 的增加而增加。因此，最优订货数量 q_2^1 必定随 B 的增加而减少。类似地，我们可得：最优订货数量 q_2^2 必定随 B 的增加而减少。

明显地，我们知道 $\dfrac{\mathrm{d}q_2^3}{\mathrm{d}B} \leqslant 0$，$\dfrac{\mathrm{d}q_2^4}{\mathrm{d}B} = 0$。我们已知：当 $B = \breve{B}_2$ 时，$q_2^1 = q_2^2$；当 $B = \tilde{B}_2$ 时，$q_2^2 = q_2^3$；当 $B = \bar{B}_2$ 时，$q_2^3 = q_2^4$。因此，可得 $\dfrac{\mathrm{d}q_2^*}{\mathrm{d}B} \leqslant 0$。

第七章 CHAPTER 7

网络融资中第三方担保的风险控制研究

一、引言

在传统的供应链金融中，中小企业通常是通过线下从银行获得满足生产需要的融资。近年来，互联网金融得到了快速的发展，美国网络融资在2015年超过了360亿美元，而在2016年中国网络融资累计达到了2.5万亿人民币。由此可见，网络融资为中小企业提供了一个新的融资渠道，一些针对企业的网络融资模式解决了众多运营资金不足企业的融资问题。虽然较为便捷的网络融资为众多中小企业及时提供了运营资金，对整个经济和市场都具有较大的积极意义，但是在融资过程中，市场需求的不确定性等问题使得融资具有较大的坏账风险，不少网络融资平台因此倒闭、跑路。较为典型的一个案例是在2015年12月16日，“e租宝”网络融资平台被相关机构立案调查，此平台在刚成立的一年半里，交易金额累计700多亿元，90万投资人身陷其中。因此，有效地控制融资风险是网络融资平台健康发展的关键。

在现实中，网络融资平台往往采取通过第三方担保企业担保的方式对众多中小企业的融资进行风险控制。譬如，中国最大的网络融资企业陆金所发布融资项目时，项目会由第三方融资性担保企业提供担保，如平安融资担保(天津)有限公司为陆金所“稳赢安e”投资项目提供担保。再如，海窑资产管理(上海)有限公司等多家企业是网络融资平台“付融宝”的第三方担保企业。但融资性担保企业作为风险聚集、资本密集型企业，具有利润低、抗风险能力弱的特点。据中国融资担保协会统计，45.5%的融资担保企业经营年限少于五年，超过10年的仅占比18.7%。在2015年初，中国担保行业新增代偿415亿元，到2015年末，代偿余额达到661亿元，担保代偿率2.17%，这是中国融资担保协会统计的历史最高水平，并且目前代偿金额继续大幅上升。

虽然已有不少学者开始对网络融资展开研究，但关于网络融资的定量研究较少。对于网络融资的担保模式,现有的文献主要都是从担保企业的担保方式、担保流程等方面进行定性研究,或是基于融资平台的相关数据进行实证分析。因此,本章通过建立一个有第三方担保企业担保的网络融资模型,考虑风险保证金与融资上限的作用,分析融资企业的产品数量决策变化以及担保企业的利润变化,并通过蒙特卡罗模拟,分析风险保证金与融资上限对融资平台的坏账率的影响。本章的创新之处,一是在网络融资模型中考虑了融资企业抵押资产的价值和第三方担保,同时分析了抵押资产的价值对融资企业的最优决策和担保企业担保风险的影响;二是考虑了风险保证金的影响,并且研究了两种融资上限,即考虑担保企业收益最大化时的融资上限以及考虑担保企业获得保留收益的融资上限。

二、模型描述

本章考虑一个基于第三方担保的网络融资模型,由融资企业、融资信息平台、融资性担保企业和投资者组成。在生产或采购开始之初(这里记为时刻0),融资企业的初始资金为B_0,且融资企业拥有抵押资产,设其评估价值为A。在不知道时间段$[0,T]$内确切市场需求的情况下,企业需要在时刻0提前生产或采购某种产品,设数量为q,其单位成本为c。在时间段$[0,T]$内,企业以价格p向市场供应产品。假定时间段$[0,T]$内市场需求ξ满足$F(x)=P_r\{\xi\leqslant x\}$。令$\bar{F}(x)=1-F(x)$,$f(x)=F'(x)$,$F(0)=0$。与以往研究一致(Buzacott & Zhang,2004;Cachon,2004),这里假定市场需求的损失函数$h(x)=f(x)/\bar{F}(x)$是递增的,即有IFR性质,像常见的伽马分布、韦布尔分布等都具有这一特性。在时刻T,未售出库存将以单位价格v进行清仓处理,其中$v<c$。

本研究模型所用到的符号及其含义见表7.1。

表7.1 模型中用到的符号及其含义

符号	含义
ξ	产品的市场需求,$\xi\geqslant 0$
p	产品的单位销售价
c	产品的单位生产成本
A	融资子企业抵押资产的估值
v	未售出产品的清仓价格
q	融资企业的产品数量决策
W	融资企业的借款量
R_i	融资企业支付的融资利率与管理费之和

续表

符号	含义
R_g	担保费率
R_f	市场无风险利率
β	缴纳风险保证金的比例
B_0	融资企业的初始资金
α	抵押资产中有效资产的比例
Π_f	融资企业的利润
Π_g	担保企业的利润

在建立模型之前，为了使模型更加合理，还需要对参数间的关系进行如下假设：

【假设 7.1】 $v<c$。根据实际情况，当融资企业的产品数量决策过多时，未售出的产品价值必须小于生产成本，否则融资企业具有无限量生产的动力，且不承担任何破产风险。

【假设 7.2】 $p>(1+\dfrac{R}{1-\beta})c$。这里引用了 Buzacott 和 Zhang(2004)的假设条件，表示的是融资企业进行融资生产的每单位生产成本小于单位销售价格，这使得融资企业有动力去进行融资生产。

【假设 7.3】 市场需求具有 IFR 性质，这是供应链管理中对需求的一个常见假设(Cachon,2003;Cachon,2004)。

三、基于第三方担保的网络融资和运营决策

在时刻 0，企业生产或采购需要支付成本 cq。当初始资金不足时，企业通过网络融资信息平台向投资者借款 W，同时第三方融资性担保企业提供全额本息担保服务，设融资企业向投资者和信息平台支付的融资利率和管理费率合计为 R_i，向担保企业支付的担保服务费用率为 R_g，记 $R=R_i+R_g$。在实践中，一些担保企业向融资企业收取融资额中一部分作为风险保证金，用于补偿借款人违约还款，这里假设缴纳风险保证金的比例为 β。那么，在有风险保证金的模型中，融资企业实际获得的资金量为 $(1-\beta)W$，企业融资并生产或采购后，企业的现金余额为 $B=B_0+(1-\beta)W-cq$。

由于需要全额支付 cq，融资后的现金余额必须满足 $B\geqslant 0$ 或 $(1-\beta)W\geqslant\max\{0,cq-B_0\}$。如果 $B>0$ 且 $W>0$，说明企业借款量 W 过大而会造成过多的

利息和费用支出，所以企业需要减少 W 以使 $B=0$；另外一个情况是企业资金量充足而无须借贷，即 $B \geqslant 0, W=0$。总之，关系 $B \times W=0$ 恒成立。与现实情况一致，企业过多的融资量带来的资金收入要小于其融资的成本，所以有 $(1-\beta)W \geqslant \max\{0, cq-B_0\}$。

在时刻 T，融资企业的现金余额为 B，现金收入为 $p\min\{\xi, q\}+v\max\{q-\xi, 0\}=(p-v)\min\{\xi, q\}+vq$，在担保企业的风险保证金为 βW，需要向投资者和担保企业支付的总费用为 $(1+R)W$，那么融资企业在支付贷款后的现金状态 $B_T(\xi)$ 为：

$$B_T(\xi)=B+(p-v)\min\{\xi, q\}+vq+\beta W-(1+R)W \tag{7.1}$$

在现实情况中，企业资产清算时存在清算成本，同时存在有些企业对于同一个资产进行多次质押融资的情况，这使得资产清算时债权人仅能获得资产价值中的一部分。这里设定一个参数 α，则资产清算时本次融资能获得的资产价值为 αA，$\alpha \in [0,1]$。因此，融资企业在时刻 T 的资产总值为 $\Pi_f(q,\xi)=B_T(\xi)+\alpha A$。

下面分析融资企业的资产总值的性质。首先定义几个阈值，其中 $\theta=1+\dfrac{R}{1-\beta}$，表示融资带来的运营成本的增长比例。为使模型合理，与 Buzacott 和 Zhang (2004) 的文献中的假设一致，这里假定销售价格满足 $p>\theta c$，$\hat{q}=\dfrac{\theta B_0}{\theta c-v}$，$\tilde{q}=\dfrac{\theta B_0+\alpha A}{\theta c-v}$；$d_1(q)=\dfrac{(\theta c-v)(q-\hat{q})}{p-v}$，$d_2(q)=\dfrac{(\theta c-v)(q-\tilde{q})}{p-v}$。

【命题 7.1】 (1) 如果 $B_0/c<q \leqslant \hat{q}$，则企业没有资产清算风险；如果 $\hat{q}<q \leqslant \tilde{q}$，则企业需要启动资产清算来还清所有债务；如果 $q>\tilde{q}$，则企业有破产风险，需要担保企业向投资者代偿部分本息。

(2) 如果 $\hat{q}<q \leqslant \tilde{q}$，当需求量 $\xi<d_1(q)$ 时，则企业贷款并启动资产清算还清所有债务，但对于任何需求量 ξ，融资企业都没有破产风险，其资产总值为 $\Pi_f(q,\xi)=(p-v)\min\{q,\xi\}-(\theta c-v)q+\theta B_0+\alpha A$。

(3) 如果 $q>\tilde{q}$，当需求量 $\xi<d_2(q)$ 时，则企业贷款并破产，融资企业的资产总值为

$$\Pi_f(q,\xi)=\begin{cases}(p-v)[\min\{\xi,q\}-d_2(q)], & \xi \geqslant d_2(q)\\ 0, & \xi<d_2(q)\end{cases}$$

由命题 7.1，并根据 B 的值，$B_T(\xi)$ 和 αA 的大小关系，在时刻 T，存在如下四种情况：①$B>0$。融资企业资金余额充足，无须贷款，此时订货量满足 $q \leqslant B_0/c$。②$B=0, B_T(\xi) \geqslant 0$。企业融资且销售季节过后资金余额充足，能还清所有借贷和费用，不需启动资产清算和担保代偿，此时订货量满足 $B_0/c<q<\hat{q}$。③$B>0$，

$B_T(\xi)<0$ 且 $B_T(\xi)+\alpha A\geqslant 0$。企业融资但销售季节过后资金余额不足，这时需要进行抵押资产清算以还清所有借贷，不需担保企业代偿，此时订货量满足 $\hat{q}<q\leqslant\tilde{q}$。④$B=0$，$B_T(\xi)<0$ 且 $B_T(\xi)+\alpha A<0$。企业破产并进行抵押资产清算，需担保代偿以还清所有贷款，此时订货量满足 $q>\tilde{q}$。由于情况②和③中融资企业均无破产风险，则融资企业资产总值的表达式为 $\Pi_f(q,\xi)=(p-v)\min\{q,\xi\}-(\theta c-v)q+\theta B_0+\alpha A$。因此，融资企业资产总值的期望值 $\Pi_f(q)=\mathrm{E}\Pi_f(q,\xi)$ 有如下三种情况：

$$\Pi_f(q)=\begin{cases}(p-v)\left[q\bar{F}(q)+\int_0^q\xi f(\xi)\mathrm{d}\xi\right]-(c-v)q+B_0+\alpha A,q\leqslant B_0/c\\(p-v)\left[q\bar{F}(q)+\int_0^q\xi f(\xi)\mathrm{d}\xi\right]-(\theta c-v)q+\theta B_0+\alpha A,B_0/c<q\leqslant\tilde{q}\\(p-v)\left[q\bar{F}(q)-d_2(q)\bar{F}(d_2(q))\right]+(p-v)\left[\int_{d_2(q)}^q\xi f(\xi)\mathrm{d}\xi\right],q>\tilde{q}\end{cases}$$

考虑情况 $q\leqslant B_0/c$，求融资企业的资产总值关于订货量 q 的一阶导和二阶导得 $\frac{\mathrm{d}\Pi_f}{\mathrm{d}q}=(p-v)\bar{F}(q)-(c-v)$，易知 $\frac{\mathrm{d}^2\Pi_f}{\mathrm{d}q^2}=-(p-v)f(q)<0$，故得最优解 $Q_{nb}=\bar{F}^{-1}\left(\frac{c-v}{p-v}\right)$。考虑情况 $B_0/c<q\leqslant\tilde{q}$，同理可得到最优解 $Q_{bwo}=\bar{F}^{-1}\left(\frac{\theta c-v}{p-v}\right)$。考虑情况 $q>\tilde{q}$，类似Buzacott和Zhang(2004)的文献中定理3的证明，我们容易证明：

$$\frac{\mathrm{d}^2\Pi_f(q)}{\mathrm{d}q^2}=-(p-v)\bar{F}(q)\left[h(q)-\frac{\theta c-v}{p-v}h(d_2(q))\right]<0$$

即资产总值 $\Pi_f(q)$ 关于 q 是严格凹的，因此最优解 Q_{bwr} 满足：

$$\bar{F}(Q_{bwr})=\frac{\theta c-v}{p-v}\bar{F}(d_2(Q_{bwr}))\tag{7.2}$$

考虑企业初始资金量和抵押资产的情况，得到如下结论，其中几个阈值点定义为：

$$\tilde{B}_0=\frac{\theta c-v}{\theta}Q_{bwo}-\frac{\alpha A}{\theta},\bar{B}_0=\frac{(\theta c-v)Q_{bwo}}{\theta}\tag{7.3}$$

$$\tilde{A}=\frac{(\theta c-v)Q_{bwo}}{\alpha},\bar{A}=\frac{(\theta c-v)Q_{bwo}-\theta B_0}{\alpha}\tag{7.4}$$

【命题7.2】 (1)若资金量满足 $B_0>cQ_{nb}$，则融资企业无须从融资平台进行借款，其产品数量决策为 $q^*=Q_{nb}$。

(2)若资金量满足 $cQ_{bwo}\leqslant B_0\leqslant cQ_{nb}$，则融资企业用完所有资金量进行生产或采购，不向融资平台进行借款，其产品数量决策为 $q^*=B_0/c$。

(3)若抵押资产价值满足 $A<\tilde{A}$，则：若资金量满足 $\tilde{B}_0\leqslant B_0\leqslant cQ_{bwo}$，产品数量决策为 $q^*=Q_{bwo}$，企业向融资平台融资，但不存在破产风险；若资金量满足

$0 \leqslant B_0 < \tilde{B}_0$，产品数量决策为 $q^* = Q_{bwr}$，企业向融资平台融资，存在破产风险。

(4)若抵押资产价值满足 $A \geqslant \tilde{A}$，则：若资金量满足 $0 \leqslant B_0 \leqslant cQ_{bwo}$，产品数量决策为 $q^* = Q_{bwo}$，企业向融资平台融资，但不存在破产风险。

图7.1给出了一个示例，其中市场需求函数满足伽马分布。由图7.1和推论7.1可知，融资企业的抵押资产价值越高，融资企业的产品数量决策越小。当融资企业的抵押资产价值较低时，融资企业将借款更多进行更多的生产或采购，给担保企业带来更大的风险。

【推论7.1】 (1)若抵押资产价值满足 $A < \tilde{A}$，且初始资金满足 $0 \leqslant B_0 < \tilde{B}_0$，则融资企业的最优产品数量决策 Q_{bwr} 关于初始资金 B_0 单调递减，关于抵押资产价值 A 单调递减。

(2)若抵押资产价值满足 $A \geqslant \tilde{A}$，则对于任意的初始资金量，融资企业均没有破产风险。

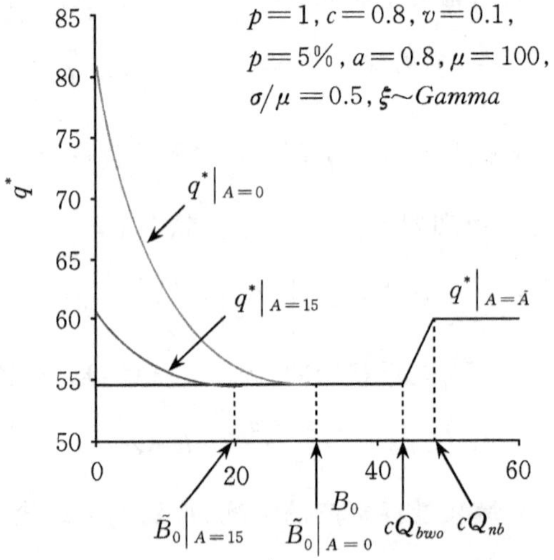

图7.1　融资企业抵押资产与自有资金对产品数量决策的影响

四、担保企业的收益

下面考虑担保企业的收益与担保风险。由命题7.1可知，仅当融资企业数量决策 $q > \tilde{q}$ 时，担保企业才有可能承担风险。

【推论7.2】(1)当产品数量决策满足 $q \leqslant B_0/c$ 时，担保企业无利润且无代偿风险。

(2)当 $B_0/c < q \leqslant \tilde{q}$ 时，担保企业有利润但无代偿风险。

(3)当 $q>\tilde{q}$,若需求 $\xi>d_2(q)$,担保企业没有代偿风险;若需求 $\xi\leqslant d_2(q)$,担保企业有代偿风险,且担保企业的收益函数为:

$$\Pi_g(q,\xi)=\begin{cases}\dfrac{R_g}{1-\beta}(cq-B_0) & \xi>d_2(q)\\ \dfrac{R_g}{1-\beta}(cq-B_0)-(p-v)[d_2(q)-\xi], & \xi\leqslant d_2(q)\end{cases}$$

由推论7.2可知,担保企业的期望利润为:

$$\Pi_g(q)=\begin{cases}0, & q\leqslant B_0/c\\ R_g(cq-B_0)/(1-\beta), & B_0/c<q\leqslant\tilde{q}\\ R_g(cq-B_0)/(1-\beta)-(p-v)d_2(q)F(d_2(q)) & \\ \quad+(p-v)\displaystyle\int_0^{d_2(q)}\xi f(\xi)\mathrm{d}\xi, & q>\tilde{q}\end{cases}$$

当 $q>\tilde{q}$ 时,对于担保企业来说,其期望的最优融资决策 Q_g 满足 $F(d_2(Q_g))=\dfrac{R_gc}{(1-\beta)(\theta c-v)}$。即有 $Q_g=\tilde{q}+q_g$,其中,$q_g=\dfrac{p-v}{\theta c-v}F^{-1}\dfrac{R_gc}{(1-\beta)(\theta c-v)}$。定义阈值:$A_0^*=\dfrac{\theta c-v}{\alpha}\left[\bar{F}^{-1}\left(\dfrac{\theta c-v}{p-v}\bar{F}\left(\dfrac{\theta c-v}{p-v}\right)\right)-q_g\right]$。

【命题7.3】 (1)当 $0\leqslant A<A_0^*$ 时,存在一个 $B_0^*\in[0,\tilde{B}_0]$,使得:若 $0\leqslant B_0\leqslant B_0^*$ 有 $Q_g<Q_{bwr}$;若 $B_0^*\leqslant B_0\leqslant\tilde{B}_0$,有 $Q_g\geqslant Q_{bwr}$。

(2)当 $A\geqslant A_0^*$ 时,对于任意的 $B_0\in[0,\tilde{B}_0]$,恒有 $Q_g\geqslant Q_{bwr}$。

(3)对于任意的 A,当 $B_0\geqslant\bar{B}_0$ 时,恒有 $Q_g\geqslant Q_{bwo}$。

【推论7.3】 当初始资金 B_0 满足 $0<B_0<B_0^*$,若 $0\leqslant A<A_0^*$,则担保企业的利润会随着抵押资产的增大而增大。

给定抵押资产 A,若融资企业的初始资金 B_0 满足 $\tilde{B}_0<B_0<cQ_{bwo}$,则融资企业的融资活动没有破产风险,并且担保企业的利润随着融资企业的初始资金 B_0 的增大而减小。当融资企业的初始资金 B_0 满足 $B_0\in[\bar{B}_0,cQ_{bwo}]$ 时,担保企业无代偿风险。由此,我们可以知道当融资企业的初始资金 $B_0\in[\tilde{B}_0,\bar{B}_0]$ 时,融资企业的破产风险依旧可能存在,且与融资企业的抵押资产 A 有关。只有当 $B_0>\bar{B}_0$ 时,担保企业对于融资企业任意大小的 A 都没有代偿风险。

由图7.1知,初始资金较少的融资企业会通过大量融资进行生产,这使得担保企业承担了较大的代偿风险。因此,需要考虑如何进行融资风险管理,以降低初始资金量较小的融资企业过大的融资量带来的融资风险。

五、风险保证金的风险控制机制与局限

在实践中，部分担保企业采用风险保证金的模式来降低担保代偿风险，通常的做法是收取融资量的一定比例作为风险保证金。下面分析风险保证金对融资企业的决策和担保企业收益的影响，揭示采用风险保证金方法的作用与局限。记没有风险保证金的融资模型中的决策点为 Q_{bwo}^{0}，Q_{bwr}^{0}。即分别为 Q_{bwo}，Q_{bwr} 在 $\beta=0$ 时的解。

【命题 7.4】 当融资企业通过融资平台进行融资时（$B_0\leqslant cQ_{bwo}$），担保企业收取的风险保证金比例 β 越大，融资企业的产品数量决策 q^{*} 越低。

下面定义一个阈值 B_0^{β} 满足：当 $B_0=0$ 时，若 $\dfrac{R_g}{R}\geqslant F(d_2(Q_{bwr}))$，令 $B_0^{\beta}=0$；若 $\dfrac{R_g}{R}<F(d_2(Q_{bwr}))$，令 B_0^{β} 满足 $\dfrac{R_g}{R}=F(d_2(Q_{bwr}))$。下面分析风险保证金对担保企业收益的影响情况。

$$A=15,p=1,c=0.8,v=0.1,R=5\%$$
$$a=0.8,\mu=100,\xi\sim Gamma(\mu,\sigma)$$

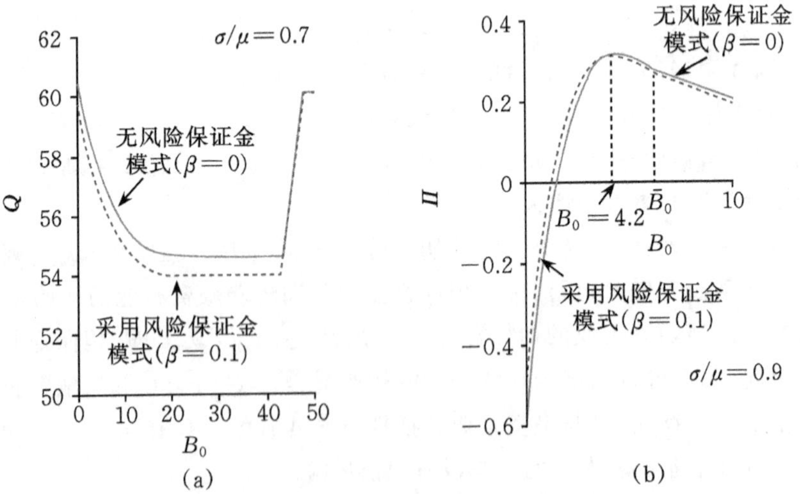

图 7.2 风险保证金对产品数量决策以及担保企业利润的影响

【命题 7.5】 (1)当融资企业融资没有破产风险时，即 $A<\tilde{A}$ 且 $\bar{B}_0\leqslant B_0\leqslant cQ_{bwo}$ 或者 $A>\tilde{A}$ 且 $0\leqslant B_0\leqslant cQ_{bwo}$，担保企业采用风险保证金模式的利润要低于不采用风险保证金模式的利润。

(2)当融资企业融资存在破产风险时，即 $0\leqslant A<A_0^{*}$ 且 $B_0^{\beta}\leqslant B_0\leqslant B_0^{*}$，担保

企业的利润随着风险保证金的比例增大而增大。

命题7.5说明了当融资企业没有破产风险时,采用风险保证金的模式反而会减少担保企业的收益,这是由于在有风险保证金的时候融资企业的产品数量决策减少了。当融资企业存在破产风险时,担保企业可以考虑向其收纳一定比例的风险保证金。从图7.2可以看出,当融资企业的初始资金较少时,采用风险保证金的模式可以增加担保企业的收益。而当融资企业在初始资金较多时,不采用风险保证金的模式反而能使得担保企业获得更高的利润。这是因为在较高的初始资金水平下,若不采用风险保证金模式,融资企业的产品数量决策并没有增大担保企业的代偿风险,采用风险保证金模式降低了融资企业的产品数量决策,也使得担保企业的利润有所降低。综上可以看出,在部分情况下,采用风险保证金模式对担保企业来说存在明显的局限性。

六、融资上限的风险控制机制与价值

(一)融资上限风险控制机制模型

由上文分析可知,在采用风险保证金的风险控制模式中,融资企业将减少产品数量决策,但当融资企业的自有资金量B_0较小时,融资企业的产品数量决策仍然较大,担保企业还是需要承担较大的破产风险。因此,控制融资企业的产品数量决策,由担保企业决定融资企业的融资上限可以作为一个重要的风险管理机制。需要说明的是,本部分在考虑融资上限风险控制机制时,不考虑风险保证金的影响,即$\beta=0$。

这里考虑一个融资上限的设定模型,由担保企业提出一个融资上限以使得融资企业的产品数量决策不大于Q_{lmt},融资上限为$cQ_{lmt}-B_0$。结合运营时间,下面分析两类设定融资上限的方法。

1.通过最大期望收益设定融资上限的风险控制机制

如果担保企业通过最大期望收益设定模型,则有$Q_{lmt}=Q_g$。结合命题7.3可知,当$0\leqslant A<A_0^*$,$0\leqslant B_0\leqslant B_0^*$时,融资企业的最优决策为$Q_g$;而当$0\leqslant A<A_0^*$且$B_0^*\leqslant B_0\leqslant \tilde{B}_0$或者$A_0^*<A<\tilde{A}$且$0\leqslant B_0\leqslant \tilde{B}_0$时,融资企业的最优决策为$Q_{bwr}$。因此,当融资企业的产品数量决策为$Q_g$时,担保企业可以获得最高的利润,且产品数量决策小于融资企业的最优决策。

【推论7.4】给定参数p、c、R、v、β,Q_g随着融资企业的初始资金B_0的增大而增大。

2.通过保留收益设定融资上限的风险控制机制

图7.3中描述了一个算例,当初始资金较小时,融资企业最优的产品数量决策

q^*明显大于担保企业的偏好值Q_g。在现实情况中，这种风险管理机制可能会降低融资企业的融资意愿。为了提高融资企业的融资量，并控制担保企业的担保风险，这里考虑担保企业通过获得保留收益的方法来决定其最优的融资上限。这里的保留收益考虑只和融资企业的融资量与保留收益率R_f相关。先假设担保企业的保留收益最多等于其最大期望收益，则$\Pi_g(Q_g)=\bar{R}_f(cQ_g-B_0)$，这就说明保留收益率$R_f\leqslant\bar{R}_f$，保留收益$R_f(cq-B_0)<\bar{R}_f(cQ_g-B_0)$。当$q>Q_g$时，$\dfrac{\mathrm{d}\Pi(q)}{\mathrm{d}q}=-(c-v)F(d_2(q))-\dfrac{R_i}{1-\beta}cF(d_2(q))<0$，即担保企业利润关于产品数量决策$q$单调递减，所以一定可以找到一个大于$Q_g$的点$Q_g^u$，满足$\Pi_g(Q_g^u)=R_f(cQ_g^u-B_0)$。即

$$R_g(cQ_g^u-B_0)-(p-v)d_2(Q_g^u)F(d_2(Q_g^u))+(p-v)\int_0^{d_2(Q_g^u)}\xi f(\xi)\mathrm{d}\xi=R_f(cQ_g^u-B_0)。$$

与命题7.3的证明类似，存在一个$\tilde{B}_0^*$，使得：当融资企业的初始资金B_0满足当$0\leqslant B_0<\tilde{B}_0^*$时，$q^*>Q_g^u$；当$B_0\geqslant\tilde{B}_0^*$时，有$q^*<Q_g^u$。

以下推论分析了Q_g^u的性质。

【推论7.5】给定参数p、c、R、v、β，Q_g^u随着融资企业的初始资金B_0的增大而增大。

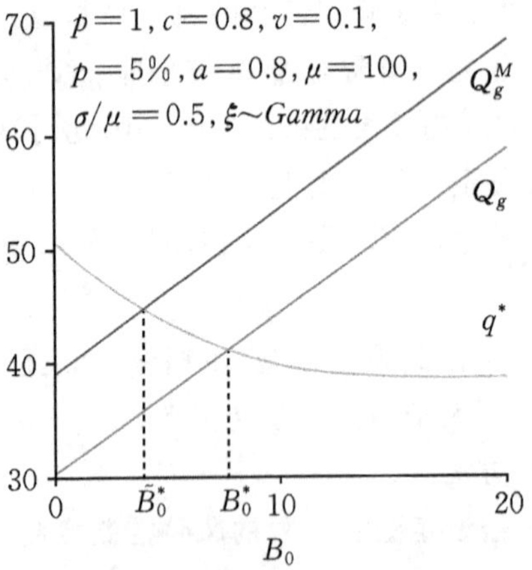

图7.3 不同B_0水平下融资企业与担保企业的最优决策

(二)两种融资上限风险控制机制的比较分析

由图7.3可知，当融资企业的初始资金较少时，即$0\leqslant B_0<B_0^*$或者$0\leqslant B_0<\tilde{B}_0^*$时，融资企业的产品数量决策较多，高于担保企业设定的融资上限，这使得担保企业承担了较大的代偿风险。设定融资上限可以降低融资企业过多的产品数量决策。以担保企业最大收益设定的融资上限远低于融资企业的最优决策，在实际运营中，较低的融资上限会降低融资企业的融资意愿。如果担保企业能保证融资企

业的产品数量决策满足 $Q_g \leqslant q^* \leqslant Q_g^u$，那么担保企业不仅能确保其自身资金的保留收益，并且使融资企业可以做出大于 Q_g 的产品数量决策，因此对融资企业更具吸引力。下面分析了两种融资上限设定模式下担保企业利润的性质。

【命题7.6】 (1)当融资上限为 Q_g 时，若融资企业的初始资金满足 $0 \leqslant B_0 < B_0^*$，担保企业的利润随着融资企业的初始资金 B_0 的增大而增大。

(2)当融资上限为 Q_g^u 时，若融资企业的初始资金满足 $0 \leqslant B_0 < \tilde{B}_0^*$，担保企业的利润随着融资企业的初始资金 B_0 的增大而增大。

由图7.3可知，在不同的 B_0 水平下，融资企业会做出不同的产品数量决策。当融资上限为 Q_g 且融资企业的初始资金满足 $0 \leqslant B_0 < B_0^*$，融资企业的产品数量决策受到担保企业提出的融资上限的影响，故无法获得融资企业自身期望的最优决策，在此阶段中，融资企业的产品数量决策只能是 Q_g，故此时担保企业的利润为 $\Pi_g(B_0)=R_g(cQ_g-B_0)-(p-v)d_2(Q_g)F(d_2(Q_g))+(p-v)\int_0^{d_2(Q_g)}\xi f(\xi)\mathrm{d}\xi$；若融资企业的初始资金满足 $B_0^* \leqslant B_0 < \tilde{B}_0$，融资企业的融资生产依然存在破产风险，但此时融资企业的最优决策低于担保企业的融资上限，故此时融资企业最优的产品数量决策为 Q_{bwr}，担保企业的期望利润为 $\Pi_g(B_0)=R_g(cQ_{bwr}-B_0)-(p-v)d_2(Q_{bwr})F(d_2(Q_{bwr}))+(p-v)\int_0^{d_2(Q_{bwr})}\xi f(\xi)\mathrm{d}\xi$；若融资企业的初始资金满足 $\tilde{B}_0 < B_0 < cQ_{bwo}$，此时融资企业的融资生产不存在破产风险，所以此时担保企业的利润为 $\Pi_g(B_0)=R_g(cQ_{bwo}-B_0)$；若融资企业的初始资金满足 $B_0 \geqslant cQ_{bwo}$，融资企业没有融资活动，所以担保企业的利润为0。但是当 $A \geqslant \tilde{A}$ 时，融资企业没有破产风险，所以这时候当融资企业的初始资金 B_0 满足 $0 \leqslant B_0 < B_0^*$，担保企业依旧允许融资企业的产品数量决策大于 Q_g。这里只考虑融资企业的融资生产存在破产风险的情形，只分析在融资企业存在破产风险时担保企业的期望利润变化，即只考虑 $A < \tilde{A}$ 的情况。

同样可知，当融资上限为 Q_g^u 时，若融资企业的初始资金满足 $0 \leqslant B_0 < \tilde{B}_0^*$，担保企业的期望利润为 $\Pi_g(B_0)=R_g(cQ_g^u-B_0)-(p-v)d_2(Q_g^u)F(d_2(Q_g^u))+(p-v)\int_0^{d_2(Q_g^u)}\xi f(\xi)\mathrm{d}\xi$；若融资企业的初始资金满足 $\tilde{B}_0^* \leqslant B_0 < \tilde{B}_0$，担保企业的期望利润为 $\Pi_g(B_0)=R_g(cQ_{bwr}-B_0)-(p-v)d_2(Q_{bwr})F(d_2(Q_{bwr}))+(p-v)\int_0^{d_2(Q_{bwr})}\xi f(\xi)\mathrm{d}\xi$；若融资企业的初始资金满足 $\tilde{B}_0 \leqslant B_0 < cQ_{bwo}$，融资企业的融资生产不存在破产风险，担保企业的期望利润为 $\Pi_g(B_0)=R_g(cQ_{bwo}-B_0)$；若融资企业的初始资金满足 $B_0 \geqslant cQ_{bwo}$，融资企业没有融资活动，所以担保企业的利润为0。

当不存在融资上限时，若融资企业的初始资金满足 $0 \leqslant B_0 < \tilde{B}_0$，担保企业的期望利润为 $\Pi_g(B_0)=R_g(cQ_{bwr}-B_0)-(p-v)d_2(Q_{bwr})F(d_2(Q_{bwr}))+(p-v)\int_0^{d_2(Q_{bwr})}\xi f(\xi)\mathrm{d}\xi$；

若融资企业的初始资金满足 $\tilde{B}_0 \leqslant B_0 < cQ_{bwo}$，担保企业的期望利润为 $\Pi_g(B_0)= R_g(cQ_{bwo}-B_0)$；若融资企业的初始资金满足 $B_0 \geqslant cQ_{bwo}$，融资企业没有融资活动，所以担保企业的利润为0。

$p=1, c=0.8, v=0.1, R=5\%, a=0.8, \mu=100, \xi \sim Gamma$

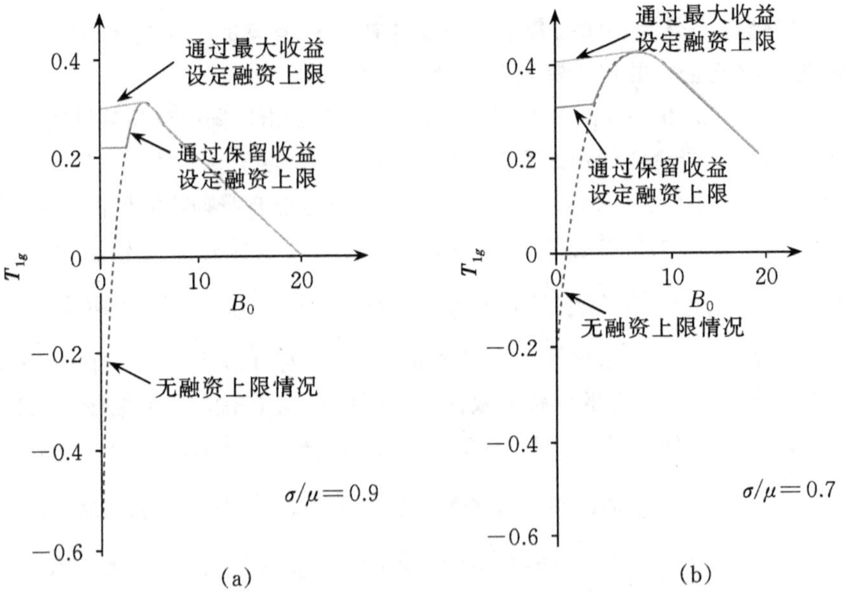

图7.4　不同风险下有无融资上限对担保企业利润的影响

图7.4刻画了两种不同风险下（σ/μ越大，市场风险越大）担保企业的期望利润与融资企业初始资金 B_0 的关系。图7.4表明，如果不存在融资上限，那么担保企业的利润有可能为负。而有融资上限的模式下，担保企业的期望利润始终不会为负。同时，也可以从图中发现，若担保企业选择 Q_g^u 作为融资上限，其利润要低于融资上限为 Q_g 时的利润，但选择 Q_g^u 作为融资上限能够满足融资企业更多的产品数量决策，这可以增强融资企业的融资意愿。同时，这也能确保担保企业自身的收益不会太低，甚至为负。因此，以 Q_g^u 为融资上限具有实际意义。图7.4也表明了随着市场风险的增大，担保企业获得的利润减少。

【命题7.7】 (1)若担保企业选择 Q_g 作为融资上限，当融资企业的初始资金满足 $0 \leqslant B_0 < B_0^*$ 时，融资企业的破产概率和其初始资金 B_0 的大小无关。当 $B_0^* \leqslant B_0 < \tilde{B}_0$ 时，融资企业的破产概率随着 B_0 的增大而减小。

(2)若担保企业选择 Q_g^u 作为融资上限，当 $0 \leqslant B_0 < \tilde{B}_0^*$ 时，融资企业的破产概率要高于以 Q_g^u 作为融资上限时的概率。

图7.5刻画了两种不同风险下融资企业的破产概率和其初始资金的关系。从

图中可看出，担保企业设置融资上限可以降低融资企业初始资金较少时的破产风险，因为当存在融资上限时，担保企业限制了初始资金较少的融资企业做出过多的产品数量决策，所以它可以降低融资企业的破产概率。图7.5也分析了在不同的融资上限下的融资企业的破产概率，发现担保企业在可以获得保留收益的条件下，可以允许融资企业做出大于Q_g的数量决策，而此时融资企业的破产概率虽然高于融资上限为Q_g时的破产概率，但还是大大低于没有融资上限时的破产概率，所以该风险管理机制具有很强的实际意义和应用价值。

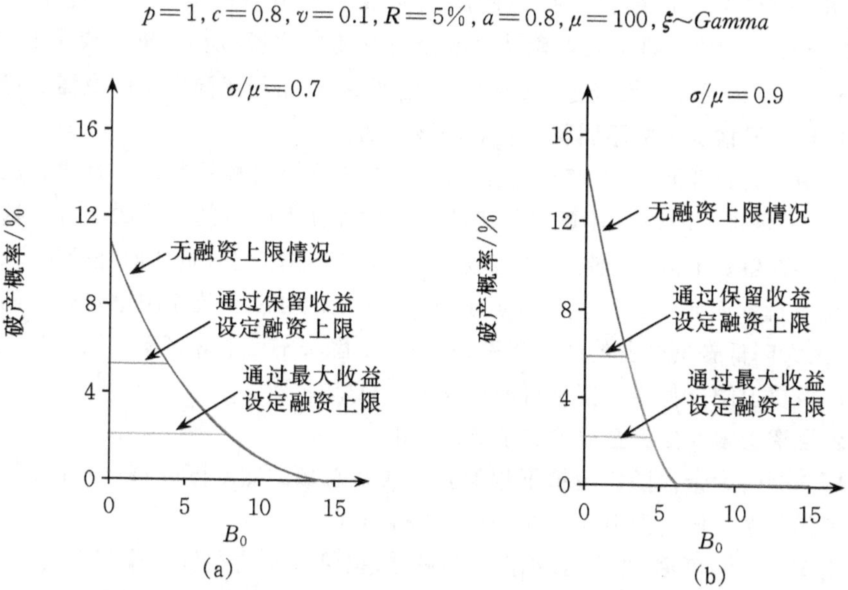

图7.5 不同风险下有无融资上限对融资企业破产概率的影响

七、数值分析

下面通过数值算例分析风险保证金和融资上限对融资平台坏账率以及担保企业收益总额的影响情况。在数值分析中，考虑一些固定的参数：$p=1, v=0, \alpha=0.8, R=0.05, R_g=0.02, R_f=0.01$。假设市场需求满足伽马分布，其概率密度函数为$f(x)=\dfrac{x^{\tau-1}e^{x/\upsilon}}{\upsilon^{\tau}\Gamma(\tau)}, \tau=(\dfrac{1}{\sigma/\mu})^2, \upsilon=\dfrac{\mu}{\tau}$。在模拟中，市场需求均值$\mu$由均匀分布随机产生，其取值区间为[50,100]；需求的协方差σ/μ由均匀分布随机生成，其取值区间为[0.2,0.95]。对于每一个算例，得到需求的分布函数后，市场的实际需求ξ根据得到需求分布进行随机取值。同时，这里考虑B_0满足均匀分布，在[0,50]中变化；A满足均匀分布，在[0,20]中变化；c满足均匀分布，在$\left[0.5,\dfrac{1}{(1+R)}\right]$中变化。需要说明的是，在研究融资上限的算例中，考虑$\beta=0$；而在研究风险保证金的算例中，考虑$\beta=0.1$。

（一）融资上限对融资平台与担保企业的影响

1.融资上限对融资平台坏账率的影响

图7.6(a)为十次随机模拟下的融资企业破产概率的变动图。这里考虑当$B_T(\xi)+\alpha A<0$时，融资企业确认为破产。这里每次模拟都随机生成了100组数据，通过各不相同的初始资金、抵押资产、生产成本、市场风险大小以及需求量大小等来模拟不同情况下的不同融资企业的破产情况。

由图7.6(a)可见，当不存在融资上限时，融资平台坏账率较高。在进行的十次模拟中，无融资上限时的坏账率曲线位于两种存在上限时的曲线的上方。这是由于当不存在融资上限时，部分融资企业极有可能会过多地融资从而进行生产，最后无法还清贷款而导致破产。当设定了融资上限后，可以有效控制融资企业的过多融资，大大降低融资企业的破产概率，从而降低融资平台的坏账率。通过最大收益设定的融资上限能使得融资平台的坏账率最低。

2.融资上限对担保企业收益总额的影响

图7.6(b)为十次随机模拟下担保企业收益总额的变动图。每次模拟100组数据代表担保企业同时给100家融资企业进行担保。

由图7.6(b)可见，当不存在融资上限时，担保企业的期望收益存在负值，这是因为担保企业会因为部分融资企业的过多融资而承担巨大的代偿风险。并且即使当利润为正时，该正值也远远小于存在融资上限时的担保企业的期望收益。当存在融资上限时，担保企业的期望收益始终为正，这是因为担保企业可以确保每笔担保业务都不会带来负收益。

在两种不同的融资上限中，对担保企业来说，更倾向选择根据担保企业最大期望收益设定的融资上限，但由前文的分析可知，当融资企业初始资金较少时，该融资上限大大降低了融资企业的产品数量决策，这在实践中会大大降低部分融资企业的融资意愿。和由最大收益所设定的融资上限相比，担保企业通过保留收益设定的融资上限，可以使得初始资金较少的融资企业的产品数量决策增大，获得更多的融资量，该融资上限对融资企业更具吸引力，同时也能确保担保企业的期望收益始终为正。

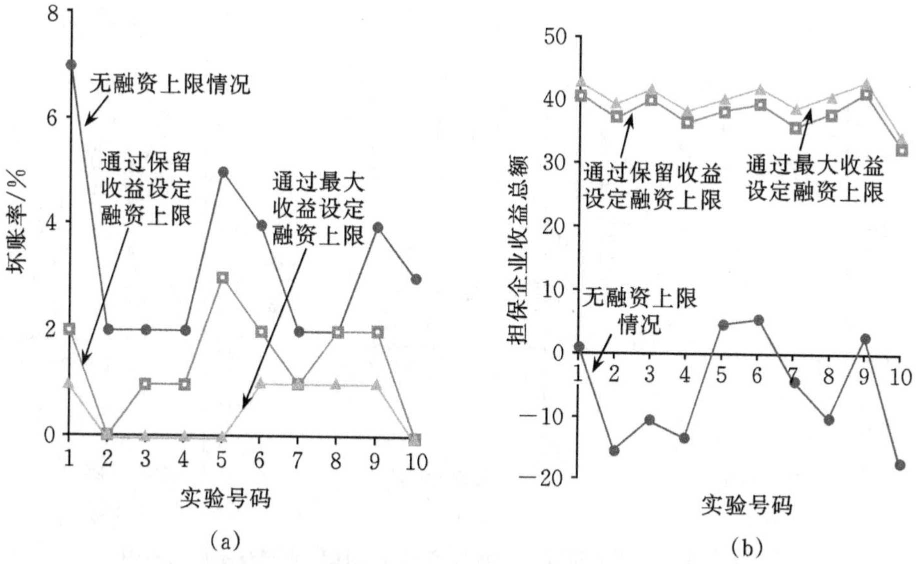

图7.6 融资上限对融资平台坏账率和担保企业收益总额的影响

(二)风险保证金对融资平台与担保企业的影响

1.风险保证金对融资平台坏账率的影响

和图7.6的模拟类似，下面分析风险保证金对融资平台坏账率的影响。同样随机生成不同的初始资金、抵押资产、生产成本、市场风险大小以及需求量大小等来模拟不同情况下的不同融资企业的破产情况。

由图7.7(a)可知，加入了风险保证金后，并没有明显降低融资平台的坏账率。这是因为加入了风险保证金后融资企业的产品数量决策变化较小，并没有规避初始资金较少的融资企业的破产风险，所以风险保证金只能在一定程度上使得融资企业的亏损额降低，很难使得融资企业扭亏为盈。

2.风险保证金对担保企业收益总额的影响

下面分析风险保证金对担保企业收益总额的影响。由图7.7(b)、7.7(c)可见，风险保证金可以增加担保企业的收益，使得担保企业的收益率增加。从图中可以看出，虽然担保企业的收益率增加，但是加入风险保证金并没有使得收益率有大幅度的提升，其依然处于较低的水平。这是因为有无风险保证金前后的产品数量决策变化很小，风险保证金的模式可以增加担保企业的收益，但不能确保担保企业的收益为正。图7.7体现了风险保证金在风险控制中的局限性。

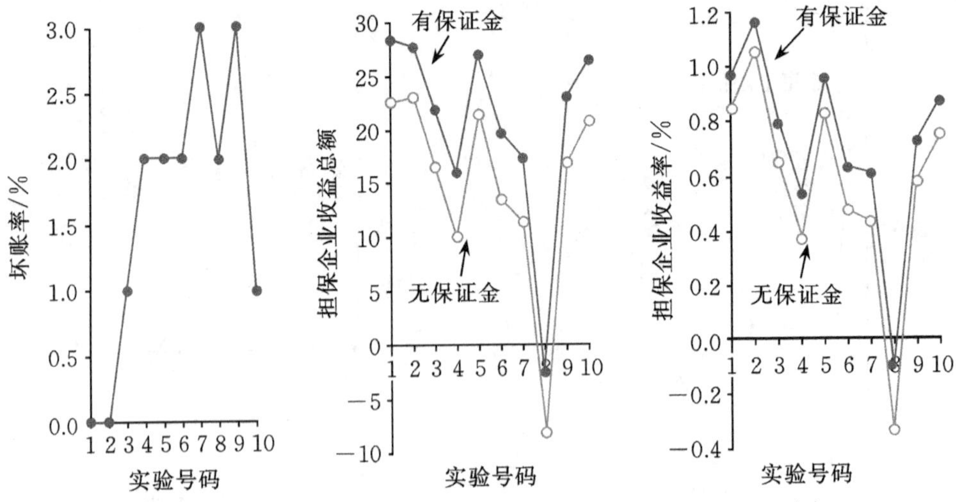

图7.7　风险保证金对融资平台坏账率和担保企业收益总额的影响

八、本章小结

本章分析了一个由第三方融资性担保企业、融资信息平台、融资企业和投资者构成的网络融资模式，分别考虑了两类风险控制方式——风险保证金模式和设定融资上限模式，且在融资上限模式中考虑了两类不同的融资上限——基于担保企业的最大收益或保留收益。

和以往文献不同的是，本章不仅考虑了融资企业的初始资金的影响，而且考虑了抵押资产的影响，分析发现：①当融资企业存在破产风险时，融资企业的初始资金越多，其产品数量决策越少；融资企业的抵押资产价值越高，其产品数量决策越少；②当融资企业的初始资金和抵押资产都较少时，担保企业的利润随着抵押资产价值的增大而增大。这就说明担保企业出于提升自身利润水平或降低代偿风险的考虑，应为抵押资产较多的融资企业提供担保。

本章还研究了风险保证金对融资企业的产品数量决策及担保企业利润的影响。研究发现：①担保企业收取的风险保证金比例越大，融资企业的产品数量决策越少；②当融资企业存在破产风险且初始资金较少时，担保企业收取保证金可以增加担保企业的利润；③当融资企业存在破产风险且初始资金较多时，担保企业收取保证金反而会降低担保企业的利润。这就说明向融资企业收取保证金的方式虽然能减少融资企业过大的产品数量决策，但同时也会限制部分资产状况优良的企业进行融资运营，降低了担保企业自身的利润，因此担保企业采用收取风险保证金的担保模式存在一定的局限性。

本章重点分析了设定融资上限的风险控制机制及其价值。研究发现:①两种融资上限均随着融资企业的初始资金增大而提高。②当融资企业的初始资金较少时,由于担保企业融资上限的设定,融资企业的产品数量决策无法达到最优,只能接受担保企业设定的融资上限,在此情形下,融资企业的初始资金越多,担保企业的利润就越多。③担保企业设定融资上限可以有效规避担保企业期望收益为负的可能,也可以降低初始资金较少的融资企业的破产风险。④比较两者融资上限的风险控制机制,保留收益的融资上限可以提高融资企业的融资量,提高融资企业的融资意愿,但会增加担保企业的代偿风险和减少其期望收益。因此,在实践中,担保企业可以根据融资企业的诉求和自身风险与收益的权衡,选择合适的融资上限设定方法。

本章最后通过数值模拟,分析风险保证金和融资上限对融资平台和担保企业利润的影响。实验结果显示:①风险保证金对融资平台的坏账率影响并不明显,虽然担保企业的利润有所提高,但无法确保担保企业的利润始终为正,说明了风险保证金在风险控制中存在一定的局限性。②设定融资上限可以确保担保企业的利润增大且始终为正。采用保留收益的融资上限时,担保企业的总收益略小于采用期望收益最大的融资上限时的总收益,但平台坏账率要明显大于采用期望收益最大的融资上限时的平台坏账率,而明显小于无融资上限的平台坏账率。

九、本章结论的证明

【命题7.1的证明】 (1)当融资企业的融资数量大于零时,一定有$B=0$,所以$(1-\beta)W=cq-B_0$。如果对于任何市场需求ξ都满足$B_T(\xi)+\alpha A\geqslant 0$,则企业贷款并没有破产风险,那么在最差的情况下$\xi=0$,由式(7.1)有$B_T(0)=\theta(B_0-cq)+vq$。因此:当$q<\hat{q}$时,有$B_T(0)\geqslant 0$;当$q<\tilde{q}$,有$B_T(0)+\alpha A\geqslant 0$;当$q>\tilde{q}$时,有$B_T(0)+\alpha A<0$。因此,命题中三种情况下结论成立。

(2)当需求量$\xi<q$时,有$B_T(\xi)=(p-v)\xi-(\theta c-v)(q-\hat{q})$,$\Pi_f(q,\xi)=(p-v)\xi-(\theta c-v)(q-\tilde{q})$。又由$p>\theta c$和$\tilde{q}>\hat{q}$,知$d_2(q)<d_1(q)<q$。那么:当$\hat{q}\leqslant q\leqslant\tilde{q}$时,如果$\xi<d_1(q)$,则$B_T(\xi)<0$,即企业贷款并启动资产清算还清所有债务,且对于任意的ξ有$\Pi_f(q,\xi)\geqslant 0$,即融资企业没有破产风险。由式(7.1)可知融资企业资产总值为$\Pi_f(q,\xi)=(p-v)\min\{q,\xi\}-(\theta c-v)q+\theta B_0+\alpha A$。

③当需求量$\xi<q$时,已知$\Pi_f(q,\xi)=(p-v)\xi-(\theta c-v)(q-\tilde{q})$,那么:当$q>\tilde{q}$时,如果$\xi<d_2(q)$,则$B_T(\xi)+\alpha A<0$,即融资企业破产。因此,当$\xi<d_2(q)$时,融资企业资产总值0。当$\xi\geqslant d_2(q)$时,融资企业的资产总值$\Pi_f(q,\xi)=(p-v)\min\{q,\xi\}-(\theta c-v)q+\theta B_0+\alpha A=(p-v)[\min\{\xi,q\}-d_2(q)]$。故命题成立。

【命题7.2的证明】 考虑情况(1)中$B_0 > cQ_{nb}$，那么企业有足够的资金进行生产与采购，其最优决策等于传统的无融资的报童决策Q_{nb}。

考虑情况(2)中$cQ_{bwo} \leqslant B_0 \leqslant cQ_{nb}$，这时融资企业的资金量不足以进行最优决策$Q_{nb}$，当采用决策$Q_{bwo}$时不满足条件$B_0/c < q \leqslant \tilde{q}$，所以融资企业的最优决策为$B_0/c$，企业用完所有资金量进行生产或采购，不向融资平台进行借款。

由于条件$Q_{bwo} \leqslant \tilde{q}$等价于初始资金量满足条件$B_0 \geqslant \tilde{B}_0$。同时，由$\tilde{A}$和$\tilde{B}_0$的定义可知：如果$A < \tilde{A}$，则有$\tilde{B}_0 > 0$，否则$\tilde{B}_0 \leqslant 0$。因此，命题中情况(3)和情况(4)考虑了两类不同的条件，相应地我们可以得到融资企业的最优产品数量决策。

【推论7.1的证明】 (1)由式(7.2)对A进行隐函数求导，得：

$$\frac{\mathrm{d}Q_{bwr}}{\mathrm{d}A} = -\frac{\alpha h(d_2(Q_{bwr}))/(p-v)}{h(Q_{bwr}) - \dfrac{\theta c - v}{p-v} h(d_2(Q_{bwr}))}$$

由需求分布函数的IFR性质可知$\dfrac{\mathrm{d}Q_{bwr}}{\mathrm{d}A} < 0$。同理可知$\dfrac{\mathrm{d}Q_{bwr}}{\mathrm{d}B_0} < 0$。那么由命题7.2(3)可知结论成立。

(2)由命题7.2(4)可知，当$A \geqslant \tilde{A}$时，若$0 \leqslant B_0 \leqslant cQ_{bwo}$，融资企业的最优决策为$Q_{bwo}$，企业没有破产风险。若$B_0 > cQ_{bwo}$，由命题7.2(1)、7.2(2)可知，企业不融资，且没有破产风险。因此命题成立。

【推论7.2的证明】 (1)当$q \leqslant B_0/c$时，融资企业不需要融资，所以担保企业的利润为0且无代偿风险。

(2)当$B_0/c < q \leqslant \tilde{q}$时，融资企业向融资平台借款$W = \dfrac{(cq - B_0)}{(1-\beta)}$，但无破产风险，所以担保企业的利润为融资企业支付给担保企业的担保费用$\dfrac{R_g(cq - B_0)}{(1-\beta)}$。

(3)当$q > \tilde{q}$时，由命题7.1可知，若$\xi > d_2(q)$，融资企业资产总值为正，不需要担保企业代偿；而当$\xi \leqslant d_2(q)$，由命题7.1可知，融资企业的资产总值为0，实际欠款为$(p-v)[d_2(q) - \xi]$。因此，担保企业在代偿后的收益为$\dfrac{R_g}{1-\beta}(cq - B_0) - (p-v)[d_2(q) - \xi]$。

【命题7.3的证明】 下面首先分析当$B_0 = 0$时Q_g与Q_{bwr}之间的关系。

当$B_0 = 0$时，$Q_g = \dfrac{\alpha A}{\theta c - v} + q_g$，$\bar{F}(Q_{bwr}) = \dfrac{\theta c - v}{p - v}\bar{F}\left[\dfrac{\theta c - v}{p - v}\left(Q_{bwr} - \dfrac{\alpha A}{\theta c - v}\right)\right]$。

结合A_0^*的定义可知：当$A = A_0^*$，$B_0 = 0$，有$Q_g = Q_{bwr}$。

由推论7.1可知，当$B_0 = 0$时Q_{bwr}关于A单调递减。又由Q_g的定义可知，当$B_0 = 0$时，Q_g关于A单调递增。因此，当$B_0 = 0$时：若$0 \leqslant A < A_0^*$，则$Q_g < Q_{bwr}$；

若$A \geqslant A_0^*$，则$Q_g \geqslant Q_{bwr}$。

通过以上分析结论，可知：

(1)当$0 \leqslant A < A_0^*$时，对于给定的A有：当$B_0 = 0$时，$Q_g < Q_{bwr}$；当$B_0 = \tilde{B}_0$时，$Q_g > Q_{bwr}$。又因为Q_g关于B_0单调递增，Q_{bwr}关于B_0单调递减，所以存在一个B_0^*使命题7.3中(1)的结论成立。

(2)当$A \geqslant A_0^*$时，由上已知：当$B_0 = 0$时，有$Q_g \geqslant Q_{bwr}$；当$B_0 = \tilde{B}_0$时，有$Q_g < Q_{bwr}$，同样因为Q_g关于B_0单调递增，Q_{bwr}关于B_0单调递减，所以对于任意的B_0，恒有$Q_g \geqslant Q_{bwr}$。

(3)对于任意给定的A，当$B_0 \geqslant \tilde{B}_0$时，有$Q_{bwr} = Q_{bwo} \leqslant \tilde{q}$，而$Q_g > \tilde{q}$，则$Q_g > Q_{bwo}$恒成立。

【推论7.3的证明】 当$0 < B_0 < B_0^*$且$0 \leqslant A < A_0^*$时，担保企业存在代偿风险，此时对担保企业的利润函数求关于A的一阶导，易得：

$$\frac{\mathrm{d}\Pi_g(Q_{bwr})}{\mathrm{d}A} = \alpha F(d_2(Q_{bwr})) + (\theta c - v)\left[\frac{cR_g}{(1-\beta)(\theta c - v)} - F(d_2(Q_{bwr}))\right]\frac{\mathrm{d}Q_{bwr}}{\mathrm{d}A}$$

由命题7.3得，当$0 \leqslant A < A_0^*$且$B_0 \in [0, B_0^*]$时，$Q_{bwr} > Q_g$，则$d_2(Q_{bwr}) > d_2(Q_g)$，即$F(d_2(Q_{bwr})) > F(d_2(Q_g)) = \dfrac{R_g c}{(1-\beta)(p-v)}$，又由推论7.1得$\dfrac{\mathrm{d}Q_{bwr}}{\mathrm{d}A} < 0$，所以$\dfrac{\mathrm{d}\Pi_g(Q_{bwr})}{\mathrm{d}A} > 0$。即当融资企业的初始资金$B_0$满足$0 < B_0 < B_0^*$，且抵押资产$A$满足$0 \leqslant A < A_0^*$时，担保企业的期望收益随着抵押资产的增大而增大。

【命题7.4的证明】 由命题7.2知，当$A < \tilde{A}$且$\tilde{B}_0 \leqslant B_0 \leqslant cQ_{bwo}$或$A \geqslant \tilde{A}$且$0 \leqslant B_0 \leqslant cQ_{bwo}$时，融资企业没有破产风险，产品数量决策为$Q_{bwo}$，易知$Q_{bwo}$关于$\beta$单调递减，即有$Q_{bw0} \leqslant Q_{bwo}^0$。

下面分析当$A < \tilde{A}$且$\tilde{B}_0 \leqslant B_0 \leqslant cQ_{bwo}$或$A \geqslant \tilde{A}$且$0 \leqslant B_0 \leqslant cQ_{bwo}$时，融资企业没有破产风险，融资企业的产品数量决策为Q_{bwr}与β的变动关系。因为当β增大时，θ也增大，所以下面为了证明的简化，研究Q_{bwr}与θ的变动关系。由隐函数求导法则得：

$$\frac{\mathrm{d}Q_{bwr}}{\mathrm{d}\theta} = \frac{c\left[1 - \left(Q_{bwr} - \dfrac{B_0}{c}\right)\dfrac{\theta c - v}{p - v}h(d_2(Q_{bwr}))\right]}{\theta c - v\left[\dfrac{\theta c - v}{p - v}h(d_2(Q_{bwr})) - h(Q_{bwr})\right]}$$

因为$h(x)$为增函数，且$Q_{bwr} > d_2(Q_{bwr})$，所以上式分母满足$\theta c - v\left[\dfrac{\theta c - v}{p - v}h(d_2(Q_{bwr})) - h(Q_{bwr})\right] < 0$。下面分析上式分子的正负号。

先考虑$B_0=0,A=0$的情况，这时有$\tilde{q}=0$，则$d_2(Q_{bwr})=\dfrac{\theta c-v}{p-v}Q_{bwr}$。由式(7.2)得$Q_{bwr}\bar{F}(Q_{bwr})=\dfrac{\theta c-v}{p-v}Q_{bwr}\bar{F}(d_2(Q_{bwr}))$，即$Q_{bwr}\bar{F}(Q_{bwr})=d_2(Q_{bwr})\bar{F}(d_2(Q_{bwr}))$。

定义$V(Q)=Q\bar{F}(Q)$，$H(Q)=Qh(Q)$，则有$V(Q_{bwr})=V(d_2(Q_{bwr}))$。

下面分析$V(Q)$的性质。因为$V'(Q)=\bar{F}(Q)(1-H(Q))$，由$\bar{F}(Q)$关于Q单调递减，$1-H(Q)$关于Q单调递减可得，$V'(Q)$关于Q单调递减，故$V(Q)$是关于Q的单峰函数，当且仅当$V'(Q)=0$时，即$H(\tilde{Q})=1$时，$V(Q)$取得最大值$V(\tilde{Q})$，所以当$0<Q<\tilde{Q}$时，$V(Q)$关于Q单调递增，当$Q\geqslant\tilde{Q}$时，$V(Q)$关于Q单调递减。因为$V(Q_{bwr})=V(d_2(Q_{bwr}))$且$Q_{bwr}>d_2(Q_{bwr})$，所以可以得到$d_2(Q_{bwr})<\tilde{Q}<Q_{bwr}$，所以$H(d_2(Q_{bwr}))<H(\tilde{Q})=1<H(Q_{bwr})$。因此，当$B_0=0,A=0$时，有$1-Q_{bwr}\dfrac{\theta c-v}{p-v}h(d_2(Q_{bwr}))=1-H(d_2(Q_{bwr}))>0$，即可以得到$\mathrm{d}Q_{bwr}/\mathrm{d}\theta<0$。

由推论7.1(1)可知，Q_{bwr}关于B_0和A都是单调递减的。显然，$\tilde{q}$关于B_0和A都是单调递增的，所以$d_2(Q_{bwr})$关于B_0和A都是单调递减的。因此，对于任意的$A<\tilde{A}$且$0\leqslant B_0\leqslant\tilde{B}_0$，$Q_{bwr}-\dfrac{B_0}{c}$的值和$h(d_2(Q_{bwr}))$的值要小于$A=0,B_0=0$时的值。以上已经证明了当$A=0,B_0=0$时，$1-Q_{bwr}\dfrac{\theta c-v}{p-v}h(d_2(Q_{bwr}))=1-H(d_2(Q_{bwr}))>0$成立。因此，对于任意的$A<\tilde{A}$且$0\leqslant B_0\leqslant\tilde{B}_0$，都有$1-Q_{bwr}\dfrac{\theta c-v}{p-v}h(d_2(Q_{bwr}))=1-H(d_2(Q_{bwr}))>0$成立。故对于任意的$A<\tilde{A}$且$0\leqslant B_0\leqslant\tilde{B}_0$，都有$\dfrac{\mathrm{d}Q_{bwr}}{\mathrm{d}\theta}<0$。即当融资企业存在破产风险时，其订货量会随着$\beta$的增大而减小。

【命题7.5的证明】 (1)由命题7.4得，Q_{bwo}关于β单调递减，易证$R_g(cQ_{bwo}-B_0)<R_g(cQ_{bwo}^0-B_0)$，即当融资企业融资不存在破产风险时，担保企业采用风险保证金模式的利润要低于不采用风险保证金模式的利润。

(2)若融资企业存在破产风险，即$A<\tilde{A}$且$0\leqslant B_0\leqslant\tilde{B}_0$时，其利润函数为$\Pi_g(Q_{bwr})=\dfrac{R_g}{1-\beta}(cQ_{bwr}-B_0)-(p-v)d_2(Q_{bwr})F(d_2(Q_{bwr}))+(p-v)\int_0^{d_2(Q_{bwr})}\xi f(\xi)\mathrm{d}\xi$，对其利润函数求关于$\beta$的导数，得：

$$\frac{\mathrm{d}\Pi_g(Q_{bwr})}{\mathrm{d}\beta}=\frac{R(cQ_{bwr}-B_0)}{(1-\beta)^2}\left[\frac{R_g}{R}-F(d_2(Q_{bwr}))\right]+$$
$$(\theta c-v)\frac{\mathrm{d}Q_{bwr}}{\mathrm{d}\beta}\left[\frac{cR_g}{(1-\beta)(\theta c-v)}-F(d_2(Q_{bwr}))\right]$$

考虑情况 $0 \leqslant A < A_0^*$。由命题 7.3 得，存在一个 $B_0^* \in [0, \bar{B}_0]$，使得：若 $0 \leqslant B_0 \leqslant B_0^*$ 有 $Q_g \leqslant Q_{bwr}$，则 $d_2(Q_g) \leqslant d_2(Q_{bwr})$。那么由 Q_g 的定义得：$\frac{cR_g}{(1-\beta)(\theta c - v)} \leqslant F(d_2(Q_{bwr}))$。

又由 $c > v$ 易知 $\frac{cR_g}{(1-\beta)(\theta c - v)} \leqslant \frac{R_g}{R}$。因为 Q_{bwr} 关于 B_0 单调递减，所以易得 $F(d_2(Q_{bwr}))$ 也关于 B_0 单调递减，所以当融资企业的自有资金 B_0 满足 $B_0^\beta \leqslant B_0 \leqslant B_0^*$ 时，有 $\frac{cR_g}{(1-\beta)(\theta c - v)} \leqslant F(d_2(Q_{bwr})) \leqslant \frac{R_g}{R}$。又因为 $\frac{(cQ_{bwr} - B_0)}{(1-\beta)^2} > 0, \frac{\mathrm{d}Q_{bwr}}{\mathrm{d}\beta} < 0$，所以此时有 $\frac{\mathrm{d}\Pi_g(Q_{bwr})}{\mathrm{d}\beta} > 0$。

【推论 7.4 的证明】 由上文分析得 $Q_g = \frac{\theta B_0 + \alpha A}{\theta c - v} + q_g$。当参数 p、c、R、v、β 均给定后，则 q_g 为常数，所以易知：$\frac{\mathrm{d}Q_g}{\mathrm{d}B_0} = \frac{\theta}{\theta c - v} > 0$，即 Q_g 是关于融资企业初始资金 B_0 的增函数。

【推论 7.5 的证明】 风险控制机制中关系式两边分别对 Q_g^u 求关于 B_0 的导数，通过计算得：

$$\frac{\mathrm{d}Q_g^u}{\mathrm{d}B_0} = \frac{-\theta F(d_2(Q_g^u)) + (R_g - R_f)}{c(R_g - R_f) - [\theta c - v]F(d_2(Q_g^u))} \tag{7.5}$$

又因为 $Q_g^u > Q_g$，易知 $F(d_2(Q_g^u)) > F(d_2(Q_g))$，代入上述的计算中，可得 $\frac{\mathrm{d}Q_g^u}{\mathrm{d}B_0} > 0$，所以 Q_g^u 关于 B_0 是单调递增的。

【命题 7.6 的证明】 (1)当融资上限为 Q_g 且融资企业的初始资金满足 $0 \leqslant B_0 < B_0^*$ 时，融资企业的产品数量决策为 Q_g。对此时的担保企业的利润函数求关于 B_0 的导数，得：

$$\frac{\mathrm{d}\Pi_g(B_0)}{\mathrm{d}B_0} = [cR_g - (\theta c - v)F(d_2(Q_g))]\frac{\mathrm{d}Q_g}{\mathrm{d}B_0} + [\theta F(d_2(Q_g)) - R_g]$$

由于 $F(d_2(Q_g)) = \frac{cR_g}{\theta c - v}$，则 $\theta F(d_2(Q_g)) - R_g = \theta\frac{cR_g}{\theta c - v} - R_g = \frac{vR_g}{\theta c - v} > 0$，因此 $\frac{\mathrm{d}\Pi_g(B_0)}{\mathrm{d}B_0} > 0$，即担保企业的期望利润随着融资企业的初始资金 B_0 的增大而增大。

(2)同式(7.1)的证明，当 $q^* = Q_g^u$ 时，

$$\frac{\mathrm{d}\Pi_g(B_0)}{\mathrm{d}B_0} = [cR_g - (\theta c - v)F(d_2(Q_g^u))]\frac{\mathrm{d}Q_g^u}{\mathrm{d}B_0} + [\theta F(d_2(Q_g^u)) - R_g] \tag{7.6}$$

将式(7.5)代入式(7.6)中可得：

$$\frac{\mathrm{d}\Pi_g(B_0)}{\mathrm{d}B_0}=-\frac{vF(d_2(Q_g^u))}{c(R_g-R_f)-(\theta c-v)F(d_2(Q_g^u))}R_f$$

因为 $Q_g^u>Q_g$，所以 $d_2(Q_g^u)>d_2(Q_g)$，$F(d_2(Q_g^u))>F(d_2(Q_g))=\frac{cR_g}{\theta c-v}$，由此可知 $\frac{\mathrm{d}\Pi_g(B_0)}{\mathrm{d}B_0}>0$。因此，当融资上限为 Q_g^u 且 $0\leqslant B_0<\tilde{B}_0^*$ 时，担保企业的期望利润随着融资企业的初始资金 B_0 单调递增。

【命题7.7的证明】 (1)当存在融资上限时，融资企业的破产概率为 $P_r\{\xi\leqslant d_2(Q_g)\}=F(d_2(Q_g))$，又因为 $F(d_2(Q_g))=\frac{cR_g}{\theta c-v}$，很明显该结果与 B_0 的大小无关，即存在融资上限且融资企业的初始资金满足 $0\leqslant B_0<B_0^*$ 时，融资企业的破产概率和其初始资金 B_0 的大小无关。

当融资企业的初始资金满足 $B_0^*\leqslant B_0<\tilde{B}_0$ 时，融资企业的产品数量决策为 Q_{bwr}，所以，融资企业的破产概率为 $P_r\{\xi\leqslant d_2(Q_{bwr})\}=F(d_2(Q_{bwr}))$，由式(7.2)得 $F(d_2(Q_{bwr}))=1-\frac{p-v}{\theta c-v}\bar{F}(Q_{bwr})$，由推论7.1得 $\frac{\mathrm{d}Q_{bwr}}{\mathrm{d}B_0}<0$，所以易得 $F(d_2(Q_{bwr}))$ 是关于初始资金 B_0 的单调递减函数，即当融资企业的初始资金满足 $B_0^*\leqslant B_0<\tilde{B}_0$ 时，融资企业的破产概率随着 B_0 的增大而减小。

(2)由前面的分析得 $Q_g<Q_g^u$，所以 $d_2(Q_g)<d_2(Q_g^u)$，可以得到 $F(d_2(Q_g))<F(d_2(Q_g^u))$。

第八章 CHAPTER 8

研究总结与展望

本研究针对中小企业融资难的各种现实问题和供应链中两类渠道权力结构情景，在多种供应链金融的背景下，分别研究了买方主导情景下的供应链融资均衡、基于买方担保的订单融资模式及其风险控制、基于部分担保的供应链融资均衡、保证保险项下保理融资的融资均衡、网络融资中第三方担保的风险控制等问题，试图构建基于渠道权力结构的供应链融资均衡理论。本研究得出了一些较有意义的结论，但同时也存在一些值得改进和进一步研究的问题。

一、研究总结

本书的主要研究总结如下。

第二章对国内外供应链金融的实践进行了总结和分析。首先，对供应链金融市场进行概述。主要从供应链金融的外部环境、行为主体、功能实施者三个角度出发，研究供应链金融市场环境的特点。其次，从供应链的不同参与者的角度探索供应链金融活动，解析不同类型组织和企业从事供应链金融的目的、运作规律和方法，主要从生产运营、贸易流通、物流、商业银行、电子商务、互联网金融这六个视角分析其供应链金融活动。最后，对供应链金融的三大融资模式进行了介绍，包括应收账款类融资、库存类融资、预付账款类融资，分析三大类融资模式的基本运作原理、具体的操作方式和优缺点。

第三章考虑了买方主导的拉式供应链模型，以及资金约束的制造商通过资金充裕零售商的渠道销售产品到市场中，主要研究了无息提前支付融资的有效性和正利率的内部保理融资的作用。提前支付是向制造商预付采购成本，而内部保理是由同一零售商的分支融资公司向制造商提供的贷款服务。我们发现，当制造商的生产成本较低时，零售商更倾向于提前支付融资而不是银行融资。银行融资的竞争迫使零售商提前支付，将部分利润交给制造商，因此可以更好地协调整个供应链。如果零售商向制造商提供正利率的内部保理融资，那么与银行融资相比，融资均衡领域将会扩大。有趣的是，如果生产成本非常低，提前支付可以超过正利率的内部保理；否则，内部保理就会超过提前支付。当生产成本足够大时，零售商不会采取提前支付或内部保理。此外，我们的扩展分析表明，当零售商在所有三种融资方案中都是相同的批发价时，我们的主要定量结果保持不变，如果批发价较低，那么提前支付更有可能成为一种融资均衡。随着需求变化的增加，提前支付的融资均衡区域会缩小。

第四章研究了基于买方担保的订单融资模式及其风险控制问题，在拉式供应链的订单融资模式中构建了基于核心企业担保的网络融资模型；考虑核心企业提供全额本息代偿，研究了融资利率与自有资金等因素对融资决策的影响，探索了核心企业为资金约束供应商担保的风险与价值；同时，考虑了在不同融资利率下各成员期望收益的变化。本部分研究发现，当担保模式不改变总融资费率时，若核心企业不提供担保，银行是供应商破产风险的承担者；若核心企业提供担保，核心企业是供应商破产风险的承担者。核心企业与银行的利润变化恰好相反，不存在双方都受益的情形。当担保模式降低总融资费率时，对于不同大小的市场风险，当供应商的初始资金满足一定条件时，核心企业、银行和供应商存在三方共同受益的情形。当担保模式增加总融资费率时，供应链中无三方共同受益的情形；当市场风险较大或供应商初始资金较多时，存在三方共同受损的情形。

第五章研究了卖方主导的渠道权力结构，在供应链金融中存在部分担保的融资模式。在完全竞争市场的假设下，分别研究了两种不同的部分担保融资模式，即通过第三方担保企业提供部分担保的融资模式，以及由核心企业提供部分担保的融资模式，分析了担保比例等因素对融资决策以及供应链成员的影响，并在三种情形下比较了两种担保模式下的融资决策差异以及各成员期望收益的变化。研究发现，上游卖方较高的担保比例可以增大下游零售商的订货量，而较高的担保费率会降低零售商的订货量。当两种部分担保模式的担保比例相等或供应商的担保比例更大时，零售商、供应商以及银行始终可以在供应商担保模式下获得利润的提升。而当供应商担保比例较小时，市场风险、批发价以及担保费率对融资决策以及各成员期望利润的变化均有影响。在市场风险较小或担保费率较高时，零售商可以始终在供应商担保模式下获得更大的收益。

第六章考虑了卖方主导的渠道权力结构，通过融资模式对比的方法来分析保理融资及保证保险对于供应链相关参与主体的影响。首先，探究了无追索权保理融资对于供应链参与主体的影响。通过对比无追索权保理融资模型与基本赊销模型，分析了引入保理融资对于上游中小企业的影响。从风险管理方面来看，当下游买方初始资金实力较低（可视为信用风险较高）及市场风险较高时，申请叙作保理业务更能体现出价值。而从资金的时间价值角度来看，上游卖方应提高资金利用效率，其运用保理预付融资款所产生的相关收益越高，则保理业务对上游中小企业越有价值。其次，又引入保证保险机制，拓展建立了保证保险项下保理融资模型，基于模型间的对比与分析来探究保证保险机制对于供应链参与主体的影响。相应的研究结论也与我们的预期相一致：保证保险制度的确能够减少保理商所面临的相关风险。从风险角度来看，当信用风险及市场风险极端高时，保证保险的风险转移作用会削弱。保理融资预付资金所产生的投资收益率或市场风险较高时，处于保证保险项下保理融资中的上游卖方即能从中获益。最后，研究还考虑了上游企业最优批发价决策的情形。相关的数值仿真表明，若市场风险较高且买方有充足的初始资金，则上游卖方会有较强的动机申请叙作保理业务；若买方的初始资金较匮乏，则上游卖方仅会在投资收益较高时才会考虑申请叙作保理业务。

第七章针对卖方主导的渠道权力结构，分析了基于第三方担保的网络融资模型，考虑第三方担保企业提供全额本息代偿，研究了两类风险控制方式——风险保证金模式和设定融资上限的模式，且在融资上限模式中考虑了两类不同的融资上限，分析了融资企业的初始资金、抵押资产的价值、风险保证金比例以及融资上限对融资企业的产品数量决策与担保企业的期望利润的影响，还通过蒙特卡罗模拟分析风险保证金与融资上限对融资平台坏账率的影响。研究发现，当融资企业存在破产风险时，初始资金或抵押资产越多，其产品数量决策越少；当融资企业的初始资金较少时，采用风险保证金模式可以增加担保企业的利润，但当初始资金较多时，担保企业的利润会降低，表明风险保证金模式具有一定的局限性；设定融资上限可以有效地规避融资企业的破产风险，并为担保企业带来较高的期望收益。通过数值分析，比较了两种融资上限设定方式，发现基于担保企业保留收益设定的融资上限可以增加融资规模，可以提高企业融资意愿，仅小幅度降低担保企业的期望收益和增大融资平台的坏账率。

二、研究展望

由于对供应链融资均衡的研究才刚刚起步以及我们的学术能力有限，对一些现存的问题尚缺乏深入的研究，后续研究可以基于以下几个方面展开。

第一，本研究在分析买方主导的提前支付策略和内部保理融资模式时，仅考虑了信息在供应链中共享的情景，而现实实践中，有可能买方难以获得卖方的真实生产成本信息，因此考虑这种信息非对称的情景将有助于丰富相关的研究。

第二，本研究在分析核心企业担保模型中，假定了核心企业与融资企业是稳定的合作伙伴关系，因此其批发价为常数，但是在实际中，核心企业与融资企业并不一定是稳定的合作伙伴，因此可以考虑批发价的决策，并相应分析融资担保的价值。

第三，本研究在核心企业担保模型中考虑的融资来自第三方商业银行，没有考虑核心企业直接向资金约束的企业提供融资。而在实际中，一些资金实力非常强大的核心企业会直接给资金短缺的合作伙伴提供满足生产的融资，例如京东、阿里巴巴等零售巨头会给一些满足要求的供应商提供生产的融资。

第四，本研究在探索核心企业担保的问题中，仅考虑了成本和需求等信息对称的情形，但现实中，很多企业出于对信息安全的考虑往往会选择隐瞒企业真实的信息，特别是在新兴行业，银行等金融机构或担保企业对融资企业了解不够，因此，在信息不对称的情形下，融资企业如何决策，银行与担保企业如何采取相应的措施，都是值得进一步研究的问题。

第五，本研究基于数学模型而开展关于保证保险项下供应链金融的研究，考虑研究难度，本研究假定保理融资利率及保证保险费率均为给定数。在产业实践中，相关利率及保险费率应随授信对象的不同而存在浮动。因此，在基于无追索权保理融资的研究中，未来可考虑融资利率及保险费率会随下游核心买方或上游中小卖方的信用评级的不同而发生变化。

第六，在研究保证保险与保理融资模式中，本研究也仅考虑了信息对称的情形。但在金融领域，尤其是在金融机构为中小企业提供融资服务时，信息不对称是普遍存在的情形。因此，可以考虑在信息不对称情形下将保证保险与保理融资相结合进行研究。

第七，本研究主要从理论的数学模型出发，分析担保模式对融资策略以及供应链成员利润的影响，对保理融资模型及保证保险项下保理融资模型开展研究。在后续研究中，可以尝试从实证的角度，如利用相关公司的年度财务报表数据来验证所得结论，使研究更具说服力。

参考文献 REFERENCES

[1]Agarwal S, Hauswald R, 2010. Distance and private information in lending[J]. Review of Financial Studies, 23(7):2757-2788.

[2] Alan Y, Gaur V, 2018. Operational investment and capital structure under asset-based lending[J]. Manufacturing & Service Operations Management, 20(4):637-654.

[3]Albuquerque R, Ramadorai T, Watugala S W, 2015. Trade credit and cross-country predictable firm returns [J].Tarun Ramadorai, 115(3):592-613.

[4] Allam A, Lymer A, 2003. Developments in internet financial reporting: Review and analysis across five developed countries [J]. International Journal of Digital Accounting Research, 3(6):165-199.

[5] Babich V, Aydın G, Brunet P Y, et al., 2006. Risk, financing and the optimal number of suppliers[EB/OL].https://papers.ssrn.com/sol3/papers.cfm?abstract_id=912679.

[6]Babich V, Aydm G, Brune P Y, et al., 2012. Risk, financing and the optimal number of suppliers[C]//Supply Chain Disruptions. London:Springer:195-240.

[7] Bahrammirzaee A, Ghatari A R, Ahmadi P, et al., 2011. Hybrid credit ranking intelligent system using expert system and artificial neural networks[J]. Appl Intell, 34(1):28-46.

[8]Bank T W, 2016.Enterprise surveys[EB/OL].http://www.enterprisesurveys.org.

[9]Baourakis G, Conisescu M, Dijk G V, et al., 2009.A multicriteria approach for rating the credit risk of financial institutions[J].Computational Management Science, 6(3):347-356.

[10] Beck T, Klapper L F, Mendoza J C, 2010. The typology of partial credit guarantee funds around the world[J].Journal of Financial Stability, 6(1):10-25.

[11] Bellantuono N, Giannoccaro I, Pontrandolfo P , Tang C S, 2009. The implications of joint adoption of revenue sharing and advance booking discount programs[J].International Journal of Production Economics, 121(2):383-394.

[12] Berger S C, Gleisner F, 2009. Emergence of financial intermediaries in electronic markets:The case of online P2P lending[J].BuR Business Research Journal, 2(1):39-65.

[13]Boschi M, Girardi A, Ventura M, 2014.Partial credit guarantees and SMEs financing[J]. Journal of Financial Stability, 15:182-194.

[14] Brennan M J, Maksimovics V, Zechner J, 1988. Vendor financing[J]. The Journal of Finance, 43(5):1127-1141.

[15] Burkart M, Ellingsen T, 2004. In-kind finance: A theory of trade credit[J]. American Economic Review, 94(3):569-590.

[16] Buzacott J A, Zhang R Q, 2004. Inventory management with asset-based financing[J]. Management Science, 50(9):1274-1292.

[17]C2FO, 2016.Improve cash flow[EB/OL].https://c2fo.com/suppliers.

[18]Cachon G P, 2003.Supply chain coordination with contracts[J].Handbooks in Operations Research & Management Science, 11(11):227-339.

[19]Cachon G P, 2004.The allocation of inventory risk in a supply chain: Push, pull, and advance-purchase discount contracts[J]. Management Science, 50 (2):222-238.

[20]Cai G, Chen X, Xiao Z, 2014.The roles of bank and rrade credits: Theoretical analysis and empirical evidence[J].Production & Operations Management, 23 (4):583-598.

[21] Caldentey R, Chen X, 2009. The Role of Financial Services in Procurement Contracts [M]//The Handbook of Integrated Risk Management in Global Supply Chains.Brazil: John Wiley & Sons, Inc.:289-326.

[22] Caldentey R, Haugh M , 2009. Supply contracts with financial hedging[J] Operations Research:57(1), 47-65.

[23] Cetinkaya S, Lee C Y, 2000. Stock replenishment and shipment scheduling for vendormanaged inventory systems[J].Management Science, 46(2):217-232.

[24] Chao X, Chen J, Wang S, 2008.Dynamic inventory management with cash flow constraints[J].Naval Research Logistics, 55(8):758-768.

[25] Chauffour J, Malouche M, 2011.The World Bank, Economic Premise[EB/OL].http://documents1.worldbank.org/curated/en/436211468091484628/pdf/

541820BRI0EPremise100Box345636B01PUBLIC1.pdf.

[26] Chen X F, Wan G H, 2011. The effect of finance on a budget-constrained supply chain under wholesale price contract [J]. Asia Pacific Journal of Operational Research, 28(4):457-485.

[27] Chen X, Lu Q, Cai G, 2017. Retailer early payment financing in pull supply chains[J]. Available at SSRN 3021460.

[28] Chen X, Wang A, 2012. Trade credit contract with limited liability in the supply chain with budget constraints [J]. Annals of Operations Research, 196 (1):153-165.

[29] Chen Y, Gupta D, 2014. Trade-finance contracts for small-business suppliers and the effect of third-party financing[EB/OL]. http://dx.doi.org/10.2139/ssrn.2486757.

[30] Chen L, Kok A, Tong J, 2013. The effect of payment schemes on inventory decisions: The role of mental accounting[J]. Management Science, 59(2):436-451.

[31] Chen S C, Teng J T, 2015. Inventory and credit decisions for time-varying deteriorating items with up-stream and down-stream trade credit financing by discounted cash flow analysis[J]. European Journal of Operational Research, 243(2):566-575.

[32] Chen X, Liu C, Yang Z, 2016. JingDong supply chain finance[M]//Case Study. Shanghai: Fudan University.

[33] Chen X Y, Xie X Y, et al., 2009. The value of integrated logistics and finance services of third party logistics firms [J]. International Journal of Services Operations & Informatics, 4(4):333-351.

[34] Cheng G P, Tu J P, 2013. Research on accounts receivable financing model based on E-commerce platform[J]. Advanced Materials Research, 683:832-836.

[35] Chod J, 2017. Inventory, risk shifting, and trade credit [J]. Management Science:1-20.

[36] Craig B R, Iii W E J, Thomson J B, 2008. Credit market failure intervention: Do government sponsored small business credit programs enrich poorer areas [J]. Small Business Economics, 30(4):345-360.

[37] Cvsa V, Gilbert S M, 2002. Strategic commitment versus postponement in a two-tier supply chain[J]. European Journal of Operational Research, 141(3): 526-543.

[38] Dada M, Hu Q, 2008. Financing newsvendor inventory [J]. Operations Research Letters, 36(5):569-573.

[39] Danenas P, Garsva G, 2012. Credit risk evaluation modeling using evolutionary liner SVM classifiers and sliding window approach [J]. Procedia Computer Science, (9):1324-1333.

[40] de Booth R, Van Bergen M, Steeman M, 2015. Supply chain finance, its pratical revevance and strategic value[J]. The Supply Chain Finance Essential Knowledge Series:34-39.

[41] Dewit G, 2001. Intervention in risky export markets: Insurance, strategic action or aid[J]. European Journal of Political Economy, 17(3):575-592.

[42] Diwakar G, Lei W, 2009. A stochastic inventory model with trade-credit[J]. Manufacturing & Service Operations Management, 11(1):4-18.

[43] Dong L, K Zhu, 2007. Two-wholesale-price contracts: Push, pull, and advance-purchase discount contracts[J]. Manufacturing and Service Operations Management, 9(3):291-311.

[44] Feng X, Moon I, Ryu K, et al., 2015. Supply chain coordination under budget constraints[J]. Computers & Industrial Engineering:487-500.

[45] Fenmore E, 2004. Making purchase-order financing work for you [J]. The Secured Lender, 60(2):20-24.

[46] Ford J L, Mpuku H C, Pattanaik P K, 1996. Revenue risks, insurance, and the behavior of competitive firms[J]. Journal of Economics, 64(3):233-246.

[47] Freedman S, Jin G Z, 2008. Do social networks solve information problems for peer-to-peer lending? Evidence from Prosper.com[R/OL]. http://www.fas.nus.edu.sg/ecs/events/seminar/seminar-papers/12Mar09.pdf.

[48] Funatsu H, 1986. Export credit insurance[J]. Journal of Risk & Insurance, 53(4):679.

[49] Garcia V, Marques A I, Sanchez J S, 2012. On the use of data filtering techniques for credit risk prediction with instance-based models [J]. Expert Systems with Applications, 39(18):13267-13276.

[50] Ge Y, Qiu J, 2007. Financial development, bank discrimination and trade credit[J]. Journal of Banking & Finance, 31(2):513-530.

[51] Gertzof M, 2000. The changing face of asset-based lending [J]. Commercial Lending Review:15-18.

[52] Gool J V, Verbeke W, Sercu P, 2012. Credit scoring for microfinance: Is it worth it?[J]. International Journal of Finance & Economics, 17(2):103-123.

[53] Green A, 2003. Credit guarantee schemes for small enterprises: An effective instrument to promote private sector-led growth? [Z]. Working Paper, United Nations Industrial Development Organization.

[54] Green L, 2015. Wal-mart extends supplier payment terms, but it's not necessarily a bad thing[EB/OL]. https://suppliersuccess.com/blog/wal-mart-extends-supplier-payments-but-not-necessarily-a-bad-thing/.

[55] Guertler B, Spinler S, 2015. Supply risk interrelationships and the derivation of key supply risk indicators [J]. Technological Forecasting and Social Change, 92:224-236.

[56] Gupta D, Wang L, 2009. A stochastic inventory model with trade credit[J]. Manufacturing & Service Operations Management, 11(1):4-18.

[57] Hallikas J, Karvonen I, Pulkkinen U, et al., 2004. Risk management processes in supplier networks [J]. International Journal of Production Economics, 90(1):47-58.

[58] He J, Wang J, Jiang X, et al., 2015. The long-term extreme price risk measure of portfolio in inventory financing: An application to dynamic impawn rate interval[J]. Complexity, 20(5):17-34.

[59] Helbing D, Ammoser H, Kühnert C, 2006. Disasters as extreme events and the importance of network interactions for disaster response management[J]. Frontiers Collection, 49(3):319-348.

[60] Hendricks K B, Singhal V R, 2003. The effect of supply chain glitches on shareholder value[J]. Journal of Operations Management, 21(5):501-522.

[61] Honohan P, 2010. Partial credit guarantees: Principles and practice. Journal of Financial Stability, 6:1-9.

[62] Hu F, Lim C C, Lu Z, 2013. Coordination of supply chains with a flexible ordering policy under yield and demand uncertainty[J]. International Journal of Production Economics, 146(2):686-693.

[63] Jain A, Moinzadeh K, 2005. A supply chain model with reverse information exchange[J]. Manufacturing & Service Operations Management, 7(4):360-378.

[64] Jin W, Zhang Q, Luo J, 2018. Non-collaborative and collaborative financing in a bilateral supply chain with capital constraints[J]. Omega, 88:210-222.

[65] Jing B, Chen X, Cai G, 2012. Equilibrium financing in a distribution channel with capital constraint[J]. Production & Operations Management, 21(6):1090-1101.

[66] Jing B, Seidmann A, 2014. Finance sourcing in a supply chain[J]. Decision

Support Systems, 58:15-20.

[67] Jokivuolle E, 2003. Incorporating collateral value uncertainty in loss given default estimates and loan-to-value ratios[J].European Financial Management, 9(3):299-314.

[68] Junsik K, Hark H, Seongwhan S, 1995. An optimal credit policy to increase supplier profits with price-dependent demand functions [J]. Production Planning & Control, 6(1):45-50.

[69] Juttner U, Peck H, Christopher M, 2003. Supply chain risk management: Outlining an agenda for future research[J].International Journal of Logistics, 6 (4):197-210.

[70] Klafft M, 2008. Peer to peer lending: Auctioning mirco credits over the internet [R].Proceedings of the 2008 International Conference on Information Systems, Technology and Management.

[71] Klapper L, 2006. The role of factoring for financing small and medium enterprises[J]. Journal of Banking & Finance,30(11):3111-3130.

[72] Klibi W, Martel A, 2012.Scenario-based supply chain network risk modeling [J].European Journal of Operational Research, 223(3):644-658.

[73] Kouvelis P, Zhao W, 2016. Supply chain contract design under financial constraints and bankruptcy costs[J].Management Science, 62(8):2341-2357.

[74] Kouvelis P, Zhao W, 2011.The newsvendor problem and price-only contract when bankruptcy costs exist [J].Production and Operations Management, 20 (6):921-936.

[75] Kouvelis P, Zhao W, 2012.Financing the newsvendor: Supplier vs. bank, and the structure of optimal trade credit contracts [J]. Operations Research, 60 (3):566-580.

[76] Lai G, Debo L G, Sycara K, 2009.Sharing inventory risk in supply chain: The implication of financial constraint[J].Omega, 37(4):811-825.

[77] Lai V S, Soumaré I, 2010. Credit insurance and investment: A contingent claims analysis approach [J]. International Review of Financial Analysis, 19 (2):98-107.

[78] Lee C H, Rhee B D, 2010.Coordination contracts in the presence of positive inventory financing costs [J]. International Journal of Production Economics, 124(2):331-339.

[79] Lee C H, Rhee B D, 2011. Trade credit for supply chain coordination [J]. European Journal of Operational Research, 214(1):136-146.

[80] Li Y, Zhen X, Cai X, 2016. Trade credit insurance, capital constraint, and the behavior of manufacturers and banks[J]. Annals of Operations Research, 240(2):395-414.

[81] Li L, Zhang H, 2008. Confidentiality and information sharing in supply chain coordination[J]. Management Science, 54(8):1467-1481.

[82] Li S, Zeng W, 2016. Risk analysis for the supplier selection problem using failure modes and effects analysis (FMEA) [J]. Journal of Intelligent Manufacturing, 27(6):1309-1321.

[83] Liu H, Pan J M, Tang X W, 2012. Financial and operation decisions with budget-constrained and risk appetite in supply chain[J]. IEE, 12:524-528

[84] Long M S, Malitz I B, Ravid S A, 1993. Trade credit, quality guarantees, and product marketability[J]. Financial Management, 22(4):117-127.

[85] Lu M, Wu T, Yan H, 2010. Inventory management in decentralized supply chains with logistics service provider [R]. Working paper, The Chinese University of Hong Kong.

[86] Luo J, Zhang Q H, 2012. Trade credit: A new mechanism to coordinate supply chain[J]. Operations Research Letters, 40(5):378-384.

[87] Luo P, Wang H, Yang Z, 2016. Investment and financing for SMEs with a partial guarantee and jump risk[J]. European Journal of Operational Research, 249:1161-1168.

[88] Marks G, 2016. How to get paid faster from home depot[EB/OL]. http://www.forbes.com/sites/quickerbettertech/2015/03/23/how-to-get-paid-faster-from-home-depot/#2386d8c55e1e.

[89] Mason-Jones R, Towill D R, 1998. Shrinking the supply chain uncertain circle [J]. Control, 9:17-22.

[90] Massimo O, 2005. Trade credit as collateral [R]. Working Paper, Bank of Italy.

[91] Namamian F, Hassani S R, Mohammadi M N, et al., 2013. Design a new model in adoption of internet banking (B2C)[J]. Journal of Basic and Applied Scientific Research, 3(6):374-379.

[92] O'Connell V, 2016. Wal-mart looks to bolster suppliers[EB/OL]. http://www.wsj.com/articles/SB10001424052748703683804574533821208957360, accessed on December 31.

[93] Palvia S T, Pasquariello P, Wu G, 2009. Does Asymmetric Information Drive Capital Structure Decisions? [R]. AFA 2008 New Orleans Meetings

Paper.

[94] Petersen M A, Rajan R G, 1997. Trade credit: Theories and evidence [J]. Review of Financial Studies, 10(3):661-691.

[95] Peura H, Yang S A, Lai G, 2017. Trade credit in competition: A horizontal benefit[J]. Manufacturing & Service Operations Management, 19(2):263-289.

[96] Raghavan N R S, Mishra V K, 2011. Short-term financing in a cash-constrained supply chain [J]. International Journal of Production Economics, 134(2):407-412.

[97] Raju J, Zhang J, 2005. Channel coordination in the presence of a dominant retailer[J]. Marketing Science, 24(2):254-262.

[98] Rao S, Goldsby T J, 2009. Supply chain risks: A review and typology [J]. International Journal of Logistics Management, 20(1):97-123.

[99] Reindorp M, Tanrisever F, Lange R A, 2015. Purchase order financing: Credit, commitment, and supply chain consequences[EB/OL]. https://papers.ssrn.com/sol3/papers.cfm?abstract_id=2616812.

[100] Roy C, Quaranta A G, 2012. The perspective of a bank in granting credits: An optimization model[J]. Optimization Letter, 6(5):867-882.

[101] Sana S, Chaudhuri K S, 2008. A deterministic EOQ model with delays in payments and price-discount offers [J]. European Journal of Operational Research, 184(2):509-533.

[102] Sarker S, Engwall M, Trucco P, et al., 2016. Internal visibility of external supplier risks and the dynamics of risk management silos [J]. IEEE Transactions on Engineering Management, 63(4):451-461.

[103] Savaskan C R, Bhattacharya S, Van Wassenhove L N, 2004. Closed-loop supply chain models with product remanufacturing [J]. Management Science, 50(2):239-252.

[104] Smith J K, Schnucker C, 1994. An empirical examination of organizational structure: The economics of the factoring decision [J]. Journal of Corporate Finance, 1(1):119-138.

[105] Sodhi M S, Chopra S, 2004. Managing risk to avoid supply-chain breakdown [J]. Mit Sloan Management Review, 46(1):53-61.

[106] Soufani K, 2002. On the determinants of factoring as a financing choice: Evidence from the UK [J]. Journal of Economics & Business, 54(2):239-252.

[107] Soufani K, 2001. The role of factoring in financing UK SMEs: A supply side

analysis[J].Journal of Small Business and Enterprise Development, 1(1):37-46.

[108] Spekman R E, Davis E W, 2004.Risky business: Expanding the discussion on risk and the extended enterprise [J]. International Journal of Physical Distribution & Logistics Management, 34(5):414-433.

[109] Svensson G, 2000.A conceptual framework for the analysis of vulnerability in supply chains[J].International Journal of Physical Distribution & Logistics Management, 30(9):731-750.

[110] Tang C S, Yang S A, Wu J, 2015.Sourcing from suppliers with financial constraints and performance risk [J]. Manufacturing & Service Operations Management Special, forthcoming, 20(1):70-84.

[111] Tanrisever F, Cetinay H, Reindorp M, et al., 2012.Reverse factoring for SME finance[EB/OL].https://papers.ssrn.com/sol3/papers.cfm?abstract_id=2183991.

[112] Thangam A, 2012. Optimal price discounting and lot-sizing policies for perishable items in a supply chain under advance payment scheme and two-echelon trade credits[J].International Journal of Production Economics, 139(2):459-472.

[113] Tsao Y C, 2009.Retailer's optimal ordering and discounting policies under advance sales discount and trade credits [J]. Computers & Industrial Engineering, 56(1):208-215.

[114] Tunca T, Zhu W, 2017. Buyer intermediation in supplier finance [J]. Management Science, 64(12):5631-5650.

[115] Venkatesh V G, 2015.Analysis on supply chain risks in indian apparel retail chains and proposal of risk prioritization model using interpretive structural modeling[J]. Journal of Retailing and Consumer Services, 26:153-167.

[116] Vliet K V D, Reindorp M J, Fransoo J C, 2015. The price of reverse factoring: Financing rates vs. payment delays [J]. European Journal of Operational Research, 242(3):842-853.

[117] Wagner S M, Bode C, 2006.An empirical investigation into supply chain vulnerability[J].Journal of Purchasing & Supply Management, 12(6):301-312.

[118] Wakolbinger T, Cruz J M, 2011.Supply chain disruption risk management through strategic information acquisition and sharing and risk-sharing contracts[J]. International Journal of Production Research, 49(13):4063-

4084.

[119] Wang Y, Niu B, Guo P, 2014. The comparison of two vertical outsourcing structures under push and pull contracts [J]. Production and Operations Management, 23(4):610-625.

[120] Wu T, Zhang L G, Ge T, 2019. Managing financing risk in capacity investment under green supply chain competition [J]. Technological Forecasting and Social Change, 143:37-44.

[121] Wuttke D A, Blome C, Heese S H, at al., 2016. Supply chain finance: Optimal introduction and adoption decisions [J]. International Journal of Production Economics, 178:72-81.

[122] Xiang H, Yang Z, 2015. Investment timing and capital structure with loan guarantees[J]. Finance Research Letters, 13:179-187.

[123] Xu X, Cheng X, Sun Y, et al., 2015. Coordination contracts for outsourcing supply chain with financial constraint[J]. International Journal of Production Economics, 134-142.

[124] Xu X, Birge J R, 2004. Joint production and financing decisions: Modeling and analysis[EB/OL]. https://papers.ssrn.com/sol3/papers.cfm?abstract_id=652562.

[125] Xu X, Birge J R, 2008. Operational decisions, capital structure, and managerial compensation: A newsvendor perspective [J]. Engineering Economist, 53(3):173-196.

[126] Yan N, Sun B, Zhang H, et al., 2015. A partial credit guarantee contract in a capital-constrained supply chain: Financing equilibrium and coordinating strategy[J]. International Journal of Production Economics, 173:122-133.

[127] Yan N, Sun B, 2013. Coordinating loan strategies for supply chain financing with limited credit[J]. OR Spectrum, 35(4):1039-1058.

[128] Yan N, Sun B, Zhang H, et al., 2016. A partial credit guarantee contract in a capital-constrained supply chain: Financing equilibrium and coordinating strategy[J]. International Journal of Production Economics, 173:122-133.

[129] Yang L, Cai G, Chen J, 2018. Push, pull, and supply chain risk-averse attitude[J]. Production and Operations Management, 27(8):1534-1552.

[130] Zhai X, Hua S, 2017. Financing and ordering strategies in a supply chain with option contracts[EB/OL]. https://doi.org/10.2139/ssrn.2960211.

[131] Zhao L, Huchzermeier A, 2017. Integrated operational and financial hedging with capacity reshoring[J]. European Journal of Operational Research, 260:

557-570.

[132] Zhou Y W, Cao B, Zhong Y, et al., 2017. Optimal advertising/ordering policy and finance mode selection for a capital-constrained retailer with stochastic demand[J]. Journal of the Operational Research Society, 68(12): 1620-1632.

[133] Zhou J, Groenevelt H, 2007. Impacts of financial collaboration in a three-party supply chain [D]. The Simon School, University of Rochester, Working Paper.

[134] Zhou Y W, Wen Z L, Wu X, 2015. A single-period inventory and payment model with partial trade credit[J]. Computers & Industrial Engineering, 90: 132-145.

[135] Zsidisin G A, 2003. A grounded definition of supply risk [J]. Journal of Purchasing and Supply Management, 9(5-6): 217-224.

[136]曹裕,李业梅,李青松,2019.基于提前支付的易变质产品批量订货策略研究[J].管理评论,(4):206-216.

[137]曹宗宏,张成堂,赵菊,等,2019.基于资金约束的风险厌恶制造商融资策略和渠道选择研究[J].中国管理科学,(6):30-40.

[138]陈初,2010.对中国"P2P"网络融资的思考[J].人民论坛,(26):128-129.

[139]陈弘,周宗放,王弘,2012.基于资金约束下供应链回购契约协调研究[J].管理学家(学术版),(8):29-40.

[140]陈加奎,徐宁,2017.网络融资对中小企业融资约束影响的实证研究:基于2645家中小企业的调查问卷[J].科学决策,(8):1-20.

[141]陈其安,肖映红,程玲,2008.中小企业融资的三方信贷担保模型研究[J].中国管理科学,16(s1):210-214.

[142]陈亭亭,2018.供应商资金约束下双渠道供应链融资策略及协调机制研究[D].烟台:烟台大学.

[143]陈祥锋,朱道立,2008.资金约束供应链中物流提供商的系统价值研究[J].系统工程学报,(6):666-673.

[144]陈祥锋,2008.供应链金融服务创新论[M].上海:复旦大学出版社.

[145]陈祥锋,2013.资金约束供应链中贸易信用合同的决策与价值[J].管理科学学报,(12):13-20.

[146]陈晓旭,孙海雷,朱龙涛,2013.供应商担保契约下考虑资金约束的供应链协调研究[J].工业工程,(5):26-31.

[147]陈怡杉,2014.基于零售商资金约束的供应链协调研究[D].沈阳:东北大学.

[148]陈永辉,孟子良,曾燕,2018.基于零售商异质性的贸易信用贷款定价与供应

链金融模式选择[J].系统工程理论与实践,(10):2479-2490.
[149]陈远,许亮,2015.小微企业的网络融资环境及其效用研究[J].科技管理研究,(7):28-32,38.
[150]陈云,刘喜,杨琴,2015.基于清算延迟和流动性风险的供应链存货质押率研究[J].管理评论,(4):197-208.
[151]褚蓬瑜,郭田勇,2014.互联网金融与商业银行演进研究[J].宏观经济研究,(5):19-28.
[152]代大钊,张钦红,2013.资金约束条件下考虑信用风险的供应链商业信用决策研究[J].上海管理科学,(3):62-66.
[153]丁庭栋,赵晓慧,2012.不同行业与金融系统的波动溢出效应分析[J].统计与决策,(3):162-166.
[154]窦亚芹,朱金福,2014.资金约束供应链中的融资优化与营运管理协同决策研究[J].管理工程学报,(3):156-163,147.
[155]杜文意,唐小我,刘晓婧,2014.基于努力水平影响随机需求下资金约束零售商的企业研究[J].云南民族大学学报,(3):124-131.
[156]方磊,夏雨,杨月明,2018.考虑零售商销售努力的供应链融资决策均衡[J].系统工程理论与实践,(1):135-144.
[157]傅永华,2011.第三方物流企业开展物流金融服务模式及问题研究[J].中国市场,(28):61-63.
[158]傅永华,王学锋,陈国华,2014.回购协调下存货融资和信用贷款的供应链融资选择[J].系统工程,32(11):44-49.
[159]刚号,唐小我,慕银平,2013.延迟支付下损失厌恶型零售商参与的供应链运作及协调[J].控制与决策,(7):1023-1027.
[160]高洁,刘思琪,裴艳丽,2018.网络融资对我国小微企业发展影响研究[J].中国集体经济,(29):79-80.
[161]耿志祥,费为银,2016.金融资产风险度量及其在风险投资中的应用:基于稳定分布的新视角[J].管理科学学报,(1):87-101.
[162]龚斌,2011.第三方物流企业物流金融模式研究[J].物流工程与管理,(2):49-51.
[163]关涛,2007.贸易信用适用范围的模型分析及现实意义[J].统计与决策,(13):124-125.
[164]郭琼,杨德礼,迟国泰,2005.基于期权的供应链契约式协调模型[J].系统工程,(10):1-6.
[165]韩琨,2013.供应链上三方合作融资方式的研究[D].南昌:南昌大学.
[166]郝蕾,郭曦,2005.卖方垄断市场中不同担保模式对企业融资的影响:基于信

息经济学的模型分析[J].经济研究,(9):58-65.

[167]何慎远,李斌,庞淑娟,等,2011.我国出口信用保险对出口促进作用的实证研究[J].系统工程理论与实践,(5):792-798.

[168]侯博,庄新田,陈怡杉,等,2016.基于零售商资金约束的供应链协调[J].东北大学学报(自然科学版),(8):1212-1216.

[169]黄晶,杨文胜,2016.基于信用担保的资金约束供应链订货与定价决策[J].控制与决策,(10):1803-1810.

[170]霍艳芳,邓全,杨立向,2014.资金约束下的中小企业联合融资研究[J].工业工程与管理,(5):24-30.

[171]贾涛,张灿荣,徐渝,2007.基于供应商努力的供应链代销加收入分享策略[J].管理科学,(5):2-8.

[172]姜方桃,王嚣华,邹雯琦,2016.基于第三方物流企业的物流金融创新模式及其风险分析[J].金陵科技学院学报(社会科学版),(1):12-16

[173]蒋丹,2018.小微企业网络融资模式及创新案例分析[J].中国管理信息化,(10):119-121.

[174]金伟,骆建文,2016.竞争环境下面向资金约束供应商的均衡补偿策[J].系统工程理论与实践,(11):2829-2838.

[175]金伟,骆建文,2017.基于双边资金约束供应链的均衡组合融资策略[J].系统工程理论与实践,(6):1441-1451.

[176]金伟,骆建文,2016.竞争环境下面向资金约束供应商的均衡补偿策略[J].系统工程理论与实践,(11):2829-2838.

[177]李安朋,2011.微小企业融资新出路:网络融资[J].知识经济,(3):107.

[178]李超,骆建文,2016.基于预付款的资金约束供应链收益共享协调机制[J].管理学报,(5):763-771.

[179]李超,骆建文,2017.针对资金约束供应商的预付款融资均衡策略[J].上海交通大学学报,(2):229-236.

[180]李超,巫丹,2016.考虑销售努力水平的存货质押融资决策[J].工业工程,(1):115-122.

[181]李电生,聂福海,2019.预售模式下资金约束供应链协调机制研究[J].工业技术经济,(9):113-122.

[182]李海波,梁晓璐,2016.第三方物流企业物流金融发展模式及风险控制[J].铁路采购与物流,(6):52-54.

[183]李瀚祺,丁会弟,朱浩铭,2018.基于金融生态视角的P2P网络融资研究[J].中国国际财经(中英文),(8):245.

[184]李红果,2017.部分延期支付下损失厌恶型供应链的决策与协调[D].上海:东

华大学.
[185]李建军,2009.基于物流金融的第三方物流融资模式研究[J].商场现代化,(8):103-104.
[186]李江,姚俭,杨善祥,2010.基于期权的回购供应链契约模型研究与应用[J].商业经济,(3):21-23.
[187]李金泽,2002.商业银行开展国际保理业务面临的法律风险及其防范[J].金融论坛,(8):31-35.
[188]李娟,徐渝,冯耕中,等,2007.基于存货质押融资业务的阶段贷款最优决策研究[J].运筹与管理,(1):9-13.
[189]李娟,徐渝,贾涛,2010.物流金融创新下的订单融资业务风险管理[J].统计与决策,(19):171-173.
[190]李梦宇,周莹,2015.供应链融资风险传染度量及贷款利率定价[J].统计与决策,(20):152-156.
[191]李朋栩,2017.基于期权契约的资金约束供应链协调研究[D].成都:西南交通大学.
[192]李青,2010.供应链资金约束下数量柔性契约设计研究[D].天津:天津大学.
[193]李秋珍,2017.资金约束供应链的核心企业担保融资问题研究[D].大连:大连理工大学.
[194]李荣,2018.电商供应链网络融资研究:基于阿里金融与京东金融的对比分析[J].农村金融研究,(1):30-34.
[195]李瑞冬,2015.中小微企业网络融资问题研究:以阿里巴巴小额贷款为个案[J].思想战线,(1):146-149.
[196]李焰,高弋君,李珍妮,等,2014.借款人描述性信息对投资人决策的影响:基于P2P网络借贷平台的分析[J].经济研究,(S1):143-155.
[197]李毅学,汪寿阳,冯耕中,2011.物流金融中季节性存货质押融资质押率决策[J].管理科学学报,(11):19-32.
[198]李毅学,徐渝,冯耕中,2007.国内外物流金融业务比较分析及案例研究[J].管理评论,(10):55-62.
[199]李毅学,2008.物流金融创新:订单融资业务的贷前评估[J].统计与决策,(24):168-170.
[200]李悦雷,郭阳,张维,2013.中国P2P小额贷款市场借贷成功率影响因素分析[J].金融研究,(7):126-138.
[201]梁喜,蔡丹,2015.基于制造商资金约束的供应链融资补偿契约研究[J].财会月刊,(12):22-26.
[202]林强,贺勇,李心竹,2019.供应商存在供应风险时供应链融资模式选择研究

[J].运筹与管理,(2):167-173.
[203]林强,贺勇,2015.资金约束下基于零售商竞争的融资模式对比研究[J].工业工程,(3):22-29.
[204]林强,李苗,2013.保兑仓融资模式下收益共享契约的参数设计[J].系统科学与数学,(4):430-444.
[205]林强,李晓征,师杰,2014.保兑仓融资模式下数量折扣契约的参数设计[J].天津大学学报,(1):12-18.
[206]林强,王欢,李军柱,2016.风险互换型保兑仓模式的协调性研究[J].天津大学学报,(1):17-22.
[207]林智平,徐迪,2018.税制营改增下资金约束供应链的融资均衡[J].管理科学学报,(10):14-31.
[208]刘高勇,2004.网络环境下企业物流与资金流的融合及其模型研究[J].情报科学,(3):381-384.
[209]刘昆,2013.资金约束供应链的协调研究[D].广州:华南理工大学.
[210]刘露,侯文华,李雅婷,2018.保兑仓融资的优化与协调策略:基于核心企业视角[J].系统工程,(1):130-139.
[211]刘露,李勇建,2019.市场需求信息不对称下的保兑仓融资风险控制策略[J].运筹与管理,(6):136-143.
[212]刘任重,王丹丹,2014.第三方物流金融服务模式设计及其风险问题研究[J].中国商贸,(13):124,126.
[213]刘新民,赵梁,王垒,丁黎黎,2019.考虑随机市场需求的双渠道供应链风险补偿策略研究:从质量与价格竞争视角[J].中国管理科学,(1):73-84.
[214]刘永胜,2011.供应链风险研究[M].北京:知识产权出版社.
[215]鲁其辉,曾利飞,周伟华,2012.供应链应收账款融资的决策分析与价值研究[J].管理科学学报,(5):10-18.
[216]鲁其辉,姚佳希,周伟华,2016.基于EOQ模型的存货质押融资业务模式选择研究[J].中国管理科学,(1):56-66.
[217]鲁其辉,朱道立,2014.供应链竞争与协调管理理论研究[M].北京:科学出版社.
[218]陆璐,2018.第三方物流通过物流金融融入供应链分析[J].现代商贸工业,(18):33-34
[219]陆晓明,2002.应收账款融资与管理在现代国际贸易中的作用:国际保理业务评析[J].国际金融研究,(2):30-36.
[220]罗齐,朱道立,陈伯铭,2002.第三方物流服务创新:融通仓及其运作模式初探[J].中国流通经济,(2):11-14.

[221]罗青林,骆建文,2020.基于零售商销售努力的VMI供应链融资均衡研究[J].工业工程与管理,(1):202-211.

[222]马波,2018.物流企业供应链违约风险度量[J].统计与决策,(23):176-179.

[223]马利军,葛羊亮,薛巍立,等,2015.不确定环境下损失厌恶零售商的提前支付决策[J].系统工程理论与实践,(2):315-323.

[224]马中华,陈祥锋,朱道立,2009.短期借款和贸易信用对企业经营的影响[J].系统工程,(11):39-45.

[225]马中华,陈祥锋,2014.筛选不同竞争类型零售商的贸易信用合同设计研究[J].管理科学学报,(10):13-23.

[226]毛永强,2015.第三方物流企业物流金融发展模式及风险控制探讨[J].时代金融,(12):257,265.

[227]钱佳,骆建文,2015. 预付款融资下的供应商定价策略[J].上海交通大学学报,(12):1753-1760.

[228]任建标,官振中,2009.基于资产的零售商延期付款与供应链协调[J].上海交通大学学报,(4):578-582.

[229]任龙,刘骏,周学广,2017.考虑外汇风险的保理融资研究[J].中国管理科学,(9):63--70.

[230]深圳发展银行中欧国际工商学院“供应链金融”课题组,2009.供应链金融:新经济下的新金融[M].上海:上海远东出版社.

[231]沈玲,李利军,2017.我国物流金融的证券化模式探讨—基于第三方物流企业视角[J].商业经济研究,(2):166-168.

[232]沈建男,骆建文,2018.资金约束供应链的付款激励与协调研究[J].管理工程学报,(3):112-118.

[233]师鹏霞,2008.第三方物流企业物流金融服务模式及风险控制研究[D].西安:长安大学.

[234]石岿然,戴秋月,肖条军,2010.考虑商业信用期和资金机会成本的供应链协调问题[J].江苏科技大学学报,(3):290-294.

[235]宋远方,黄千员,2018.国内供应链金融研究进展:基于2005—2017年CSSCI文献分析[J].中国流通经济,(1):47-54.

[236]隋聪,谭照林,王宗尧,2016.基于网络视角的银行业系统性风险度量方法[J].中国管理科学,(5):54-64.

[237]孙瑞婷,熊学萍,2018.小微企业互联网融资满足率的影响因素研究:基于612家企业互联网平台项目融资的数据[J].金融与经济,(4):59-64.

[238]孙喜梅,赵国坤,2015.考虑供应链信用水平的存货质押率研究[J].中国管理科学,(7):77-84.

[239]孙尧,2009.保险在物流金融风险管理中的应用与创新[J].金融理论与实践,(3):91-93.

[240]汤兆博,2018.P2P平台“跑路”事件对企业网络融资效率影响的研究[J].中国商论,(14):29-30.

[241]万常海,周永务,2012.零售商资金约束时的供应链协调问题研究[J].华南理工大学学报,(5):80-88.

[242]王迪,2017.互联网供应链金融信用风险度量与盯市管理[J].中国流通经济,(4):77-84.

[243]王国栋,詹原瑞,2011.信用风险中回收率分布的双Beta模型[J] 中国管理科学,(6):10-14.

[244]王欢,2014.基于物流金融的第三方物流与融资租赁联盟模式探析[J].物流商论,(10):107-108.

[245]王会娟,廖理,2014.中国P2P网络借贷平台信用认证机制研究:来自“人人贷”的经验证据[J].中国工业经济,(4):136-147.

[246]王娇,2014.供应商提供商业信贷时的供应链协调问题研究[J].武汉理工大学学报(信息与管理工程版),(4):541-545.

[247]王君,2017.3PL企业参与的应收账款质押融资业务期望收益与风险评价[D].邯郸:河北工程大学.

[248]王力恒,何广文,何婧,2016.农业供应链外部融资的发展条件:基于信息经济学的数理分析[J].中南大学学报(社会科学版),(4):79-85.

[249]王淼,2017.中小微企业信用担保贷款风险比例分担研究:提供政府补贴的两方合作博弈模型[J].商业经济与管理,(3):62-68.

[250]王文利,骆建文,张钦红,2013.银行风险控制下的供应链订单融资策略研究[J].中国管理科学,(3):71-78.

[251]王文利,骆建文,2014.交易信用与资金约束下两阶段零售商订货策略[J].系统工程理论与实践,(2):304-312.

[252]王文利,骆建文,2013.零售商提前支付与贷款担保下的供应商融资策略[J].管理工程学报,(1):178-184.

[253]王文利,骆建文,2014.基于价格折扣的供应链预付款融资策略研究[J].管理科学学报,(11):20-32.

[254]王燕胜,2016.零售商资金约束下电商平台贷款策略及协调机制[D].昆明:昆明理工大学.

[255]王志宏,邓美芳,2017.考虑保证金率的资金约束零售商运营决策[J].东华大学学报(自然科学版),(6):914-922.

[256]王志宏,洪余芬,邵奇明,2015.第三方物流服务提供商与客户企业间的商业

信用激励协调[J].东华大学学报(自然科学版),(6):844-850.
[257]王宗润,石佳星,2018.信息不对称条件下供应链订单融资利率研究[J].金融理论与实践,(1):81-85.
[258]王宗润,田续燃,陈晓红,2015.考虑隐性股权的应收账款融资模式下供应链金融博弈分析[J].中国管理科学,(9):1-8.
[259]吴凤媛,2016.江苏省中小企业第三方物流金融服务模式研究[J].全国商情,(33):27-29.
[260]夏兰,徐雯,宋婷婷,2013.保兑仓模式下供应链协调策略研究[J].物流技术,(9):360-364.
[261]肖肖,骆建文,2016.面向资金约束制造商的双渠道供应链融资策略[J].系统管理学报,(1):121-128.
[262]谢家平,董国姝,张为四,等,2018.基于税盾效应的供应链贸易信用融资优化决策研究[J].中国管理科学,(5):62-73.
[263]谢娉娉,2019.基于融通仓的第三方物流金融服务运作模式研究[J].物流技术,(12):29-31.
[264]熊熊,马佳,赵文杰,等,2009.供应链金融模式下的信用风险评价[J].南开管理评论,(4):92-98.
[265]徐超,杨扬,周宗放,2012.基于元胞自动机的企业集团信用风险传递仿真[J].中国管理科学,(4):144-150.
[266]徐冬琴,2016.核心企业担保下的供应链融资建模分析与信用风险评估[D].南京:南京大学.
[267]徐燕,2003.我国保理业务发展研究[J].金融研究,(2):49-62.
[268]许友传,杨继光,2008.基于第三方提供反担保的信用担保期权定价[J].上海交通大学学报,(9):1566-1569.
[269]鄢仁秀,汪贤裕,郭红梅,2014.赊销背景下的供应链收入共享契约[J].控制与决策,(4):666-672.
[270]晏妮娜,孙宝文,2011.考虑信用额度的仓单质押融资模式下供应链金融最优策略[J].系统工程理论与实践,(9):1674-1679.
[271]晏妮娜,孙宝文,2014.面向小微企业的互联网金融模式创新与决策优化[J].科技进步与对策,(7):74-78.
[272]闫奕荣,2003.中国出口信用保险分析及国际比较[J].国际贸易问题,(6):49-52.
[273]杨书萍,高世博,2015.保兑仓融资模式下供应链金融三方回购协调[J].物流科技,(5):101-102.
[274]杨勇,2015.二部制契约下延迟支付与保兑仓融资的比较分析[J].天津大学

学报,(6):493-498.

[275 姚帏之,白杨,刘德胜,2018.网络融资VS银行信贷:演化视角下小微企业融资战略平衡[J].投资研究,(9):62-75.

[276]易荟伟,2016.考虑资金约束的农产品供应链协调研究[D].杭州:浙江工业大学.

[277]易雪辉,周宗放,2012.基于供应链金融的银行贷款价值比研究[J].中国管理科学,(1):104-110.

[278]于辉,马云麟,2015.订单转保理融资模式的供应链金融模型[J].系统工程理论与实践,(7):1733-1743.

[279]于丽萍,黄小原,徐家旺,2009.随机需求下供应链商业信用契约协调[J],运筹与管理,(6):33-37.

[280]于丽萍,黄小原,邱若臻,2009.基于商业信用的收入共享契约与供应链协调[J].运筹与管理,(1):42-46.

[281]郁志英,高艳英,2014.基于第三方物流企业视角的物流金融模式分析与风险应对[J].物流技术,(7):395-397.

[282]苑波,汪传旭,2010.随机需求条件下考虑延迟支付的第三方物流企业融资定价研究[J].山东大学学报(理学版),(5):58-63.

[283]曾顺秋,骆建文,2015.基于数量折扣的供应链交易信用激励机制[J].系统管理学报,(1):85-90.

[284]占济舟,舒友国,2017.生产资金约束下供应商融资方式的选择策略[J].系统管理学报,(4):779-786.

[285]占济舟,张福利,2014.供应链中商业信用的期限决策与协调机制[J].系统管理学报,(6):891-899.

[286]占济舟,周献中,公彦德,2015.生产资金约束供应链的最优融资和生产决策[J].系统工程学报,(2):190-200.

[287]占济舟,2014.零售商提前支付融资模式下的批发价折扣研究[J].中国流通经济,(11):22-28.

[288]张浩,张潇,2017.基于马尔可夫模型的电商平台供应链金融风险控制[J].云南财经大学学报,(2):118-126.

[289]张弘,2019.关于担保机构作用的理论研究:基于过度信贷的视角[J].经济学报,(1):89-119.

[290]张科静,陈航,2016.保兑仓融资模式下价格补贴契约的协调研究[J].物流科技,(10):143-147.

[291]张钦红,赵泉午,2010.需求随机时的存货质押贷款质押率决策研究[J].中国管理科学,(5):21-27.

[292]张小娟,王勇,2014.零售商资金约束的双渠道供应链决策[J].控制与决策,(2):299-306.
[293]张肖飞,郭锦源,张摄,2015.小微企业网络融资模式研究——以阿里巴巴小额贷款为例[J].南方金融,(2):33-42,57.
[294]张义刚,唐小我,2013.供应链融资中的制造商最优策略[J].系统工程理论与实践,(6):1434-1440.
[295]张义刚,唐小我,2010.部分延期付款下的制造商决策与供应链协调[J].管理学报,(10):1536-1542.
[296]张玉明,王子菁,张正,2015.缓解小微企业融资困境的对策研究:基于网络融资模式分析[J].价格理论与实践,(11):106-108.
[297]赵爱梅,李敏,2012.非竞争情形下资金约束供应链的融资与定价研究[J].中国管理科学,(11):521-526.
[298]赵志艳,2013 第三方物流企业参与下的物流金融模式研究及风险探析[J].物流工程与管理,(7):65-66.
[299]郑忠良,包兴,2014.供应链金融应收账款融资的检查率和惩戒机制研究[J].经济评论,(6):149-158.
[300]钟远光,周永务,李柏勋,等,2011.供应链融资模式下零售商的订货与定价研究[J].管理科学学报,(6):57-67.
[301]钟远光,周永务,郭金森,2011.基于供应商视角的提前订货协调研究[J].运筹与管理,(6):33-38.
[302]周建亨,2010.供应链中融资与回购决策分析[J].工业工程,(3):25-28.
[303]周晓田,巩伟,刘峥,2015.基于协同发展的物流金融盈利模式研究[J].时代金融,(21):256-259.
[304]朱娜,2016.小微企业网络融资模式探讨[J].合作经济与科技,(7):48-50.
[305]朱文贵,朱道立,徐最,2007.延迟支付方式下的存货质押融资服务定价模型[J].系统工程理论与实践,(12):1-7.
[306]朱晓琴,2014.第三方物流金融服务模式及风险控制[J].商业时代,(17):89-90.
[307]邹小芃,陈万翔,夏峻峰,2006.国内物流金融研究综述[J].商业时代,(36):17-18.